Annabel Abbs

FRIEDA
von RICHTHOFEN

Eine Frau sprengt die Fesseln ihrer Zeit

Aus dem Englischen
von Michaela Meßner

btb

Die englische Originalausgabe erschien 2018 unter dem Titel
»Frieda. The Original Lady Chatterley« bei Two Roads,
John Murray Press, London.

 Dieses Buch ist auch als E-Book erhältlich.

MIX
Papier aus verantwor-
tungsvollen Quellen
FSC
www.fsc.org   FSC® C014496

Penguin Random House Verlagsgruppe FSC® N001967

1. Auflage
Erstveröffentlichung August 2021
Copyright © 2018 Annabel Abbs
Copyright © der deutschen Ausgabe 2021 btb Verlag
in der Penguin Random House Verlagsgruppe GmbH,
Neumarkter Str. 28, 81673 München
Covergestaltung: semper smile, München
nach einem Entwurf von Becky Glibbery unter Verwendung einer Abbildung
von © The Library of Congress (Woman Diving from Pier, CA 1982)
Satz: GGP Media GmbH, Pößneck
Druck und Einband: GGP Media GmbH, Pößneck
Alle Rechte vorbehalten.
Printed in Germany
ISBN 978-3-442-71942-6

www.btb-verlag.de
www.facebook.com/btbverlag

Für meine Tochter Imogen,
die, jetzt und immer schon,
ganz und gar sie selbst *ist.*

»Du weißt, dass ich für Dich gestorben wäre.«

Ernest Weekley, Brief an Frieda Weekley, 1912

»Ich werde Dich lebendig lieben wie einst und mehr als einst und ob Du über Jahr und Jahr noch wieder kommst – und ob ich hoffe oder nicht mehr hoffe – Du weißt, ich bin Dein.«

Otto Gross, Brief an Frieda Weekley, 1907

»Wenn sie mich verlässt, überlebe ich das sicher keine sechs Monate … Mein Gott, wie sehr ich sie liebe, sie und die daraus rührende Qual.«

D. H. Lawrence, Brief an Edward Garnett, 1912

ERSTER TEIL

Nottingham 1907

»Nichts ist schlimmer, als wenn man in der Jugend etwas versäumt, so dass man darauf verfällt wenn man zu alt dafür ist. Nichts ist schlimmer für eine Frau, als wenn sie das Gefühl hat, vom Leben um etwas betrogen worden zu sein: vielleicht um das wichtigste […] Es ist entsetzlich, das Gefühl zu hegen, dass man sterben wird, ohne das gehabt zu haben, wofür man in gewisser Weise geboren ist.«

D. H. Lawrence, *Die Erste Lady Chatterley*

1

Frieda

Später, als der Skandal schon da war und die Zeitungen sie zum Paria gemacht hatten, konnte sie alles auf einen bestimmten Tag zurückführen. Einen bestimmten Augenblick. Manchmal trat ihr dieser Augenblick wie ein schwindelerregender Wirbel vor Augen, so, dass alles in einen Rahmen gepresst schien. Dreizehn Ehejahre und drei vollkommene Kinder verschmolzen zu einem einzigen Bild. Und sie staunte, wie etwas so Gewaltiges einem so ereignislosen Augenblick entspringen konnte.

Der Tag hatte aufregend begonnen. Ein rosa überhauchter Himmel, hellgrün austreibende Silberbirken, Gras und Blätter von schwerem Tau benetzt, ein gelber Schimmer, wo das erste Schöllkraut durch die schwarze Erde brach. Die Kinder waren ums Haus gerannt und hatten geschrien: »Tante Nusch kommt extra aus Berlin.« Monty war auf dem Sofa herumgesprungen, Elsa hatte sich Schnüre mit violetten Perlen über die Schultern drapiert, und selbst Barby hatte mit dem Löffel auf den Frühstückstisch gehauen und »Nusch kommt« gebrüllt.

Mrs Babbit brachte den ganzen Morgen mit Schrubben, Polieren und Abstauben zu. Monty und Barby pflückten Schlüsselblumen und Glockenblumen, die Elsa in Marmeladengläser stellte. Frieda hatte einen Apfelkuchen gebacken und stäubte üppig Zimt und Puderzucker auf das von Kratern überzogene Backwerk. Selbst Ernest, der selten sein Arbeitszimmer verließ, strich durchs Haus, stupste den Finger in den Kohlenstaub, der sich auf den Simsen abgesetzt hatte, und betastete die Wandfarbe, die von den Sockelleisten blätterte.

Am frühen Nachmittag, als Nusch ankommen sollte, schlug das Wetter um. Ein schräger Regen begann laut gegen die Scheiben zu spucken, und der Himmel war wie in zwei Hälften geteilt; in der einen hingen schwere Wolken, die andere war von einem blassen, milchigen Blau. Ernest brach auf, um Nusch vom Bahnhof abzuholen, winkte im Gehen mit seinem straff gewickelten Regenschirm und rief: »Ich warne euch, ihre Juwelen werden euch blenden!« Theatralisch hob er die Hand und legte sie sich schützend über die Augen, woraufhin alle lachten und Frieda einen leisen Stolz empfand.

Die Szene eine Stunde später sollte sich ihr für alle Zeiten einprägen. Die Röcke hoch genug gerafft, um den feinen Spitzensaum ihres Unterkleids sowie die teuren Lederstiefeletten mit den geschwungenen Absätzen und den Perlmuttknöpfen zu zeigen, stieg Nusch vom Tritt. Nachdem sie Staub und Schmutz von ihrem Reisekostüm geklopft hatte, hob sie den Blick zu dem kleinen schlichten Backsteinhaus, der engen Eingangstür, dem schmalen Garten und sagte: »Ach, du armer, armer Schatz!« Frieda machte den Mund auf, um zu protestieren, besann sich aber eines Besseren, führte sie in den Flur und plauderte fröhlich über die Pläne, die sie für Nuschs Besuch gemacht hatte: einen Spaziergang durch Sherwood Forest, eine Tour durch Newstead Abbey, einen Abstecher nach Wollaton Hall.

Während sie sich an die Wand presste, um Ernest mit Nuschs Schrankkoffer vorbeizulassen, vernahm sie etwas, das sie stutzen ließ. Es war Nusch, die mit hoch erhobener Nase übertrieben zu schnüffeln begann. Als habe sie einen Schnupfen oder eine leichte Erkältung. Dann ließ sie ein schwaches Räuspern vernehmen, griff mit behandschuhter Hand in ihren Pompadour, zog ein Taschentuch heraus und presste es fest auf den Mund.

»Die Kinder haben Wildblumen für dich gepflückt«, sagte Frieda. Und schon während sie es sagte, wusste sie, dass ihr Zuhause Nusch nicht gefiel, dass alle Schlüsselblumen von Nottingham den hartnäckigen Gestank von ausgekochten Knochen und Küchengas nicht vertreiben konnten. Sie führte sie ins Gesellschaftszimmer, und für den Bruchteil einer Sekunde sah sie es mit Nuschs Augen an: die mit nicht passendem Stoff verlängerten Baumwollvorhänge, die von der Wand abblätternde Farbe, den schmutzgesprenkelten matten Lampenschirm. Selbst ihre bestickten Kissendeckchen – Rosen und Lilien, zinnoberrot und elfenbeinfarben – wirkten dilettantisch und plump.

Nusch inspizierte das Zimmer, die Oberlippe zuckte, die Brauen gingen in die Höhe. Sie hob die Röcke und tastete sich durch den Raum, als könnten aus dem fadenscheinigen Teppich Nagetiere oder Flöhe gekrochen kommen. Dann nahm sie das Sofa in Augenschein und staubte es mit ihrem Taschentuch ab, bevor sie sich vorsichtig auf der Kante niederließ. Wieder irrte ihr Blick durch den Raum, fiel auf den aufsteigenden Dunst, den kargen Kamin, Ernests Diplome, die in stolzen Reihen an der Wand hingen.

»Du hättest niemals jemanden heiraten dürfen, der so tief unter uns steht. Dieser Mann ist so unverfroren …«

Frieda wollte Ernest schon verteidigen, als sie plötzlich über dem Kamin ihr Spiegelbild erblickte: das Haar straff zu einem Dutt frisiert, ein Zimtfleck auf der Stirn, ungeschminkte Wangen, die ihre jugendlichen Konturen verloren hatten, der Mund zu einem angespannten Lächeln verzogen. Warum nur hatte sie sich nicht noch einmal das Gesicht abgewischt? Warum hatte sie sich das Haar nicht elegant hochgesteckt, mit den kleinen bemalten Kämmen, die Ernest ihr zur Hochzeit gekauft hatte? Und das karierte Kleid mit dem Kragen, der wie eine Schlinge um ihren Hals lag – zu eng nach drei Kindern, zu altmodisch, der formlose Rock ohne jeden Schwung. Sie hätte weniger Zeit aufs Backen und mehr auf ihre Erscheinung verwenden sollen.

Erleichtert wandte sie sich zur Tür um, als die Kinder hereinstürmten und Regentropfen von den Hüten und aus den vollgesogenen Säumen ihrer Kleider schüttelten.

»Zieht eure Mäntel aus und trocknet euch die Haare. Tante Nusch will nicht von euch nassgespritzt werden«, sagte sie leichthin und scheuchte sie mit einer nachlässigen Bewegung aus dem Handgelenk fort. »Sie sind so aufgeregt, dass du uns endlich besuchen kommst, liebste Nusch. Sie haben hundert Fragen zu ihrer kleinen Cousine. Hättest du sie doch nur mitgebracht.«

Nusch lachte kurz auf. »Reisen und Kinder sind eine fatale Kombination. Man sollte sie immer auseinanderhalten.« Sie lehnte sich vor und sprach ein wenig leiser. »Seit ich von Bord gegangen bin, habe ich keinen einzigen bewundernden Blick auf mich gezogen. Was stimmt nicht mit den Engländern?«

»Sie sind zurückhaltend, und du bist viel zu sehr an Militärs gewöhnt. Aber ich habe etwas viel Schöneres für dich: einen selbst gebackenen Kuchen.« Frieda wünschte, Mrs Babbit würde sich ein wenig mit dem Tee beeilen. Ein schönes, großes Stück Kuchen würde ihr die nötige Kraft geben, die Sticheleien ihrer Schwester zu überhören, hoffte sie, während ihr das Wasser im Mund zusammenlief.

»Die Kinder sehen reizend aus, auch mit den nassen Haaren. Viel zu reizend, um Sprösslinge von Ernest zu sein.« Nusch stand auf und strich sich über die Röcke, und es störte Frieda, dass die Röcke ihrer Schwester so rüschig waren und so gut passten. Das makellose Reisekleid war viel zu neu, die Knöpfe viel zu glänzend, die Silberreiherfedern viel zu prächtig. Nichts davon passte so recht in ihr schäbiges kleines Haus.

Später dann, als Ida die Kinder fortgebracht und Mrs Babbit den Tee serviert und den Raum verlassen hatte, räusperte sich Nusch. »Alle modernen Damen in Berlin und München haben Affären.« Sie senkte den Blick geheimnistuerisch in ihre Teetasse. »Ich weiß, wir sind Freiinnen, aber wir müssen verführerisch aussehen, sonst sind wir ein Nichts. Und ich habe nicht die Absicht, ein Nichts zu sein.«

»Aber du bist nicht nichts. Und du hast alles«, erwiderte Frieda verdutzt.

»Ach, ich denke doch nicht an mich. Wie dem auch sei, wir Richthofens sind für ein langweiliges Leben nicht geschaffen. Es passt einfach nicht zu uns.«

Frieda spürte inwendig einen Schmerz, als schnüre ein metallener Ring ihr die Brust zusammen. »Mein Leben ist nicht langweilig«, sagte sie mit einer ausholenden Geste zum Fenster hin, wobei sich ihr Arm plötzlich steif und schwer anfühlte. Die Kinder spielten im Garten, und sie wollte Nusch wissen lassen, wie glücklich sie sie machten, aber ein dünnes kleines Stimmchen war in ihren Kopf gekrochen und das ungeduldige Brummen lenkte sie ab: langweilig, langweilig, langweilig. Ein Nichts, ein Nichts, ein Nichts.

»Du solltest einmal Elisabeth in München besuchen. Die Cafés sind voller Anarchisten und Künstler, die über die freie Liebe reden, und sie ist mitten im Geschehen. Ich umgebe mich lieber mit Militärs, aber dir könnte es dort gefallen. Du warst doch schon immer eine kleine Radikale.« Nusch machte eine Pause und sah angelegentlich auf die vielen Ringe an ihren Fingern. »Erinnerst du dich, wie du damals die Birnbäume in Vaters Obstgarten angepinkelt hast? Du hast wie ein Hund das Bein gehoben. Schamlos!«

Frieda schob sich mit der Gabel eine große Portion Kuchen in den Mund und dachte über eine passende Erwiderung nach. Aber Nusch hatte es sich in den Kissen bequem gemacht und blieb bei der Vergangenheit. »Ich habe nie verstanden, warum du nicht gestorben bist, als Vater dich in diesen See geworfen hat. Erinnerst du dich? Er ist immer mit dir von dieser wackligen Brücke gesprungen, und du hast dich wie ein Äffchen an ihn geklammert … Wenn ich an all die nackten Soldaten denke, die dort gebadet haben!« Ihre gemalten Brauen hüpften auf und nieder. »Mutter hat es ihm immer wieder verboten, aber das hat ihn nicht gekümmert. Mochtest du das eigentlich? Oder hast du es nur dem alten Schlawiner zuliebe gemacht?«

»Ach, hör doch auf! Ich war noch ein Kind.«

»Er war so unglücklich, dass du kein Junge warst. Ich bin mir sicher, er dachte, er könnte dich in einen verwandeln, der alte Narr!« Nusch griff nach der Serviette in ihrem Schoß und warf sie auf den Tisch. »Und jetzt bist du hier. Eine glückliche kleine Ehefrau in England!«

Sie streckte sich und gähnte. Frieda schob den Apfelkuchen auf ihrem Teller herum und sah zu, wie er zu einer Masse aus gelben Streuseln und Apfelstückchen zusammenfiel. Als das Schweigen vom scharfen Klicken der Türklinke zerschnitten wurde und Ernest auftauchte – dem im Verbeugen eine dünne blasse Haarsträhne über die Augen fiel –, war sie erstaunlich erleichtert.

»Nusch hat mir gerade vorgeschlagen, Elisabeth in München zu besuchen.«

»Ehe sie durch ihr Mutterdasein noch ganz und gar langweilig wird«. Nusch ließ kokett die Schultern erbeben, und die Diamanttropfen an ihren Ohren schickten flirrende Lichter über den Tisch.

Ernest nickte bedächtig. »Warum nicht? Mrs Babbit und ich kommen zurecht, und Ida kann nach den Kindern sehen.«

»Willst du mich denn nicht begleiten, mein Schatz?« Frieda griff nach Ernests Hand, die sich kalt und papieren anfühlte, und wünschte, er würde Mrs Babbit bitten, ihm im Arbeitszimmer Feuer zu machen. Er war so genügsam, so hart mit sich selbst. »Wir könnten zu einem von Elisabeths Salons gehen und uns in München ein paar Theateraufführungen anschauen. Seit ich dich kenne, hast du noch nie Urlaub gemacht.«

Er schüttelte energisch den Kopf. »Ich habe viel zu viel zu tun. Fahr du nur allein.«

»Allein?« Sie spürte kurz eine ängstliche Aufgeregtheit. Bisher hatte sie ihre Kinder noch nie allein gelassen, aber Monty war jetzt sieben, Elsa fünf und Barby drei. Konnte sie das? Sie sah kurz zu ihrer Schwester hinüber. Nusch, den Kopf stolz erhoben, blickte sie gelassen an wie eine Katze, die eine Maus beobachtet.

»Ja, Frieda. Komm zu uns zurück, bevor es zu spät ist.«

»Die etymologischen Eigenschaften des Wortes ›lateness‹ … überaus faszinierend.« Ernest hielt inne und strich sich mit dem Daumen über den Schnurrbart. »Es ist umstritten, ob das Wort ursprünglich vom Lateinischen *lassus* stammt, was müde oder erschöpft bedeutet, ober ob es vom Germanischen oder sogar Mitteldänischen herrührt, *laat*, was faul und träge bedeutet. Und dann ist da natürlich noch das griechische Wort *ledein*.«

»Ich denke, *faul* und *träge* dürften vorerst genügen.« Nusch prustete los, ihre Finger betasteten die elfenbeinernen Kämme, die ihr glänzendes goldenes Haar zusammenhielten.

»Es ist nicht so einfach, wenn man drei Kinder hat. Du hast nur eins, du kannst das nicht wissen.« Frieda wandte beleidigt den Kopf. Von den Fensterscheiben tönte das nervtötende Geprassel herüber, mit dem die Regenpfeile gegen das Glas schossen. »Aber vielleicht fahre ich ja allein nach München.« Während sie dies sagte, spürte sie Trotz in sich auflodern, kaum merklich und doch unverkennbar. »Ja, vielleicht tue ich das ...«

2

Frieda

Am folgenden Tag verkündete Nusch, sie werde schnell nach Berlin zurückkehren. Sie liefen gerade über die Felder, Friedas Lieblingsweg, denn im Frühjahr blühten dort amethystfarbene Orchideen. Nusch mochte keinen Schlamm, sie sorgte sich um ihre Ziegenlederstiefel und Seidenstrümpfe. Und statt die Orchideen zu bewundern, hielt sie den Blick starr auf den Horizont gerichtet, eine dunkle, düstere Linie aus Rauch und Dampf und Industrieabgasen.

»Aber du bist doch gerade erst angekommen«, sagte Frieda, empört und verwirrt zugleich. »Ich habe Unternehmungen geplant. England ist so wunderschön im Frühling, die Blüten und das frische Gras und die Lämmchen.«

»Ja schon, aber mein Schatz möchte, dass ich zurückkomme. Wir halten es zurzeit kaum ohne einander aus.« Nusch grinste und griff sich züchtig an die Kehle. Frieda nahm den wahren Grund für Nuschs Besuch mit Entsetzen zur Kenntnis. Ihre Schwester hatte nicht sie sehen wollen. Oder die Kinder. Sie wollte bloß mit ihrem Liebhaber angeben.

»Wir treffen uns jeden Nachmittag in seiner Kutsche, die einen Vorhang hat, und fahren Unter den Linden auf und ab, bis wir nicht mehr können. Er ist so leidenschaftlich, so verliebt in mich. Ich bin sicher, ganz Berlin hat unsere Lustschreie gehört.« Nusch schüttelte den Kopf, dann senkte sie die Stimme und setzte hinzu: »Er mag es, wenn ich oben bin.«

Frieda dachte an Ernest in dem spartanischen Schlafzimmer, in dem er steif im engen Gästebett lag, mit seiner ärmlichen Matratze und der Bibel neben dem Kopfkissen. Wie einfach, wie leise hatte er sich davongestohlen. Sie wälze sich zu viel umher, sie atme zu laut, ihr Gewicht drücke die Matratze nieder. Und jetzt, da er so viele Mäuler zu stopfen habe, brauche er seinen Schlaf. Daher hatte er sich aus dem Staub gemacht, um allein zu schlafen. Aber das würde sie Nusch nicht erzählen. Auch nicht, dass sie noch nie *auf ihm* gewesen war. Nein, diese Genugtuung würde sie ihrer kleinen Schwester nicht bieten.

Außerdem liebte sie es, wenn die Kinder am frühen Morgen ins Zimmer gestürmt kamen, auf dem Bett herumhüpften, unter die Bettdecke krochen und sie um eine Geschichte oder eine Kissenschlacht anbettelten. Was sie nicht tun würden, läge Ernest dort im Bett.

Plötzlich wurde sie von Neugierde gepackt. »Aber Elisabeth hat ja wohl keine Liebhaber.«

»Aber sicher doch. Ach, du armes Ding. Du hast keine Ahnung, nicht wahr? Sie hat einen ganz außerordentlichen Liebhaber, er ist in München offenbar stadtbekannt. Sie praktizieren die freie Liebe. Keine Vorhänge an der Kutsche!«

»Was?« Frieda spürte, wie ihr die Kinnlade herunterfiel. Elisabeth, eine der ersten Frauen in Deutschland, die zur Universität gegangen waren, die ihren Doktor gemacht und einen Männerberuf ergriffen hatte, mittlerweile verheiratet mit dem nüchternen, bebrillten Edgar. Nein, das war zu viel. Nusch flunkerte ihr etwas vor.

»München ist eine Hochburg der freien Liebe. Und Elisabeth ist deren glühende Anhängerin.«

»Und was tun diese Anhängerinnen?« Frieda spürte, wie sie rot anlief, so schockiert war sie, und die Röte kroch ihr die Kehle hinunter bis ins Kleid hinein, sodass jeder Zentimeter ihres Körpers sich heiß und rosig anfühlte.

»Sie teilen sich ihre Liebhaber. Und zwar ohne jede Heimlichtuerei. Alles ganz offen, mit jedem, den sie wollen! Ich persönlich ziehe den besonderen Kitzel von etwas Verbotenem vor.« Nusch blickte Frieda mit großem Wimpernaufschlag an. »Reizt dich das nicht? Ernest ist so ein langweiliger alter Knochen.«

»Ich dachte, Elisabeth wäre mit ihren Suffragetten, ihren beiden Häusern und ihren Salons beschäftigt und hätte alle Hände voll damit zu tun, Edgars Berge von Geld auszugeben«, sagte Frieda entrüstet. Plötzlich wollte sie von *freier Liebe* oder den Liebhabern ihrer Schwestern nichts mehr hören.

»Ja, sie arbeitet viel für den Bund deutscher Frauenvereine, aber trotzdem hat sie Zeit fürs Vergnügen. Wenn du nach München fährst, wirst du ihren Liebhaber kennenlernen. Ihn zu sehen ist an sich schon eine lohnende Sache.« Sie hielt inne und schnüffelte in derselben übertriebenen Art wie schon in Friedas Flur. »Was ist das für ein garstiger Gestank?«

»Der Wind weht heute von den Fabriken herüber. Es könnte Ammoniak oder Schwefel sein, oder es kommt von den Aschegruben oder vielleicht vom Viehmarkt. Aber sieh dir die Bäume an«, Frieda blickte hinauf zu den staubigen Weidenkätzchen und den kleinen Blättchen, die sich wie winzige grüne Sonnenschirme entfalteten. »Sind sie nicht wundervoll?«

Nusch hielt sich das Taschentuch vor die Nase und fächelte sich mit den Fingern Luft zu. »Elisabeth versteht nicht, warum du keinen Salon abhältst. Sie hält jede Woche einen ab, entweder in

München oder in Heidelberg. Letzte Woche war ich dort, Max und Alfred Weber haben gesprochen, und es herrschte ein solcher Trubel, dass ich kaum meinen eigenen Gedanken folgen konnte. Es hätte dir sehr gefallen.« Sie ließ das Taschentuch sinken und schnüffelte vorsichtig. »Hat sie dir schon von den Brüdern Weber geschrieben? Max ist ein Genie, er hat jetzt schon eine große Gefolgschaft. Elisabeth sagt, seine Ideen werden einmal die Welt verändern. Sie sagt, die aufregendsten Ideen kämen gerade aus München oder Heidelberg. England ist offenbar eher das Schlusslicht.«

Frieda versuchte, ihre Gedanken zu bändigen, indem sie die Veilchen und Löwenmäulchen betrachtete, die am Wegesrand sprossen, die festen weißen Knospen im Schlehdorn, die Vögel, die mit akrobatischen Kreisen den Himmel durchschnitten. Nur so konnte sie es *ertragen*: indem sie sich auf die Schönheit um sie herum konzentrierte und das Gerede ihrer Schwester an sich abperlen ließ. Trotzdem sah sie die ganze Zeit Nusch in ihrer Kutsche mit den vorgezogenen Vorhängen, die Samtröcke bis zur Hüfte geschürzt. Oder Elisabeth in ihrem vor Menschen wimmelnden Salon, wie sie bei den angeregten Gesprächen großer Männer den Vorsitz führte.

»Ja, sie schreibt oft von Max Weber und seinen Büchern und Essays«, sagte sie ausdruckslos. Aber nie von der freien Liebe, dachte sie.

»Sein Bruder Albert und er haben mich die ganze Nacht wach gehalten, sie sprachen über die Verbindung des Intellektuellen mit dem Erotischen. Ich habe kein Wort verstanden, aber sie beugen sich Elisabeth in allem. Sie behauptet, ihre Salons würden ein neues Zeitalter der Freiheit erschaffen.« Nusch hustete laut und schlug um sich, um die verpestete Luft zu vertreiben. »Könntest du es nicht mit einem Salon versuchen?«

»Es gibt niemanden, den ich einladen könnte. Wir haben in Nottingham keine Philosophen oder Dichter«, erwiderte Frieda. »Wir führen hier ein sehr ruhiges Leben.« Zu ruhig, dachte sie bei sich. Und die gestrigen Worte ihrer Schwester hallten in ihr wider: *langweilig ... nichts ... ehe es zu spät ist.*

»Wenn sie nicht bei ihrem Liebhaber ist, reden Elisabeth und Edgar abends über Tolstois Werke. Anscheinend arbeiten sie sich durch sein Gesamtwerk. Könntet ihr nicht auch so etwas tun, Ernest und du? Mit seinen Studenten muss er doch auch Bücher besprechen, warum dann nicht mit dir?«

Frieda seufzte. Das hatte sie natürlich versucht. Sie hatte versucht, mit ihm über Shakespeare und Stendhal und all die anderen Schriftsteller zu reden, die sie an ihren einsamen Abenden gelesen hatte. Sie hatte versucht, ihn an ihrer Faszination für die Figuren teilhaben zu lassen, für deren Gefühle und Verstrickungen. Ernest aber hatte ihr entweder Vorträge über literarische Formen gehalten oder ihre Grammatik verbessert. Irgendwann hatte er es abgebrochen und war stattdessen in sein Arbeitszimmer verschwunden, und sie war erleichtert gewesen.

»Er ist viel zu beschäftigt mit der Arbeit an seinem wegweisenden Buch über Etymologie«, erwiderte sie, den Blick zu Boden gerichtet.

»Wenn ich mir dein Leben ansehe, überläuft es mich eiskalt, du armes Ding.« Nusch schüttelte sich ostentativ, dann stieß sie ein erleichtertes Lachen aus. »Gott sei Dank bin ich am Wochenende wieder in Berlin!«

Später am Abend schlüpfte Frieda zu Monty ins Bett, schlang die Arme um ihn und sog seinen Geruch ein. Er roch nach nassen Knospen und Seife. Sie starrte in die Dunkelheit und fragte sich, wie es sich anfühlen mochte, in München die bewunderte Gastgeberin eines Salons zu sein. Sie schloss die Augen und stellte sich vor, sie wäre dort. Das Stimmengewirr und Gelächter. Das Gedränge der Leiber. Das Klirren und Tönen von Gläsern. Die Kristallschüsseln mit dem Fruchtpunsch. Die hellen Lichter der vielen Lampen, die bis tief in die Nacht hinein brannten. Und sie selbst in einem umwerfenden Seidenkleid und mit scharlachroten Mohnblumen im Haar, im Epizentrum einer leidenschaftlichen Debatte über die Zukunft der Literatur. Ihr lief ein Schauder den Rücken hinauf.

Am Morgen nach Nuschs Abreise stieß Frieda alle Fenster und Türen auf, riss die Vorhänge auf, so weit es nur ging, und stapelte Bücher vor die Türen, um sie offen zu halten. Licht fiel ins Zimmer, und die schneidende Aprilluft fegte durchs Haus, blies Hüte von der Ablage, fuhr in Ernests Papiere und ließ sie den Flur hinuntersegeln. Als Elsa fragte, was sie da tue, antwortete Frieda: »Ich möchte spüren, wie der Frühling durch dieses Haus weht. Ich habe vergessen, wie sich das anfühlt.«

»Aber das ist schmutzig!«, protestierte Elsa.

Und Frieda, die Ernests Papieren hinterherjagte, erwiderte: »Dann erzähl Papa nichts davon!«

3

Monty

M ama, was ist ein Hunne?«, fragte Monty mit Flüsterstimme.
Er wollte nicht, dass jemand zuhörte, und im *Mikado*-Café
ging es hoch her; an jedem Tisch saßen ein paar Damen und Herren, und die Kellnerinnen und Kellner eilten mit Kuchenständern
und Silbertabletts voller Tee- oder Kaffeegeschirr hin und her.

»Ein was, mein kleiner Schatz?« Seine Mutter hob den Blick
von ihrem Buch. Seit Tante Nusch vor einer Woche wieder abge-
reist war, las sie viel.

»Ein Hunne. Ist das so etwas wie eine Nonne?« Monty griff
nach einem weiteren Scone und fing an, die Erdbeerstückchen
aus dem Marmeladentopf herauszupicken und fein säuberlich auf
seinem Scone zu verteilen.

»Die Hunnen waren ein kriegerischer Volksstamm. Sehr stolz
und sehr hässlich. Und *Hunne* ist ein Schimpfwort für einen
Deutschen.«

»Heißt Barby Barby, weil sie eine Bar-Barbarin ist?« Nun schob
er die Erdbeerstückchen zu einer engen Spirale zusammen und
griff nach der Schüssel mit Clotted Cream.

»Barby ist die Abkürzung von Barbara und hat mit den Barba-
ren nichts zu tun. Zieht euch in der Schule jemand auf?«

Monty schüttelte vehement den Kopf. Er wollte ihr nicht von den großen Jungen erzählen, die ihn einen Hunnen schimpften, wie sie ihn herumgeschubst, ihm den Ranzen abgenommen und so hoch in die Luft geworfen hatten, dass er aufgegangen war und alle Bücher und Papiere wie trockenes Laub vom Himmel geflattert waren.

»Du solltest stolz darauf sein, ein halber Deutscher zu sein. Das Land hat einige der besten Denker dieser Welt hervorgebracht.« Sie zeigte ihm den Einband ihres Buches. Es war eine Geschichte über einen Mann namens Zarathustra. Aber es gab keine Bilder darin, und es sah sehr langweilig aus.

»Warum starren die Leute uns an, wenn wir deutsch reden?«

»Ach, mein kleiner Schatz«. Sie ließ ihr Buch sinken und schenkte sich aus der silbernen Kaffeekanne mit dem verschnörkelten Deckel noch eine Tasse ein. »Deutschland möchte jetzt ein Reich werden. Aber die Engländer meinen, nur sie selbst dürfen ein Empire haben. Sie finden, dass wir Deutschen zu groß, zu bedeutend werden. Engländer mögen nur sich selbst.« Sie ließ ein Stück Würfelzucker in ihren Kaffee fallen und rührte bedächtig um.

Monty kaute vor sich hin, runzelte die Stirn und versuchte, die Worte seiner Mutter zu verstehen. »Ist das der Grund, warum du keine Freunde hast?«

Sie sah ihn an, sagte aber nichts. Monty wünschte, sie würde lachen. Er mochte es, wenn sie so herzhaft lachte, dass es ihr die Haarnadeln aus den Locken schüttelte und die goldenen Flecken in ihren grünen Augen funkelten.

Stattdessen tätschelte sie den Buchdeckel und sagte: »Mr Nietzsche ist mein Freund, Monty.«

»Kommt er demnächst zum Tee?«

Seine Mutter antwortete lange nicht, also schluckte Monty geräuschvoll die Krümel hinunter, die an seinem Gaumen und am

Wangeninneren klebten. Er fragte sich, ob ihr die Worte im Mund stecken geblieben waren wie ihm die Scones-Krümel. Zu ihrer Ermunterung schluckte er noch einmal.

Aber dann schoss die Antwort in einem Rutsch aus ihrem Mund. »Du bist jetzt sieben, da kann ich es dir erzählen, Monty. Aber du darfst es niemandem weitersagen. Das bleibt unser Geheimnis.«

Monty nickte und wischte sich mit dem Handrücken die Cream vom Mund.

»Ich habe gemerkt, dass in mir etwas ist, das herauskommen möchte. Ich nenne es das *Was-ich-sein-könnte*. Es ist schwer zu erklären, mein Liebling.«

Montys Blick wanderte geschwind zu ihrem Bauch hinunter. Er nickte sehr langsam. Eine weitere Schwester wollte er nicht, aber ein Bruder wäre schon in Ordnung.

»Es fühlt sich an wie ein geheimes Feuer.« Sie hielt inne und legte sich die Hand erst auf die Brust und dann auf den Bauch. »Ich habe Angst, ich könnte sterben, bevor ich gelebt habe.«

Monty nickte mitfühlend. Er wusste, dass manche Frauen starben, wenn sie Kinder bekamen. »Ich werde für dich beten«, sagte er, nahm sich noch einen Scone und bestrich ihn mit Butter.

»Mein Freund, Mr Nietzsche, hilft mir.« Sie griff wieder nach ihrem Buch. »Und du auch, Monty. Du und Elsa und Barby.«

Er langte über den Tisch und tätschelte ihr leicht die Hand, wie sein Vater es manchmal tat. Es beunruhigte ihn, dass ihr einziger Freund in einem Buch gefangen war. Wie konnte jemand in einem Buch ihr dabei helfen, ein Baby auf die Welt zu bringen? »Weiß Papa davon?«

»Wovon, mein Schatz?« Sie sah von ihrem Buch auf und blickte ihn zerstreut an, als habe sie gerade etwas sehr Schwieriges gelesen und sei von ihm in ihrer Konzentration gestört worden.

»Von dem Ding, das in dir wächst«. Er nickte in Richtung ihres Bauches. Der definitiv größer geworden war, und weicher.

»Das soll unser Geheimnis bleiben, Monty. Ich hätte dir gar nichts sagen sollen, aber ich habe sonst niemanden, mit dem ich reden kann.«

»Wann kommt denn dein Freund zum Tee?«

Sie lächelte und strich ihm mit dem Daumen über die Wange. »Mr Nietzsche ist tot, mein Schatz.«

Monty blinzelte heftig und kaute auf seinem Scone herum. Sie las nicht mehr. Sie starrte mit einem entrückten Ausdruck auf dem Gesicht an die Decke. Monty dachte, da müsse etwas sein, da an der Decke, denn sie saß eine ganze Weile da und starrte hinauf. Aber als er nach oben blickte, war da nichts – nicht einmal Spinnweben.

4

Ernest

Ernest beschloss, zu Fuß von der Universität nach Hause zu gehen. Der Wind war beißend kalt, und ein feiner Nieselregen hatte die Kieselsteine dunkel und rutschig werden lassen, aber er brauchte Zeit zum Nachdenken. Nuschs abgebrochener Besuch hatte Frieda sichtlich aus dem Gleichgewicht gebracht, und er wollte den Schaden wiedergutmachen. Wenn er zum Marktplatz ging, konnte er ihr ein paar Blumen kaufen. Vielleicht gab es am Floristenstand noch ein paar Tulpen. Oder frühe Nelken, cremefarben und blassrosa. Er wollte ihr zeigen, dass sie sich jetzt echte Blumen leisten konnten, Zierpflanzen, die andere Menschen angebaut und gepflückt hatten. Frieda bestand darauf, dass sie Wiesenkerbel und Geißblatt von den Hecken pflückten. Sie pflückte sogar das Kreuzkraut auf den Feldern, obwohl es ihm vor einem Unkraut, von dem jeder – zumindest jeder englische Bauer – wusste, dass es das Vieh vergiftet, graute. »Aber wir sind ja kein Vieh, mein Schatz«, hatte sie lachend gesagt, »und sie sehen so schön bunt und fröhlich aus.«

Und jetzt machten die Kinder es ihr nach. Sie füllten das Haus mit welken, schlaff in den Vasen hängenden Stängeln. Wahllos wurden Krüge voll trübem Wasser auf ihren besten Mahagonitischen abgestellt. Überall auf dem Boden lagen verdorrte Blütenblätter herum. Seine ganze Zeitung war voller Pollen. Wenigstens hatten sie Mrs Babbit, die alles abstaubte.

Seine Gedanken schweiften zu all den neuen Bediensteten, die im Haus ein und aus gingen: die Hauswirtschafterin, das Kindermädchen, der Gehilfe, der zum Rasenmähen vorbeikam. Er hatte erfolglos versucht, die Mischung aus Verachtung und Zuneigung, mit der seine Frau diese Leute behandelte, zu imitieren. Sie legte im Umgang mit ihnen eine aristokratische Leichtigkeit an den Tag, für die er Bewunderung und zugleich Neid empfand. Seine unbeholfenen Versuche, nach außen ebenso locker zu wirken wie sie, hatten nur dazu geführt, dass er sich sonderbar unfähig fühlte. Mittlerweile überließ er ihr den Umgang mit dem Personal ganz.

Er dachte gern über seine Frau nach. Ihre Vitalität, ihren Überschwang. Es war, als besetzte sie jeden Winkel im Haus gleichzeitig. Und dann ihre Art, wie ein kleines Erdbeben die Treppe hinauf- und wieder hinunterzustürmen. Versuchte er gerade zu arbeiten, war das natürlich sehr provokant, aber wenn sie nicht da war, dachte er gern an sie.

Seit Nusch fort war, schien alle Lebendigkeit von ihr gewichen. Er hatte sich sogar kurz gefragt, ob Nuschs Zurschaustellung ihrer prächtigen Kleider und ausladenden Hüte Frieda vielleicht das Gefühl gegeben hatte, minderwertig zu sein. Nusch hatte wohl eine bessere Partie gemacht. Ihr Ehemann war so alt wie er, aber reich und von Adel, mit einer schmucken Duellnarbe quer über der linken Wange. Genau so ein Militär, wie der Freiherr von Richthofen ihn sich für jede seiner drei Töchter zum Gatten gewünscht hätte.

Er würde härter arbeiten müssen. Er würde ein paar Extrasitzungen im Prüfungsausschuss absolvieren oder einen weiteren

Abendunterricht für Arbeiter anbieten müssen. Und er würde ihr gestatten, sich einen neuen Hut aus London kommen zu lassen … mit kostbaren Federn an der Krempe. Silberreiher-Federn vielleicht …

Wenn sie mit den Kindern spielte, bekam sie immer noch glänzende Augen. Erst gestern hatte sie, als er nach Hause kam, mit geschürzten Röcken auf dem Boden gelegen und mit ihren kräftigen seidenbestrumpften Beinen in der Luft herumgestrampelt. Monty hatte erklärt, sie tue nur so, als sei sie ein Fahrrad. Das war einfach unpassend und würdelos gewesen, aber es hatte ihn so erleichtert, sie lachen zu hören, dass er es nicht weiter hatte kommentieren wollen.

Wie tief ihre Muttergefühle gingen, überraschte ihn immer wieder. Sie liebte ihre Kinder mit einer unbändigen Energie, die er noch nie so ganz verstanden hatte. Darüber wurde ihm bewusst, dass er selbst eine innere Schwäche hatte, begraben unter den unzähligen Schichten von Bildung, die er sich auf seinem langen, stetigen Weg hin zur Respektabilität, zur Stellung eines Gentleman, erarbeitet hatte. Eine Schwäche, die er weder genau benennen noch lokalisieren konnte, vergleichbar einem Mückenstich unter engen Kleidern.

Eine knallrote Straßenbahn ratterte vorbei und unterbrach seinen Gedankenstrom. Vorübergehend abgelenkt durch die Erinnerung an den Anblick der üppigen Schenkel seiner Frau hastete er zum Marktplatz. Er schüttelte den Kopf. Vor allem musste er über Nusch nachdenken. Mit was hatte sie Frieda so den Wind aus den Segeln genommen? Nuschs Mischung aus beißendem Spott und aufreizender Überlegenheit hatte er noch nie besonders gemocht. Er wusste, dass sie auf ihn herabsah – selbst wenn sie mit ihm flirtete. Sie hatte etwas Unchristliches, etwas irgendwie Unmoralisches. Ihm kamen Worte aus der Bibel in den

Sinn ... »Und auch in meinem Hause finde ich ihre Bosheit, spricht der HERR« ... Wenigstens hatte Frieda die moralische Stärke ihrer Mutter und nicht die schamlose Laxheit ihres Vaters oder ihrer Schwester.

Eine steife Brise wehte über den Markt, rüttelte an der Krempe seines Homburger und riss an dem Einstecktuch, das aus seiner Brusttasche ragte. Er packte den Griff seines Regenschirms und sah sich bei den verbliebenen Verkaufsständen um. Keine Tulpen oder Nelken. Ein Korb mit welkem Sauerampfer. Ein weiterer mit grünen Rhabarberstängeln. Ein Tisch mit Hasenkarkassen. Er blieb stehen und schaute sie sich an. Fetzen durchscheinenden Fleisches hingen noch an der Wirbelsäule.

»Karkasse«, murmelte er, »*carcosium* ... vielleicht ursprünglich von *carchesium* oder auch vom persischen *tarkash*. *Carcase* heißt es in Australien, glaube ich.«

Als er den bösen Blick des Standinhabers bemerkte, ging er schnell weiter. Der Nieselregen wurde stärker, er musste nach Hause. Er wollte gerade gehen, als er eine Frau sah, die gehäkelte Spitze in einen Korb packte.

»Ich hätte gern etwas von der Spitze«, sagte er und bemühte sich, entschlossen *und* gleichgültig zu klingen. Die Frau schob ihm ein Quadrat mausgraue Spitze hin. »Die sind in London gerade der letzte Schrei.«

Ernest räusperte sich. Es sah aus wie ein Taschentuch, aber irgendetwas sagte ihm, dass es kein Taschentuch war. Und doch war es zu groß, um ein Platz- oder Zierdeckchen zu sein.

»Für Sessellehnen. Da, wo die fettigen Köpfchen am Polster reiben«, erklärte die Frau.

»Ich nehme vier Stück.« Ernest trat einen Schritt zurück und dachte über das Wort »vier« nach. Vom Altenglischen *feower*, und davor wahrscheinlich vom Germanischen *fedwor*. Und davor? Seine Gedanken schweiften zurück zu den linguistischen Überresten vergangener Zeiten, zum Lateinischen, Griechischen, Altnordischen, Altfriesischen.

Er dachte immer noch über die Herkunft des Wortes »vier« nach, als er zu Hause im Flur stand und Frieda das feuchte Päckchen mit der Spitze aushändigte.

Sie riss das Papier auf. Als sie die Spitzenkarrees entdeckte, wurde ihr Lächeln ein wenig starr.

»Nottinghamer Spitze ist immer noch die beste der Welt«, sagte er und spürte einen kleinen Anflug von Stolz. Es war ein Stolz – der Stolz auf England, auf das Empire, darauf, dass er selbst ein englischer Gentleman war –, den er in den Jahren ihrer Ehe genährt hatte und den er vage und dunkel bis zum Morgen seiner Hochzeit zurückverfolgen konnte, als er das Bedauern in Freiherr von Richthofens Augen gesehen hatte.

Frieda warf das Papier in den Papierkorb. »Ja, mein Lieber. Das ist sie wohl.«

Als sie sich abwandte und ging, bemerkte er an der Haltung ihrer Schultern eine gewisse Müdigkeit. Als sei sie sehr erschöpft. Ja, er würde ihr eine Fahrkarte nach München kaufen. Sie brauchte Erholung, etwas Zeit für sich. München war die Rettung.

5

Frieda

Nach Nuschs Besuch dachte Frieda immer wieder an den Tag zurück, an dem sie Ernest kennengelernt hatte. Wenn sie seinen Hut bürstete oder seine Regenschirme ordnete oder den kleinen Spiegel putzte, den er in seinem Arbeitszimmer aufgehängt hatte, schloss sie die Augen und stellte sich die Quelle vor, an der sie einander das erste Mal begegnet waren. Sie konnte sich deutlich erinnern, wie die von der Sonne getrockneten Steine und das weiche Moos sich angefühlt hatten. Und an Ernest, wie er lässig auf seinen Stock gestützt dastand und den gebogenen Wasserstrahl beobachtete. Sie hatte die keck im Mundwinkel sitzende Pfeife gemocht, die silberne Fliege, den salopp auf dem Kopf sitzenden Strohhut. Er hatte Deutsch mit ihr gesprochen, dann Französisch, dann Englisch. Auch das hatte sie gemocht – sein Talent und seine Bildung.

Sie war nach Hause zu ihren Schwestern geeilt und hatte ihnen erzählt, dass er viele Jahr studiert hatte und an vier Universitäten gewesen war, von den vielen Lehrbüchern, an denen er arbeitete, und von seiner neuen Anstellung als Universitätsprofessor für Neuere Sprachen in einer englischen Stadt mit exotisch klingendem Namen. »Er ist sogar klüger als du«, hatte sie zu Elisabeth gesagt. Allerdings hatte sie weder erzählt, wie alt er war, noch, dass an seinen Schläfen blaue Adern pulsierten und dass er sein schon recht schütteres Haar über die glänzende Glatze drapierte.

Als ihre Mutter sagte, Mr Weekley wolle sie heiraten und nach England mitnehmen, hatte sie von ihrem Gedichtband aufgesehen und gelächelt und sich schon als inspirierende Ehefrau gesehen, die Leichtigkeit und Freude in das Leben eines großen Gelehrten brachte. Schon damals, im Alter von achtzehn Jahren, hatte sie an Größe geglaubt. Sie hatte sich vorgestellt, wie sie, in tiefe Gespräche verstrickt – Philosophie, Poesie, Politik –, über die wallenden Hügel Englands wandern und mit Leichtigkeit von einer Sprache zur nächsten springen würden. Erst später hatte sie den Reiz des Sieges über ihre Schwestern verspürt und in die Seiten ihres Buches geflüstert: »Ich werde als Erste heiraten, werde als Erste die Bürde der Jungfräulichkeit von mir werfen!«

»Natürlich ist er nicht Unseresgleichen«, hatte die Freifrau gesagt. »Aber dass du keine Mitgift hast, ist ihm einerlei, und Bittsteller haben keine Wahl.«

Frieda hatte sich nie etwas aus Geld gemacht. Sie wollte das Leben. Abenteuer. Gespräche. Liebe. Ernest hatte ihr all das geboten. Und dazu noch das verheißungsvolle England: Schon das Wort allein steckte voller Mysterium, Glanz und Leidenschaft. Sie hatte das Land eines Shakespeare, Wordsworth und Byron rufen hören. Ein Land der Könige und Königinnen. Ein Empire, das bis ans Ende der Welt reichte. »Dies gekrönte Eiland ... dies halbe Paradies ... dies Kleinod, in die Silbersee gefasst.« Sie wiederholte immer und immer wieder das Wort »England« und ließ es sich auf der Zunge zergehen.

Später, nach einer Begegnung mit Ernests unterwürfigen Eltern in Dover – die fromme kleine Mutter mit ihren geflickten Handschuhen trippelnd und knicksend, der bucklige Vater tänzelnd und sich verbeugend, das Hemd vom Waschen dünn wie Papier –, war die Freifrau wütend nach Metz davongerauscht. Als Frieda wiederkam, hatten ihre Eltern ihr klargemacht, dass sie mit Ernest nicht mehr einverstanden waren. Über seine offenkundige Jungfräulichkeit war in der Familie gespottet worden, seine armen Eltern hatten als Schande gegolten, sein Mangel an Klasse als Verbrechen.

Aber Frieda hatte in Mr und Mrs Weekleys bescheidener Ehe etwas gesehen, das sie mit Hoffnung erfüllte: Die kleinen Gesten der Zuneigung und Vertrautheit, die sie einander entgegenbrachten, die Hingabe, mit der Ernests Vater für seine Frau den Ofen reinigte, die Art, wie sie ihm jeden Morgen den Bart kämmte und ihm die Falten aus der Hose strich, wenn er sich erhob. Kleine Gesten der Loyalität und der Liebe, die sie nie zuvor gesehen hatte.

Ganz zu Anfang ihrer Ehe hatte sie versucht, es genauso zu machen, hatte die Krümel aus Ernests Schnurrbart gebürstet und seinen Schlips gerade gezogen. Sie hatte Butterblümchen und Vergissmeinnicht gepflückt, sie mit etwas Grünzeug arrangiert und in Eierbechern auf seinen Schreibtisch gestellt. Zum Frühstück hatte sie den Brieföffner neben seine Post gelegt und die Ränder von seinem Toast abgeschnitten. Nach der Geburt der Kinder hatten die Dinge sich geändert. Etwas war mit Ernest geschehen, sie konnte nicht genau sagen, wie oder warum, aber sie fühlte sich zusehends an die Peripherie seines Lebens gedrängt. Verwirrt hatte sie sich gefragt, ob er sie nicht mehr liebte, ob er sie je geliebt hatte. Ihre Verwirrung war kurz in Wut umgeschlagen. Nach ein paar Wochen war der Ärger allmählich verflogen, hatte sich in ein dumpfes, zärtliches Hinnehmen seiner Person und ihres getrennten Lebens verwandelt, und sie hatte sich mit großer Begeisterung in die Mutterschaft gestürzt.

Doch gelegentlich ging dieses Hinnehmen in eine stumme Traurigkeit über. Und sie hatte stets das Gefühl, man habe ihr eine Rolle übergestülpt. Eine Rolle, die sie nicht wirklich selbst gewählt hatte. Das war etwas, das sie eher gefühlt hatte, als dass sie es wusste, etwas, das sie nicht in Worte fassen konnte. Bis Nusch gekommen war mit all ihrem Gerede von Affären und Salons. Und zum Ausdruck gebracht hatte, dass Elisabeth und sie – von denen keine auch nur ansatzweise Friedas Mut besaß – sich irgendwie ein eigenes Leben geschaffen und ihre eigene Rolle gewählt hatten. In einem uneingeschränkten und freudvollen Leben. Einem Leben, in dem sie mit genau der Leidenschaft geliebt wurden, von der Frieda immer geträumt hatte.

Ich werde nach München fahren, dachte sie, und mir anschauen, wie sie mit der Darstellung ihres übervollen Lebens übertrieben haben. Vielleicht wollten ihre Schwestern sie dafür bestrafen, dass sie so tief unter ihrem Stand geheiratet hatte. Sie legte Ernests Pfeife und Tabaksbeutel bereit, genau so, wie er es mochte, in einer Ecke seines Arbeitstisches, neben dem Messingaschenbecher und einer neuen Schachtel Streichhölzer. Dann strich sie die mausgrauen kleinen Spitzenkarrees glatt, die er ihr gekauft hatte und die jetzt alle übereinander auf der Rückenlehne seines Schaukelstuhls lagen. Und während sie das tat, kam ihr plötzlich ein anderer Gedanke. Wenn nun Nusch weder gelogen noch übertrieben hatte? Sie schüttelte den Kopf. Die gebildete, ernste Elisabeth tollte mit einem hübschen Liebhaber an der freien Luft herum? Eine lachhafte Vorstellung!

6

Monty

Es war nun eine Woche her, dass seine Mutter ihm das große Geheimnis anvertraut hatte, und es fiel ihm immer schwerer, nicht an seinen zukünftigen Bruder zu denken oder an die Möglichkeit, dass seine Mutter sterben könnte. Mit dem geheimen Feuer, das in ihr brenne, hatte sie wohl gemeint, dass sie Fieber hatte. Er dachte an sein letztes Fieber. Es hatte sich angefühlt, als verbrenne er, als sei das Blut in seinen Adern am Kochen und als leckten Flammen an seinem Innern.

Als sein Vater an diesem Abend in sein Zimmer kam, um ihn zuzudecken, brach die Frage, die die ganze Zeit an ihm genagt hatte, aus ihm heraus: »Papa, wo kommt so ein Baby eigentlich her?«

Sein Vater saß auf der Bettkante und rührte sich nicht. Schließlich sagte er: »Es ist ein Geschenk Gottes.« Und dann hustete er, als sei ihm etwas in der Kehle stecken geblieben.

»Wenn es ein Geschenk ist, wieso sterben dann so viele Frauen daran?«

»Das kommt nur selten vor. Und wenn doch – wenn … wenn …« Seinem Vater versagte die Stimme, er sprang auf und stürzte zur Tür, als müsse er plötzlich ganz eilig fort. Zurück in sein Arbeitszimmer wahrscheinlich. Zurück zu seinen Büchern.

»Würde eine Frau sterben, wenn sie ein Baby bekäme und gleichzeitig Fieber hätte, Papa?«

Sein Vater griff nach dem Türknauf. »Schlafenszeit. Gute Nacht.«

»Aber wie kommt etwas so Großes überhaupt in den Bauch einer Frau hinein?« Monty hörte das Klicken, mit dem die Tür sich schloss, und die hastigen Schritte seines Vaters auf der Treppe. Bilder von Babys und von Flammen, die aus der Haut seiner Mutter schlugen, aus ihrem Mund, aus ihrem Kopf, ihren Nasenflügeln, ihrem Bauch, gingen ihm wild im Kopf herum. Und dann Bilder von ihr als toter Frau, die Augen geschlossen, vollkommen reglos – wie sie still dalag in ihrem besten Sonntagskleid mit den samtüberzogenen Knöpfen. Wie konnte das ein Geschenk Gottes sein?

Am nächsten Tag fragte er seine Mutter beim Frühstück, wie es ihr ging. »Was ist mit deinem ... Fieber?« Er deutete mit dem Kinn auf ihren Bauch und konzentrierte sich dann darauf, die Orangenmarmelade so auf seinem Toast zu verstreichen, dass die Orangenschalenstückchen auch gleichmäßig verteilt waren.

»Fieber?« Sie klang überrascht.

»Das Feuer.« Monty senkte die Stimme. Ida war mit Barby und Elsa zum Bauernhof gegangen, um ein paar Eier zu kaufen, und sein Vater war bei der Arbeit, aber Mrs Babbit war in der Küche und konnte jeden Moment hereinplatzen.

»Feuer?« Seine Mutter drehte sich zum Feuerrost um, wo ein paar Holzscheite halbherzig brannten. »Du bist immer so aufmerksam, Monty.« Sie schob ihren Stuhl zurück, ging zum Herd und warf ein kleines Scheit aufs Feuer, was einen Funkensprühregen verursachte.

»Kommt ein Baby von Gott?«

»Gewissenermaßen, ja.« Sie sah ihn neugierig an. »Aber in Wirklichkeit wird es von einem Mann hineingetan. Dann wächst es und wächst und kommt schließlich heraus.« Sie griff sich das Buttermesser, begann an der Butter zu kratzen und ließ hier und da kleine Flöckchen auf ihren Toast fallen.

Monty kaute nachdenklich. »Welcher Mann tut es da hinein?«

»Na ja, der Vater natürlich. Erinnerst du dich an den Bullen, den wir letzte Woche gesehen haben? Der auf die Kuh geklettert ist, bei der Eiche mit der Schaukel?«

Monty nickte.

»Er hat sein Baby in die Kuh getan. Und jetzt wird die Kuh immer fetter, und dann bekommt sie ein Kalb. Wie durch ein Wunder!«

»O«, sagte Monty verdutzt. Und erinnerte sich an den Bullen mit seinem riesigen roten Penis und wie er geächzt und sich hochgewuchtet hatte – und spürte, wie sein Gesicht heiß wurde. Er war sich noch nicht sicher, was Gott in all dem zu suchen hatte, aber er wollte nicht länger über seinen kleinen Bruder nachdenken, auch nicht über wütende Bullen oder seinen Vater, der auf seine Mutter kletterte. »Wollen wir heute nach Sherwood Forest gehen? Nur du und ich, ohne Elsa oder Barby. Könnten wir ein bisschen Pflaumenkuchen mitnehmen?«

»Du hast doch gerade erst gefrühstückt!« Sie beugte sich über den Tisch und drückte seine Hand. »Ich mag es, wenn du viel isst, Monty.«

Sie steckte sich das letzte Stückchen Toast in den Mund und erhob sich vom Tisch. Monty betrachtete ihren Bauch. Wurde er dicker? Er sah genauso aus wie vorher. Er beschloss, den Bauch von nun an jeden Tag anzuschauen. Und dann würde er es seinem Vater sagen. Jemand musste es ihm ja sagen. Auch wenn das hieß, dass er sie verpetzen musste.

7

Frieda

Während Frieda sich auf München vorbereitete – Hüte ausbessern, Schuhe neu besohlen und die Scharniere des Reiseschrankkoffers ölen ließ –, kamen weitere Briefe von ihren Schwestern an: Nusch schrieb, sie bedauere es sehr, nicht nach München kommen zu können, doch ihr Liebhaber und ihre Schneiderin beanspruchten sie täglich. Elisabeth teilte ihr mit, sie solle sofort ins Café *Stefanie* kommen, »ganz gleich, zu welcher Tages- oder Nachtzeit du eintriffst«, und betonte noch einmal, was für eine »intellektuelle und künstlerische Oase« München geworden sei. Frieda warf die Briefe in den Papierkorb, konnte aber nicht umhin, sich merkwürdig aufgekratzt zu fühlen. Sie schien zwischen missbilligendem Zweifel und nervöser Vorfreude hin- und hergerissen. Einmal hatte sie noch versucht, Ernest dazu zu bewegen, sie zu begleiten, aber er hatte darauf bestanden, dass ein Urlaub für ihn überhaupt nicht infrage kam.

Eines Nachts wachte sie mit staubtrockenem Mund auf und wollte Wasser trinken. Als sie nach dem Glas neben ihrem Bett griff, kehrte der Traum zurück, aus dem sie so plötzlich erwacht war. Sie runzelte die Stirn, blinzelte und nahm einen Schluck Wasser. Es war kein Traum, dachte sie. Es war eine ihr in allen

Einzelheiten vor Augen stehende Erinnerung. Eine Erinnerung, die sie vor zehn Jahren gut weggepackt hatte. Sie fragte sich, ob die bevorstehende Reise nach Hause eine kleine Tür zur Vergangenheit aufgestoßen hatte. Sie von dem engen, sonnenlosen Haus forttrug und für einen Augenblick zurückverfrachtete in die Militärgarnison von Metz. Sie legte sich nieder und schloss die Augen.

Die Erinnerung kehrte wieder, so lebendig wie ihr Traum. Sie war im Gesellschaftszimmer, hörte die Schritte ihrer Mutter, die hin und her lief, und ihre hektische Stimme, die den Raum füllte. Die Freifrau schickte Nusch los, um den befehlshabenden Offizier um Geld anzubetteln, kniff ihr in die mädchenhaften Wangen, damit ihre Schönheit ihn freigebiger stimmte. Die Neuigkeiten machten allmählich die Runde. Die Dienstboten waren entlassen worden. Das Haus sollte verkauft werden. Kein Geld mehr für Mitgiften. Keine Chance mehr auf eine Heirat mit dem Hauptmann. Sie mussten sich Geld leihen, als Pfand war ihnen nur noch ihr letztes Hab und Gut geblieben. Die Spielschulden des Freiherrn waren zu groß geworden, unüberschaubar groß.

Sie steckte sich die Finger in die Ohren und wiegte sich unter den Eiderdaunen. An das, was darauf folgte, wollte sie nicht erinnert werden. Aber die Erinnerung überkam sie einfach, wie Wasser, das im Damm einen Riss gefunden hat, durch den es sich jetzt seinen Weg bahnt. Wütend fegten die Kleider der Freifrau über die Bodenbretter, die Arme, fest um die Brust geschlungen, zerquetschten die steifen Gräten ihres Korsetts. In ihrer Stimme mischte sich Scham mit Bitterkeit, während sie klagende Entschuldigungen für sein Verhalten vorbrachte ... »Es ist nicht leicht, in einer Schlacht verwundet zu werden. Wenn ein Militär seine Narbe so öffentlich zur Schau tragen muss ...« Ihr starrer Blick huschte von der Decke zum Boden, als könne sie es nicht ertragen, ihre Töchter anzusehen, sich selbst in ihren Augen gespiegelt zu sehen. »Er hat einen unehelichen Sohn, und wir müssen das Schweigen der Mutter kaufen … hätte er doch nur einen rechtmäßigen Sohn, dann könnte er ihm den Adelstitel vererben … Mit was für einer Enttäuschung hat er gelebt … Die vielen Austern, die sie gegessen hatte – bis sie fast krank wurde davon … die Zigeunerin, die ihm geschworen hatte, Frieda würde ein Junge werden … Deine Schuld, Frieda … Wärest du doch nur der Junge gewesen, der du hättest werden sollen …«

Frieda öffnete die Augen und stieß die Decke zurück. Die kalte Morgenluft riss sie aus dem Dämmerschlaf ihres Bewusstseins. Sie wollte nicht über die Vergangenheit nachdenken. Sie wollte sich nicht an den Umzug in die mickrige, niedrige Wohnung erinnern, daran, wie falsch sich alles angefühlt hatte – zu eng, zu neu, zu karg – oder an die endlosen Diskussionen, die nun folgten, wer sie jetzt heiraten solle, jetzt, da sie »keine Mitgift mehr« hatten. Ihr klang wieder die Stimme ihrer Mutter in den Ohren. ›Nusch wird einen reichen Ehemann finden, denn sie ist schön … Elisabeth wird zurechtkommen, denn sie ist mächtig klug … aber Frieda?‹

Geschwind setzte sie sich auf. Ich muss an den bevorstehenden Tag denken, sagte sie sich. Es gibt viel zu tun: Mrs Babbit braucht meine Anweisungen, die Zeitschriften-Abonnements für Ernest müssen verlängert werden, für Barbys Ausschlag muss eine Salbe gerührt werden, und ich muss beim Metzger meine Bestellung aufgeben.

Als sie sich später gähnend durch ihre Besorgungen kämpfte, hatte sie einen kurzen Moment der Erleuchtung.

»Ernest«, sagte sie abends bei Lammkotelett und Bratkartoffeln. »Ich möchte, dass meine Kinder in dem Wissen aufwachsen, dass Mut wichtiger ist als die äußere Erscheinung und die Intelligenz.«

Ernest hatte einen Stapel Examensarbeiten neben sich liegen und versuchte zu essen und gleichzeitig Korrekturen zu machen. »Wovon redest du eigentlich, meine Schneeblume?«

»Ich will, dass sie wissen, dass Mut wertvoller ist, als schön auszusehen oder klug zu sein.«

Er schien vollkommen perplex, und sie fragte sich, ob sie ihn daran erinnern sollte, wie mutig es von *ihm* gewesen war, die Freifrau um ihre Hand zu bitten. Doch dann sah er von seinen Papieren auf und antwortete ihr.

»Ich denke, Mut ist wichtig, falls Monty eine militärische Karriere einschlagen will. Ich freue mich, wenn die Mädchen so rein und schön werden wie du«. Er tätschelte ihre Hand und wandte sich wieder seiner Arbeit zu.

Sie seufzte, schob den Teller von sich und wollte schon nach Mrs Babbit klingeln, als Ernest sagte: »Lies Monty die Geschichte von König Arthur vor. Darin dreht sich alles um Mut und Unerschrockenheit.«

»Und die Mädchen?«, beharrte sie. Ernest hielt inne und löste kurz den Blick von seinen Papieren. »Pflicht, Loyalität und Moral. Steht alles in der Bibel. Vielleicht steht es auch in den Märchen der Gebrüder Grimm, mit denen du ihnen immer den Kopf füllst. Würdest du Mrs Babbit bitten, mir heute Abend mein Glas Stout ins Arbeitszimmer hinaufzubringen?« Damit schob er seinen Stuhl zurück, schnappte sich den Stapel mit Aufsätzen und verließ eilig den Raum.

»Vielleicht nehme ich Monty mit nach München, dann kann er sich den deutschen Schneid in Erinnerung rufen!«, rief Frieda seiner fliehenden Gestalt zu. Aber es kam keine Antwort, es hallte nur der scharfe Knall durchs Haus, mit dem er die Tür zum Arbeitszimmer hinter sich schloss.

8

Monty

Warum antwortest du mir immer auf Englisch?« Seine Mutter hatte die Stimme erhoben, um den Lärm im Café zu übertönen. »Möchtest du jetzt nicht lieber deutsch mit mir reden?«

Monty kaute bedächtig und sagte nichts. Die Leute starrten ihn immer an, wenn er deutsch sprach, und er wollte nicht noch einmal *hässlicher Hunne* genannt werden. Aber wenn sie zu Hause deutsch sprach, das mochte er gern. Er mochte es, wie die deutschen Wörter tief aus ihrer Kehle kamen, wie sie heraufstiegen und dann wie ein Gewehrfeuer aus ihrem Mund ratterten.

»Wenn wir zu Hause sind«, murmelte er nach einem langen Schweigen.

»Fein.« Sie langte über den Tisch nach einem weiteren Stück Obstkuchen. »In Deutschland schmeckt der Kuchen viel besser. Ich finde, du solltest mich nach München begleiten, Monty. Hättest du Lust dazu?«

Monty merkte, wie die Spannung von seinen Schultern abfiel und der Knoten in seinem Magen sich allmählich lockerte. »Ja, bitte. O ja, bitte!« Kuchenkrümel flogen aus seinem Mund, aber das scherte ihn nicht. Er würde nach München fahren!

»Ich fühle mich nicht ganz wohl und denke, ein kurzer Urlaub in München könnte hilfreich sein.« Sie schlug ihr Buch wieder auf, aber es sah nicht so aus, als würde sie lesen. Ihre Augen bewegten sich nicht.

Monty streckte die Hand aus und berührte vorsichtig ihren Unterarm. »Mama, hast du Bauchschmerzen?«

Sie sah auf und sagte: »Was täte ich nur ohne dich, Monty? Du bist jetzt schon ein großer Junge.« Monty wünschte, er wäre kein großer Junge. Er wollte wieder klein sein, auf ihren Schoß klettern, ihr Gesicht und ihr Haar streicheln und spüren, wie seine Haut unter der Hitze ihrer weichen Handfläche dahinschmolz. Wie Elsa und Barby.

»Oh, sieh doch, Monty!« Plötzlich war ihre Stimme hell wie Silber, und sie legte ihr Buch zurück in den Korb. »Steh auf. Schnell. Wir brauchen noch ein paar Stühle.«

Er blickte auf und sah Barbys Patenonkel Mr Dowson mit seiner Frau auf sie zukommen. Mrs Dowson deutete mit der Spitze ihres lila Sonnenschirms auf sie, und Mr Dowson hatte ein breites Lächeln im Gesicht, so breit, dass es aussah, als ginge es von einem Ohr zum anderen. Mr Dowson wohnte ein paar Straßen weiter und kam oft zu Besuch. Monty mochte seine zwinkernden Augen, die umso heller strahlten, wenn Papa nicht da war. Da kam ihm die Idee, dass vielleicht Mr Dowson ein Freund seiner Mutter war. Mit Mrs Dowson konnte man nicht viel anfangen – sie war zu sehr damit beschäftigt, Banner für ihre Komitees zu besticken.

»Wir sind gerade im Aufbruch!«, trällerte Mrs Dowson. »Ich muss zu einem Frauentreffen. Emmeline Pankhurst kommt nach Nottingham. Sie kommen doch auch, oder? Wir wollen ihr zeigen, dass Nottingham das Frauenwahlrecht ernst nimmt.«

»Du brauchst mich nicht, Helena. Ich werde Mrs Weekley bei

einem Kaffee Gesellschaft leisten.« Damit drehte Mr Dowson sich zu Monty und seiner Mutter um. »Dann können Sie mir erzählen, wie es meiner Lieblingspatentochter geht.« Er zwinkerte Monty zu und quetschte sich neben seine Mutter auf das Bänkchen, obwohl da überhaupt kein Platz zu sein schien und sie extra gesagt hatte, sie bräuchten mehr Stühle.

»Wie schön, Sie zu sehen, Mr Dowson.« Montys Mutter neigte den Kopf wie ein Spatz und sah Mr Dowson fest in die Augen. Monty gefiel das. Vielleicht erzählte sie etwas über das neue Baby. Er spitzte die Ohren, damit ihm nur ja kein Wort entging.

»Ich geb mir große Mühe, keinen Unsinn anzustellen, während Helena das Haus voller aufwieglerischer Suffragetten hat«, sagte Mr Dowson und verdrehte die Augen.

»Ihre Arbeit ist wichtig, die Frauen sollten das Wahlrecht bekommen.« Sie zögerte kurz und rührte gedankenverloren in ihrem Kaffee. »Aber als ich einmal bei solch einem Suffragetten-Treffen war, hatte ich nicht den Eindruck, dort willkommen zu sein. Und jetzt schreien und marschieren sie und führen sich auf wie Männer. Ich habe da andere Vorstellungen.«

»Ach ja? Hörst du, was deine Mutter sagt, Monty?« Mr Dowson stupste ihn am Arm.

Monty nickte, und sie sprach weiter, langsam, als suche sie tastend nach den richtigen Worten. »Sie sind nicht … offen genug für alle. Das Wahlrecht allein wird uns nicht die wahre Freiheit bringen. Es ist alles viel komplizierter. Wir haben Macht, weil wir anders sind als die Männer. Wir sollten unsere Welt weiblicher machen, euch Männern helfen, die Dinge anders zu sehen.«

»Also eine weiblichere Welt, was? Wie denkst du darüber, Monty? Sollten Frauen das Wahlrecht bekommen?« Aber Mr Dowson sah immer nur seine Mutter an, sodass Monty sich nicht sicher war, ob er antworten sollte oder nicht.

»Monty und ich fahren nach München. Da ist es noch progressiver.«

»Ich hoffe, Sie kommen zurück.« Mr Dowson brach in tiefes, bellendes Gelächter aus. »Wir wissen alle, was Sie von Nottingham halten.«

»Es ist eher so, dass Nottingham mich nicht leiden kann«, protestierte sie. Monty wandte sich ab und blickte aus dem Fenster, von dem aus er genau sehen konnte, ob jemand aus der Schule hereinkam. Und da geschah es, dass seine Mutter diese eigenartigen Worte äußerte.

»… etwas in mir … wie ein verzehrendes Feuer …« Sie sprach jetzt leiser und ließ geistesabwesend die Finger über ihr Kleid wandern. »… es fühlt sich an, als … kein Sinn, kein Ziel. Eines Tages … tot!« Sie hielt inne und schlug sich mit der Hand auf den Bauch. »Und das ist alles.«

Monty zuckte zusammen. »Warum muss mein kleiner Bruder sterben?«, brach es aus ihm heraus, und ihm war bewusst, dass seine Augen weit aufgerissen waren, denn die Augenhöhlen taten ihm weh.

»Wie bitte?« Seine Mutter sah ihn an, und die Haut zwischen ihren Augen legte sich in kleine Fältchen. »Monty ist zurzeit wirklich besessen vom Tod. Jeden Morgen löchert er mich mit Fragen über den Himmel.«

Sie zuckte mit den Schultern und hielt für ein paar Sekunden die Handflächen nach oben.

Monty war plötzlich sehr müde, und der Magen tat ihm weh. »Mama, ich habe Bauchschmerzen«, sagte er.

»Das wundert mich nicht, junger Mann. Bei all dem Kuchen, den du gegessen hast.« Aber Mr Dowson sah ihn nicht an. Er starrte unverwandt seine Mutter an, als sehe er sie zum ersten Mal.

9

Frieda

N uschs Vorschlag, Frieda und Ernest könnten sich doch über Literatur unterhalten – um Nottinghams Mangel an Salons auszugleichen –, war auf Widerhall gestoßen. Sie hatte schon einmal einen solchen Versuch unternommen, doch das war Jahre her. Damals hatte Ernest kein Interesse an den literarischen Figuren und ihren Gefühlen gezeigt, aber war es nicht einen weiteren Versuch wert?

Sie merkte, dass dieser Gedanke sie bei den unterschiedlichsten Anlässen beschäftigte. Manchmal stellte sie sich Elisabeth und Edgar vor, wie sie aufmerksam in die gemeinsame Lektüre von *Krieg und Frieden* vertieft waren, vielleicht neben einem knisternden Kaminfeuer oder im Licht einer leicht rauchenden Lampe. Sie sah das Bild deutlich vor sich: Elisabeth, das Kinn in die Hand gestützt, Edgar, wie er seine Brille anhob und sich nachdenklich den Nasenrücken rieb. Fast konnte sie hören, wie jeder seine Ansicht verteidigte, wie sie einander tiefgreifende Fragen stellten, einen lebhaften Ideenaustausch pflegten.

Bei anderen Gelegenheiten dachte sie zurück an die erste Zeit ihrer Ehe, als Ernest ihr jeden Tag einen Arm voller Bücher nach Hause gebracht hatte. Nachdem sie sich durch den Stapel gekämpft hatte – ihr Englisch war damals noch nicht so gut gewesen –, hatte er anerkennend gelächelt, sie seitlich auf den Kopf geküsst und die Bücher wieder eingesammelt, um sie zur Bücherei zurückzubringen. Als Monty geboren wurde, hatte Ernest begonnen, wie besessen zu arbeiten, jede Minute, tagein, tagaus, damit seine wachsende Familie niemals Hunger leiden musste. Er hatte aufgehört, Frieda viele Bücher mitzubringen, als halte er Lesen und Mutterschaft für unvereinbar.

Nur verdiente er jetzt viel mehr Geld, die Kinder waren älter, und ihr Englisch hatte sich deutlich gebessert. Vielleicht hatte Nusch recht, und ein wenig literarischer Austausch vertrieb das wachsende Gefühl, dass ihr Leben zu langweilig und leer war, dass sie das *wahre Leben*, mit dem ihre Schwestern sich so brüsteten, verpasste. Und vielleicht bekam sie so den alten Ernest zurück oder neuen Schwung in ihr Liebesleben. Daher war sie nach Nuschs Abreise einige Wochen lang auf der Suche nach dem perfekten Buch, durchstöberte die Nottingham Free Library und die Regale der kleinen Buchhandlung hinterm Markt. Schließlich wurde sie fündig. Der Roman ähnelte dem, den Elisabeth mit ihrem Ehemann las, folglich konnte Ernest keine Einwände haben. Aber es war nicht derselbe Roman, denn sie hatte keine Lust, ihre Schwester in der Wahl der Lektüre nachzuäffen. Sie hielt das Buch hinter ihrer Notensammlung versteckt, um Ernest jederzeit überraschen zu können. Jeden Nachmittag zog sie es heraus, las eine Stunde und notierte ihre Gedanken in ein kleines Büchlein mit seidenem Einband.

Eines Abends, sie spielte gerade eine Brahms-Sonate, der von ihr gewählte Roman war sorgfältig hinter dem Notenbuch versteckt, erschienen Ernest und Monty im Gesellschaftszimmer.

»Monty, mein Schatz, du solltest schon im Bett sein.« Sie hörte auf zu spielen, ließ aber die Hände weiter über den Tasten schweben und warf einen Blick hinüber zur Wanduhr. Halb neun. Er hätte längst schlafen sollen.

»Er hat gesagt, er sei wegen München viel zu aufgeregt, um schlafen zu können, meine Schneeblume.« Ernest legte Monty die Hand auf den Kopf. »Du wirst auf deine Mutter aufpassen müssen, Monty. Wie man sich erzählt, ist München voll von langhaarigen Männern und kurzhaarigen Damen.«

Frieda spürte, wie ihre Hände sich verkrampften und sie die Lippen aufeinanderpresste. Warum nannte er sie so beharrlich *seine Schneeblume*? Schnee war kalt und tot – und sie war weder das eine noch das andere. Ich bin ein lebendiges Wesen, dachte sie. Ich habe nicht einmal viel von einer Blume. *Schneeblume* – was auch immer das war – klang jungfräulich, unberührbar, fast schon arktisch. Ihr Blick streifte die Vase mit den rüschigen, cremefarbenen Nelken, die er am Vortag nach Hause gebracht hatte. Das ist es, was er sich wünscht, dachte sie verbittert. Wenn es nach ihm ginge, müsste ich wie eine rüschige weiße Nelke sein. Sie holte tief Luft.

»Ich habe gerade *Anna Karenina* gelesen. Ich dachte, wir könnten uns vielleicht darüber unterhalten, sobald Monty im Bett ist.«

Ernest sah sie ausdruckslos an. »Könnt ihr Damen denn dazu nicht eure Nachmittage nutzen? An denen ihr euch zu Hause trefft?«

»Die – die habe ich eingestellt.« Sie konnte hören, wie ihre Worte aufs Klavier und zwischen die elfenbeinernen Tasten fielen. Sie wollte erklären, dass sie sich bei den hiesigen Hausfrauen nicht wohlfühlte und das Gefühl hatte, dass man sie schnitt, wollte erklären, dass sie sie geistlos und kleinlich fand und dass ihr erbarmungsloser Kampf um Überlegenheit sie abstieß, aber Monty und Ernest starrten sie mit einer so unverhohlenen Überraschung an, dass ihr die Worte im Mund erstarben.

»Ich lese lieber stattdessen. Ich hatte gehofft, du und ich, wir könnten ...« Sie verstummte.

»Ich bringe an drei Abenden pro Woche Arbeitsleuten das Lesen bei, ich lehre jeden Samstag in Cambridge, ich unterrichte jeden Tag Dummköpfe am College, ich schreibe an einem wegweisenden Buch. Was hast du an den anderen Frauen auszusetzen?«

Frieda schloss den Klavierdeckel. Und was ist mit all der Zeit, die du darauf verschwendest, deine Bücher zu ordnen?, dachte sie, während sich in ihrer Kehle ein harter Knoten bildete.

»Es sind fromme Christinnen. Was sollen wir sagen, wenn wir ihnen in der Kirche begegnen?« Auf seinem Gesicht stand ratloser Ärger zu lesen. Gerade so, als spräche er mit einem etwas schwierigen und leicht verrückten Studenten.

Sie starrte dumm auf die Vase mit den rüschigen Nelken und versuchte mehrmals, den Kloß in ihrem Hals hinunterzuschlucken. Wie sollte sie ihm erklären, dass sie mit den christlichen Damen von Nottingham nichts gemein hatte? Dass sie das Gefühl hatte, einer anderen Art anzugehören. In Gedanken ging sie sie einzeln durch ... Mrs Clark, die Frau des Pfandleihers, die immer meine Kleidung kritisch mustert und sie dürftig findet. Mrs Black, die Frau des Teehändlers, deren ständiges Wettern gegen ihre Bediensteten mich abstößt. Mrs Burton, die Frau des Fabrikbesitzers, die immer nur über ihren neuesten Hut reden kann. Nein, zu deren donnerstäglichen Hausnachmittagen mochte sie nicht zurückkehren. Lieber kroch sie mit ihren Kindern auf dem Fußboden herum oder las oder pflückte Wildblumen. Sie öffnete den Mund, um Ernest noch einmal zu fragen, ob er vielleicht beim Abendessen mit ihr über *Anna Karenina* sprechen könnte, aber er hob die Hand, um sie daran zu hindern. Und mit dieser einen Geste schien er sie nicht nur an den Rand seines Lebens zu drängen, sondern noch weit darüber hinaus. Sie spürte den Kloß im Hals anschwellen und immer weiter wachsen. Rasch biss sie die Zähne zusammen. Sie durfte vor Monty nicht weinen. Weshalb auch immer ihr diese Tränen kamen – Reue, Wut, Frust, Einsamkeit –, sie durfte Monty nicht beunruhigen.

»Wir werden dieses Gespräch später fortsetzen. Wann gedenkst du mit Monty nach München zu fahren?«

»Gleich am Schuljahresende«, sagte sie und versuchte, hell und heiter zu klingen. Plötzlich hatte sie das Verlangen, Monty im Arm zu halten, sein beruhigend weiches Haar an der Wange zu spüren, den milchigen Vanillegeruch seines Atems auf dem Gesicht, seine tröstliche Haut an der ihren. »Komm und drück mich noch einmal fest, bevor du ins Bett gehst, mein Schatz.« Sie öffnete die Arme und lächelte. Aber Monty rührte sich nicht.

»Ich denke, Monty ist schon etwas zu alt, um sich von seiner Mutter herzen zu lassen. Ich bring ihn nach oben.« Ernests Hand drehte Montys Kopf und steuerte ihn Richtung Tür. »Sag deiner Mutter Gute Nacht.«

»Gute Nacht«, murmelte Monty, aber Frieda brachte keinen Ton heraus. Sie ging zurück zum Klavier, ihr kamen die Tränen, und der Kloß in ihrem Hals wurde so dick, dass sie schier keine Luft mehr bekam. Ernest hatte wiederholt gesagt, Monty müsse unabhängiger werden, sie verhätschele ihn zu sehr, er hänge zu sehr an ihr. Sie presste die Lippen aufeinander, öffnete den Klavierdeckel und begann ein Stück von Beethoven zu spielen. Ihre Hände zitterten, während die Töne sich um sie zum Sturm erhoben und gegen Wände und Möbel donnerten. Als Ernest zurückkam und ihr vorwarf, sie hätte Barby und Elsa geweckt, konnte sie nicht sprechen. Sie schüttelte nur den Kopf und spielte weiter. Ihr war, als seien das Klavier und die daraus hervorbrechende

Musik das Einzige, das sie noch zusammenhielt. Wenn sie aufhörte zu spielen, würde sie so in sich zusammenschrumpfen, dass sie verschwände. Wer bin ich jetzt?, dachte sie. Was bin ich? Nuschs Worte kamen ihr in den Sinn … »Ja, Frieda. Komm zu uns zurück, ehe es zu spät ist …«

10

Ernest

Ernest wünschte, Frieda würde endlich aufhören, so auf dem Klavier herumzuhämmern. Die Klänge brachten die Fensterläden in seinem Arbeitszimmer zum Klappern. Zudem spielte sie schon seit drei Tagen in Folge ein und dasselbe Stück, und das schadete seiner Konzentration. Hätte sie mehr musikalisches Talent gehabt, hätte es seinen Nerven vielleicht nicht so zugesetzt.

Er stieß einen langen, müden Seufzer aus, griff nach seiner Pfeife, stopfte sie sorgfältig und steckte sie sich in den Mundwinkel. Dann schob er ein paar Semesterarbeiten beiseite in der Hoffnung, eine Schachtel Streichhölzer zu finden. Unterdessen fiel sein Blick auf ein Exemplar der *Anna Karenina*. Das musste Frieda dorthin gelegt haben. Allmählich hatte er das Gefühl, das verdammte Buch verfolge ihn durchs ganze Haus. Sie hatte es offensichtlich nicht gelesen, kannte weder die Handlung noch die Figuren, wusste nicht um deren gottlose Schändlichkeit.

Er wollte es gerade zur Seite schieben, als etwas ihn veranlasste, es zu öffnen und darin zu blättern. Später fragte er sich, ob es an der Art gelegen hatte, wie es gebunden war: Es hatte einen wertvollen kastanienbraunen Kalbsledereinband mit prächtiger Goldschrift. Einem schön gebundenen Buch hatte er noch nie widerstehen können. Mit einem Stirnrunzeln konstatierte er, dass jemand quer über die erste Seite einen Eintrag gemacht hatte. Große rundliche Buchstaben, verziert mit theatralischen Schnörkeln. Er war sich sicher, dass das die Handschrift einer der Von-Richthofen-Schwestern war, aber war es die von Frieda? Sie würde doch wohl ein so hübsch gebundenes Buch nicht so schändlich entweihen?

»Bevor es zu spät ist«, las er laut. *Bevor es zu spät ist.* Aber zu spät für was?, fragte er sich. Er versuchte sich zu erinnern, wie *Anna Karenina* endete, dann fiel ihm ein, dass er es nie zu Ende gelesen hatte. Er dachte über das *zu spät* nach. Zu spät … zu spät. Er lehnte sich in seinem Stuhl zurück, zog an der nicht angezündeten Pfeife und genoss diesen kryptischen Augenblick geradezu.

Und dann kam ihm plötzlich die Erkenntnis, fiel es ihm wie Schuppen von den Augen. Wie hatte er nur so dumm sein können? So begriffsstutzig? Er spürte, wie sich alles zu einem Bild fügte – die Botschaft, Friedas Laune, ihr höchst unangemessenes Verhalten. Letztens hatte sie eher unbeholfen an seinen Hemdschößen herumgenestelt. Und gestern, als er in der Diele die Standuhr aufzog, hatte sie ihm mit der Hand über den Hosenboden gestrichen. Jetzt verstand er! Sie wollte noch ein Baby. *Bevor es zu spät war.*

Der kurze Schrecken, der ihn bei dieser Erkenntnis überfiel, war augenblicklich vorüber, als er sich die Gründe aufzuzählen begann, aus denen er unter keinen Umständen ein weiteres Kind in die Welt setzen wollte. Zu viel Lärm. Zu viel Gewusel. Zu viele Keime. Viel zu teuer. Seine Pläne, in ein solideres Haus umzuziehen, mit einer besseren Gartenerde, wären, wenn er die Finanzierung eines vierten Kindes einkalkulieren müsste, in Gefahr. Und was sollte aus seinem Buch werden? Und aus seinem Lehrstuhl in Cambridge?

Nein, das Ganze war absurd. Er würde sich durchsetzen. Er würde sich von ihren weiblichen Tricks nicht einwickeln lassen. Sein Blick wanderte über den Schreibtisch zum Fenster. Draußen dämmerte es. Das letzte Licht hing noch in den Bäumen, schwebte auf den grünenden Blättern, den zusammengerollten Knospen, dem bleichen Blütenbaldachin. Frühling, dachte er und erschrak erneut. Hatte vielleicht das verschwenderische Frühlingsverspre- chen dazu geführt, dass sie sich so intensiv mit dem Gedanken an Nachwuchs beschäftigte? Ja, das musste es sein. Des Frühlings Ausgelassenheit und Vorfreude: die knospenden Zweige, die auf- brechenden Blüten, der fieberhafte Nestbautrieb. Er sah sich in seinem Arbeitszimmer um. Sämtliche Wände waren mit Büchern vollgestellt, Reihe um Reihe stapelten sie sich vom Boden bis zur Decke. Alphabetisch geordnet, angefangen bei der Bibel und en- dend mit Zola. Alles feinsäuberlich in seiner Schreibschrift kata- logisiert. Ich habe mir mein Nest geschaffen, dachte er mit einem Gefühl der Zufriedenheit. Vielleicht wollte seine Frau nur ihr ei- genes Nest ausbauen. Vielleicht hatte die Ankunft des Frühlings eine geheimnisvolle, animalische Wirkung auf den Körper einer Frau. Eine jähe Kindheitserinnerung drängte sich zwischen seine Träumereien: seine neun Geschwister, die Köpfe geduckt über Schüsseln voll fleischloser Suppe, der Lärm, das Chaos, die Ent- behrung. Nein, ein weiteres Kind kam nicht infrage. Er würde niemals kapitulieren.

»Kapitulieren«, sprach er laut zur Decke. Die dünnen Wände wackelten, als Frieda Akkord für Akkord in die Tasten hieb. »Ka- pitulieren … von Lateinischen *capitulum*. Wundervolles Wort … Kopulieren …« Er hielt abrupt inne, dann kicherte er in sich hin- ein. Wörter hatten genau diese erstaunliche Eigenart: Sie trugen einen mühelos von einem Begriff zum nächsten. Er nahm an, dass es die Gedanken an die Fortpflanzung, ans Brüten und an den Frühling waren, die ihn so gewagt von »kapitulieren« zu »kopulieren« geführt hatten.

Eine Szene aus ihrer Hochzeitsnacht kam ihm in den Sinn. Die Erinnerung verfolgte ihn immer noch – wie beschämend tollpatschig sie gewesen waren, ihre widernatürliche Begeisterung. Irgendwie hatte er sich den Zeugungsakt anders vorgestellt. Sie hatte so wenig Bescheidenheit gezeigt, so wenig Zurückhaltung; er war gezwungen gewesen, sich umzudrehen und so zu tun, als schlafe er. Plötzlich fühlte er das Verlangen, die Pfeife endlich anzuzünden, diese unwillkommene Erinnerung durch Rauchen zu vertreiben. Er kramte in seinen Papieren nach einer Streichholzschachtel und lenkte seine Gedanken geschickt auf angenehmeres Territorium. Ihre erste Begegnung bei dieser besonderen kleinen Quelle im Schwarzwald, wo er den ersten Urlaub seines Lebens verbracht hatte. Was um Himmels willen war damals mit ihm geschehen? Er erinnerte sich deutlich daran, wie grün und wie hell alles gewesen war. Die dicht bewaldeten Hügel, die schlanken Kiefern, Reihe um Reihe in der Nachmittagssonne, die Raben, die kreisend von den Wipfeln aufgestiegen waren.

Im Rückblick schien es, als habe dieser Ausbruch in die Freiheit – fort vom Studium, von England, von seinem gewohnten Leben als Großstadtbewohner – ihm Verwegenheit verliehen, etwas, das über seinen inneren nervlichen Aufruhr hinweggetäuscht hatte. Als sei er zwei Wochen lang ein anderer gewesen. Er erinnerte sich, dass Frieda ihm, als sie einander vorgestellt wurden, ihre plumpe rosige Hand hingestreckt hatte. Ihre glühenden Wangen, ihr leicht aufmüpfiges Lächeln, der Lavendelduft, der ihrer hochgeschlossenen weißen Bluse entströmt war. Und die erstaunliche Art, wie sie sprach – diese seltsame Mischung aus Bayrisch, Elsässisch und Schlesisch, vermischt mit französischem Dialekt. Diese verschiedenen Zungenschläge hatten ihn fasziniert und betört. Er hatte fast augenblicklich gewusst, dass sie die einzige Frau war, die er jemals lieben würde. Obwohl sie damals eigentlich noch gar keine Frau gewesen war. Erst achtzehn. Aber so bezaubernd, so vielversprechend.

Seine Gedanken kehrten zur Gegenwart zurück. Ein viertes Kind kam überhaupt nicht infrage. Er klappte *Anna Karenina* zu und schob sie unter die zu korrigierenden Prüfungsarbeiten. München war die Lösung. Eine Chance für Frieda, ein wenig in sich zu gehen. Zwei Wochen mit Elisabeth würden ihr den Kopf wieder geraderücken, würden allen Gedanken an Familienzuwachs einen Riegel vorschieben. Elisabeths außerordentlich reger Verstand war ständig mit wirtschaftlichen und philosophischen Fragen beschäftigt. Vielleicht färbte das ein wenig auf seine Frau ab.

»Meine Frau«, sagte er vor sich hin. »Meine Schneeblume … meine Queen.« Das Wort »Queen« ließ ihn innehalten. Es hatte ihn schon immer irritiert. In den meisten Sprachen war das Wort für Königin die weibliche Form des Wortes für König. Nicht jedoch im Englischen. Er fragte sich, ob es wohl Wurzeln im griechischen *gyné* hatte, was Frau bedeutete. Oder vielleicht im Altsächsischen *qwan*, was Ehefrau bedeutete. Eine Weile sah er aus dem Fenster und betrachtete die Rußpartikel, die wie Blattlausschwärme vorbeischwebten. Frieda hatte ihr Klavierspiel beendet, und er hörte gedämpft die Fabriken der Stadt, das Klirren und Scheppern, das Zischen und Spucken.

»Meine Queen«, wiederholte er lächelnd. Er war regelrecht vernarrt in diese glorreichen sprachlichen Abstammungslinien. Vernarrt in die Tatsache, dass Wörter die ganze Geschichte einer Kultur in sich trugen, den kompletten Entwicklungsbogen des Menschen von der Sklaverei bis zur Freiheit. Er zündete seine Pfeife an, saugte ein paar Sekunden daran, warf den Kopf in den Nacken und blies zufrieden Rauch in die Luft.

ZWEITER TEIL

München 1907

»In ihrem tätigen Leben hing alles noch in der
Schwebe, doch darunter, im Dunkeln, entwickelte
sich etwas.«

D. H. Lawrence, *Liebende Frauen*

11

Monty

Es war dunkel, als sie schließlich in München ankamen. Monty dachte, es müsse mitten in der Nacht sein, aber seine Mutter sagte: »Wir können direkt zu Tante Elisabeth gehen, oder wir schauen in dem berühmten Café vorbei, von dem sie gesagt hat, wir müssten es uns unbedingt ansehen. Was wäre dir lieber?«

Monty riss die Augen auf und war augenblicklich hellwach. Die Vorstellung, spät in der Nacht allein mit seiner Mutter in ein Café zu gehen wie ein echter Gentleman, gefiel ihm sehr. Und ihm gefiel auch, dass sie den Trägern mit solcher Selbstverständlichkeit ein Zeichen gab und wie gerade sie sich dabei hielt, den Hut hoch oben auf dem Kopfe, wie eine Königin. »Können wir bitte ins Café gehen?«

»Einverstanden. Nur für ein paar Minuten.« Sie drehte sich um, und während der Träger ihre Schrankkoffer auf einen Gepäckwagen hievte, holte sie laut und tief Atem. Monty tat es ihr gleich. Es duftete so komisch nach Hefe, und es lag ein süßlicher, rauchiger Fleischgeruch in der Luft. München roch anders als Nottingham, betörend und exotisch. Und es kam ihm sehr merkwürdig vor, dass Städte so unterschiedlich riechen konnten.

Er hörte seine Mutter sagen, man soll sie ins »Café *Stefanie* in der Amalienstraße« fahren, und spürte vor lauter Stolz und Aufregung einen Schauder bis unter die Haarwurzeln. Das war anders als in England, wo die Fahrer sie nicht verstanden und sie sich oft wiederholen musste. Oder fremde Leute manchmal böse Kommentare über die Deutschen vor sich hin murmelten.

»Es ist schön, wieder zu Hause zu sein.« Sie fuhr sich mit beiden Händen übers Haar, dann strich sie sich übers Kleid und glättete den zerknitterten Rock. »Morgen wirst du bayerisches Bier trinken und etwas Ordentliches zu essen bekommen. Wir werden so viele gute Sachen kosten. Und jetzt leg deinen Kopf in meinen Schoß.«

»Können wir bis nach Mitternacht aufbleiben? Ich bin noch überhaupt nicht müde.« Er mochte es, wenn sie ihm mit den Fingerspitzen durchs Haar strich. Wenn sie die Finger spreizte, sodass ihre Hand aussah wie ein fetter rosa Seestern. Und ihm war klar, dass seine Mutter, wenn sie zu Tante Elisabeth kamen, zu sehr mit Reden und Auspacken beschäftigt sein würde, um ihm durchs Haar zu streichen, dass er dann würde allein ins Bett gehen müssen und die Laken kalt und steif sein würden.

Sie presste ihre Lippen auf seine Wange und küsste ihn immer wieder, was ihn an seinen kleinen Bruder denken ließ. Er richtete es so ein, dass sein Ohr flach an ihrem Bauch lag, lauschte, ob sein Bruder irgendwelche Geräusche machte, und versuchte, ihn da drinnen zu erspüren. Aber dann hielt die Pferdekutsche plötzlich, und sie begann wieder in jenem hoheitsvollen Ton mit dem Fahrer zu sprechen.

Monty setzte sich auf. Er hörte Gitarrenklänge und Gesang. Vor ihm strömten lachend und lärmend Menschen aus einem Café, dessen Fensterscheiben beschlagen waren. Er erinnerte sich an Papas Worte über langhaarige Männer und kurzhaarige

Frauen und versuchte zu erkennen, was für Haare die Leute hatten. Aber es war zu dunkel, und er konnte nur verschwommene Gestalten erkennen, die wankend und winkend vorüberzogen.

12

Frieda

Frieda unterdrückte ein Gähnen, als sie den Fahrer bat zu warten. Sie spürte, wie Staub und Ruß der Zugfahrt ihr in die Poren gedrungen waren, und wenn sie sich schnell bewegte, stieg von ihren Achseln ein scharfer Geruch auf. Wie lächerlich, dass sie ihm vorgeschlagen hatte, um diese Zeit in ein Café zu gehen.

»Monty, wir sollten zu Elisabeth nach Hause fahren. Es ist so spät, und wir riechen streng!«

Aber Monty war schon aus dem Wagen gesprungen, und als sie die herzzerreißende Empörung auf seinem Gesicht sah, brachte sie es nicht über sich, ihn in die Pferdekutsche zurückzubeordern.

Sie nahm ihn bei der Hand, drückte die Glastür auf und holte still tief Luft. Einen Augenblick lang fragte sie sich, ob sie versehentlich einen privaten Salon betreten hatten. Das Café wirkte so intim wie ein geheimes Versteck. Die Wände waren vom Boden bis zur Decke mit dunklem Holz verkleidet, vor den Fenstern hingen an Messingstangen bordeauxrote Chenille-Vorhänge. Auf den Marmortischen standen Lampen mit Seidenfransenschirmen in verschiedenen Fuchsiatönen. Darüber ein Messing-Kronleuchter, der leicht schaukelte, als herrsche starker Seegang.

Überall waren Menschen, sie standen in Gruppen, beugten sich über Tische, drängten sich, die Köpfe im blauen Tabakdunst, in Trauben an der Bar.

Frieda spürte, wie alle Müdigkeit von ihr abfiel. Hier war es ganz anders als in den Schankwirtschaften in Nottingham, wo Ernest und sie gelegentlich ein Glas seines geliebten Stouts tranken. Und es war auch nicht wie im Café *Mikado* mit seinen silbernen Tortenständern und den Kellnerinnen mit dem leeren Blick. Sie spähte durch den Rauch in die Mitte des Raumes. Eine Frau mit Zylinder und einer Kuhglocke um den Hals ging singend von Tisch zu Tisch. Ein Mann mit Monokel, der unterm Arm eine Gitarre und um den Hals Ketten aus hellen Glasperlen trug, schlenderte hinter ihr her. Kellner, die Tabletts hoch über den Köpfen balancierend, bahnten sich ihren Weg zwischen Tischen hindurch, an denen die Leute Schach spielten, schrieben, Gedichte aufsagten und sich stritten. Sie schnappte Bruchstücke von etwas auf, das wie ein Gedicht klang, hörte das Klatschen von Händen auf Marmor, hörte Löffel gegen Bierkrüge schlagen und Stiefelsohlen auf dunkle Dielenbretter trommeln.

Montys Finger gruben sich in ihre Hand und störten sie in ihrer Selbstvergessenheit. Sie merkte, wie ihr der Kiefer schlaff herunterhing, und ihr wurde klar, dass sie immer noch staunend in der Tür stand, während ein Kellner auf einen Tisch deutete.

»Bratwurst mit Kartoffeln, bitte.« Sie schüttelte energisch den Kopf. Sie war benommen und orientierungslos, gerade so, als sei sie zu schnell von der einen Welt in die andere gewechselt.

»Warum sind hier so komische Leute? Warum sind die noch nicht im Bett?«, flüsterte Monty vernehmlich.

Sie drückte seine Hand. »Das sind Künstler, Philosophen, Schriftsteller. Selbst zu dieser späten Stunde werden hier Gedichte geschrieben und große Gedanken diskutiert.« Sie stockte und spürte etwas wie eine Feuerzunge in ihrem Inneren. Trotz der Rauchschwaden und der sanften Beleuchtung war der Raum ungemein farbenprächtig. An nackten Armen funkelten klirrende Armreifen aus Gold und Silber. Die Frauen – höchst aufgeweckt auf roten Plüschsesseln sitzend – trugen prächtige Kimonos und bunte Gewänder. Selbst einige der Männer hatten rote Taschentücher um den Hals geknotet.

»Warum sprechen die so komisch?« Montys Finger schlossen sich wieder um die ihren.

Sie legte den Kopf schräg und lauschte. Es wurde Französisch gesprochen und Deutsch natürlich, und dann noch etwas Dunkles, Melodisches. Russisch vielleicht? Italienisch?

»Was ist da drin?« Monty deutete mit einer Kopfbewegung in Richtung Hinterzimmer. Das Café öffnete sich dort in einen anderen hellen Raum, in dem grüne Billardtische standen. Sie wollte gerade erklären, was Billard ist, als die singende Frau auf den Nebentisch sprang, dem Gitarristen mit dem Monokel ihren Zylinder zuwarf und somit ihr sehr kurzes Haar präsentierte, das im Nacken hoch ausgeschoren war. Die Kuhglocke, die sie um den Hals trug, bimmelte bei jeder Bewegung, und die Leute begannen zu klatschen und zu rufen: »Na los, Marietta!« Die Schachspieler unterbrachen ihr Spiel und blickten auf. Ein Kellner mit Schürze warf ihr eine gelbe Rose zu, die sie sich hinters Ohr steckte.

»Ich denke, wir werden gleich ein schönes Stück deutsche Musik zu hören bekommen, Monty.« Begeistert, wie belebt sie sich fühlte, wie schnell die Müdigkeit nach der langen Reise von ihr abgefallen war, fiel Frieda in das Klatschen ein.

»Ist das die kurzhaarige Dame, von der Papa uns erzählt hat?«

»Psst, hör zu.«

Der Gitarrist schlug ein paar Akkorde an und grinste hinter

seinem zerfransten Schnurrbart. Die Perlen an seinem Hals klackerten, während er mit den Stiefelabsätzen den Takt schlug. Immer mehr Menschen erhoben sich, klatschten und riefen Marietta zu, sie solle »mal loslegen«. Marietta löste langsam einen Stoffschal von ihrer Taille und warf ihn in die Menge der Zuhörer. Dann knöpfte sie ihre Jacke auf, warf auch die in die Menge und ließ ein Hemd mit gelber Spitzenborte zum Vorschein kommen. Die ganze Zeit angefeuert von der bimmelnden Kuhglocke.

»Was macht sie da?«, fragte Monty, und seine Stimme war so laut und hoch, dass etliche Leute sich umdrehten und ihn ansahen.

»Sie wird gleich tanzen, aber ihr ist zu heiß.« Frieda begann sich im Takt der Musik zu wiegen.

Mariettas Finger spielten mit der Schleife an ihrem Hemd. Dann zog sie mit einem scharfen Ruck daran, sodass sie sich löste und zu Boden flatterte. Nun blähte das Hemd sich um ihren prallen Busen.

Ein Riesenschreck durchfuhr Frieda. Sie musste Monty hier rausbringen. Bevor er etwas sah. Bevor die Frau noch weitere Kleidungsstücke ablegte. Sie zog ihm den Stuhl weg und zwang ihn aufzustehen. Es war, als umfange der Raum sie immer enger, heiß und überfüllt. Sie stand inmitten von Männern und Frauen, die jubelten und applaudierten. Neben ihr fingen zwei Männer an, im Rhythmus der Gitarrenakkorde mit ihren Bierkrügen anzustoßen.

Marietta sang mit klarer, durchdringender Stimme. »Wir schämen uns nicht, meine Anarchistenfreunde. Warum sollten wir uns auch schämen? Unsere Körper sind schön – so, wie die Natur uns gewollt hat!« Es schien, als schaue sie Frieda direkt an, während sie an den Trägern ihres Hemdes zog und sich in den Hüften wiegte, um sich aus ihren Reithosen zu winden.

Frieda tastete nach ihrem Schal, um ihn Monty vielleicht über den Kopf zu werfen. Aber der Schal war zu Boden gefallen, und Monty widersetzte sich ihren hektischen Manövern.

»Ich hab meine Wurst noch nicht bekommen«, jammerte er. »Ich will meine Wurst haben.«

»Wir müssen gehen – sofort!« Sie krallte die Finger in Montys Schulter und versuchte, ihn zur Tür zu drehen.

»Meine Wurst!«, bettelte er. »Was ist mit meiner Wurst?«

Ein großer Mann mit aufgekrempelten Hemdsärmeln und offenem Gehrock drückte sich hinter ihnen vorbei und streckte die Hand zu Marietta hinauf. »Will denn niemand dieser armen Jungfrau helfen?«

Die Menge lachte, als er an den Hosenschlitz ihrer Reithose langte und anfing, die Knöpfe aus den Knopflöchern zu befreien.

»Nichts verdrängen!«, rief er, als ihr die Lederhose von den Hüften rutschte und rund um ihre Knöchel ein Häufchen bildete.

»Danke dir, mein Fürst der Finsternis«, sang Marietta, kickte die Hose vom Tisch und warf den Kopf in den Nacken. Die Augen hatte sie mit einem Ausdruck von Seligkeit geschlossen.

»Wir müssen gehen!« Frieda begann an Monty zu zerren und ihn zur Tür zu schleifen. Ernest würde es ihr nie verzeihen, wenn Monty eine nackte Frau in einem Café tanzen sah. Wie sollte sie ihm das jemals erklären? Jetzt brüllte die Menge. Sie hörte Füße stampfen, eine Gitarre schrummen, Besteck und Geschirr klappern, Marietta mit hoher, plätschernder Stimme singen.

»Bring den Jungen zurück! Wovor hast du Angst? Lass ihn doch meine schönen Knospen sehen. Und meinen schönen Arsch!«

Frieda drückte die Glastür auf und schubste Monty Richtung Pferdekutsche. »Oh – ich hab noch nicht bezahlt! Fahrer! Helfen Sie ihm hinein.« Sie ging zurück ins Café und sah Mariettas blassen, nackten Körper sich drehen, sah verschwommen die Brüste mit den geschminkten Brustwarzen und die Menge, die lachte und Münzen in den Zylinder warf. Ein paar Sekunden stand Frieda einfach da und sah zu. Sie spürte ihr Herz schwer im Brustkorb klopfen, und auf ihrer Oberlippe bildete sich ein Schweißfilm. Marietta drehte sich so selbstvergessen, dass die Angst, Monty könnte eine nackte Tänzerin sehen, etwas ganz anderem wich. Einem Gefühl, das Frieda nicht leicht deuten konnte. Da stand Marietta, hoch über allen anderen, und genoss schamlos deren Blicke. Nachdem sie aufgehört hatte, sich zu drehen, fing sie an, sich in den Hüften zu wiegen und sich mit den Händen über die Oberschenkel zu fahren, auf und ab, auf und ab. Und die ganze Zeit lächelte sie, als fühlten die Finger auf ihrer Haut sich gut an, als ergötze sie sich an ihrer eigenen Nacktheit, als koste sie diese Freiheit aus.

Frieda warf ein paar Münzen auf den Tisch und verschwand. Deutlich spürte sie, wie das Korsett an ihren Rippen und oberhalb der Hüftknochen scheuerte. Der hohe Rüschenkragen der Bluse stach ihr in die Kehle. Ihr Gürtel war eng und schnürte sie ein. Die Haarnadeln kratzten sie auf der Kopfhaut. Selbst die Schuhe griffen wie Tentakel nach ihren Füßen. Die Reise war zu lang gewesen. Sie wollte nur noch ihr Nachthemd anziehen und sich schlafen legen.

Später, als sie Monty zu Bett gebracht hatte, versuchte sie zu schlafen, konnte aber keine bequeme Lage finden. Alles fühlte sich falsch an. Sie schob die Decke zurück und zupfte an ihrem Nachthemd herum. Die Knöpfe drückten an der Brust. Die Manschetten und der Ausschnitt schienen ungewöhnlich eng, schnitten ihr in die Handgelenke und in den Hals. Vielleicht hatte Mrs Babbit es zu lange gekocht, und es war geschrumpft. Vielleicht hatte sie auch auf der Reise zu viel gegessen. Oder vielleicht ... vielleicht ... Sie warf ihr Nachthemd auf den Boden, ging zum Fenster und riss es auf. Ohne nachzudenken, schloss sie die Augen und drehte sich und schwang die Hüften, bis sie waberten und wogten. Sie fuhr sich mit den Händen die Oberschenkel rauf und runter und stellte sich vor, wie die Zuschauer ihr applaudierten und sie anfeuerten. Diese Nacht würde sie nackt schlafen. Kein Kampf mehr mit dem hochgeknöpften Nachthemd. Sie ließ die Hände über ihre Brüste und den Bauch wandern. Und während sie das tat, hörte sie die sanft fließenden Töne einer Gitarre. Sie begann sich zu der Melodie zu bewegen und ließ ihr Haar über die Schultern fallen. Ihre Füße und Knochen schienen besonders leicht. Als wären sie nicht länger der Schwerkraft unterworfen. Als könnte die Erde sie nicht länger niederhalten. Ein silberner Streifen Mondlicht fiel durchs offene Fenster. Sie glitt darauf zu, warf den Kopf in den Nacken und tanzte.

13

Frieda

Elisabeth bewegte sich geschäftig durchs Esszimmer, strich die Servietten glatt, rückte das Besteck gerade, bürstete verstreute Schwarzbrotkrumen aus der Tischdecke. »Ich bin froh, dass Monty schläft. Er muss erschöpft sein.«

»Erzähl mir alles, bevor er herunterkommt. Dein neuer Liebhaber – ich will alles über ihn wissen.« Mit einem Blick über die Schulter vergewisserte Frieda sich, dass die Bediensteten nicht in Hörweite waren.

»Mach dir um das Personal keine Gedanken. Wir haben keine Geheimnisse vor ihnen. Sie kennen Otto, so wie sie auch Edgars Geliebte kennen.«

»Edgar hat eine Geliebte?«

»Aber selbstverständlich. Sie heißt Fanny Gräfin zu Reventlow.« Elisabeth goss sich eine Tasse Tee ein. Frieda bemerkte, wie ruhig und entschlossen ihre Hand war, als sei es vollkommen normal, sich am Frühstückstisch frank und frei über seine Liebhaber zu unterhalten.

»Fanny ist eine bemerkenswerte Frau, obwohl wir beide keineswegs einer Meinung darüber sind, wie man die Frauen am besten befreien sollte.« Elisabeth nippte nachdenklich an ihrem

Tee und setzte hinzu: »Fanny meint, dazu müsste man erst die Ehe abschaffen und die Frauen sexuell befreien.«

»Sexuell befreien?« Frieda blinzelte unsicher. »Welche Auswirkungen hätte das auf unsere Ehe?« Sie strich sich die gelbe Butter dick aufs Brot. Nachdem sie nackt eingeschlafen war, hatte sie beim Aufwachen regelrechten Heißhunger verspürt und war jetzt eigenartig aufgedreht. Aber das legte sich wieder. Elisabeth sprach so offen über ihr Leben, so sachlich und nüchtern. Wie anders als damals, als sie Kinder gewesen waren. Die Freifrau hatte zwar dunkle Anspielungen auf die Geliebten des Freiherrn gemacht, aber es war nie ein Name gefallen, und es hatte auch niemand über sie gesprochen.

»Ich denke, die freie Liebe stärkt eine Ehe. Ich bewundere Fanny, und Ottos Frau ist eine meiner engsten Freundinnen. Da belügt man einander nicht. Aber wie dem auch sei«, Elisabeth hielt inne und senkte die Stimme, »Otto ist anders. Er ist Arzt. Er versteht etwas vom Körper einer Frau.«

Frieda zog eine Braue hoch.

»Er hat mich erweckt, Frieda.« Elisabeth ließ sich in den Stuhl neben ihr gleiten und hauchte ihr ins Ohr. »Ich habe nie eine so außerordentliche Lust erfahren. Mit Otto habe ich meine wahre Natur entdeckt. Eine solche Ekstase, lauter Dinge, die ich mit Edgar nie erlebt hatte.« Sie stieß einen langen, langsam verklingenden Seufzer aus, und während sie das tat, hatte Frieda das Gefühl, der Raum ziehe sich um sie zusammen, als beanspruche Elisabeth alle Luft für sich, als habe sie hinter ihrem Rücken nach den Bändern ihres Korsetts gegriffen und es um ihre Rippen festgezurrt.

Still saß sie da. Irgendwo tief in sich spürte sie einen Schmerz, einen Hunger nach den Dingen, die ihre Schwester kannte und von denen sie zwar geträumt, die sie aber nie erfahren hatte. Und nie erfahren würde.

»Du streichst dir jetzt schon seit Ewigkeiten Butter aufs Brot, Frieda. Möchtest du etwas Käse?«

Frieda nickte verdutzt. »Und die so ungemein klugen Gebrüder Weber?«

»Die gehören selbstverständlich auch zur erotischen Bewegung in München. Max behandelt alles, was er tut, mit intellektueller Strenge, auch die Sexualität! Aber Otto – Doktor Gross – ist so eine Befriedigung, dass ich zurzeit überhaupt niemanden sonst brauche. Es ist, als sei ich irgendwie befreit worden.« Elisabeth, die Augen hart und hell wie Marmor, lehnte sich über den Tisch. »Vielleicht hast du ihn im Café *Stefanie* gesehen. Er hält seine Gesprächskuren immer an einem Tisch in der Ecke ab.«

Frieda holte sich mit der Gabel ein dickes Stück Käse auf den Teller, spießte es so fest auf, dass die Zinken es glatt durchstachen und eine saubere Löcherreihe in dem harten weißen Kern hinterließen. »Was ist eine Gesprächskur?«

»Er heilt Kranke, indem er sie zum Reden ermuntert. Er hat herausgefunden, dass die meisten Krankheiten im Kopf beginnen. Durch das Unterdrücken von Gefühlen und Erinnerungen.« Elisabeth hielt inne, dann fuhr sie leiser fort. »Aber vor allem durch das Unterdrücken des Sexualtriebs. Haben diese Ideen Nottingham noch nicht erreicht? Hast du noch nichts von Dr. Freud aus Wien gehört?«

»Nein.« Friedas Stimme war brüchig.

»Du würdest Ottos Analyse faszinierend finden. Das ist der Ausdruck, den er für seine Gesprächskuren benutzt. Er glaubt an die Macht des Weiblichen. Seine Ansichten sind recht unorthodox, aber er hat bereits Hunderte geheilt.«

Elisabeth begann mit einem ordentlich geschnittenen Daumennagel an ihren Nagelhäuten zu kratzen. »Warum probierst du es nicht aus? Du könntest herausfinden, was all die Austern bewirkt haben, die Mama gegessen hat, damit du ein Junge wirst.«

»Ich würde gern noch einmal ins Café gehen.« Friedas Herz hüpfte leicht. Was ist das Café *Stefanie* nur für ein ungewöhnlicher Ort, dachte sie und hörte wieder die Sommergitarre und die läutende Kuhglocke. Sie hatte sich augenblicklich zu Hause gefühlt, aber nicht gewusst, warum. War es die Abwesenheit dieser englischen Gespreiztheit und Zurückhaltung? Oder lag es daran, dass etwas Neues in der Luft lag, ein Gefühl von Freiheit? Sie spürte, wie es an ihr zog. Selbst jetzt, beim Frühstück.

Elisabeth warf ihr von unten herauf einen schrägen Blick zu. »Geh und such Otto.«

Frieda nippte, den Blick starr auf den ungegessenen Käse mit der sauberen Löcherreihe gerichtet, an ihrem kalt gewordenen Tee. Für einen kurzen, wagemutigen Augenblick stellte sie sich vor, wie sie atemlos auf einem Tisch mit Marmorplatte tanzte. Stellte sich den kühlen Stein unter ihren nackten Füßen vor, die zügellosen Blicke der Männer und Frauen auf ihren Brüsten und Hüften und Oberschenkeln und …

»Frieda? Frieda?«

»In Ordnung. Ich gehe und lerne deinen Liebhaber kennen …«

»Gut. Danach kann ich dich nach Hause schicken, du wirst zufrieden und glücklich sein.« Elisabeth strich sich geistesabwesend über den Bauch. »Du bist eine so hingebungsvolle Mutter, Frieda. Du solltest noch ein Baby bekommen.«

»Ich bin mehr als nur eine Zuchtkuh«, erwiderte Frieda, um Elisabeth mit ihrem sorglos-gleichgültigen Ton ein wenig in die Schranken zu weisen. Sie tat ja geradezu so, als könnte sie etwas Großes sein, weil sie so klug war, während Frieda nur fürs Kindergebären geschaffen war.

»Ich wollte, du könntest dich der englischen Suffragetten-

Bewegung anschließen.« Elisabeth seufzte müde, als habe Friedas politische Tatenlosigkeit sie enttäuscht. »Lässt Ernest dich nicht gehen?«

»Wie du weißt, hat er klare Vorstellungen von dem, was eine Frau tun sollte und was nicht. Er möchte, dass ich Mutter bin. Aber das ist es gar nicht. Es ist …« Frieda hielt inne und verzog das Gesicht. Sie hatte an einem von Mrs Dowsons Suffragetten-Treffen teilgenommen, natürlich hatte sie das. Aber als sie frei ihre Meinung geäußert und gesagt hatte, das Wahlrecht allein würde keine Veränderung bewirken, waren sie alle auf sie losgegangen. Sie hatte in ihrem gebrochenen Englisch zu erklären versucht, dass es für eine neue Gesellschaft wichtig sei, etwas am Frauenbild zu ändern; dass es nicht genüge, seine Stimme für Gesetze abzugeben, die von Männern kontrolliert wurden; dass die Frauen, wenn sie eine Veränderung herbeiführen wollten, nicht wie wütende Männer auftreten dürften. Danach war sie aufgefordert worden zu gehen oder Banner zu sticken, und sie hatte gehört, wie eine Frau sie »die dumme, arrogante Deutsche« genannt hatte.

»Geh und such Otto. Du wirst ihn mögen – er hat deinen aufmüpfigen Geist.« So lautete Elisabeths kühle Einschätzung. »Den aufmüpfigen Geist, den du als Kind hattest, ehe Ernest und die Engländer ihn dir ausgetrieben haben. Aber ich habe nicht vergessen, wie du diesen armen Soldaten mit verfaulten Äpfeln beworfen hast. Und ich habe auch nicht vergessen, wie du nackt geschwommen bist oder unerschrocken die Birnbäume angepinkelt hast.« Sie lachte. »Es hat nie geklappt. Weißt du noch, wie es dir nur so die Beine runtergelaufen ist?«

Frieda fiel in ihr Lachen ein. »Das ist lange her.«

»Erinnerst du dich, wie du in diesen Teich im Schwarzwald getaucht bist und Hunderte von Fröschen herausgesprungen sind?« Elisabeth lachte wieder, und ihre Finger huschten über die kleinen Perlenknöpfe an ihrer Bluse. »Ich weiß einen wundervollen Ort zum Schwimmen«, fuhr sie fort. »Du brauchst keinen Badeanzug. Wir gehen dort oft zusammen hin, Otto, Edgar, Franziska und ich.«

»Geht ihr etwa ... nackt schwimmen?« Frieda sah sie vor sich, vor ihrem inneren Auge: Sie lagen nackt auf sonnengewärmten Felsen, die geschmeidigen Oberkörper, gerötet vom Sonnenbrand, öffneten sich wie Knospen, während über ihren Köpfen träge die Wolken dahinzogen, und um sie her war das schillernde Blau von Immergrün und Glockenblumen.

»Da kannst du auch tauchen. Es ist recht tief.«

»Tauchen«, wiederholte Frieda langsam. Und plötzlich erschien dieses Wort ihr als das schönste, das sie je gehört hatte.

14

Frieda

Im Café *Stefanie* herrschte Gedränge und man hörte es klimpern. Männer in Arbeitskitteln und Smokingjacken tranken Kaffee und lasen Zeitung. Frauen in Samtmänteln und Lederhosen, das Haar offen, saßen plaudernd beim Marmorkuchen. Sie erkannte etliche Gäste vom Vorabend, einige waren immer noch mit Schreiben und Zeichnen beschäftigt. Ein bärtiger Mann saß vor einer Staffelei und füllte das Café mit dem Geruch von Ölfarbe und Terpentin. In dem Raum mit den Billardtischen entdeckte sie Marietta, die in schwarzen Reithosen und mit silbernem Zylinder herumstolzierte und eine Pferdepeitsche schnalzen ließ. Selbst die Schachspieler wirkten lebendiger als die Leute in den Kneipen von Nottingham.

»Wo finde ich Dr. Otto Gross?«, fragte sie einen Kellner, der sich gerade mit einem hoch in die Luft erhobenen Tablett voller Bierkrüge an ihr vorbeidrückte. Er nickte in Richtung zweier Frauen und eines Mannes, die bei etlichen leeren Gläsern und Kaffeetassen beisammensaßen. Ein dicker Strahl seidigen Sonnenlichts hüllte sie ein, spiegelte sich in den Gläsern und warf ringsum helle Spieße in den Raum.

Frieda erkannte Otto sofort: Es war der Mann, der bei Mariettas Tanz ausgerufen hatte: »Nichts verdrängen.« Der Mann, der so nonchalant mit der Hand in ihre Reithose gefahren war und sie aufgeknöpft hatte. Er sah so ganz anders aus als die Ärzte, zu denen sie in Nottingham ging, wenn Barby einen Ausschlag hatte oder Elsa unter unerklärlichem Durchfall litt. Gebannt starrte sie auf sein goldenes Haar, das wie dicke, wirre Nadeln abstand, die kräftigen Schultern, die langen, sehnigen Hände, mit denen er fahrig über dem Tisch gestikulierte.

Marietta tauchte auf, ging hinter Frieda vorbei und machte vor Ottos Tisch halt, wo sie schmollend stehen blieb und die Peitsche knallen ließ. Otto lachte, fing geschickt mit einer Hand das Peitschenende ein und schob sie fort.

»Entschuldigen Sie, warten Sie auf Otto?« Eine Frau, die ihr Haar auf männliche Art kurz geschnitten trug, klopfte Frieda auf den Arm. »Jetzt sind Sie an der Reihe, nicht wahr? Lassen Sie nicht zu, dass Marietta sich in der Schlange vormogelt. Sie glaubt, mit ihrer Peitsche bekommt sie alles.« Die Frau lachte und streckte die Hand aus. »Ich bin Franziska zu Reventlow.«

Voller Neid bemerkte Frieda, dass Franziska unter ihrem orientalischen Gewand barfuß war und ihre Fußnägel unsauber mit lila Ölfarbe bemalt waren. Aber bevor sie sich ihrerseits vorstellen konnte, hatte Franziska ihr die Hand aufs Kreuz gelegt und schob sie vorwärts. »Sie sind dran«, murmelte sie.

Frieda schluckte, ihr Mund fühlte sich trocken und klebrig an. »Ich bin Elisabeth Jaffés Schwester, Mrs Weekley.«

»Oh, Mrs Weekley aus England.« Otto Gross lehnte sich in seinem Sessel zurück, schob die Hüften vor und musterte sie mit einer Schärfe, die sie nervös und unsicher machte. Er klopfte auf den leeren Platz neben sich. »Kommen Sie, setzen Sie sich zu mir. Sie sind schöner als Ihre Schwester. Davon hat sie mir nichts erzählt.«

Frieda sah an ihrem langen marineblauen Kleid hinunter, das sanft über ihre ins Korsett gezwängte Taille fiel. Plötzlich verachtete und hasste sie ihre Kleidung.

»Nusch ist die wahre Schönheit«, sagte sie und fing sich wieder.

»Dann werden Sie also zwischen Schönheit und Verstand zermalmt?« Otto öffnete ein Zigarettenetui und bot ihr eine an.

»Nicht zermalmt«, sagte sie lachend und griff kühn zu. Ernest mochte es nicht, wenn Frauen rauchten, aber sie hoffte, der Akt des Rauchens werde ihr einen etwas mondäneren Anstrich verleihen und von der Spießigkeit ihrer Kleidung ablenken. Als ihre Finger die Zigarette berührten, verspürte sie das zarte Prickeln der Aufmüpfigkeit.

»Erzählen Sie mir von Ihrer Ehe.« Er deutete mit dem Kinn auf ihren Ehering, den Blick, erwartungsvoll und neugierig, starr auf sie gerichtet. Sie spürte die Wärme seines Beines unter dem Tisch und das weiche Samtkissen in ihrem Rücken, während der Lärm im Café allmählich verebbte. Sie fühlte das Pulsieren in ihrem Handgelenk, spürte das Stakkato ihres Herzschlags in der Brust.

»Es gefällt Ihnen hier, nicht wahr, Mrs Weekley? Etwas in Ihrer Seele ändert sich gerade. Das erkenne ich an dem Licht in Ihren Augen.«

Sie wich verdutzt zurück.

»Die Welt ist in München abgestiegen. Hier gibt es mehr Dichter, Maler und Philosophen als irgendwo sonst auf der Welt.« Er blies eine dicke Rauchwolke aus. »Aber in diesem Augenblick interessiere ich mich nur für Sie, Mrs Weekley.«

Frieda spürte, wie etwas in ihr sich verschob und löste. Sie war wieder neun Jahre alt. Stand am See. Der Wind fuhr ihr ins Haar. Der Freiherr trieb sie an, hämmerte mit dem Kolben seines Gewehrs auf einen umgestürzten Baum ein.

»Bring deinen Schwestern das Tauchen bei, Fritzl. Tauch, mein Junge!«

Fritzl? Junge? Ja, Vater ...

»Dr. Gross, würden Sie mir verraten, wie eine Gesprächskur funktioniert?«

Er beugte sich vor und fuhr ihr mit dem Finger über die Lippen. »Nur, wenn du mich Otto nennst. Keine Formalitäten. Wir sind hier in München, der Stadt der Revolution.«

15

Frieda

In der folgenden Woche besuchte Frieda das Café *Stefanie* täglich, sprach mit Otto und aß dann mit den Künstlern und Philosophen, die ihre Tage dort zubrachten, zu Mittag. Otto brachte jedes Mal eine andere Idee vor, und sie waren alle so kühn, dass Frieda sie immer erst nach ein paar Minuten verdaut hatte. Eine Welt ohne Kriege oder Armeen ... Länder ohne Regierung ... Städte, in denen die Frauen Männerkleidung trugen und das Haar offen, während die Männer Frauenkleidung trugen und sich die Haare wachsen ließen ... Kommunen, in denen man die Kinder großzog, ohne dass sie wussten, wer ihre Eltern waren ... Gesellschaften, die keine Gesetze, Religionen oder Institutionen kannten und in denen die Menschen einander liebten, aber niemals heirateten.

An den vollgetopften Tischen, in einem warmen Mief aus verbrauchter Luft und Zigarettenrauch hörte sie, wie Ottos Freunde seinen brillanten Kopf priesen. Das Bier spritzte aus den Krügen. Kaffeerinnsale liefen über die marmornen Tischplatten. Schwarzbrotkrümel flogen von Tellern und Mündern. Schwitzende Stirnen wurden mit Leinenservietten abgewischt. Die Stimmen erhoben sich zu einem ohrenbetäubenden Chaos. Fäuste gingen nieder. Besteck klirrte. Kimonos flappten.

»Du musst nach Ascona kommen«, sagte Franziska eines Tages, als sie alle beisammensaßen und in ihrem Wurstsalat stocherten.

»Ach nein«, erwiderte Frieda. »Ich habe in England Mann und Kinder.«

Franziska musste so heftig lachen, dass die Glöckchen an ihren Handgelenken bimmelten. »Wie kannst du zu all dem zurückkehren? Mach dich doch nicht lächerlich!«

Und später, beim Kaffee, beugte Franziska sich zu ihr vor und flüsterte: »Hast du es noch nicht mit Otto gemacht?«

Frieda schüttelte den Kopf.

»Dann muss er in dich verliebt sein.« Franziska senkte die Stimme. »Es wäre einigermaßen verrückt von dir, nach Hause zu fahren, ohne seine Kur voll und ganz ausgekostet zu haben. Sie ist so befreiend. Das hat deine Schwester dir doch bestimmt erzählt?«

Frieda nickte. »Aber mein Gatte ist ein guter Mann.«

Franziska schnaubte, dass die Armreifen klimperten. »Du klingst schrecklich altmodisch! Wir Frauen werden unsere Freiheit nur erreichen, wenn wir auch sexuell den Männern gleichgestellt sind und uns nicht auf einen Mann beschränken, der uns wie sein Hab und Gut behandelt.«

Später griff Otto nach ihrer Hand und presste die Lippen auf den Rücken ihrer Finger. Sie spürte das weiche Kratzen seines Schnurrbarts auf der Haut, und ein Schauder lief ihr über den Körper. Als er den Kopf hob, erschien ihr der Gedanke, sich ihm hinzugeben, gar nicht mehr so wild und unerhört. Warum sonst hatte Elisabeth sie zu ihm geschickt?

In jener Nacht, in der Frieda hustete und sich von einer Seite auf die andere wälzte, spross in der Dunkelheit der Keim einer Idee. Erst wollte sie den Gedanken ignorieren, dann im Ansatz begraben und verwerfen, doch er kehrte immer wieder, und zwar jedes Mal lebendiger und verführerischer. Warum sollte sie jene Ekstase, mit der Elisabeth so geprahlt hatte, nicht erfahren? Oder die Bewunderung und Freiheit, über die Nusch so große Töne gespuckt hatte? Warum nicht auch sie? Ihr Schlaf war unruhig, und als sie schließlich erwachte, schmerzte ihr ganzer Körper vor Verlangen. Sie wusch sich, zog sich schnell an und eilte ins Café *Stefanie*. Monty und seine Cousins waren in den Zoo gegangen, und so lag der ganze lange Morgen hell und verführerisch vor ihr.

Im Café war es ruhig. Ein paar Künstler saßen zeichnend beim Fenster. Zwei Schachspieler steckten in der Ecke über dem Schachbrett die Köpfe zusammen. Die Kellner gossen die Palmenkübel und staubten die Vorhangstangen aus Messing ab. Frieda setzte sich an einen Tisch gegenüber der Tür und bestellte Kaffee und ein Wiener Schnitzel. Sie hatte das Gefühl, in ihr trete ganz allmählich etwas zutage. Als habe sie ein altes Buch geöffnet und eine vor langer Zeit darin gepresste Blume gefunden. Ein wenig verblasst, ein wenig platt, die Blütenblätter an den Rändern leicht eingerissen, aber immer noch dieselbe Blume. Immer noch ein Ganzes.

Der Kellner brachte ihr Schnitzel und Kaffee, und sie begann, den Blick fest auf die Tür gerichtet, das Fleisch klein zu schneiden. Beim Gedanken an das, was sie zu tun gedachte, beschlich sie ein leises Schuldgefühl. Noch war es nicht zu spät, noch konnte sie es sich anders überlegen. Sie musste Elisabeth und Ernest nicht betrügen. Sie konnte das Café sofort verlassen, zurückgehen und ihre Sachen packen. Sie versuchte, an ihre Mutter zu denken, die nach der Untreue ihres Vaters bitter und rachsüchtig geworden war, oder an den Hass, der zwischen den beiden geherrscht hatte, aber das tat ihr nicht gut. Viel lieber dachte sie immerzu an Otto,

an seinen langen, schlanken Körper, daran, dass sie sich mit jedem Wort, das er sagte, lebendiger gefühlt hatte.

Die Türen schwangen in den Scharnieren, und da war er, blieb
einen Moment in der Tür stehen, sodass die Sonne hereinfiel und
ihn wie ein Glorienschein umspielte. Eine Sekunde lang schien
es, als sei sein Körper von einer dunklen Linie umgrenzt, als habe
er eine schwarze Kontur, aber dann kam er zu ihr geeilt, und der
Effekt war vorüber.

Er ließ sich in den Stuhl neben ihr gleiten, drückte seine Zigarette aus und kramte in seiner Tasche nach einer nächsten. Frieda
nutzte die Gelegenheit, um ihn zu beobachten, und durch die
dünne Baumwolle seines Hemdes sah sie seine Brust, die ihr wie
die goldenen Wellen einer Sanddüne erschien, weich und warm
und nachgiebig. Er war ihr so nahe, dass sie den rauchigen Holz-
geruch wahrnahm, der seinen Poren entströmte, und noch etwas – den Geruch von Männerhaut, wie sie schlussfolgerte. Es
war ein Geruch, den sie mochte und den sie schon lange nicht
mehr eingeatmet hatte. Später fragte sie sich, ob der berauschende
Geruch von Ottos Haut sie dazu verleitet hatte, mit ihrer nächsten Frage so offen und schamlos herauszuplatzen.

»Kann ich auch Ihre Liebhaberin werden?« Im nächsten Augenblick spürte sie, wie sie rot anlief, wie ihr die Hitze den Nacken hinaufstieg und ihr Gesicht und ihre Kopfhaut flutete, während sie auf ihren Teller hinabsah. Aber bei aller Scham spürte sie
doch den Kitzel des Triumphes. Zum ersten Mal hatte sie nach
etwas, das sie wollte, die Hand ausgestreckt, ohne einen Gedanken an Anstand oder Besitz zu verschwenden. In Eigenregie hatte
sie eine Wahl, eine Entscheidung getroffen und war ihr gefolgt.

»Ich bewundere Ihre Kühnheit. Wie Sie wissen, bin ich überzeugt, dass man nichts verdrängen sollte.« Er drehte eine neue
Zigarette in den Zigarettenhalter aus Elfenbein, zündete sie an

und blies einen dünnen Strahl Rauch aus. »Sexuelle Freiheit ist die einzige Kur, die die Welt braucht. Frauen wie Sie, die nicht von Keuschheit, Christentum, Demokratie und Patriarchat verdorben sind – Ihnen gehört die Zukunft. Frauen, die keine Angst haben, das zu verlangen, was sie wollen, die den Mut haben, wirklich in ihrem Körper zu leben.«

Sie spürte, wie seine Worte sich in sie einbrannten, und während er sprach, hatte sie das Gefühl, ihre Vergangenheit rücke langsam von ihr fort. Als befinde sie sich an der Schwelle zu etwas, von dem aus es kein Zurück mehr gab. Otto legte ihr die Hand aufs Knie. Und auch seine Berührung schien das Versprechen auf etwas Neues und anderes mit sich zu führen.

»Ich möchte *alle* meine Hemmungen ablegen. Werden Sie mir dabei helfen?« Sie schob den Teller von sich und ließ die Serviette zu Boden fallen.

»Du wirst mich mit meiner Frau, deiner Schwester und einigen meiner Patientinnen teilen müssen. Ich glaube nicht, dass irgendjemand das Recht hat, einen anderen Menschen zu besitzen.« Er musterte sie mit festem, stetigem Blick. Einem Blick, bei dem sie sich fühlte wie eine Blume, die sich in der Sonne öffnet.

Sie nickte. An seiner Hemdleiste fehlten ein paar Knöpfe, sodass sie etwas Haut sah. Sie sehnte sich danach, ihn zu berühren, in sein Hemd zu greifen und seine Wärme zu spüren. Plötzlich sah sie Ernest vor sich, wie er zusammengesunken in seinem braunen Lieblingssessel saß, in der Hand ein Glas dunkles Bier, die Handrücken von dicken Venen durchzogen und von Altersflecken übersät. Wie konnte es sein, dass Otto sie so vollkommen verstand, während sie mit einem Mann verheiratet war, der sie kaum kannte, der sie zwar ansah, aber nicht wirklich wahrnahm?

»Du bist zu so vielem in der Lage, Frieda. Aber du musst die Patriarchen aus deinem Leben verbannen, ehe sie dich zerstören.« Er zeichnete die Konturen ihrer Lippen mit dem Daumen nach, dann zog er ihn zurück. »Ich schreibe gerade an einer Abhandlung über Persönlichkeitstypen. Möchtest du mir etwas daraus vorlesen?«

Sie fragte sich, ob sie sich verhört hatte. Ernest hatte sie noch nie gebeten, ihm aus einer seiner Arbeiten vorzulesen. Zu Beginn ihrer Ehe hatte sie sich wiederholt dazu bereit erklärt und ihn gebeten, mit ihr über seine Forschungsarbeit oder seine Studenten zu sprechen. Er hatte in die Luft geschlagen und gelacht, als sei das eine undenkbare, geradezu groteske Vorstellung. Einmal hatte er gesagt, ihr Verstand sei »nicht geschult genug«, ein Ausdruck, bei dem ihr immer noch ein Schauder über den Rücken lief.

»Komm mit zu mir nach Hause.« Otto nahm ihre Hand, hielt sie in der seinen und ließ sie die Spannung spüren, die zwischen ihnen beiden bestand. »Ich habe nie jemanden so gewollt wie dich.« Dazu presste er ihre Hand gegen sein Herz, sodass sie das starke, ungezähmte Pochen in der Handfläche spürte.

Plötzlich war ihr bewusst, wie nackt sie unter ihrem Kleid, dem Unterkleid, dem Hemd, dem Korsett, der Unterhose war. »Ja«, sagte sie. »Ja.«

16

Frieda

Ich muss es Elisabeth erzählen.« Frieda fuhr mit dem Finger über Ottos Brust, über sein pochendes Herz, durch die flauschige Haarlinie, die seinen Bauch teilte. Ihre beiden Nächte mit Otto hatten sie in einer Weise verändert, die sie kaum zu artikulieren vermochte. Ihr war, als sei das träge Blut in ihren Adern durch kleine elektrische Funken ausgetauscht worden, die einen neuen Menschen, eine neue Frieda freisetzten. Nachdem sie das erste Mal miteinander geschlafen hatten, hatte sie die Augen aufgeschlagen und sich umgeschaut, als sehe sie ihre Umgebung zum ersten Mal. Wie ein neugeborenes Baby, das ein erstes Bild der Welt in sich aufnimmt, dachte sie. Wie sie so dalag, benommen und keuchend in Ottos Armen, waren ihre Gedanken zu Montys erstem Blick zurückgekehrt. Wie seine wenige Minuten alten Augen verwundert um sich geschaut hatten, wie er Ernest und sie und die flackernden Kerzen auf dem Fensterbrett angesehen hatte. Wie hell und strahlend ihm alles vorgekommen sein musste! Genau wie ihr selbst in diesem Augenblick.

In den darauffolgenden Minuten – nein, in der folgenden Stunde – hatte sie die seltsame Erfahrung gemacht, aus Raum und Zeit zu fallen, gerade so, als befinde sich alles in der Schwebe. Otto hatte weiter über Revolution und Anarchie geredet und darüber, wie die Psychoanalyse die Welt verändern könne, während sie, eingesponnen in einen Schleier der Glückseligkeit, nur den Wind gegen die Fensterscheiben hatte wüten hören, das Wummern einer Kirchenglocke, das Scheppern großer Milchkannen, die von einem Karren abgeladen wurden. Aber jetzt musste sie an ihre Schwester denken.

»Du hast es ihr noch nicht erzählt?« Überrascht blickte Otto von seinem Notizbuch auf. Er saß aufrecht neben ihr und kritzelte besessen das Papier voll, schrieb für seine Abhandlung über Persönlichkeitstypen alles über sie nieder.

»Nein, aber ich muss es tun.« Sie lehnte sich zurück in die Kissen und schloss die Augen. Seine Nähe gab ihr das Gefühl, auf herrliche Weise unverwundbar zu sein, aber dieses Gefühl verflüchtigte sich, sobald sie daran dachte, dass sie Elisabeth alles gestehen musste. Sie hatte die dumpfe Ahnung, dass ihre Schwester darüber nicht glücklich sein und irgendwie versuchen würde, sich gegen sie durchzusetzen. So wie sie es schon als Kind immer getan hatte.

»Es wird ihr nichts ausmachen. Sie glaubt an die freie Liebe.« Otto fuhr sich sorglos durchs Haar, sodass es sich zu Stacheln aufstellte, die in der Sonne funkelten. »Sie wird froh sein, mich mit ihrer Schwester zu teilen, so wie sie auch froh ist, mich mit ihrer besten Freundin zu teilen, nämlich meiner Frau.« Er lachte und zog Frieda an sich. »Hier in Schwabing glauben wir alle ganz entschieden an die sexuelle Revolution und den Tod des Patriarchats.«

»Erzähl mir von diesem Ort in der Schweiz, diesem Ascona.« Sie schmiegte sich an seine Brust, schnüffelte in den Kuhlen. Sie mochte es, wenn er von der Revolution sprach. Sie mochte es, wie die Wörter sich überschlugen und vor ihm flohen wie Akrobaten in einem Zirkus.

»Die Revolution hat schon begonnen, Frieda. In Ascona reißen wir das alte Familienpatriarchat nieder. Alle Lebensmittel, alle Besitztümer, alle Kinder werden geteilt.« Otto schob das Notizbuch von sich und hob sein Gesicht dem Licht entgegen. »Es ist der einzige Ort der Welt, an dem die Frauen befreit sind – weil die Familien dort nicht vom Vater beherrscht werden. Und es gibt dort keine Einsamkeit, denn alle sind gleich und jeder kümmert sich aufrichtig um jeden.«

»Keine Einsamkeit?« Beim Gedanken an ihre Zeit in Nottingham überlief sie ein Schauder. Die langen Jahre, in denen sie sich nur mit Büchern weniger allein gefühlt hatte. Die verblüffende Erkenntnis, die ihr eines frostigen Wintertages gekommen war: dass sie sich in ihrer Ehe eher *noch einsamer* als *weniger einsam* fühlte.

»Nein«, sagte er mit Begeisterung. »Wir werden dort so glücklich sein, Frieda, meine Liebe.«

Sie nahm Ottos Füller aus dem Tintensee, der sich über das fleckige Blatt ergossen hatte. »Sind die Kinder dort glücklich?«

»Alle sind dort glücklich. Niemand ist durch Besitz oder Eigentum oder Autorität belastet. Die Menschen sind wirklich frei!« Er entwand den Füllfederhalter ihren Fingern und füllte ihn in dem Tintenfass neben dem Bett wieder auf. »Roll dich auf die andere Seite.«

Sie drehte sich auf den Bauch, spürte die Spitze des Füllfederhalters über ihren Hintern kratzen und atmete den Geruch des Polsters ein. In Ascona könnte ich Lederhosen tragen, dachte sie. Und erbsengrüne Strümpfe. Sie hatte das flüchtige funkelnde Bild vor Augen, wie Monty, Elsa und Barby nackt durch seichte Fluten wateten, wie Schwärme silberner Fische zwischen ihren Beinen umherschwammen und an ihren Zehen knabberten.

»Ernest hat unseren Kindern nie erlaubt, ohne Kleider herumzulaufen«, sagte sie und drehte den Kopf vom Kissen weg in seine Richtung. »Einmal war ich mit ihnen in einem Strandurlaub, und sie haben die ganze Woche nackt verbracht. Ich hatte riesige Angst, sie könnten es ihm sagen.«

»Bring deine Kinder mit. Und wir werden frei sein, zu tun und zu lassen, was wir wollen, dem Ruf unserer Körper zu folgen, unserer Herzen, unseres Instinkts. Wir werden Freigeister sein. Wir werden wahrlich wir selbst sein!«

Mehr will ich nicht, dachte sie. Ich will ich selbst sein. Nur ich selbst. Warum ist das so schwer? So kompliziert? Sie spürte Ottos warmen Atem auf dem Hintern. »Was hast du da geschrieben?«

»Zukunftsweib.« Er blies noch einmal einen warmen Luftstrahl auf ihren Hintern. »Ich habe mein ganzes Leben von dir geträumt. Ich wusste nicht, dass du es warst … aber jetzt sehe ich, es war ein prophetischer Traum, in dem es darum ging, wie vollkommen eine Frau sein kann. Ihr Suffragetten begreift nicht, dass Frauen nicht befreit sein können, solange sie ihre Sexualität nicht befreit haben. Der Liebesakt ist ein Akt der Revolution.« Seine Stimme wurde lauter und überschlug sich. »Ich habe nie eine Frau getroffen, die sexuell so frei war wie du. Die so sehr in ihrer Haut zu Hause war, die sich so genussvoll hingeben konnte, während der Rest eures Geschlechts von der Unterdrückung ausgequetscht und platt gewalzt wurde und verdorrt ist. Das ist auch eine Art Genie, Frieda.«

Sie lachte. »Genie? Ich?«

»Ja, eine geniale Begabung fürs Leben. Du hast das unter Verschluss gehalten, in … in …«

»Nottingham«, sagte sie ausdruckslos.

»Allein schon das Wort stinkt nach Hölle. Komm und flieg mit mir fort!« Er packte sie mit solcher Kraft, dass ihr die Luft wegblieb, presste seinen Mund auf ihren und küsste sie, als wär's das letzte Mal, als wollte er sich ihr für immer ins Gedächtnis einbrennen.

17

Ernest

Es war nach zehn, als Ernest nach seinem regulären Mittwochsunterricht bei Nottinghams Gruben- und Fabrikarbeitern nach Hause kam. An diesem Abend hatte er nicht seinen besten Unterricht gegeben. Er hatte alles getan, um die Männer anzuregen, aber die Müdigkeit hatte den Glanz seiner Vorführung ein wenig getrübt. Auch hatte er, als die Gedichtlesungen begannen, ein Gähnen nicht zu unterdrücken vermocht, obwohl es wundervolle Beispiele für die Dichtkunst eines der herausragendsten Dichter Englands gewesen waren: Lord Tennyson.

Mrs Babbit hatte ihm ein Glas Stout und sein Käsesandwich stehen lassen, aber er fühlte sich so steinmüde, dass er nichts herunterbrachte. Er fragte sich, ob es an der zusätzlichen Klasse lag, die er übernommen hatte, oder an den zusätzlichen Klausuren, die zu korrigieren er sich bereit erklärt hatte. Vielleicht hatte er sich einfach zu viel aufgeladen. Aber die Verantwortung für seine Familie lastete schwerer denn je auf seinen gebeugten Schultern. Außerdem war er wild entschlossen, für Frieda aus London einen extravaganten Hut kommen zu lassen, mit rings um die Krempe aufgenähten Federn. Wenn er ihn rechtzeitig bestellte, würde sie ihn im September zum Erntedankgottesdienst tragen können.

Letztens hatte er von dem Armenhaus geträumt, neben dem er als Kind gewohnt hatte. Er hatte keine Ahnung, warum es ihn seit Neuestem wieder heimsuchte. Doch seit Friedas und Montys Abreise war keine Nacht vergangen, in der er nicht, in kaltem Schweiß gebadet, aus einem Traum erwacht wäre, in dem seine Familie barfuß zum Armenhaus gezerrt wurde. Vielleicht sollte ich heute ins Ehebett umziehen, dachte er. Vielleicht schlief er mit ein wenig mehr Platz und einer weicheren Matratze und dem Geruch seiner Frau auf dem Kissen besser. Frieda fehlte ihm. Er vermisste ihre Art, sich im Haus zu schaffen zu machen, diese unachtsame, unbeholfene Anmut, die nur die oberen Klassen an den Tag legen konnten. Er vermisste das holperige Klavierspiel, den etwas eintönigen Gesang. Das Haus war ihm zu still und zu leer – und zu langweilig.

Er stieg die Treppe hinauf und sah nach Barby und Elsa, staunte, wie friedlich und zufrieden sie aussahen. Er hatte seinen Kindern immer gern beim Schlafen zugesehen. Wach sehe ich sie dieser Tage ja nur noch selten, dachte er, und die Sehnsucht versetzte ihm einen kleinen Stich. Er schlüpfte in Friedas Bett und atmete ihren Duft ein. Ob *sie* wohl an *ihn* dachte, wenn sie in Elisabeths Gästezimmer lag? Wahrscheinlich schnarcht sie, wie sie es immer tut, dachte er mit einem Lächeln.

Vielleicht trank sie auch mit Elisabeth Tee, und sie sprachen über *Anna Karenina*. Oder über Babys. Er hoffte, Elisabeths vortreffliche Logik und ihr überlegenes wirtschaftliches Verständnis würden auf Friedas benebelten Verstand ihre Wirkung haben. Bridge, dachte er plötzlich. Er sollte sich nach einem Bridge-Club für sie umsehen. Eigentlich duldete er keine Kartenspiele, aber Professor Kippings Frau hatte erwähnt, Bridge sei unter Nottinghams elegantesten Damen sehr in Mode. Ja, er würde sich nach einem Bridge-Club umsehen.

Als es ihm nicht gelang einzuschlafen, kroch er schließlich doch in sein Zimmer zurück und fand dort seine Bibel. Sein Vater hatte ihm jeden Tag aus der Bibel vorgelesen, und wenn er jetzt unter Schlaflosigkeit litt, schlug er die Bibel an einer beliebigen Stelle auf und las darin, bis ihn der Schlaf überkam. Er musste vorsichtig sein, denn ein einziges verführerisches Wort, das ihn verleitete, mit Feuereifer die philologischen und etymologischen Pfade, die ihn so begeisterten, abzusuchen – und an Schlaf war noch weniger zu denken. Und es waren nicht nur die Wörter: Flexionen, Zahlwörter, Pronomen, Präpositionen, Konjunktionen – alles konnte seinen Verstand dazu verleiten, in Spiralen durch Raum und Zeit zu kurven und alle ihm bekannten Sprachen abzuklopfen.

Er drehte das Licht an und öffnete die Bibel … »Ich sage aber: Wandelt im Geist, so werdet ihr das Begehren des Fleisches nicht erfüllen. Denn das Fleisch begehrt auf gegen den Geist und der Geist gegen das Fleisch; die sind gegeneinander, sodass ihr nicht tut, was ihr wollt.«

18

Monty

Monty wurde von den lauten Stimmen seiner Mutter und seiner Tante geweckt. Dass es spät war, schloss er daraus, dass kein Licht durch die Fensterläden drang und er noch sehr schläfrig war.

Er gähnte und streckte sich und rieb sich die Augen. Sein Buch lag noch auf der Bettdecke, er musste beim Lesen eingeschlafen sein. Rasch schob er das Federbett zurück, denn er wollte zu seiner Mutter gehen – sie war den ganzen Tag nicht zu Hause gewesen, und er wusste, dass Tante Elisabeth sehr wütend war, denn sie hatte beim Spülen des Teegeschirrs gewaltigen Lärm gemacht. Normalerweise rührte sie es nicht an, das war Aufgabe der Bediensteten, aber gestern hatte sie den Tisch selbst abgeräumt, hatte mit den Tellern geklappert und mit dem Besteck geklimpert und mit einem wütenden Ruck die Decke vom Tisch gezogen.

Leise trat er hinaus auf den Flur. Tante Elisabeth war sehr laut. Und sehr wütend.

»Ich kann es nicht fassen, Frieda! Wie konntest du das tun?«

»Aber du glaubst doch an die freie Liebe. Ich dachte, du würdest dich für mich freuen.«

Monty spitzte die Ohren. Er mochte den Klang der Worte »freie Liebe«.

»Er hat doch mich! Und seine Frau, die meine beste Freundin ist. Und manchmal muss er Patientinnen helfen. Dich braucht er nicht.«

Monty hörte das wütende *Wusch-wusch* der Röcke seiner Tante und das Klappern ihrer Absätze auf den Bodendielen.

»Aber – aber ich dachte, das war die Absicht, als du mich ermuntert hast, eine Gesprächskur bei ihm zu machen.«

Vorsichtig schlich Monty den Flur entlang, bis er bei der Tür zum Gesellschaftszimmer angekommen war. Er wusste, dass man nicht an Türen lauschen sollte, aber er wollte doch seiner Mutter von Friedels Eisenbahn erzählen und fragen, ob er zu Weihnachten auch eine bekommen könnte.

»Können wir ihn nicht teilen? Ich bitte dich ja nicht, ihn aufzugeben …«

»Das kommt nicht infrage, Frieda. Zwei Schwestern, die sich denselben Mann teilen – das ist ja fast schon Inzest.«

»Nein, ist es nicht.«

»Davon verstehst du nichts. Du sollst ihn in Ruhe lassen.« Tante Elisabeths Stimme klang jetzt anders – zittrig, als würde sie gleich anfangen zu weinen. Monty stand ganz still da. Er wollte seine Tante nicht weinen sehen.

»Wieso sollte ich das nicht verstehen? Er will die Kinder und mich an einen Ort namens Ascona mitnehmen. Wenn ich ehrlich bin, ist das eine große Versuchung. Es scheint ein revolutionärer Ort zu sein. Mir gefällt die Vorstellung, in einer großen Gemeinschaft zu leben … nichts zu besitzen … nicht auf dem ganzen Kopf Haarnadeln tragen und jeden Tag die Rippen in ein Korsett zwängen zu müssen. Wie dem auch sei, er meint, ich sei in Nottingham völlig fehl am Platz.«

Monty erstarrte. Was redete sie da? Sie wollte ihn und Elsa und Barby – wohin genau mitnehmen? Und warum sprach sie über ihre Unterwäsche?

»Sei keine Närrin, Frieda! Die Wahrheit ist ...« Es folgte ein langes Schweigen. Monty hörte das Blut in seinen Ohren rauschen.

Und dann rief seine Mutter sehr laut und sehr wütend: »Du bist eifersüchtig! Du willst gar nichts mit mir teilen. Deine Liebe ist überhaupt nicht frei! Du bist eine Heuchlerin, Elisabeth! Eine neidgeplagte Heuchlerin!«

Monty machte sich ganz klein und drängte sich dicht an die Wand. Er hatte sie noch nie so schreien hören. Gern wäre er in sein Zimmer zurückgeschlichen, aber sollten sie ihn hören, würden sie glauben, er habe herumspioniert, und dann säße er in der Klemme. Also blieb er wie angewurzelt stehen. Und dann hörte er Tante Elisabeth ganz leise etwas sagen, so leise, dass er die Ohren spitzen musste.

»Ich erwarte ein Kind. Von Otto.«

Es war lange still, so lange und so still, dass Monty sich fragte, ob sie durch die Wand sein Herz klopfen hörten.

»Weiß Otto das?«

»Natürlich weiß er das! Halb München bekommt ein Kind von ihm.«

»Wirst du Edgar verlassen?« Seine Mutter flüsterte. Monty konnte sie gerade so noch verstehen.

»Natürlich nicht. Edgar wird das Kind großziehen, als sei es sein eigenes. Wusstest du, dass Ottos Frau auch von ihm schwanger ist?« Er hörte, wie Tante Elisabeth seufzte und wie ein Stuhl über den Boden gezogen wurde, als wollte sie sich setzen. Er begann, den Flur Zentimeter für Zentimeter zurückzuschleichen, denn er wollte nichts weiter hören. Und beim Herumspionieren wollte er schon gar nicht erwischt werden. Er wollte sein Buch lesen. Da stellte er sich vor, wie er als Robin Hood aufs Pferd stieg, die Zügel anzog und endlos durch die grünen Auen von Sherwood Forest galoppierte. Über Glockenblumen, durch die engen Täler mit den Hängen voller Waldreben, Kuckuckslichtnelken und Wiesenkerbel, immer weiter, bis tief in den Wald hinein. Schwalben schossen an ihm vorbei, Elstern stoben von seinem Weg auf, Bussarde schwebten über ihm dahin. Und er ritt immer weiter und weiter durch den Wald.

»Monty! Was tust du hier?« Tante Elisabeths Stimme klang wie Glas.

»Ich wollte mir etwas Wasser holen.« Er blickte zu den Füßen hinunter, spürte, wie sein Gesicht rot anlief.

Nun kam auch seine Mutter in den Flur und legte die Arme um ihn. »Ach, mein Schatz. Na, komm schon, marsch ins Bett. Es ist sehr spät.«

Er klammerte sich an sie und atmete ihren Duft. Aber ihr Duft war nicht richtig. Sie roch nicht nach Vergissmeinnicht oder der Veilchenseife, die sie so gern benutzte. Und das ganze Gekeife mit Tante Elisabeth war auch nicht richtig. Seine Mutter hatte nie die Stimme erhoben oder sich gestritten. Mit niemandem. Später fragte sich Monty, ob er das vielleicht alles nur geträumt hatte.

19

Frieda

Die Nachricht, dass Elisabeth ein Kind von Otto bekam, weckte in Frieda Gefühle, die sie zunächst nicht benennen konnte. Natürlich hatte die besitzergreifende Art ihrer Schwester sie wütend gemacht. Sie lief allem, was Otto am Herzen lag, zuwider. Verstieß gegen alle Ideale, an die zu glauben Elisabeth behauptete, Ideale, die sie selbst, Frieda, sich zu eigen gemacht hatte. Aber neben aller Wut über die Eifersucht ihrer Schwester spross ein ganz neues, bitteres Gefühl in ihr. Eifersucht, wie sie sich schließlich eingestehen musste. Es machte sie eifersüchtig, dass Elisabeth von Otto ein Kind bekam. Ebenso die Tatsache, dass Elisabeth sich einfach etwas genommen hatte, nach dem sie sich selbst so verzweifelt sehnte. Das nagte jetzt an ihrem neuen Freiheitsgefühl. An ihrem neuen Selbstverständnis. Beschämte sie, weil es so niedrig war.

Sie wusste, das Kind änderte alles. Wie sollte sie die Affäre mit Otto weiterführen, wenn ihre Schwester ein Kind von ihm bekam? Wenn die Schwester es ihr verwehrte? Ihre Hand flatterte zu ihrem Bauch. Und wenn sie selbst bereits schwanger war? Sie hegte den starken Wunsch, Otto ein Kind zu gebären, einen Teil von ihm in sich zu tragen, etwas, das ihn an sie binden würde. Ein seltsames Gefühl, dachte sie, so etwas hatte sie bei Ernest nie empfunden. Monty, Elsa und Barby waren ihr wie kleine Wunder vorgekommen, aber irgendwie losgelöst von dem nüchtern funktionalen Akt der Zeugung. Mit Otto hingegen ein Kind zu haben war etwas anderes. Das Kind wäre ein Symbol, ein Zeichen der Hoffnung und der Liebe.

Und Otto empfand ebenso. Am Vortag hatte er sich ihr zu Füßen geworfen und sie angefleht, *ihr Kind* zu bekommen. Es würde ein Genie werden, hatte er gesagt. Ein Freigeist, der mit seinen übrigen Kindern in Ascona aufwachsen würde.

Ottos unerschütterlicher Respekt vor der Mutterschaft, vor dem Matriarchat, war etwas, das sie so noch nie erlebt hatte, und sie dachte, wie viel besser die Welt doch wäre, wenn mehr Menschen sich Ottos Philosophie einer matriarchalischen Gesellschaft wie jener in Ascona zu eigen machen würden.

Ascona ... ein Wort, das nach Nektar schmeckte. Das Bild, wie ihre Kinder barfuß durch Flüsse wateten, den Wind im Haar, die Sonne auf der bleichen Haut und über sich den weiten, lichtgelben Himmel, verfolgte sie. Anstelle des schäbigen Drecks von Nottingham würde es mit Eisjuwelen geschmückte Alpengipfel geben, von diamantenen Felsen überragte Seen, sonnenumflutete Ufer. Sie sah es vor sich, wie sie heranwuchsen, frei wie Bergblumen.

Als sie am nächsten Morgen auf Montys Bett saß und ihm durchs Haar fuhr, spürte sie, wie aller Neid von ihr abfiel und einer tiefen, heiteren Gelassenheit wich. Ihr wurde bewusst, dass sie sich erstmalig imstande fühlte, ihren Sohn im Arm zu halten, ohne dass dieses Gefühl der Verzweiflung über sie kam wie sonst in Nottingham. Sie konnte ihn berühren, ohne den Drang zu verspüren, sich an ihn zu klammern. Es war eine seltsame Mischung aus Distanz und Liebe, die sie sich nicht erklären konnte. Letztlich eine Art tiefe Zufriedenheit.

»Würdest du gern mit ins Café *Stefanie* kommen und meinen neuen Freund kennenlernen?«, fragte sie. Noch hegte sie die vage Hoffnung, sie könnten alle nach Ascona gehen und dort zusammenleben. Wie und wann, das wusste sie nicht, und in manchen Augenblicken erschien ihr die Idee grotesk und unmöglich. Aber hin und wieder ließ sie ihrer Fantasie freien Lauf, denn es gab ihr neue Hoffnung.

Montys Kopf schnellte hoch. »Ja! Und krieg ich da auch Kuchen?«

Es war viel los im Café, die Luft war dick von den Rauchschwaden der Zigarren und russischen Zigaretten, die Tische waren noch klebrig vom Schnaps, der am Vorabend verschüttet worden war. Die Anarchisten in der Ecke debattierten heftig wie immer, und an der Bar tauschten Dichter auf kleine Zettel gekritzelte Gedichte aus. Otto kam aus dem Billardzimmer gerannt und stieß einen Schrei aus.

»Frieda!« Mit einem Fingerschnalzen machte er einen Kellner auf sich aufmerksam. »Kaffee. Und etwas für den Jungen … Apfelstrudel!«

»Das ist Monty, mein Ältester«, sagte sie.

»Tag, Monty! Wie zart und groß du bist, so hübsch wie deine Mutter, hm?« Otto zauste Montys Haar. »Wärest du gern ein Teil der Revolution? Würdest du gern im Paradies leben?« Er strahlte den Jungen an und setzte hinzu: »Du siehst aus wie ein Wunderkind, Monty. Aber solche Wunderkinder werden vom Familienleben kaputt gemacht, vom Patriarchat, von den Vätern. Söhne müssen sich erheben und die Revolte wagen. Wir müssen die Väter in allen Escheinungsformen ausmerzen. Willst du dich mir anschließen?« Er tätschelte Montys Schulter.

»Hör nicht auf ihn, mein Schatz. Mein neuer Freund ist etwas überdreht. Na komm, lass uns am Fenster Platz nehmen.«

Otto setzte sich zu ihnen an den Tisch. Sein Fuß tippte unruhig auf den Boden, während er Freunde und Gesinnungsgenossen grüßte. Frieda verspürte den überwältigenden Drang, ihm um den Hals zu fallen, ihm zu sagen, dass sie ihn liebte, dass sie spürte, wie ihr Leben sich änderte, aber sie wusste nicht, was jetzt das Richtige war, welche Art von Frau oder Schwester sie sein sollte. Sie beobachtete Monty, wie er einen großen Schuss Sahne über seinen Apfelstrudel kippte, und schon war sie mit allen Gefühlen ganz bei ihm. Ich bin wie eine unschlüssige Kompassnadel, dachte sie, ich werde von einem geliebten Menschen zum nächsten gezogen.

Als Monty aufstand, um den Schachspielern zuzusehen, beugte Otto sich vor und flüsterte: »Ich bin eingeladen worden, auf einer Konferenz in Amsterdam zu sprechen. Können wir uns dort treffen? Im September?«

Frieda nickte. Sie würde schon einen Weg finden.

»Und unsere Zukunft planen wir gemeinsam. Ohne dich habe ich keine Zukunft. Du bist mir notwendig, meine Geliebte. Ich hab deinen Sohn sehr gern – bring ihn mit, bring all deine Kinder mit.«

»Und das Kind, das meine Schwester von dir bekommen wird?«, fragte sie ruhig.

»Das wird mit unserem Kind gemeinsam aufwachsen, Frieda. Sie können alle in Ascona aufwachsen. In Ascona gibt es nichts als Liebe.« Er zündete ihr eine Zigarette an, hielt inne und starrte in die Streichholzflamme. »Die Psychologie des Unbewussten ist die Philosophie der Revolution, einer Revolution, die von Frauen angeführt werden muss – die erste wahre Revolution wird die Frauen und die Freiheit und den Geist zu einem einzigen Ganzen vereinen. Du, meine geliebte Frieda, wirst uns helfen, in Ascona unsere neue Welt zu erschaffen.«

Frieda schloss die Augen. Das Café mit seinen Schluck- und Kaugeräuschen und seinen Kaffee- und Brotgerüchen kippte fort ins Nichts. Für einen kurzen Moment konnte sie an nichts anderes denken als an dieses gelobte Paradies. An sich selbst – ihr neues, wahres Selbst – in diesem Garten Eden, wo nur das Geschrei der Kiebitze und das Lachen ihrer Kinder sie stören würde.

»Auf mich warten Patientinnen, die zu meiner Psychoanalysestunde kommen«, verkündete Otto unvermittelt und stand auf. »Ich bin später wieder da.«

Frieda nickte und schloss die Augen, sodass ihr der Traum von Ascona in aller Klarheit und Herrlichkeit wieder vor Augen trat.

»Was heißt *aus-ausmerzen?*«

Sie schlug die Augen auf. Monty war zurückgekehrt und strich verängstigt die Hose glatt.

»Das heißt vernichten.«

»Warum möchte dein Freund Väter vernichten?«

Sie lachte. »Er möchte die Welt so verändern, dass die Männer nicht immer das Sagen haben. Er möchte das Patriarchat abschaffen.« Sie klopfte auf den Sitzplatz neben sich. »Setz dich, dann erzähle ich dir von einer schönen neuen Welt, in der es keine Armeen, keinen Krieg und keinen Hass mehr gibt, nur Liebe und andere gute Dinge.«

20

Frieda

Einen Tag später verkündete Elisabeth, sie werde nach Heidelberg zurückkehren, um Max Weber bei seinem Werk über die östlichen Religionen zu helfen. Frieda verstand die Worte ihrer Schwester als eine verdeckte Erlaubnis, mit Otto zusammen zu sein. Noch wichtiger war allerdings die Erkenntnis, dass Elisabeth mit ihrem außergewöhnlichen intellektuellen Leben prahlen konnte, ohne dass es auch nur eine Spur von Neid in ihr geweckt hätte. Sie führte diese heitere Gelassenheit auf Otto zurück, der sie in jeden Aspekt seiner Arbeit einbezog, vor allem in die Entwicklung seiner neuen Theorie der Persönlichkeitstypen. Ihre Abende folgten jetzt einem regelmäßigen Muster. Sie saß an seinem Ecktisch im Café *Stefanie* und las seine Ideen zu den Persönlichkeitsmerkmalen, machte sich Notizen und unterstrich einige Stellen mit roter Tinte. Nach lebhaften Diskussionen wurde sie von Begierde gepackt, es war wie ein unersättlicher Hunger. Dann zogen sie sich für ein paar Stunden auf sein Zimmer zurück und gaben sich ausgelassenem Liebesspiel hin.

Zwei Tage bevor Monty und sie nach England zurückkehrten, kam Frieda am Abend nach Hause und sah Elisabeth im Salon sitzen und sich den Bauch halten.

»Ich dachte, du kommst morgen.« Hastig versuchte Frieda, ihr Haar glatt zu streichen. Ottos Geruch haftete noch an ihr, stark und moschusartig.

»Edgar und ich möchten diese groteske Affäre beenden.«

Friedas Wangen röteten sich. Und in ihr schnappte etwas ein. »Ich helfe ihm bei seiner Arbeit, indem ich ihm einen tieferen Einblick in den menschlichen Geist gewähre. Er sagt, ich sei unter den Frauen seines Bekanntenkreises die einzige, die wirklich frei von Hemmungen ist.« So, jetzt war es gesagt. Die Worte standen wie Stacheldraht zwischen ihnen.

Elisabeths Lippen spannten sich zu einer dünnen weißen Linie. Sie kreuzte die Arme über der Brust. »*Ich* werde sein Kind zur Welt bringen, nicht du.«

»Ich glaube, ich bin auch schwanger.« Frieda starrte mit finsterer Miene aus dem Fenster und fuhr sich mit der Hand an den Unterleib – etwas hatte sich in den letzten drei Stunden in ihr bewegt und verwandelt.

»Mach dich nicht lächerlich! Wie kannst du das so schnell wissen?«

»Warum willst du ihn nicht mit mir teilen?«

»Weil du meine Schwester bist!« Elisabeth ging zu einer Vase mit Lilien und knipste mit Finger und Daumen eine welke Blüte ab. Ein Wölkchen gelber Blütenpollen schwebte zu Boden. »Und Ernest wird einer offenen Ehe niemals zustimmen.«

»Aber Otto und ich sind so gern zusammen. Ich weiß, dass er dich auch liebt, aber …«

»Otto hat keine Ahnung, was Liebe ist. Er ist ein intellektuelles Genie und ein einzigartiger Liebhaber, aber das ist auch schon alles, wozu er taugt.« Elisabeth klopfte sich übertrieben heftig auf den Bauch. »Warum sonst sollte ich Edgar bitten, dieses Kind mit aufzuziehen?«

»Du hast Otto *und* Edgar. Und die Weber-Brüder. Warum sollte ich nicht auch jemanden haben, der mich schätzt, der mich inspiriert? Warum soll ich nicht auch Freude und Glück genießen?«

Elisabeth lachte höhnisch. »Wenn du denkst, du könntest Ernest die offene Ehe vorschlagen, dann musst du geistesgestört sein. Das wäre Wahnsinn, ein Verbrechen.«

Frieda rieb sich wütend die Schläfen. »Ich denke darüber nach, ob ich mit den Kindern nach Ascona ziehen soll.« Um an einem Ort zu sein, wo die Menschen sich gegenseitig unterstützen und frei und gleich zusammenleben, ohne Groll und ohne Eifersucht, dachte sie bitter.

Elisabeth starrte sie an. »Mach dich nicht lächerlich! Er hat weder Geld noch das geringste Verantwortungsgefühl.«

»Er lässt mich an seiner Arbeit teilhaben, Elisabeth. Wir arbeiten *gemeinsam* an seinen Ideen, seinen Schriften. Ganz wie du und Edgar. Ganz wie du und Max Weber. Ich habe dadurch das Gefühl, wichtig zu sein, wichtig für ihn und für mich.« Sie hörte selbst ihren flehentlichen Ton, aber Elisabeth sah sie immer noch finster an. Also redete sie weiter. »Diese Gedanken und Ideen hatte ich schon in Nottingham – auch wenn sie dort erst im Keim existiert haben –, aber ich konnte sie nicht äußern. Er hat mir geholfen, mich selbst zu verstehen und zu erkennen, wer ich eigentlich bin.«

Elisabeth schüttelte verächtlich den Kopf. »Na gut. Wenn du darauf bestehst, diese Affäre weiterlaufen zu lassen, kann ich dich nicht daran hindern. Nur darf Ernest es nie erfahren. Ich mag Ernest nicht besonders, aber er ist ein fürsorglicher Mensch. Und wir Frauen sind nichts ohne einen Menschen, der uns unterstützt. Es sei denn, du möchtest selbst für deinen Unterhalt aufkommen.«

»Und wie sollte ich das anstellen? Mit drei Kindern und ohne Ausbildung?«

Im Raum wurde es still. Draußen jaulte ein Hund, und Frieda hörte seine Kette rasseln, als man ihn losband. Sie musste an die lange verlorene Frieda denken, die keuchend neben den Bluthunden des Freiherrn hergerannt war. Otto hatte dieses Mädchen gerettet, hatte es von seinen Ketten befreit, es von den Toten zurückgeholt. Wie sollte sie ihn jetzt aufgeben? Wie sollte sie, nachdem sich ein so heller Hoffnungsstreif gezeigt hatte, die Falle wieder zuschnappen lassen?

DRITTER TEIL

Nottingham 1907

Die Frage war, wie man das anfangen, wohin man
sich wenden, wie man zu sich selber finden sollte.

D. H. Lawrence, *Der Regenbogen*

21

Frieda

Du bist nicht unsere alte Mutter. Du hast zwar dieselbe Haut wie unsere alte Mutter, aber du bist nicht unsere Mutter, die weggefahren ist.« Elsas Blick aus blauen Augen und der von Frieda kreuzten sich für einen kurzen Moment über dem Abendbrottisch.

»Natürlich bin ich dieselbe! Vielleicht ist mein Haar vom deutschen Essen dicker geworden.« Verwirrt fuhr Frieda sich mit der Hand ins Haar, das sich auf ihrem Kopf türmte, dann entfaltete sie mit einem Ruck ihre Serviette und legte sie sich auf den Schoß. »Hat sich mein Haar verändert, Ernest?«

»Wie bitte?« Ernest starrte sie an.

»Mein Haar, ist es dicker geworden?« Sie behielt die Hände unterm Tisch, zupfte nervös an der Serviette herum. Elsas Worte hatten sie getroffen, denn sie wusste, dass Elsa recht hatte. Sie war nicht mehr dieselbe.

»Ich finde, ihr seht beide blendend aus. War es sehr warm?«, fragte Ernest, an Monty gewandt. »Und wie hat dir das Essen in München geschmeckt, junger Mann?«

Frieda sah, wie Monty seine gekochten Kartoffeln so anordnete, dass sie um das mit einer dicken grauen Kruste versehene

Schweinskotelett einen Kreis bildeten. Sie dachte über Elsas Worte nach: »nicht unsere alte Mutter«. Obwohl die Rückreise sie sehr angestrengt hatte, fühlte sie sich leicht wie Pollen. Die ausgelassene Freude aus der Zeit mit Otto, in der sie ganz sie selbst hatte sein können, war ihr noch anzumerken. Sie fragte sich, ob ein entflogener Kanarienvogel sich nach seiner Rückkehr in den Käfig so fühlte wie sie gerade. Gab der Übermut des Aufbegehrens, gab die Freude über den Höhenflug ihm Nahrung, auch nachdem er in die Gefangenschaft zurückgekehrt war? Oder war es die Zuversicht – die schwindelerregende, stetig wachsende Hoffnung –, ein zweites Mal davonfliegen zu können, die den Vogel weitersingen ließ? Sie dachte an die Reise nach Amsterdam, die Otto ihr versprochen hatte. Sie dachte an das Kind, das vielleicht in diesem Augenblick in ihrem Bauch heranwuchs. Es überkam sie ein Kribbeln, und sie fühlte sich so leicht, so beschwingt, dass sie sich an ihrem Stuhl festhalten musste.

»Und worüber spricht man in München? Gibt es noch andere Themen als die militärische Macht des Kaisers?« Ernest nippte bedächtig an seinem Wasserglas.

Frieda sah ihre Chance gekommen. Wenn es ihr gelänge, ihn mit den neuen Ideen, die in Deutschland gärten, vertraut zu machen, würde er sich vielleicht ändern. Wie Edgar. Zumindest hätte sie dann jemanden, mit dem sie reden könnte. Sie hörte eine innere Stimme rufen: »Nur Mut!«, und holte ausgiebig und tief Luft. »Hast du schon mal von einem Mann mit Namen Dr. Freud gehört? Ganz München spricht über ihn und seine Ideen.«

»Ach – ist er denn Arzt? Hat er herausgefunden, wie man den Typhus heilen kann?«

»Nein, etwas viel Besseres. Er versteht alles, was mit unseren unterdrückten Gefühlen, unseren unerfüllten Sehnsüchten und Trieben zu tun hat.«

»Unseren was?« Sichtlich angespannt stellte Ernest sein Wasserglas auf den Tisch.

»All die Triebe, die wir verdrängt haben. Unser Bedürfnis nach Liebe. Dr. Freud glaubt, wir haben das alles in unser Unterbewusstsein verdrängt.« Sie sprach langsam und entschieden. Vielleicht konnte sie ihm helfen, die Schichten der Verdrängung und Zurückhaltung, die sein Leben beherrschten, abzustreifen. Vielleicht konnte sie ihm helfen zu erkennen, wer sie jetzt war, wer sie geworden war. Sie sah ein, dass es nicht fair war, mit dieser Farce weiterzumachen, sich weiterhin als eine andere Person auszugeben, als sie wirklich war. Es war weder ihm noch ihr selbst gegenüber fair. Vor allem, falls es ein weiteres Kind geben sollte, Ottos Kind. Kurz fragte sie sich, ob Ernest sich wohl so freigebig und ehrenhaft zeigen würde, wie Edgar es Elisabeth gegenüber getan hatte.

»Viele Menschen in München sind Vegetarier. Sie essen kein Fleisch«, fuhr sie fort in der Hoffnung, diese Idee könnte bei ihm auf mehr Zustimmung stoßen.

»Das Wetter hat aufgeklart. Du solltest nach dem Mittagessen mit den Kindern einen Spaziergang machen.« Ernest hielt das Besteck so fest umklammert, dass seine Fingerknöchel ganz weiß geworden waren.

»Ich möchte mit meinem Marmeladenglas zum Elritzenbach gehen«, trällerte Barby. »Bitte!«

»Aber natürlich, mein Liebling. Das wird ein Spaß!« Frieda zog Barby an sich, nahm sie in den Arm und grub ihre Nase in das seidenweiche Haar. Das Haar ihrer Tochter duftete nach Flieder und nassem Gras – was ihr klopfendes Herz beruhigte.

Sobald die Kinder aufgestanden waren, um ihre Hüte und Stiefel zu holen, drehte Ernest sich zu ihr um. »Hältst du das für schicklich, Frieda?«

Sie schob ihren Teller beiseite und verstecke die Hände wieder unterm Tisch. Ihre Finger krallten sich in die Serviette auf ihrem Schoß. »Ich wollte dir das sagen, Ernest – und du hast mich ja gefragt, worüber in München geredet wird. Sie reden dort über unsere tiefsten Sehnsüchte und unterdrückten Triebe.«

Sie versuchte, einen Blick von ihm zu erhaschen, er aber starrte auf die Essig-und-Öl-Kännchen. Und als er antwortete, klang er verkniffen und angespannt. »Wir werden nicht mehr über die hirnverbrannten Sexualideen dieses Arztes sprechen. Weder beim Mittagessen noch im Salon oder im Schlafzimmer.«

Frieda spürte, wie der Ärger sie packte. Wie konnte er nur so kleingeistig sein? So intolerant? Sie öffnete den Mund, um zu protestieren, doch dann entschied sie sich, ihren Ärger hinunterzuschlucken. Sie war entschlossen, sich ihre neue Stimmung nicht kaputt machen zu lassen, die Käfigtür sollte nicht hinter ihr zuschwingen. Sie würde an dieser wundersamen Leichtigkeit und dem Glücksgefühl festhalten, so lange sie konnte, zumindest bis sie nach Amsterdam reiste und Otto wiedersah.

Während ihre Finger unablässig an der Serviette herumnestelten, fuhr sie fort. »Es wird auch darüber gesprochen, wie man die Prinzipien einer heidnischen Gesellschaft, in der die Männer die Frauen und ihre weiblichen Mysterien noch wertschätzten, wiederaufleben lassen könnte.«

»Soll ich das Haus verkaufen und die Dienstboten davonjagen und uns einen Platz in einer Höhle suchen?« Seine Stimme klang harsch und spröde. »Du könntest deine Tage damit zubringen, aus Feuersteinen Funken zu schlagen, während ich Wildschweine jage, denen du dann das Fell abziehst. Oder müsste ich meine Tage damit zubringen, deinem Schrein zu huldigen?« Er lachte spöttisch auf. »Wenn das die Dinge sind, über die man in Deutschland spricht, dann sehe ich keinen Grund, den Kaiser zu fürchten.«

»Warum nimmst du mich nie ernst?«

»Ich dachte, man spricht vielleicht über die Pläne des Kaisers. In der *Daily Mail* liest man täglich säbelrasselnde Schlagzeilen. Und in der *Times* ebenso. Offenbar steht eine Invasion der Deutschen unmittelbar bevor. Auch wenn es den Anschein hat, als würden die Menschen in München das nicht bemerken.« Er seufzte, als hätten ihn ihre Antworten auf diese Fragen enttäuscht. Als habe *sie* ihn enttäuscht.

»In München habe ich geraucht, Ernest. Dort rauchen alle. Die Ärzte in München sagen, Tabak sei sehr gut für eine Frau. Hier würde ich auch gern rauchen.« Sie spürte eine Träne des Zorns in den Augen. Fest entschlossen, durchzuhalten, nicht zu weinen, knetete sie die Serviette in der Hand. Sollte er ihr das Rauchen nicht gestatten, würde sie ihn ignorieren. Ihm trotzen.

»Da ich selbst Pfeifenraucher bin, wäre es sehr kleinherzig von mir, dir eine gelegentliche Zigarette zu verwehren.« Ernest machte eine Pause, und sein Kiefer entspannte sich. »Ich finde es nicht sehr schicklich für eine Frau, aber wenn es deiner Gesundheit dient, kann ich ja nichts dagegen haben, nicht wahr? Aber nicht in der Öffentlichkeit, darum bitte ich dich. Und vielleicht auch nicht in der steinzeitlichen Höhle, in der wir demnächst wohnen werden.«

Er stand auf und küsste sie flüchtig auf die Wange. Als sich die Tür hinter ihm schloss, biss Frieda sich auf die Lippe und warf die Serviette zu Boden. Warum machte er sich immer über sie lustig? Warum konnte er nicht einmal mit ihr diskutieren? Sie fragte sich, ob es daran lag, wie sie ihre Ideen vortrug: nicht eloquent genug für ihn, mit zu viel Gefühl und zu wenig Form. Und warum wollte er immer nur über den Krieg reden und über das, was in der Zeitung stand, während die Welt summte vor lauter neuen Theorien dazu, wie man leben und wie man *sein* könnte? Seine

Reaktion – so schroff und so spöttisch – legte nahe, dass er diese Ideen als Affront begriff. Aber vielleicht machten sie ihm auch irgendwie Angst? War es das?

Ein plötzlicher Stich im Bauch unterbrach ihre mäandernden Gedanken. Sie legte beide Hände auf ihren Unterleib. War es möglich …? Oder war das nur Mrs Babbits Küche, das Essen, das seine verschlungene Reise durch ihren Darm antrat? Sie ließ ihre Hände vom Bauch zum Halsausschnitt ihres Kleides wandern, fuhr mit einer Hand ins Unterkleid und zog einen Brief heraus. Er hatte bei ihrer Rückkehr auf sie gewartet, in einem Umschlag mit Elisabeths Handschrift. Otto musste ihn geschrieben haben, noch bevor sie München verlassen hatte. Sie faltete ihn auseinander, sah das wilde Gekritzel, spürte, wie ihr Puls schneller ging.

Es hatte noch einen zweiten Brief gegeben. Von Elisabeths Ehemann Edgar. Den hatte sie gelesen und schnell ins Feuer geworfen. Edgars Brief war sehr kurz und prägnant gewesen; er hatte sie gebeten, Ottos Briefe sämtlich zu vernichten. Sie würde ihm antworten, dass sie seiner Bitte nachkäme. Denn wenn sie das nicht tat, würden Elisabeth und er sich weigern, Ottos Briefe an sie weiterzuleiten. Und sie glaubte nicht, dass sie durchhalten würde, ohne von ihm zu hören. Aber sie hatte nicht wirklich die Absicht, seine Briefe zu verbrennen. Sie hatte Elisabeth einen Tag lang beknien müssen, bevor diese sich bereit erklärt hatte, den Boten zu spielen. Edgar war entgegenkommender gewesen. Vielleicht hatten die beiden sich darauf geeinigt, Ottos Briefe in mit ihrer Handschrift versehenen Umschlägen weiterzuleiten, um sicherzugehen, dass Ernest keinen Verdacht schöpfte. Frieda strich liebevoll mit dem Finger über den Umschlag, dann steckte sie ihn wieder in ihr Unterkleid, an ihre Brust.

»Mama, es regnet. Können wir trotzdem rausgehen? Ich will dir meine kleinen Fische zeigen, und Elsa hat einen Babyfrosch.«

Barby kam in den Salon getrottet, sie hielt ihr Marmeladenglas fest gepackt.

»Natürlich können wir das. Ich mag es, wenn es regnet!« Frieda beugte sich hinunter, zog Barby zu sich heran und bedeckte sie mit Küssen. »Stell das Glas ab, und lass uns tanzen, mein Schatz!« Gemeinsam wirbelten sie um den Tisch herum, und Frieda hob Barby so hoch, dass ihre bestiefelten Füße über den Boden schleiften. Wut und Enttäuschung lösten sich auf, und sie fühlte sich wieder so leicht und hell wie ein Sonnenstrahl.

»Du bist doch noch unsere Mutter. Elsa hat dummes Zeug geredet – du bist immer noch ganz unsere alte Mutter.«

»Natürlich bin ich das«, sagte Frieda besänftigend. Aber sie wusste, dass das nicht stimmte.

22

Monty

Drei Wochen später fand Monty, als er nach Hause kam, seine Mutter weinend am Klavier vor. Sie spielte ein Stück, das er noch nie gehört hatte. Ihre Augen waren gerötet und nass, und ihr Gesicht war fleckig. Eine Träne lief ihr über die Wange. Ihm war nicht wohl beim Anblick seiner traurigen Mutter. Vor allem, da er selbst jetzt glücklicher war. Die Jungen in der Schule hatten aufgehört, ihn einen Hunnen zu schimpfen. Er war sich nicht ganz sicher, warum das so war, aber er vermutete, dass es an dem neuen Jungen lag, der keine Zehen hatte und der nun an seiner statt gehänselt wurde. Monty war trotzdem noch sehr vorsichtig. Er hielt stets den Kopf gesenkt und behauptete, er spreche kein Deutsch.

»Mama?« Er berührte sie sanft am Arm.

»O Monty ... Soll ich dir sagen, warum ich traurig bin?« Sie schlang die Arme um ihn und barg ihr Gesicht in seinem Haar. »Erinnerst du dich, dass du gefragt hast, ob du vielleicht ein kleines Brüderchen haben könntest?« Sie ließ die Schultern hängen und schluckte schwer. »Es gibt kein Brüderchen.«

»Möchtest du dir meine neuen Briefmarken ansehen? Da ist eine sehr hübsche dabei, mit einem Papagei drauf. Soll ich sie dir zeigen?«

Sie nickte und zog ein Taschentuch hervor. »Du erzählst Papa besser nicht, dass ich geweint habe. Er würde sich nur Sorgen machen. Ich werde eine Zigarette rauchen, und dann schaue ich mir deine neuen Briefmarken an.« Sie rang sich ein kleines Lächeln ab und tätschelte seinen Arm.

Als Monty die Treppe zu seinem Zimmer hinaufstieg, fragte er sich, woher sie wusste, dass in ihrem Bauch kein Brüderchen mehr war. Ob sie es in einem Brief gelesen hatte? Sie bekam jetzt viele Briefe. Sie lächelte, wenn sie sie las, und sagte: »Schon wieder Neuigkeiten von Tante Elisabeth!« Manchmal bekam sie an einem einzigen Tag *zwei* Briefe von Tante Elisabeth.

Er holte sein Briefmarkenalbum unter dem Bett hervor. Er wusste, die Papageien-Briefmarke würde sie aufheitern, denn sie hatte sehr fröhliche Farben – Rot, Gelb und Grün – und kam von weither. Er blätterte im Album, bis er sie gefunden hatte, in der Mitte einer weißen Seite, wo er sie extra mit einem Briefmarkenfalz festgeklebt hatte, damit sie nicht verrutschte. Aber als er sich die Marke genauer ansah, wurden seine Glieder ganz steif. Ihm war, als erkenne er in den Augen des Papageis, die stechend und wütend dreinblickten, die Augen eines Mannes. Eines bestimmten Mannes. Dr. Gross mit seinem goldgelben Haar und den leuchtend blauen Augen. Monty löste die Papageien-Marke von dem Falz und ließ sie unter die Decke gleiten. Heute würde er ihr nur seine englischen Briefmarken zeigen. Und wenn sie ihn fragte, wo die Papageien-Marke sei, würde er ihr sein Set englischer Vogel-Briefmarken zeigen – ein Rotkehlchen, einen Buchfink, einen Hänfling, eine Ammer und eine Bachstelze. Er wusste, dass sie nicht so prächtig waren wie der Papagei, aber sie waren trotzdem schön.

23

Ernest

A ls er das Klopfen an der Tür seines Arbeitszimmers hörte, dachte Ernest, es sei Mrs Babbit, die ihm seinen Tee brachte. Frieda machte sich nie die Mühe anzuklopfen, und die Kinder trauten sich nicht, zu ihm zu kommen, wenn er arbeitete. Was auch gut war. Ein Vater musste eine Autorität sein, eine Respektsperson.

Sein Blick wanderte zu der Fotografie seiner Frau, die in einem polierten Mahagonirahmen auf dem Kaminsims stand. Sie war so strahlend, so spürbar begeistert aus München zurückgekommen, dass es ihn ganz traurig gemacht hatte. Es war offensichtlich, dass das Klima und das Essen in Deutschland ihr weitaus besser bekamen als das in England. Aber wenigstens hatte sie aufgehört, an seinen Hemdschößen herumzuzupfen. Offenbar hatte Elisabeth – deren Verstand an der Universität von Heidelberg mit so emsigem Fleiß ausgebildet worden war – sie davon überzeugt, dass ein weiteres Kind ein großer Fehler wäre.

Es klopfte erneut, diesmal etwas lauter. Zu schüchtern für Mrs Babbit, dachte Ernest.

»Papa? Kann ich hereinkommen?«

»Monty?« Überrascht und erfreut zugleich drehte er sich um und schaute zur Tür. »Schön, dass du kommst. Ich habe noch ein paar Briefmarken für dich, die ich einfach vergessen hatte. Professor Kipping hat sie mir gestern gegeben. Aus Amerika.«

»Danke, Papa. Mama fährt morgen wieder nach Deutschland.« Monty stand in der Tür und trat von einem Fuß auf den anderen.

»Ja, sie wird Tante Elisabeth besuchen. Deiner Tante geht es nicht gut. Komm und schau dir die Briefmarken an.« Er winkte Monty herein. Der Junge sah blass und verängstigt aus, und Ernest fragte sich zum wiederholten Mal, ob er nicht ein wenig zu sehr an seiner Mutter hing. Er hatte Frieda schon einmal gewarnt und ihr erklärt, dass Jungen, die nicht selbst für sich eintreten konnten, gehänselt wurden, und dass Jungen, die zu viel Zeit mit ihrer Mutter verbrachten, sich zu Invertierten entwickelten. So etwas hatte er schon erlebt. Und es ging nie gut aus.

»Ich … ich finde, wir sollten sie nicht zu Tante Elisabeth fahren lassen.« Monty senkte den flackernden Blick auf seine Schuhe, dann sah er zu Ernest auf und schnell wieder auf die Schuhe.

»Warum nicht?« Ernest hätte gern die Arme nach seinem Sohn ausgestreckt. Stattdessen kreuzte er sie über der Brust und hüstelte kurz und trocken.

»Sie … sie könnte sich bei Tante Elisabeth anstecken.«

»Deine wundervolle Mutter ist stark wie ein Ochse. Sie fährt ja nur für eine Woche weg.« Ernest nickte in der Hoffnung, ihm damit die Angst zu nehmen. »Wir dürfen nicht vergessen, dass Deutschland ihre Heimat ist, und müssen sie hinfahren lassen, wann immer sie das möchte.«

»Aber Reisen ist gefährlich. Sie könnte auf jemanden treffen, der …« Montys Stimme erstarb. Er begann an einem Fingernagel zu kauen.

»Jemanden, der … der was?« Ernest beobachtete Monty aufmerksam. Sein Sohn benahm sich höchst sonderbar. Diese Anhänglichkeit seiner Mutter gegenüber war entschieden ungesund.

»Jemanden, der Väter aus… ausmerzen möchte!« Monty starrte Ernest mit großen Augen an und lief rot an.

Ernest runzelte die Stirn. »Mach dir keine Gedanken, Monty, sie reist erster Klasse. Jetzt nimm diese Briefmarken und kleb sie in dein Album.«

Monty schlurfte davon, und Ernest versuchte, sich wieder seiner Arbeit zuzuwenden. Er musste bis zum nächsten Tag noch zwanzig Aufsätze korrigieren, aber er konnte sich nicht konzentrieren. Stattdessen sah er unentwegt Montys schmales Gesicht vor sich, so bleich und verängstigt. Und als Montys Gesicht langsam verblasste, schob Friedas Gesicht sich davor, so rosig und genussvoll strahlend. Plötzlich begann in seinem Hinterkopf ein dunkler Gedanke zu keimen. Aber nicht doch, das konnte nicht sein. Es war zu unangenehm, zu verstörend, darüber nachzudenken. Er schob den Gedanken beiseite. Monty hatte zu viel gelesen … er hatte eine allzu lebhafte Fantasie … und war viel zu sehr in seine Mutter vernarrt. Vielleicht sollte er selbst mehr Zeit mit seinem Sohn verbringen, mit ihm Sport treiben oder angeln gehen. Aber er hatte keine Zeit. Wenn er Frieda weiterhin glücklich machen, ihr Kleider und Hüte kaufen wollte, die ihr gefielen, und dazu all das Hauspersonal bezahlen, dann musste er weiter arbeiten.

Sein Blick fiel auf das Foto, auf dem sie Monty als Baby im Arm hielt. Sie war noch genauso schön wie damals, vor sieben Jahren. Ein bisschen fülliger vielleicht, aber das mochte er. In Cambridge würde sie glücklicher sein. Wenn er sich bei der Arbeit weiter anstrengte, böte man ihm vielleicht einen Lehrstuhl an der Universität von Cambridge an. Er war sich sicher, dass es Frieda dort besser gefallen würde: Es war ruhiger, die Menschen waren gebildeter, und es gab nicht diese schwarzen Industriemiasmen, wie sie über Nottingham hingen. Und wenn sein etymologischer

Band abgeschlossen war, blieb vielleicht Geld für einen Urlaub übrig.

Er wandte sich wieder den Aufsätzen zu, aber die Schrift auf dem Papier schien sich wie eine Schlange zu winden, sodass er die Bedeutung der Wörter nicht zu fassen bekam. Also nahm er seine Pfeife und stopfte sie, versuchte, sich darauf zu konzentrieren, wie sich der Tabak in seiner Hand anfühlte, weich und beruhigend, das Mundstück zwischen den Lippen, die warme Rauchwolke im Mund. Aber dieser unausgegorene Gedanke kehrte dennoch zurück; er schien immer mehr an Terrain zu gewinnen, wie schwarzer Schimmel, der übers feuchte Mauerwerk kriecht.

Schließlich schob er die Papiere beiseite und erhob sich mit knackenden Knien. Er wollte Frieda suchen gehen, ihr seine Hilfe beim Packen anbieten, vielleicht das Thema Monty ansprechen. Er ging hinauf in Friedas Zimmer.

Sie stand über ihr Bett gebeugt, den Kopf zur Seite geneigt, und betrachtete die Kleider und Hüte, die sie auf der Spitzenüberdecke ausgebreitet hatte. »Ich kann mich nicht entscheiden, was ich anziehen soll, Ernest. Das gelbe Satinkleid oder das Lavendelfarbene aus Musselin?«

»Ich mag das Gelbe lieber. Es passt zu deinem sonnigen Gemüt, meine Schneeblume.« Im selben Moment fiel ihm ein, dass sie nicht länger Schneeblume genannt werden wollte. Aber sie fuhr ihn deshalb nicht an, wie sie es schon einmal getan hatte. Als er sich an das kurze Gespräch vor ihrer Abreise nach Deutschland erinnerte, spürte er einen jähen, scharfen Schmerz unter den Rippen. Sie hatte ihm – in eindeutig schnippischem Ton – nahegelegt, sich einen neuen Kosenamen auszudenken, einen, der mehr zu ihrem Charakter passe. Er war so sprachlos, so verletzt und verwirrt gewesen, dass ein Nebel sich über seinen Geist gesenkt hatte. In den darauffolgenden Sekunden war ihm nichts Besseres in den Sinn gekommen als eine Nelke. Als er *meine Nelke* vorschlug, hatte sie schmerzhaft lange Luft geholt und ihm damit zu verstehen gegeben, dass er nicht richtiglag. Seither war er wieder zu *Schneeblume* übergegangen. Letztlich nannte er sie ja seit fast neun Jahren so. Es ging ihm glatt über die Lippen, und er mochte es.

»Wenn du das Gelbe lieber magst, nehme ich es.« Sie ging ums Bett herum, schnappte sich das gelbe Kleid und legte es in ihren Reisekoffer.

»Du bist guter Dinge, mein Schatz.«

»Du weißt, wie gern ich nach Deutschland fahre, Ernest. Selbst wenn ich dort eine kranke Schwester pflegen muss.«

»Monty macht sich Sorgen. Er liest offenbar gerade ein schreckliches Buch.« Ernest zog an seiner Pfeife und betrachtete seine Frau. Sie untersuchte angelegentlich ihren Hut.

»Ach, du weißt doch, wie Monty ist.« Schließlich legte sie den Hut in eine Schachtel und zupfte am Hutband. »Er bildet sich immer irgendwelche Dinge ein. Vielleicht wird er mal ein großer Dichter.«

»Ja, vielleicht.«

»Du rauchst mir mein Schlafzimmer mit deiner Pfeife voll. Bist du mit der Arbeit fertig?« Frieda kam auf ihn zu und küsste ihn auf die Wange, als gebe sie ihm einen Abschiedskuss oder schicke ihn fort.

Ernest räusperte sich und blickte zu Boden. Er wollte ihr sagen, dass er sie liebte, aber die Worte klebten ihm am Gaumen fest. »Wir werden dich vermissen, Frieda«, murmelte er. Sogar das klang seltsam und geschraubt, als lese er es von einem Buch ab, als seien das die Worte eines anderen. Wieso war er außerstande, seiner Frau zu sagen, dass er sie liebte?

»Ich weiß doch, ich weiß, mein Alter.« Frieda klopfte ihm auf die Brust. »Aber ich bin ja nur eine Woche fort. Wieso macht ihr alle so ein Aufhebens darum?«

Er hustete kurz und bellend. »Es tut mir leid, dass ich dir nicht mehr bieten konnte. Aber meine ganze Hoffnung ist auf Cambridge gerichtet. Wenn ich nur mein Buch zu Ende schreiben kann.« Er wollte sie in den Arm nehmen und fest an sich drücken. Aber es war Nachmittag, Mrs Babbit und die Magd waren unten, und die Kinder und Ida trieben sich auch irgendwo herum. Und schon war Frieda wieder vor ihrer Kommode und packte Unterwäsche in ihren Koffer.

»Ja, ja. Geh nur wieder an die Arbeit. Geh und schreib dein Buch zu Ende.«

Ernest wandte sich ab und ging zur Tür. Und als er das tat, fiel sein Blick auf etwas, das ihn zögern ließ. Auf ihrem Toilettentisch lagen, in einem unordentlichen Stapel, mit einem roten Seidenband zusammengebundene Briefe. Er wollte noch einen Blick darauf werfen. Vielleicht waren es seine eigenen, Liebesbriefe, die er vor neun Jahren geschrieben hatte. Oder es waren Briefe von ihrer Schwester. Oder Briefe von ihrer Mutter. Wenn er noch einen Blick darauf warf, würde er sich vergewissern, sein zitterndes Herz beruhigen können. Aber eine leise Stimme in seinem Kopf sagte ihm, er solle lieber gehen, in sein Arbeitszimmer zurückkehren und weiterarbeiten. Cambridge! Er musste mit ihr nach Cambridge gehen. Und so schlug er sich die Briefe aus dem Kopf, als wische er Kreide von einer Tafel. Ein kurzer, heftiger Ruck – und weg waren sie.

24

Monty

»Kommt Mama heute wieder, Papa?« Monty strich mit größter Sorgfalt Butter auf seinen Toast und achtete peinlich darauf, sie auch wirklich bis zum Rand zu verstreichen.

Sein Vater ließ das Buch sinken und seufzte. »Ich kann dir nur dasselbe antworten wie schon gestern und vorgestern und vorvorgestern. Sie kommt morgen.«

»Wird heute eine Postkarte kommen, Papa?« Monty schnitt seinen mit Butter bestrichenen Toast in fünf Streifen und reihte diese neben seinem wachsweich gekochten Ei auf. Er hoffte, dass Mrs Babbit das Ei nicht zu kurz im kochenden Wasser gelassen hatte. Er mochte es nicht, wenn durchscheinende Schnüre wie Schleimstückchen auf seinen Toastsoldaten lagen.

»Ich bin kein Prophet, Monty. Du musst wohl oder übel warten, bis der Postbote kommt.« Er nahm sein Buch wieder auf.

Monty dippte einen Toaststreifen in sein Ei. Seine Mutter schickte immer Postkarten, wenn sie auf Reisen war. Aber diesmal hatte es keine Postkarte, keinen Brief, kein Telegramm gegeben. Nichts.

»Geht es Tante Elisabeth besser?« Er zog den Toast aus dem weich gekochten Ei, hielt ihn in die Höhe und untersuchte ihn auf rohe Eiweißknubbel. Es war nur Eigelb drauf, dunkelgelb und flüssig, ganz wie er es mochte. Rasch steckte er ihn in den Mund und konzentrierte sich aufs Kauen.

»Auch das weiß ich nicht.« Sein Vater klappte das Buch zu und blickte entlang des Nasenrückens auf ihn herunter. »Es wird eine Zeit kommen, in der du deine Mutter sehr lange nicht sehen wirst, Monty. Ich habe beschlossen, dich auf ein Internat zu schicken.«

Monty wand sich auf seinem Stuhl. »Kann ich nicht in Nottingham zur Schule gehen?«

»Ich glaube, das Internat wird dir guttun. Es wird dir helfen, ein Mann zu werden.«

»Wie wird ein Junge zum Mann?« Er linste in seine Eierschale, um zu sehen, ob da noch Dotterstückchen am Boden hingen.

»Na ja, du wirst groß und stark werden. Dann findest du vielleicht ein Mädchen, das dir gefällt …«

Nun rutschte sein Vater ungeduldig auf seinem Stuhl herum, als habe die Frage ihn überrumpelt. »Das ist für jeden anders. Ah, mein Kaffee! Ich danke Ihnen, Mrs Babbit.«

Mrs Babbit stellte die Kaffeekanne auf das Spitzendeckchen. Dann nahm sie eine Serviette vom Tisch, wischte die Tasse und die Untertasse ab und polierte die Kaffeekanne, sodass alles schimmerte und glänzte. Sein Vater griff wieder nach seinem Buch. Die Seiten verströmten einen muffigen Geruch, und aus dem Buchdeckel sprang ein kleiner Silberfisch und wuselte übers Tischtuch.

»Werden mir *alle* Mädchen gefallen?«

Einen Moment lang herrschte Stille, dann sagte sein Vater: »Nein, nur eine.«

»Und die bleibt dann für immer bei einem?« Monty kaute nachdenklich an seinem letzten Streifen Toast. Der war kalt geworden, und er wünschte, er hätte ein bisschen Marmelade darauf gestrichen.

»Genau, Monty. So etwas nennt man dann eine Ehe.« Wieder wandte sein Vater sich dem Buch zu und begann zu lesen; sein Blick huschte, immer von links nach rechts, im Zickzack über die Seite.

Monty fühlte sich schon wieder ein bisschen besser, wusste aber nicht, warum. Vielleicht weil sein Bauch mit Ei und Toast gefüllt war. Und dann sah er mit unwillkürlichem Schaudern das Bild von Dr. Gross vor seinem inneren Auge aufblitzen. Die stechend blauen Augen, wie Spieße, den hellen stacheligen Haarschopf, die befremdlichen Reden über das Vätervernichten und das Leben im Paradies.

Plötzlich hörte er sein butterverschmiertes Messer auf den Holzboden scheppern, dem folgten mit einem Krachen der Eierbecher und mit einem Klirren der Teelöffel, der sich kreiselnd auf den Perserteppich zubewegte.

»Um Himmels willen, Monty! Was zum Teufel tust du? Mrs Babbit!« Sein Vater sprang auf und schüttelte mit gequälter Miene den Kopf. »Wie es scheint, kann man in diesem Haus nicht in Ruhe frühstücken.«

Monty schob den Stuhl zurück und ließ seinen Blick über den Boden schweifen. Die Eierschalen lagen in vielen kleinen Stücken über das Parkett verteilt. Im Läufer klebten einzelne Eiweißfäden. Und der Löffel mit den Eigelbschlieren war durch den ganzen Raum geschlittert und lag jetzt verdreckt vor der Tür. Monty spürte, wie ihm heiße Tränen in die Augen schossen.

»Schon gut. Es ist ja nichts kaputtgegangen.« Sein Vater hob den Eierbecher auf und hielt ihn gegen das Licht. »Nicht einmal ein Knacks.«

Als Monty erleichtert auf das eigelbverschmierte Porzellan

blickte, sah er aus dem Augenwinkel, wie sein Vater ihn musterte, ja, mit einem seltsamen Gesichtsausdruck anstarrte. Er glaubte zu sehen, wie sein Vater wütend ausholte, dann aber seine Meinung änderte und stattdessen das Buttermesser aufhob. Monty spürte, wie ein Kloß im Hals ihm die Luft abschnürte.

»Warum gehst du nicht nach draußen und spielst?« Die Stimme seines Vaters war sanft und freundlich, aber Monty lief vor Scham puterrot an, und der Kloß in seiner Kehle wurde so dick, dass er keine Luft mehr bekam. Er machte kehrt, rannte in sein Zimmer und rief: »B-b-Briefmarken.« Aber seine Stimme klang erstickt, und er wollte sich nicht umdrehen aus Angst, sein Vater könnte denken, er sei noch ein Baby.

25

Frieda

Der Zug zurück nach Nottingham fuhr durch Felder und Wälder in Bronze, Kupfer und Gold. Die Bäume standen in Flammen, leuchteten in Scharlachrot, Bernsteingelb und Senfgelb. Und der Oktoberhimmel war so hoch und blau, dass es Frieda beim Blick aus dem Fenster fast schon schwindelte. Aber sie sah ohnehin die meiste Zeit nach unten, auf ihre Hände, die verschränkt in ihrem Schoß lagen, auf ihre Füße, auf den ratternden Boden des Zugabteils. Sie war wie gelähmt von einem Gefühl des Verlusts. Als sei ihr etwas Kostbares durch die Finger geglitten und in tausend Stücke zerschellt.

Sie hatte sich in Amsterdam verliebt, das so stolz in der Frühherbstsonne badete, dieses Übermaß an Laub, das bei den Brücken und in den Straßen herumkugelte, wie Altgold auf dem Wasser der Kanäle trieb und sich in der Gosse stapelte – resch und rostbraun. Sie liebte den Lichterglanz auf dem Wasser, die endlosen Brückenbögen, die schmalen Häuser mit den Stufengiebeln, den Geruch von eingelegten Heringen, der stechend und salzig von den Fischkarren aufstieg. Aber nicht alles war so reizvoll gewesen.

In Amsterdam hatte sie erfahren, dass Elisabeth ihre Beziehung mit Otto beendet und sich einen anderen Liebhaber gesucht hatte. Und jetzt konnte sie nicht anders, als in Otto jemanden zu sehen, den Elisabeth weitergereicht hatte, etwas Abgelegtes, Ungewolltes. Ein zerbrochenes Schmuckstück. Sie hat sich das Kind genommen – das Kind, das ich mir gewünscht hatte – und ihn mir vor die Füße geworfen, dachte sie. So wie Vater seinen Hunden die Fettschwarten hingeworfen hat.

Ascona erschien ihr nur noch wie der Schatten eines Traums. Nicht nur, weil Elisabeth Otto abgelegt hatte, sondern auch, weil Frieda sich davon hatte überzeugen können, wie recht ihre Schwester hatte: Otto hatte kein Verantwortungsbewusstsein. Während der Woche in Amsterdam war er immer unberechenbarer geworden. Hatte seine Hotelschlüssel verloren, hatte vergessen, wo sie sich treffen wollten, hatte seine Schuhe an einem Kanal stehen lassen, war beim Frühstück eingeschlafen, hatte, während sie sich liebten, ununterbrochen geredet – über Elisabeths Verrat –, hatte lange Briefe an Dr. Freud geschrieben und sie anschließend im Aschenbecher verbrannt.

Außerdem war er, seit sein Vater ihn enterbt hatte, völlig abgebrannt. In Amsterdam war ihr schließlich klar geworden, dass man für Ascona, trotz all der vollmundigen Versprechen von Freiheit und Abenteuer, einfach Geld brauchte. Ohne Geld würde es nie die Idylle sein, die sie sich vorgestellt hatte – mit Kindern, die nackt zwischen Erpeln, Schwänen und Regenbogenforellen herumplantschten. Im Sommer war das alles wunderbar. Im Winter aber würden sie Kleider brauchen. Und warmes Essen. Und ein Feuer. Ottos Geldnöte und seine Flatterhaftigkeit ließen keinen Zweifel mehr daran, dass all ihre Träume von einem Boheme-Leben genau das waren: Träume. Und sonst nichts.

Als der Zug sich Nottingham näherte, verwandelte sich die Landschaft. Aus gepflügten Feldern wurden schwarze, rauchende Zechegruben, klaffende Steinbrüche, Fabrikschlote, die wie drohende Zeigefinger in den Himmel stachen. Sie dachte an den Ort, an den sie zurückkehren würde. An Ernest, der mit der Pfeife zwischen den Zähnen und ächzender Lunge zwischen seinen Büchern herumschlurfte. Der ihr sagen würde, wie sie sich zu verhalten hatte, wie dies und jenes in England getan wurde. Wenn sie über Philosophie oder Poesie reden wollte, würde er lachen. Und seine albernen Haarsträhnen über den glänzenden Schädel legen.

Sie dachte zurück an München, an den Beginn ihrer Affäre mit Otto. Durch ihn – seinen Körper, seine Liebe, seine Ideen – war sie imstande gewesen, jene Frieda, die einsam und verloren in Nottingham darbte, zum Teufel zu schicken. Sie hatte eine alte Frieda wiederentdeckt, der sie ein neues Bild ihrer selbst übergestülpt hatte. Wie sollte sie in Nottingham daran festhalten können? Inzwischen wusste sie, dass sie nur dem Namen nach Mrs Weekley war. Trübsinnig starrte sie auf den Boden des Waggons mit all seinen Flecken und Krümeln. Sie hasste den Namen, sie hasste alles, wofür er stand. In Deutschland war sie eine Freifrau, da hatte ihr Name ein Gewicht, eine Bedeutung, eine Geschichte. In England war sie nichts.

»Mrs Weekley, Mrs Weekley«, murmelte sie und rang die Hände. Nie hatte der Name sich so falsch, so fremd angehört. »Ernest Weekleys Schneeblume«, setzte sie mit einem Schnauben hinzu. Auch wenn sich das noch nie richtig angefühlt hatte, heute erschien es ihr unpassender denn je. Plötzlich sehnte sie sich nach ihrem eigenen Namen zurück, wollte wieder sie selbst sein, die Freiin von Richthofen. Franziska Gräfin zu Reventlow kam ihr in den Sinn. Franziska mit ihrer Abneigung gegen Suffragetten, ihrer Verachtung für die Ehe, ihrem unerschütterlichen Glauben an die sexuelle Freiheit der Frau. Franziska hatte ihren Namen behalten, lebte nach ihren eigenen Vorstellungen, war sich selbst treu geblieben. Einen kurzen Moment lang verspürte Frieda den Wunsch, Franziska zu sein, aber dann fuhr sie sich mit der Hand übers Gesicht und wischte Franziskas Bild, zusammen mit den Rußflecken auf ihrer Wange, fort. Es war nicht gut, sich zu wünschen, man möge jemand anders sein. Wer auch immer sie war, sie war jetzt die Mutter von Monty, Elsa und Barby. Sie musste einen Weg finden, sie selbst zu bleiben und eine englische Mutter zu sein.

Kurz dachte sie, es wäre vielleicht besser gewesen, wenn sie nie ins Café *Stefanie* gegangen wäre. Vielleicht hatte der Geschmack der Freiheit dort die Enge und die Beschränkungen ihres Lebens in Nottingham allzu deutlich hervortreten lassen. Aber sie wusste, das war es nicht. Vielmehr hatten ihre Münchener Begegnungen die Einsamkeit und Bedeutungslosigkeit ihres Lebens in England noch vergrößert. Sie dachte an ihren ersten Besuch in dem Café, an das jähe Gefühl, in ein gleißend helles Licht zu treten. Dann drehte sie sich zum Fenster und starrte über die abgeernteten schwarzen Felder und stinkenden Kanäle hinauf in den Himmel. Wie hell und hoch und makellos rein er war.

Als sie nach Hause kam, war Ernest gerade dabei, den Schweinebraten aufzuschneiden und den Kindern die Teller zu reichen. Barby und Elsa umarmten sie und rannten schnell wieder zum Tisch. Monty aber klammerte sich eine lange Minute an sie, und als er schließlich von ihr abließ, sah sie Tränen in seinen Augen. Was habe ich nur für schöne Kinder, sagte sie sich. Ich muss irgendwie versuchen, in ihnen meinen Lebenssinn zu finden.

»Geht es Tante Elisabeth besser?«, fragte Elsa.

»O ja. Sie hatte sich nur ein wenig erkältet. Nichts Ernstes.« Wie leicht und locker ihr die Lüge über die Lippen gesprungen war. Es zwickte sie die Scham, dass sie so leicht lügen konnte, und gleich darauf wurde sie wütend. Es war nicht fair, dass ihre Schwestern so ehrlich und dreist sein durften, wie sie wollten, indes sie sich mit Unwahrheiten erniedrigen musste.

»Weshalb bist du dann hingefahren?« Elsa fixierte sie mit scharfem Blick.

Scham durchzuckte sie. Elsa wusste Bescheid. Elsa hatte es erraten. Nein, das war lächerlich. Elsa war fünf! Ihr doppeltes Spiel drohte offensichtlich zu werden. Sie spürte ihre Achseln schweißnass werden. Von ihren Rippen stieg Hitze auf. Plötzlich nahm sie seinen Geruch an sich wahr wie die Spur eines alten Parfüms. Sie drehte sich vom Tisch weg. Blieb stehen. Tat so, als habe sie ihr Taschentuch fallen lassen. Sie musste sich fassen. Das hier war England. Das war ihre Familie.

»Mein Patenonkel war hier!« Barbys Stimme schallte laut über den Tisch. »Er hat mir ein Geschenk gebracht.«

»Mr Dowson war hier, tatsächlich?« Frieda spürte Montys Blick auf sich ruhen. Er starrte sie mit rührseligem Ausdruck an. Für einen Moment fragte sie sich, ob Ernest recht hatte. Vielleicht hing der Junge zu sehr an ihr ... Oder wusste er, dass sie log? War es das? Sie fuhr zu Barby herum. »Was hat Mr Downson dir denn geschenkt, mein Schatz?«

»Ein Lämmchen aus echter Schafwolle«, krähte Barby stolz.

»Ich war nicht hier, als er kam. Ida und Mrs Babbit haben sich seiner angenommen.« Ernest beäugte die Klinge des Tranchiermessers, dann legte er es neben die nässenden Reste der Schweinshaxe.

»Also, wer von euch hat Mr Dowson unterhalten? Das habt ihr doch bestimmt nicht Ida und Mrs Babbit überlassen?«

»Ich war das! Ich!«, schrie Barby. »Ich habe für Mrs Dowson ein paar Blumen gepflückt, denn sie hat sich verletzt. Ich hab sie alle selbst gepflückt.«

»Gutes Mädchen.« Frieda schob sich eine Gabel voll Fleisch in den Mund. Die Vertrautheit des Ganzen beruhigte sie und lenkte sie gleichzeitig ab. Aber dann dachte sie an Otto, und das Fleisch verlor seinen Geschmack und verwandelte sich auf ihrer Zunge in Pappe. Den Mund zu einem erstarrten Lächeln verzogen schaute sie in die Runde. Die Kinder und Ernest saßen da, als hätten sie einen Stock verschluckt. Alles in diesem Raum wirkte streng, farblos, falsch. »Ich würde das Zimmer gern umgestalten«, sagte sie und schob den Teller fort. »Es heller machen. Es ist zu dunkel und muffig hier drin.«

»Bitte nicht zu hell. Wir wollen ja nicht unsere Augen überlasten«, sagte Ernest.

Sie betrachtete ihren Mann auf der anderen Seite des Tisches, und ihr fiel auf, mit welcher Bedächtigkeit er aß und wie sorgfältig er gekleidet war. Der Schlips war perfekt gebunden. Die Manschettenknöpfe so poliert, dass sie glänzten. Die Manschetten und der steife Kragen waren gestärkt. Er hatte etwas Langweiliges und Zurechtgestutztes an sich. Vom kahlen Kopf bis hin zu den zweckdienlichen ledernen Schutzkappen an den Zehen. War er schon immer so?, fragte sie sich. Sie dachte kurz zurück, und es kam ihr so vor, als habe Ernest eine Rolle und ein Selbstbild gewählt – das eines englischen Gentleman – und sich diesem mit ruhiger Entschlossenheit nach und nach angepasst. Fast beneidete sie ihn um seine Selbstgewissheit. Warum gelang es ihr nicht, es ihm gleichzutun?

Sie sah zu ihren Kindern in der Hoffnung auf eine Woge der Zuneigung, aber Elsa starrte sie wütend an, Barby schob den Rosenkohl mit den Gabelzinken auf ihrem Teller herum, und Monty war damit beschäftigt, fein säuberlich die Kartoffeln von den Karotten zu trennen.

Ottos Worte klangen ihr in den Ohren wie eine Fuge, die sie

drängend ins Leben zurückrief. Lass es nicht zu, dass sie dich zerstören … Du darfst nicht unterliegen … Du bist das Zukunftsweib. In der Hoffnung, er werde sie anlächeln, schaute sie zu Monty hinüber. Er wirkte still und irgendwie verwirrt, als sei er ein Spiegel ihrer eigenen Gefühle. Dann jedoch warf er ihr ein elfenhaftes Lächeln zu, und sie erwiderte es mit einem verschwörerischen Zwinkern.

»Sitz gerade, Monty, und mach den Mund zu beim Essen«, sagte Ernest, bevor er sich langsam zu Frieda umdrehte. »Ich bin mir nicht sicher, ob Mrs Babbit dir Zugang zu ihrer Küche gewähren wird, meine Schneeblume. Sie hat sich während deiner Abwesenheit, zumindest was das Territorium ihrer Küche, der Vorratskammer und der Spülküche anbelangt, ein schreckliches Verteidigungsgebaren zugelegt.«

»*Ihrer* Küche? Das ist *meine* Küche!« Dabei ging es ihr gar nicht um die Küche. Oder um Mrs Babbit. Sie dachte an die Briefe, die Otto ihr versprochen hatte, und fragte sich, wann sie wohl ankamen. Inzwischen wusste sie, dass diese Briefe ihre Rettungsleine waren. Seine Briefe und ihre Kinder. Etwas anderes gab es nicht mehr.

Café Stefanie
Amalienstraße
München

Meine Geliebte,
Du musst Dir sofort einen Liebhaber suchen. Warte nicht damit, sonst wird es zu spät sein. Du musst jede falsch verstandene Treue fahren lassen: Tu es für mich. Es wird Deine Laune bessern und Dich an die kommende Revolution erinnern. Tod der Monogamie!

Such Dir jemanden, dem Du vertrauen kannst. Such Dir jemanden, bei dem Du lebendig bleiben kannst. Denn ich brauche eine lebendige Frieda.

Vergiss niemals, Du bist das Zukunftsweib, und die Monogamie ist ein Werkzeug des Patriarchats.

Dein Otto

VIERTER TEIL

Nottingham 1908

»Da drängt sich uns die gewaltige Frage auf. Was ist
unser wahres Selbst? Sicherlich nicht, was wir nach
unserem Dafürhalten sind und sein sollten.«

D. H. Lawrence, *Das verlorene Mädchen*

26

Ernest

E rnest saß an seinem Schreibtisch und sah in den Garten hinaus. Die Narzissen hatten sich durch die schwarze Erde gekämpft, und ihre gelben Köpfe schwankten in der Brise. Krokusse
saßen wie herrliche Bischofshüte in Gelb und Lila inmitten der
Erdklumpen, und an einigen Bäumen machte er winzige, flau-
mige Knospen aus. Er war froh, dass der Frühling da war. Sie
hatten einen langen, kalten Winter hinter sich, und die Kinder
waren von Husten und zahlreichen Erkältungen geplagt gewesen.
Frieda hatte sich nach außen hin tapfer gegeben, aber er wusste,
es quälten sie Sorgen und Nöte. Wegen der Kinder, wie er annahm. Und wegen Elisabeth, die im Dezember ihr drittes Kind
bekommen und den ganzen Winter über Briefe an Frieda geschrieben hatte. Die Umschläge sah er immer im Allfallkorb liegen, nur wo die Briefe geblieben waren, wusste er nicht.

Er langte über den Schreibtisch nach seiner Pfeife. Dabei streiften seine Finger das Manuskript seiner grundlegenden Arbeit
zur Etymologie, und das erinnerte ihn daran, dass er noch keinen
Titel dafür gefunden hatte. Einen, der seiner Leidenschaft für
Wörter, für ihre linguistischen Wurzeln und ihre Herkunft wahr-
haften Ausdruck verlieh. Es stimmte ihn traurig, dass die Men-

schen sich so wenig um die Herkunft der Wörter scherten. In den Wurzeln noch des gewöhnlichsten Wortes oder Namens lagen eine solche Bedeutungsvielfalt, so viel historischer Reichtum, so viel Humor! Er hoffte, sein Buch werde der Sprache wieder Leben einhauchen, werde die Menschen selbst für die einfachsten und langweiligsten Wörter begeistern. Lächelnd wiegte er den Kopf und stopfte etwas mehr Tabak in seine Pfeife. Die Universität von Cambridge würde ihm die Tür einrennen, und Frieda würde aufblühen, ganz wie die Narzissen draußen. Er blickte auf das weiße Deckblatt seines Manuskripts. Er würde sie bei der Titelfindung um Hilfe bitten. Er würde ihr seine Ideen unterbreiten, sie ein wenig mehr an seinem großen Werk teilhaben lassen. Vielleicht wenn sie von ihrer Fahrt mit den Dowsons zurückkam.

Er starrte auf die leere Seite. Einen Titel … er brauchte einen Titel … Er konzentrierte seine ganze Gedankenkraft auf diese leere Seite, machte den Kopf frei von allem anderen … Ganz hinten im Schädel formte sich allmählich ein Begriff … schwebte auf ihn zu … langsam … wie ein Gespenst, das aus dem Nebel hervortritt … Romance … Words – Er würde sein Buch *The Romance of Words* nennen.

Café Stefanie
Amalienstraße
München

Meine Geliebte,
ich bin so glücklich, dass Dein Liebhaber Dir ein wenig Freude schenkt. Bleib bei ihm, tu es für mich. Und jetzt musst Du dasselbe für Deinen gehemmten Ehemann tun, ehe die Last seines moralischen Gewissens ein zu großes Gewicht bekommt und er sterbenskrank wird. Du musst ihm die Tyrannei der

Monogamie abgewöhnen. Er ist auch ein Opfer des Patriarchats, und Du musst ihn befreien, so wie Du Dich selbst befreit hast. Wenn er auf Dich nicht ansprechen kann, dann musst Du eine andere finden, die ihm die transformative Kraft des Eros zeigt. Erst dann wird er die neue Welt, die wir gerade erschaffen, verstehen. Danach wirst Du für alle Zeit von seinem besitzergreifenden Zugriff befreit sein.

Und dann musst Du zu mir kommen.

Otto

27

Frieda

Frieda faltete Ottos jüngsten Brief zusammen und steckte ihn in ihr Unterkleid. Vorher hatte Elisabeth geschrieben und sie auf Ottos Kokainsucht angesprochen; sie selbst hatte die Auswirkungen auf seine Briefe sehr wohl wahrgenommen. Manche waren schier unlesbar – lange Tiraden über Elisabeths Verrat an ihm, wildes Gekritzel, so schwer zu entziffern, dass ihr die Augen schmerzten. Oder es kamen langatmige Traktate über die psychopathische Konstitution oder die pathogenetischen Folgen von Machtstrukturen, die an den Stellen, wo er mit dem Bleistift zu sehr aufgedrückt hatte, durchlöchert und eingerissen waren. Ein andermal sprach er nur von ihr: von ihrer Leidenschaft und ihrem Überschwang, ihrem Mut und ihrer Schönheit. Und diese Briefe erinnerten sie nicht nur an die Freude, die er in ihr Leben gebracht hatte, sondern auch daran, wer sie jetzt war.

Mehr denn je hatte sie das Gefühl, eine ganz andere zu sein, völlig verwandelt. Sie wusste, eine neue Frieda war hervorgebrochen, aber ihr war, als zögere die alte noch Mrs Weekley, die ehrenwerte Gattin von Professor Weekley, und treibe sie an, ermuntere sie, sich direkt vor der Nase ihres Mannes verdeckt gegen ihn aufzulehnen. Kurz zuvor hatte sie Mr Dowson, der Barbys

Patenonkel und ein Freund von Ernest war, ein eindeutiges Angebot gemacht. Es war natürlich die neue, die befreite Frieda gewesen, die wie zufällig die Hand auf sein Knie gelegt und erklärt hatte, sie glaube nicht mehr an die Monogamie und ihre leidenschaftslose Ehe bringe sie allmählich um. Er hatte unerwartet bereitwillig darauf reagiert. Beim ersten Kuss in seinem Automobil hatte sie das eigenartige Gefühl gehabt, ihr altes Selbst sehe ihr mit tiefer Bewunderung zu. Da hatte sie ihn mit umso größerer Inbrunst geküsst, als wollte sie sich vor ihrem alten Selbst aufspielen. Während Mr Dowson und sie voller Ungeduld an ihren Kleidern zerrten, war ihr urplötzlich, mit einem Gefühl des Triumphes und der Begeisterung, der Satz *Ich bin die neue Eva* in den Kopf geschossen. Dass Otto sie *Zukunftsweib* nannte, das war ja gut und schön, aber es war *seine* Umschreibung, *sein* Ausdruck, *sein* Traum. »Ich bin die neue Eva«, hatte sie wieder und wieder geflüstert, während Mr Dowson in ihr erschauerte.

Ottos Ermunterung, sie solle Ernest heilen, hatte sie angesprochen. Sie dachte darüber nach, während sie las, ihre Einkäufe machte, mit Monty Domino spielte und Elsa bei ihrer Stickerei half. Und wenn sie Ernest betrachtete, dachte sie besonders intensiv darüber nach. Sie sah, wie verkrampft er seinen Löffel hielt, wenn er Mrs Babbits Vanillepudding mit Himbeeren aß – er hielt ihn so fest gepackt, dass die Sehnen an seiner Hand als weiße Grate hervortraten. Sie sah die starre Linie seines Kiefers, wenn er am Mittag vor dem Sonntagsessen das Tischgebet sprach. Einmal hatte er aus Versehen eines ihrer Menstruationsläppchen vom Boden aufgehoben, es sofort wie glühende Asche fallen gelassen und war mit hochrotem Kopf in sein Arbeitszimmer geflohen.

Sie hatte ihm wahrlich nicht zu helfen vermocht. Und bei Gott, sie hatte es versucht! Vor ein paar Jahren hatte sie zögernd vorgeschlagen, sie sollten sich einmal ganz nackt lieben, statt in ihren Nachtgewändern. Sie erinnerte sich an seinen schockierten Gesichtsausdruck und dass er vor ihr zurückgeschreckt war, als sei sie krank. Ja, Otto hatte recht. Die Last solcher Unterdrückung war einfach zu viel für einen Sterblichen.

Konnte denn jemand anders ihm helfen? Vielleicht eine neutralere Person, eine, die nicht seine Frau oder »seine Schneeblume« war? Sie hatte Geschichten von englischen Adligen gehört, die Dienstmädchen und Prostituierte der eigenen Frau vorzogen. War Ernest vielleicht ähnlich veranlagt? Gab es irgendwo eine, die ihn von der großen Bürde seiner Verklemmtheit befreien konnte? Sie erinnerte sich, mit welcher Kennerschaft Otto sie dazu gebracht hatte, noch die letzten Reste von Anstand abzulegen. Konnte nicht irgendjemand ein Gleiches für Ernest tun?

Eine Woche darauf, sie lag gerade mit Mr Dowson in Sherwood Forest in den Glockenblumen, dachte sie wieder über Ottos Vorschlag nach. Fragen über Fragen bedrängten sie. Konnte man Ernest von seinen Hemmungen befreien? Konnte man ihn glücklich machen?

»Glaubst du, Ernest würde sich von einer anderen Frau verführen lassen?« Sie sah hinauf in das ausladende Geäst der Eiche, zu den frischen grünen Blättern, in den perlweißen Himmel darüber. Die Luft war schwer vom Duft der Glockenblumen. Ihre Ohren waren erfüllt von den Reibe- und Kratzgeräuschen der Insektenflügel. Sie versuchte, sich vorzustellen, Ernest liege neben ihr, aber das Bild franste aus und zerfiel in Einzelteile. Er würde niemals Freude daran haben, im feuchten Gras zu liegen oder die Sonne auf der Haut zu spüren. Es sei denn, sie konnte ihn befreien.

Mr Dowson schnaubte vor Lachen. »Ich hoffe, du denkst nicht an Mrs Dowson?«

»Würde dir das etwas ausmachen?« Frieda seufzte. Warum war es immer so, dass für die Frauen die eine Regel galt und für die Männer eine ganz andere?

»Da fällt mir jemand ein. Mrs Gladys Bradley. Aber bist du dir sicher, dass Ernest der Typ Mann ist, den man verführen kann? Ich hatte immer den Eindruck, er ist vollkommen vernarrt in dich.«

»Mich sieht er gar nicht. Er sieht eine andere in mir.« Frieda schloss die Augen. Das Licht auf den Lidern fühlte sich an wie Samt. Die Brise streichelte ihren Körper, fuhr ihr durchs Haar. Wie gut es tat, die Röcke bis zur Taille gerafft zu haben und die Luft an ihren Beinen zu spüren! Das nächste Mal würde sie alles ausziehen. Das nächste Mal würde sie allein herkommen und ganz nackt ein Sonnenbad nehmen, während die Glockenblumen ringsum sich im Wind wiegten.

Sie starrte in den Himmel hinauf. Die Sonne versuchte sich durch die Wolken zu kämpfen und verlieh den blassen Schleiern etwas Schillerndes, als seien sie Silberblüten auf einem funkelnden Juwel. Es gefiel ihr, in den endlos weiten Himmel zu schauen. Er gab ihr ein Gefühl von Freiheit, von Entronnensein. Manchmal überkam sie der übermächtige Drang davonzulaufen. Immer musste sie sich heiter geben, vor Ernest, vor den Kindern, vor den Nachbarn! Ja, sie musste Ernest helfen, sich zu befreien, dann würde er sie vielleicht verstehen.

»Wie willst du Ernests Verführung einfädeln?« Mr Dowson setzte sich auf und bot ihr eine Zigarette an.

»Es ist eher eine Heilung als eine Verführung. Diese Frau – Gladys Bradley – wird uns besuchen kommen, und ich werde außer Haus sein.«

»Ich glaube nicht, dass Ernest da mitspielen wird, nicht wenn die Kinder und die Dienstboten da sind.« Mr Dowson inhalierte tief, dann blies er eine lange Rauchwolke in den nahezu weißen Himmel.

»Ich mache mit den Kindern einen Ausflug, den Dienstboten gebe ich frei, und Mrs Bradley wird überraschend vorbeikommen.« Frieda sah zu, wie der Rauch aufstieg, davongetragen wurde und verschwand. Wie berechnend sie klang, wie sachlich nüchtern. Sie hätte gern mehr Poesie und Leidenschaft in ihren Plan gelegt, aber vielleicht brachte ja Mrs Bradley diese Eigenschaften mit. »Ist sie eine leidenschaftliche Frau? Eine Romantikerin? Und sie muss sehr gepflegt sein. Ernest kann recht pingelig sein.«

»Mrs Bradley ist gepflegt genug. Ich glaube, du wirst sie mögen.« Mr Dowson blies ihr eine Rauchwolke ins Ohr. »Sie ist wie du … befreit … lebenslustig.«

Frieda rollte sich von ihm weg und streifte ihren Rock herunter. Lebenslustig, dachte sie. Er nennt mich *lebenslustig*. Er hatte nicht verstanden, dass diese Lebenslust ein erster kleiner Schritt in Richtung einer allmächtigen Revolution war, einer Revolution, die die Welt von vielen Gebrechen und Neurosen heilen und alle zu gleichberechtigten und ehrlichen und glücklichen Menschen machen würde.

»Das ist nicht einfach nur Lebenslust.« Sie konnte die Glockenblumen neben sich spüren, feucht und kühl und zerdrückt, und sie sah sie bis weit in den Wald hineinreichen, eine ausgedehnte Fläche in Blauviolett. »Dr. Gross ist der Ansicht, dass die Monogamie nur erfunden worden ist, um die Frauen zu kontrollieren. Er meint, wir sollten tun und lassen können, was wir wollen und mit wem wir wollen, selbst Männer mit Männern. Und der Meinung bin ich auch.«

»Oha! Was genau schlägst du da vor?« Alarmiert setzte Mr Dowson sich auf. »Das klingt geistesgestört.«

»Oh, nein.« Wehmütig blickte Frieda in den Himmel hinauf. Ein Grünspechtpärchen stürzte über ihr in die Tiefe und schwebte wieder hinauf, schnitt hellgrüne Bögen in die Luft. »Er ist ein Genie. Eines Tages werden wir in einer Welt leben, in der Männer und Frauen einander lieben können, ohne verheiratet zu sein, und in der Männer ihre Geschlechtsgenossen lieben können, so sie das möchten. In der wir mit vielen Menschen Liebe machen können, nicht nur mit einem. Und in der ganz offen über diese Dinge geredet wird. Er nennt es die sexuelle Revolution.«

»In England sehe ich das nicht kommen«, schnaubte Mr Dowson.

»Du solltest ihn reden hören. Er hat gesehen, was passiert, wenn Menschen ihren Geschlechtstrieb unterdrücken.« Sie beschirmte die Augen mit der Hand. Die Sonne drang jetzt durch die Wolken und schoss ihre dünnen, zarten Strahlen auf sie ab. Sie spürte Ottos Brief unter dem Unterkleid, er drückte gegen ihr Brustbein. Sie würde ihn noch einmal lesen, um sich an die Welt erinnern zu können, die er ihr so lebendig ausgemalt hatte.

»Wann soll ich dir Mrs Bradley vorstellen?«

»Morgen. Bring sie mit ins *Mikado*-Café.« Frieda setzte sich auf. Es war Zeit. Ernest brauchte Hilfe. Bevor es zu spät war.

28

Ernest

W eißt du, woher das Wort *money* stammt?« Ernest hatte ein
wachsames Auge auf seinen Sohn, der ausgestreckt auf
dem Boden lag und mit einer Festung spielte. »Es ist auf einen der
faszinierenden linguistischen Zufälle zurückzuführen, die mich
so begeistern und von denen ich wünschte, sie würden dich auch
begeistern.« Ernest hielt inne. Er fühlte einen tiefen Seufzer wie
eine Meereswoge in sich aufsteigen. Er konnte tun, was er wollte,
seine Familie zeigte an seiner großen Passion keinerlei Interesse.
Wenigstens hatte Monty das richtige Temperament und legte eine
instinktive Begeisterung für Präzision und Ordnung an den Tag.
Das war schon mal ein guter Anfang.

»Es kommt wahrscheinlich von dem englischen Wort ›mint‹
für Münzstätte, das bis in die römische Zeit zurückreicht, in der
der Tempel der Juno ganz nahe an jener Stätte lag, wo die Münzen geprägt wurden. Weißt du, wer Juno war?« Monty sah ihn
nicht einmal an, er blickte gebannt auf die starren Reihen von
Soldaten, die er vor seiner Festung aufgestellt hatte.

»Kriegsgöttin«, murmelte er, kniff ein Auge zu und betrachtete
seine aufgereihten Soldaten von der Seite.

»Aus Dankbarkeit dafür, dass Juno sie vor drohenden Katastrophen warnte, hatten sie sie Moneta genannt – das kommt vom Lateinischen *moneo*, ich warne – und zu ihren Ehren einen Tempel errichtet. Von dem Namen Moneta leitet sich das deutsche Wort *Münze* ab, in Frankreich wurde es zu *monnaie* und in England zu *mint* sowie zu anderen Wörtern wie *monetary*.«

Monty gähnte.

Ernest verspürte einen Stich vor Enttäuschung. Vielleicht sollte er die Sache anders angehen. »Versuchen wir es mit dem Wort *Dollar*? Fällt dir dazu etwas ein?«

Er hatte ein Beißen und Kratzen im Hals, als sitze ein Nadelkissen in seiner Kehle. Auch hustete er, aber das war nichts Neues. Den ganzen Winter und Frühling über hatte er einen entzündeten Hals und Reizhusten gehabt. Aus irgendeinem Grund war er ihn nicht mehr losgeworden.

Ernest sah über Montys gesenkten Kopf hinweg aus dem Fenster. Der Himmel wirkte wässrig und müde. Er schloss die Augen und hörte seinen Sohn Gewehrschüsse nachahmen. Noch einmal stieß er einen trockenen Husten aus, dann riss er die Augen auf. Sollte er am Nachmittag nicht Besuch bekommen? Eine Frau, die sich für die Etymologie von Eigennamen interessierte und mit ihm über die Herkunft ihres Namens sprechen wollte. Also gab es in Nottingham wenigstens einen Menschen, der seine Interessen teilte.

Er hörte Friedas schwere Schritte im Flur und dann das weiche Schwingen ihrer Röcke. Sie rief nach Monty, sagte, er solle die Mütze aufsetzen und Schuhe anziehen. Monty sprang auf die Füße und flitzte aus dem Zimmer wie ein kleines Tier, das davonläuft in die Freiheit. Er findet mich langweilig, dachte Ernest. Mein eigener Sohn findet mich langweilig. Er versuchte sich zu räuspern. Irgendetwas steckte da fest, saß ihm auf der Brust, bedrückte ihn.

»Ich geh mit den Kindern raus«, verkündete Frieda. Sie stand im Türrahmen, einen breiten scharlachroten Gürtel eng um die Taille gebunden und einen hellblauen Schal um die Schultern. Sie ist schön, dachte Ernest. So gesund und heiter. Ihre gelb-grünen Augen strahlten, ihr dickes blondes Haar war sorgfältig frisiert. Sein Blick schnellte durch den Raum, über die feuchten Flecken an der Decke, die hässliche braune Ringe hinterließen, den schlichten Kamin, die schmalen Sockelleisten. Wie wenig dieses Haus ihrer würdig war. Wie sehr sie darin fehl am Platz wirkte, wie ein Diamant, der auf einen Schotterweg gefallen ist. Er sah hinauf zu den Flecken, die von den umgekippten Nachttöpfen der Kinder stammten. Er musste härter arbeiten, mehr Geld anspa-ren. Er musste seiner schönen Frau ihren natürlichen Lebens-raum zurückgeben.

»Mrs Bradley wird bald hier sein, Ernest.« Schon war Frieda bei ihm, fuhr ihm über das sich lichtende Haar und strich mit dem Zeigefinger seinen Schnurrbart glatt.

Ernest atmete schwer aus. »Ich fühle mich nicht ganz wohl, mein Schatz. Aber ich werde mir Mühe geben. Sie möchte sich mit mir über die etymologischen Wurzeln ihres Namens unter-halten, nicht wahr? Über den Namen Bradley oder ihren Mäd-chennamen?«

Frieda winkte ab, als sei ihr jeder Name recht. »Zeig ihr ein-fach, wie brillant du dich in Wortgeschichte auskennst.« Das Wort »Wortgeschichte« zog sie in die Länge, als spreche sie mit einem kleinen Kind oder einem Tauben.

»Etymologie, mein Schatz, Etymologie.«

»Ja, natürlich.« Frieda schickte sich an zu gehen, blieb aber in der Tür noch einmal stehen. »Mrs Babbit ist heute früher gegan-gen, und Ida wird mich begleiten. Kannst du Mrs Bradley einen Tee kochen?«

Ernest runzelte die Stirn. »Weshalb ist Mrs Babbit gegangen?«

»Irgendeine Familienangelegenheit. Auf Wiedersehen, Ernest. Wir werden den ganzen Nachmittag unterwegs sein, sind aber zurück, bevor du zu deinem Abendunterricht aufbrichst.«

»Aber ... aber ... ich kann doch Mrs Bradley nicht alleine unterhalten. Wenn keine Dienstboten im Haus sind ... Himmel, nein! Das gehört sich doch nicht!«

»Jetzt mach doch kein so verschrecktes Gesicht. Sie kommt ja, um mit *dir* zu sprechen, Ernest. Nicht mit Mrs Babbit oder Ida. Ich bin mir sicher, du kommst zurecht.«

Er versuchte aufzustehen, doch es überkam ihn eine große Schwäche. Er krallte die Finger in die Armlehnen, ließ sich zurückfallen, schloss die Augen und betete, Mrs Bradley möge bitte nicht kommen. Was zum Kuckuck würde sie denken, wenn er in die Küche ging, um Tee zu kochen? Er, ein Professor für neuere Sprachen, der sie empfing, während er allein im Haus war? Warum hatte seine Frau so wenig Verständnis für englische Etikette? Sie hatte nicht nur nichts dazugelernt, sie hatte Rückschritte gemacht. Seit dem Tag ihrer Rückkehr aus München hatte sie den Kopf voller Flausen und legte eine ausgesprochene Verachtung für anständiges Betragen an den Tag. Sie trug kein Korsett mehr ... weigerte sich, in die Kirche zu gehen ... man hatte sie allein mit Mr Dowson in dessen Automobil gesehen ... Sie hatte Mrs Babbit brüskiert, indem sie mit offenem Haar zum Frühstück erschien ... Sie hatte die arme Ida in Verwirrung gestürzt, indem sie sie bat, sie doch Frieda zu nennen und nicht Mrs Weekley. Er hatte den Verdacht, dass sie ohne Nachthemd schlief. Mit Sicherheit konnte er das nicht sagen, aber eines Morgens war er in ihr Zimmer gekommen, um sich zu verabschieden, und hatte nur einen delligen Hintern unter der Decke hervorlugen sehen. Er würde einmal mit seiner Schwester darüber reden, vielleicht hatte Maude einen Vorschlag. Sie war etwas moderner als seine Mutter ... Ja, da musste eine Frau zurate gezogen werden.

Im Haus war es still. Nur das wütende Brummen einer Schmeißfliege am Fenster war zu hören – und das durchdringende Ticken der Standuhr im Flur. Sein Hals fühlte sich kratzig an und zugeschwollen, und seine Brust schien eingesunken, als laste ein schweres Gewicht auf ihm. Seit damals war er nicht mehr so müde und erschöpft gewesen – damals, als er den ganzen Tag gearbeitet und die ganze Nacht gelernt hatte. Vielleicht holte die ewige Mühsal, die aufreibende Schufterei ihn nun ein? Aber hätte er nicht so fleißig und eifrig gelernt, was wäre er dann heute? Vielleicht ein Angestellter mit armseligem Verdienst, einer, der in einer Bruchbude mit Plumpsklo vor dem Haus wohnte, einer mit einem Friedhof voller toter Kinder. Er dachte zurück an seine eigene Kindheit, seine neun Brüder und Schwestern, zusammengepfercht in einem stinkenden Cottage neben dem Armenhaus. Nacht für Nacht und Jahr um Jahr hatte das Bild dieses Armenhauses ihn, während er sich im spärlichen Licht einer spuckenden Gaslaterne Deutsch und Französisch beibrachte, angetrieben.

Es kam ihm so vor, als habe ihn jede einzelne Minute der vergangenen vierzig Jahre zu diesem Moment gedrängt. Seine Frau, seine Kinder, sein Haus, seine Professorenstelle waren wie Markierungen, wie Pfeile, die nach vorn zeigten. Fast war er angekommen. Sein Buch und ein Lehrstuhl in Cambridge waren sein Ziel. Hatte er es erreicht, würde er innehalten und Luft schöpfen können. Zeit mit seiner Familie verbringen. Vielleicht mit Frieda auf Reisen gehen. Manchmal fühlte er sich schon so kurz vorm Ziel, dass ihm war, als könnte er es riechen. Er roch schon die Seiten seines frisch gedruckten Buches, den Buchbinderleim und das Leder, in das es gebunden sein würde, die reine und erfrischende Luft der Fens, den muffigen Pergamentgeruch der Alten Bibliothek in Trinity Hall.

Ein heftiger Ruck am Glockenzug riss ihn aus seinen Träumereien. Er schlurfte zur Tür und wurde sich plötzlich der Wirkung bewusst, die er in seiner gebückten Haltung und ganz ohne Bedienstete auf andere haben musste. Schnell richtete er sich auf, straffte die Schultern.

»Guten Tag. Ich bin Mrs Bradley und möchte zu Professor Weekley.« Die Frau trug einen Hut, der mit hautfarbenen Seidenrosen verziert war, und ein blaues Kleid mit viel Nottingham-Spitze am Hals. Sie hatte tiefliegende blaue Augen und einen großen Leberfleck, der wie ein drittes Auge auf einer Wange saß.

»Ich bin Professor Weekley. Kommen Sie doch bitte herein.« Er trat beiseite und wies in den Flur. »Ich dachte, im Gesellschaftszimmer hätten wir es bequemer, aber wir können auch später in mein Arbeitszimmer gehen, sollten wir meine Bücher konsultieren müssen.«

Mrs Bradley hüstelte leise, dann ging ein gekünsteltes Lächeln über ihr Gesicht. Ernest fragte sich, ob sie nervös war. Sie hatte irgendwie etwas Fahriges an sich. Offensichtlich wirkte er deutlich zu professoral, zu einschüchternd.

»Was für ein schönes Haus, Professor.« Mrs Bradleys Blick glitt über die Wände, den Boden, die Decke und ging dann durch den Flur hin zur Treppe.

»Interessiert Sie die Herkunft des Namens Bradley oder die Ihres Mädchennamens?« Ernest spürte, wie sein Hals sich zur Wehr setzte. Er machte ihm deutlich, dass er nicht sprechen sollte, sondern lieber ein heißes Getränk zu sich nehmen und sich an irgendeinem ruhigen Ort hinlegen. Aber er hielt die Tür zum Gesellschaftszimmer auf, und Mrs Bradley tänzelte ihm hinterher. Sie roch nach Waldveilchen. Durchaus angenehm, dachte er.

»Bradley genügt vollauf, danke, Herr Professor.« Sie setzte sich auf die Chaiselongue und begann die Handschuhe abzustreifen. Dabei starrte sie ihn an. Sie hatte Tränensäcke, und ihr Starren ging ihm auf die Nerven, nur wusste er nicht recht, warum.

»Darf ich Ihnen einen Tee bringen, Mrs Bradley?«

»Sie klingen heiser, Professor. Wahrscheinlich die vielen Vorlesungen. Sie sollten sich einen kleinen Whisky gönnen, warm und mit einem Teelöffel Honig.«

»Ich fürchte, unsere Köchin ist aushäusig.«

»Oh, ich brauche nichts. Bitte machen Sie sich meinetwegen keine Umstände.« Mrs Bradley schlug die Augen nieder, dann neigte sie den Kopf und sah zu ihm auf. »Ich dachte nur, Sie sollten sich einen kleinen Whisky gönnen.«

»Oh, vielleicht tue ich das. Entschuldigen Sie mich einen Augenblick.« Er ging in sein Arbeitszimmer, griff sich die Whiskyflasche, die er für Notfälle unter dem Schreibtisch aufbewahrte, schenkte sich ein kleines Glas ein und kehrte ins Gesellschaftszimmer zurück. Wie aufmerksam diese Mrs Bradley war. Ihr war aufgefallen, dass er einen trockenen Hals hatte. Frieda wäre das nicht in den Sinn gekommen.

»Ist Ihr Mann an den etymologischen Wurzeln seines Nachnamens interessiert?« Der Whisky rann durch Ernests Kehle, und augenblicklich ging es ihm besser, er fühlte sich gestärkt und gleichzeitig ruhiger. Und er fragte sich, warum er das nicht schon früher getan hatte.

»Sie sollten ihn warm trinken, mit Honig. Wenn Sie mir den Weg weisen, mache ich Ihnen einen ordentlichen heißen Grog.« Mrs Bradley war schon aufgesprungen und stürzte freudestrahlend zur Tür. Das leere Haus und die Tatsache, dass die Dienstboten abwesend waren, schienen sie überhaupt nicht zu stören.

Plötzlich war es Ernest ganz recht, dass sie selbst in die Küche ging, ihm einen ordentlichen heißen Drink zubereitete, sich um ihn kümmerte. Wenn doch Frieda ein wenig mehr wie Mrs Bradley gewesen wäre! Das war, so nahm er an, der große Nachteil, wenn man eine Adlige geheiratet hatte. Er deutete vage Richtung Küche. »Honig dürften Sie in der Speisekammer finden. Zündhölzer auf dem Brett. Wissen Sie, wie man einen Gasherd anzündet?«

»Natürlich weiß ich das, Herr Professor. Lassen Sie mich nur machen.« Sie nahm sein Whiskyglas und verschwand.

Ernest lag auf dem Sofa. Er war plötzlich sehr müde. Fühlte sich ausgelöscht. Vernichtet. Er stopfte sich ein Kissen unter den Kopf und schloss die Augen. *Nur ein paar Sekunden*, sagte er sich. Sobald Mrs Bradley zurück war, würde er sich wieder aufsetzen. Gerade. Kerzengerade. Wie ein Professor. Wie ein distinguierter Etymologe. Aber als er die Augen aufschlug, war Mrs Bradley schon zurück und kniete auf dem Boden neben dem Sofa, die Finger in seinem Haar.

Mit einem Ruck fuhr er hoch und stieß ihre Hände weg. Wie lange hatte er geschlafen? Wie lange kniete Mrs Bradley schon neben ihm und strich ihm durchs Haar? Er sah an sich hinab und merkte, dass ihm das Hemd aus der Hose hing. Und wo war sein Schlips? Hatte er vergessen, ihn umzubinden? Entsetzt stand er auf und hob an, sich so würdevoll, wie es nur irgend ging, zu entschuldigen. Aber Mrs Bradley nickte nur und hielt ihm ein Glas mit Whisky hin, der wohl einmal heiß gewesen war. Ernest nahm das Glas und nippte daran. Der Drink war mit etwas Süßem gewürzt, das er nicht herausschmecken konnte. Honig war es nicht. Zucker vielleicht. Oder Marmelade.

»Das ist sehr freundlich von Ihnen, Mrs Bradley. Ich bedaure das sehr. Ich fürchte, ich bin nicht ganz wohlauf.« Er blinzelte mehrmals in der Hoffnung, er könnte die Frau wegblinzeln. Stattdessen erhob sie sich vom Boden, näherte sich ihm und zog ihn auf die Chaiselongue. Er hatte nicht die Kraft, Widerstand zu leisten. Jede Zelle seines Körpers flehte ihn an, sich zurückzulehnen, seine müden Knochen in die Horizontale zu bringen, die Augen zu schließen.

»Ich weiß genau, was mit Ihnen nicht stimmt, Professor«, säuselte Mrs Bradley. Nun kniete sie wieder auf dem Boden, dicht neben ihm. Sie nahm ihm das Glas aus der Hand, stützte seinen Kopf und brachte seinen ausgedörrten Lippen ein wenig Labsal. Er spürte die warme Flüssigkeit in der Kehle, spürte, wie sie durch seine Adern, durch seinen Körper rann. Wie gut das tat! War sie eine Krankenschwester? Vielleicht hatte sie ja auch einen siechen Ehemann oder ihre gebrechlichen Eltern gepflegt. Ihre Hände hatten etwas allzu Routiniertes. Jetzt stellte sie das Glas ab und ließ ihre Finger in seinen Hemdkragen gleiten.

»Es ist Ihre Brust, Professor! Ich spüre es auf Ihrer Brust.« Ihre Hände begannen kreisend über seine Rippen zu fahren.

»Bradley«, stotterte Ernest. »Ich muss die Herkunft von Bradley erklären.« Scham übermannte ihn. Er spürte, wie die Röte in seine bleichen Wangen stieg. Er wollte Mrs Bradley nicht vor den Kopf stoßen. Außerdem hatten ihre warmen Hände den Effekt, dass er sich besser fühlte, entspannter. Sie schien ihm das Gewicht von der Brust zu nehmen. Sie musste eine geschulte Krankenschwester sein. Ihre Bewegungen waren so gewandt, so kundig. Kein Zweifel, sein Atem strömte wieder freier durch die Lungen. Aber eine Stimme in seinem Kopf sagte ihm, dass das alles nicht recht war. Er durfte das eigentlich nicht zulassen. Es war weder schicklich noch professionell. Was, wenn Frieda und die Kinder zurückkamen? Oder Mrs Babbit?

Er versuchte sich aufzurichten, kämpfte gegen den Druck von Mrs Bradleys endlos kreisenden Handbewegungen an. Aber er war zu schwach. Mrs Bradley zwang ihn in eine horizontale Position zurück. Sie hatte alle Knöpfe seines Hemdes geöffnet. Wie hatte sie das nur vollbracht, ohne dass er es bemerkt hatte? »Sie, Sie – sind Sie Krankenschwester?«

»Ich bin in der Liverpool Royal Infirmery ausgebildet worden.« Ihre Hände kneteten sein Fleisch, ihre Fingerkuppen kreisten in Wirbeln und Spiralen um seine Brustwarzen. Strichen die Anspannung aus seiner Brust. Er spürte, wie ihm die Augendeckel zufielen. Ein warmer Schleier legte sich über ihn, wohltuend wie eine Decke. Jetzt kneteten ihre Finger sanft seinen Bauch, wanderten tiefer und immer tiefer. Er merkte, wie ein Wimmern in seiner Kehle aufstieg und seinen Lippen entschlüpfte. Er musste sich konzentrieren ... bestimmender sein ... beeindruckender ...

Er versuchte, über Etymologie nachzudenken, über ihren Namen. »Bradley könnte von *broad wood* kommen ... das ist ein alter Name ...« Er tat sein Bestes, seiner Stimme Autorität zu verleihen, aber es kam nur ein dünner, verhauchter Ton heraus. »Ihr Mann hatte wahrscheinlich Vorfahren, die mit Waldrodungen zu tun hatten ...« Wie lächerlich das klang! Plötzlich fand er es selbst alles nur grotesk. Und warum war seine Stimme so verzerrt, so angespannt?

»Psssst«, sagte Mrs Bradley sanft, und ihre Finger krochen in seinen Hosenbund. Er roch die Waldveilchen auf ihrer Haut und die kleine Whiskynote in ihrem Atem. Beim Whisky musste sie sich selbst bedient haben. Wieso war ihm das entgangen? Was um Himmels willen tat sie da? Ihre Finger zerrten an den Knöpfen seines Hosenschlitzes. Schauder der Erregung durchliefen ihn. Er spürte, wie ihm das Blut ins Gesicht und in den Unterleib schoss und heiß unter der Haut pulsierte.

»Nein!«, schrie er. Und in einem plötzlichen Energieschub stieß er ihre Hände weg und zog sich hoch. Stocksteif stand er da und knöpfte sein Hemd wieder zu. »Es tut mir leid, Mrs Bradley. Mir geht es nicht gut. Wenn Sie sich vielleicht selbst hinausbemühen würden.« Er deutete zur Tür, dann fummelte er wieder an seinen Knöpfen herum. Seine Hände zitterten, und sein Atem rasselte leicht.

»Ein wenig Dankbarkeit könnten Sie schon zeigen! Schließlich wollte ich Ihnen nur helfen, Professor.« Mrs Bradleys Stimme war auf einmal schrill. Ernest vermochte sie nicht anzusehen. Stattdessen lauschte er ihren davoneilenden Schritten, dem Knallen der Haustür, dem Quietschen und dem dumpfen Klonk der Gartentür. Dann sackte er auf der Chaiselongue in sich zusammen. Jede Bewegung, selbst das Öffnen eines Lides, war eine riesige Anstrengung. Noch nie hatte er sich so schwach, so ausgelaugt, so leer gefühlt.

Er schloss die Augen. Vogelgesang. Ansteigend und abfallend. Der Schrei eines jungen Hahns. Das Bellen eines Hundes in der Ferne. All diese Geräusche trieben in Fetzen durch seinen Kopf. Wurden eingeblendet und wieder ausgeblendet. Und die ganze Zeit schmerzten seine Glieder, schmerzten seine Muskeln, schmerzte jeder Zoll seines Körpers. Er musste noch an seinem Buch weiterschreiben. Es zu Ende schreiben. Er versuchte, den Arm zu bewegen, aber er ließ sich nicht heben. Es war, als habe man ihn an seiner Seite angeklebt.

Erneut schloss er die Augen. Lauschte den Klängen der Vögel, dem Geratter und Geklapper eines Pferdekarrens. Es schien aus großer Ferne zu kommen. Sein Verstand schlug eine Volte zurück zu Mrs Bradley, der Krankenschwester. Was für ein seltsamer Traum war das gewesen! So lebensecht, so real. Und doch wusste er, dass sein Verstand nicht mehr arbeitete, wie er sollte, dass sein Körper vollkommen am Ende seiner Kräfte war und dass etwas nicht stimmte. Selbst seine Träume waren jetzt so merkwürdig.

»Ernest?« Frieda war zurück. Riesengroß stand sie im Türrahmen.

Er öffnete für einen Sekundenbruchteil die Augen. Wie hell es war. Wie blendend hell.

»Musst du heute Abend nicht Unterricht geben?« Sie starrte ihn an. Eine dräuende Gefahr. Gerunzelte Brauen.

Welcher Tag war es? Wie spät war es? Er versuchte, den Kopf in Richtung seiner Frau zu drehen, sich ihrer Gegenwart bewusst zu werden, aber er konnte nicht. Also schloss er die Augen wieder. Seine Kehle brannte. Sein Mund war trocken. Er wollte, dass sie ihn in Ruhe ließ. Er war zu müde zum Reden. Zu müde …

»Monty! Lauf zum Haus von Mr Dowson. Bitte ihn, einen Arzt zu holen. Ida, komm und hilf mir, Ernest zu tragen!«

Er vernahm das leise Gesumm der Stimmen von Frieda und Ida, die sich besprachen, wie sie ihn von der Stelle bewegen und wohin sie ihn bringen sollten. Er wollte nicht bewegt werden, aber seine Arme hatten nicht die Kraft, sie wegzudrücken, und seine Kiefer wollten sich nicht öffnen lassen zum Sprechen. Also ließ er es geschehen, dass die beiden Frauen ihn auf die Chaiselongue hievten, während seine Füße über den Boden schleiften wie zwei tote Fische.

Als er später die Augen aufschlug, lag er in seinem Bett, und neben ihm stand ein fremder Mann, der mit leiser Stimme sprach. Zum Zuhören war er zu müde, und so schloss er die Augen und lauschte seinem Atem, der pfeifend ging, rasselnd und schwerfällig. Wenn ihm die Lider zufielen, kamen ihm seltsame Bilder in den Sinn. Er hielt ein in ein Tuch gewickeltes Wesen im Arm, und das war Frieda. Kaum hatte er erkannt, dass es seine Frau war, die er, eingewickelt in ein wollenes Umschlagtuch, unter den Arm geklemmt trug, sprang ein Hund aus dem Schatten und biss ihr den Kopf ab. Er versuchte, Friedas Kopf, aus dem noch pulsierend das Blut schoss, den Kiefern des Hundes zu entreißen, war aber zu langsam, und so verschlang der Hund den Kopf und rannte davon.

Er hörte Frieda weinen und versuchte verzweifelt, die Augen aufzuschlagen, aber die Lider lagen wie große Felsbrocken auf ihnen. Er spürte, wie er nach hinten gezogen wurde – diesmal lag er auf einem Tisch, und ein Schwarm Fliegen schwebte summend über ihm und bildete dichte schwarze Wolken, während Mrs Bradley erschien, die meterlange helle Bandagen bei sich trug. Unter den von ihren Händen flatternden Bandagen war Mrs Bradley splitternackt. Sie begann, ihn mit diesen Bandagen einzuwickeln. Schon war er über und über von ihnen bedeckt, und sie verband ihm den Hals, wickelte Mund, Nase und Augen ein … Er konnte nicht atmen! Ernest rang nach Luft und schlug um sich, und Mrs Bradleys Brüste schwangen über ihm, erstickten und erdrückten ihn. Die Bandagen und die Brüste und Mrs Bradley … er konnte nicht atmen!

Seine Augen schnappten auf. Er versuchte krampfhaft, Luft in seine Lungen zu saugen. Alles im Raum war verschwommen, als habe ihm jemand einen Gazeschleier über den Kopf gelegt. In seiner Brust fühlte er ein Wummern. War das sein Herz? War er am Leben? Im Zwielicht erkannte er die Umrisse einer Person. Er versuchte, den Kopf vom Kissen zu heben, aber er war zu schwer. Warum war sein Kopf so schwer? Er versuchte, den Arm auszustrecken, seinen Kopf anzufassen, sich zu vergewissern, ob er noch da war. Aber in seinem Arm war kein Gefühl, nur eine

Schwere, solch eine Schwere. Er schloss die Augen. Er versuchte sich zu erinnern, wer er war, wo er war. Aber er konnte nicht denken, und die Benommenheit zerrte an ihm, lockte ihn, sagte ihm, er solle … er solle … ja, was denn? Ja, er solle aufhören, sich zu bewegen, aufhören zu leben. Seine Zeit sei gekommen.

29

Monty

Monty kaute unablässig weiter. Sobald sein Mund leer war, stopfte er sich erneut eine Gabelvoll Fleisch, Kartoffelpüree, gekochte Karotten hinein. Er musste weiterkauen. Wenn er aufhörte zu kauen, würde er weinen. Er wollte nicht weinen, nicht vor seinen Schwestern. Nicht vor Mr Dowson, der zu ihm gesagt hatte, bald werde er der Mann im Haus sein. Seine Unterlippe zitterte. Er spürte Tante Maudes stechenden Blick auf sich gerichtet. Schnell spießte er ein Stück geschmortes Lammfleisch auf, stopfte es sich in den Mund, konzentrierte sich aufs Kauen.

»Ist Papa schon tot?« Die Tränen in Barbys Augen glänzten silbrig. »Ist er jetzt im Himmel?«

»Warum macht er so schreckliche Geräusche?«, wisperte Elsa, während sie Kartoffelpüree-Häufchen über ihren Teller schob.

»Mit dem Essen spielt man nicht, Elsa«, sagte Tante Maude. »Seine Lunge macht dieses Geräusch.«

»Wer wird dann unser Papa sein, wenn er stirbt?«, fragte Barby.

»Hört auf mit diesem Unsinn! Ernest wird wieder gesund«, sagte Tante Maude, aber ihre Miene war düster und ihr Tonfall so gezwungen fröhlich, dass Monty wusste, sie log.

»Kann vielleicht Mr Dowson unser Daddy sein? Er ist netter als die anderen Patenonkel, und er bringt mir immer Geschenke mit.« Barby schon ihren Teller von sich. »Was gibt es zum Nachtisch?«

Monty zuckte mit den Schultern. Er presste die Lippen fest aufeinander. Sein Drang zu beten war kaum auszuhalten. Er wusste, wenn er nicht betete, würde er weinen, und mit der Männlichkeit wäre es dann für immer vorbei. Er sprang auf und rannte die Treppe hinauf.

»Magst du keinen Nachtisch, Monty?« Tante Maudes Worte verfolgten ihn, trieben ihn in die mit Vorhängen geschmückte Behaglichkeit seines Zimmers.

Im Zimmer angekommen schloss er mit einem Fußtritt die Tür und presste die Hände zum Gebet aneinander. Seine Lippen bewegten sich still, als er den lieben Gott darum bat, seinen Papa am Leben zu lassen. Er versprach, alles zu tun, was Gott wollte. Wirklich alles. Er würde sein Spielzeug an arme Kinder verschenken. Er würde im Kirchenchor etwas von seiner Briefmarkensammlung abgeben. Er würde nie vergessen, seine Gebete zu sprechen. Eine Weile hielt er inne und wartete. Die Schluchzer, die aus ihm hatten herausbrechen wollen, verebbten wieder. Er öffnete die Augen und sah hinaus in den Himmel. Der sah aus wie Brombeermarmelade. Streifen in der Farbe von Butter liefen mitten hindurch. Und darüber brannte und kochte die Sonne. Monty spürte Gottes Gegenwart. Gott war dort, im Himmel, und hatte ihn durch sein orangenes Auge im Blick.

Er stieß das Fenster auf und fiel auf die Knie. Noch nie hatte er sich Gott so nahe gefühlt. Lichtbänder fielen vom Himmel, purpurn, golden, violett, wie sprossenlose Leitern zum Allmächtigen.

»Bitte, lieber Gott, kannst du Papa am Leben lassen?«

Plötzlich hatte er das Bedürfnis, an einem heiligen Ort zu sein, einem Ort, an dem er Gottes Antwort hören konnte. Er lief in den Flur, vorbei am Schlafzimmer seines Vaters, in dem es nach Desinfektionsmitteln und Krankheit roch, die Treppe hinunter und zur Haustür hinaus. Er hörte Ida fragen, wo er denn hinwolle, aber er blieb nicht stehen. Er rannte den ganzen Weg zur Kirche und wusste, dass das flammende Auge Gottes hinter ihm war, ihn beobachtete, ihn weiterdrängte.

Auf dem Kirchhof war es totenstill. Er betrachtete die ordentlichen Gräberreihen und wurde ruhiger. Langsam entwich die Himmelsfarbe, und die Sonne rollte davon. Und ohne das Auge Gottes, das auf ihm ruhte, war Monty nicht mehr so verzweifelt. Er ging zwischen den Grabsteinen umher und suchte nach einem geeigneten Fleckchen zum Beten. In der Stille war ihm, als höre er die Toten ächzen und sich im Grab umdrehen. Und beim Gehen war er sich sicher, unter seinen Füßen ein zartes Vibrieren zu spüren, das waren die Toten, die sich in ihren Särgen drehten und wendeten. Die Luft um ihn her war schwer von umherschwebenden Seelen. Ihn fröstelte. Das Licht war jetzt ganz aus dem Himmel verschwunden, und auf seinen nackten Armen saß eine Gänsehaut.

»Monty! Monty!«

Er drehte sich um und sah seine Mutter in ihrer Schwesterntracht, wie sie auf ihn zugelaufen kam und dabei zwischen den Grabsteinen hin und her sprang. Er ließ sich in ihre Arme fallen, und sie hielten einander eng umschlungen.

»Du musst tapfer sein, Monty. Mut ist das Wichtigste im Leben.«

»Wichtiger als Gott?«

»Mut ist das Allerwichtigste. Komm. Wir wollen doch die Nacht nicht mit den Gespenstern zubringen, oder?«

Als sie gingen, drehte Monty sich noch einmal um, um in den Himmel hinaufzusehen. Gottes Auge war verschwunden. Vollkommen verschwunden.

Vickers Street Nr. 8
Nottingham
10. Juli 1908

Liebe Elisabeth,
was für eine schreckliche Zeit wir durchlitten haben! Ernest ist schwer krank gewesen, und ich war zu sehr mit seiner Pflege beschäftigt, als dass ich Dir hätte schreiben können.

Er hatte eine sehr schlimme Lungenentzündung in beiden Lungenflügeln. Der Arzt sagte, er sei wahrscheinlich schon seit vielen Wochen krank gewesen. Ich weiß noch, dass er nicht mehr recht er selbst war. Aber als der Arzt sagte, er stehe am Rande des Todes – ja, wirklich am Abgrund –, war ich doch recht bestürzt. Aber Du kennst Ernest ja. Er hat einfach weitergemacht und gesagt, ihm fehle nichts.

Der Arzt hat ihm Ruhe verschrieben, frische Luft, ein wenig Bewegung (einen kurzen Spaziergang am Tag und etwas Gartenarbeit) und täglich einen Krug frische Milch.

Ich habe beschlossen, mich wieder ganz meiner Familie zu widmen. Ich möchte die beste Ehefrau und die beste Mutter sein, die sich nur denken lässt, daher habe ich meine Liebschaft mit Mr Dowson und meinen Briefwechsel mit Otto beendet. Solange Ernest zu Hause ist, kann ich keinen von Ottos wilden Briefen mehr riskieren. Ich bin ihm überaus dankbar, dass er meinen radikalen Geist entdeckt und mir mein wahres Selbst gezeigt hat – aber jetzt muss ich meine ganze Kraft auf das eine Ziel richten, Ernest wieder richtig gesund zu machen.

Mir wurde die Chance geboten, Yeats, einen irischen Dich-
ter, ins Deutsche zu übersetzen, und ich arbeite mit einem
hervorragenden Schüler zusammen. Das wird meine Unrast
in Schach halten. Aber es wird leichter sein, wenn Du mir
nicht so viele Neuigkeiten aus München erzählst. Ich muss all
das jetzt hinter mir lassen.
Deine Dich liebende Schwester
Frieda

Vickers St
Nottingham
2. Juli 1908

Liebe Maude,
endlich bin ich stark genug, zur Feder zu greifen. Ich möchte
Dir danken für alles, was Du in der Stunde unserer Not getan
hast.

Friedas liebevolle Fürsorge ist weiterhin vorbildlich. Sie
befolgt jedes Wort des guten Dr. Mellors, sie schreibt sogar
alles in ein kleines Notizbuch, das sie extra zu diesem Zweck
führt! Es war wundervoll zu sehen, wie aufopfernd sie sich
um mich kümmert – es war eine solche Wohltat für meine
Gesundheit.

Ich habe jetzt die Absicht, ein neues Haus zu suchen, das
uns mehr Platz bietet, mit einem größeren Garten für die Kin-
der, elektrischem Licht für Frieda und einer Terrassentür! Ich
weiß, es wird Frieda Freude bereiten, ein neues Zuhause ein-
zurichten, vor allem, wenn es eine Terrassentür hat. Das ist
natürlich alles nur vorübergehend, bis wir nach Cambridge
ziehen. Aber wie der Doktor sagt, werde ich mich wohl eine

Zeit lang nicht meiner Arbeit widmen können. Wie es scheint, muss Cambridge noch warten.

Ich kann es kaum erwarten, mich wieder an mein Buch zu setzen. Inzwischen habe ich einen Titel gefunden: The Romance of Words. Magst Du ihn? Romance kommt vom Altfranzösischen romanz (das ist ein Versepos) und davor aus dem Vulgärlatein romanice scribere (das heißt in etwa im römischen Stil schreiben).

Ich hoffe, Frieda hat Dir während Deines Aufenthalts nichts von den Ideen eines gewissen Dr. Freud erzählt? Sie hat irgendetwas von unbewussten Trieben und unterdrückten Begierden geredet, und ich bitte Dich, Dir diese Sachen sofort wieder aus dem Kopf zu schlagen. Das sind lächerliche Vorstellungen, und ihr Verstand ist nicht geschult genug, um das zu verstehen. Gott sei Dank machen diese Ideen nur in München die Runde. Ich kann mir nicht vorstellen, dass man ihnen hier irgendeine Aufmerksamkeit schenken würde – wir Engländer sind viel zu empfindsam.

Maude, kann ich Dich um etwas bitten? Ich weiß nicht, wie viel Dir aufgefallen ist, als Du bei uns warst. Du warst bestimmt sehr mit den Kindern beschäftigt und musstest Dich noch um Ida und Mrs Babbit kümmern. Aber Frieda hat nicht nur mit dem Rauchen angefangen, sie trägt jetzt auch kein Korsett mehr (Korsett – ursprünglich aus dem Lateinischen corpus, das heißt Körper). Könntest Du ihr vielleicht schreiben und ihr erklären, dass eine Frau wie sie aus Gründen der Schicklichkeit ein Korsett tragen muss? Ich habe das Gefühl, es steht mir nicht zu, ein so heikles Frauenthema anzusprechen.

*Dein Dich liebender Bruder
Ernest*

FÜNFTER TEIL

Nottingham 1912

»Aber wie sollte sie es beginnen – und wie sollte sie loslassen? Sie musste vom Bekannten ins Unbekannte springen.«

D. H. Lawrence, *Der Regenbogen*

30

Monty

Monty saß neben seiner Mutter auf dem Sofa. Er spürte, wie sein Bauch sich immer mehr verkrampfte. Wie damals, als er klein gewesen war und sie noch in dem alten Haus gewohnt hatten. Er war jetzt fast zwölf, und seine Vergangenheit war etwas Verschwommenes und Fernes. Nur sein Bauch war immer noch derselbe und neigte dazu, sich aufzublähen und zu schmerzen und nachts auf lustige Art herumzugurgeln.

»Wir haben heute einen Gast zum Mittagessen.« Seine Mutter blickte hinüber zu der goldenen Reiseuhr, die auf dem Kaminsims prangte. »Ich glaube, Ernest hat es vergessen. Sehr ärgerlich!« Sie ließ ihr Buch sinken und zündete sich eine Zigarette an. Neuerdings rauchte sie ständig, manchmal zündete sie sich eine neue Zigarette an, obwohl die alte noch im Aschenbecher glomm.

»Wer kommt denn zum Essen?« Monty blätterte in seiner Enzyklopädie der Wildvögel eine Seite weiter. Er versuchte, sich alle Rassen zu merken: die Mähnengans, die Marmelente, die Wanderpfeifgans, den Schwarzhalsschwan, die Sporengans, die Kolbenente. Sie hatten so schöne Namen.

»Ein früherer Student deines Vaters. Ein Mr Lawrence. Er möchte in Deutschland Arbeit finden, und dein Vater hat ihn

zum Mittagessen eingeladen, weil wir ihm vielleicht helfen können. Er ist bestimmt sehr langweilig, und ich würde eigentlich
viel lieber weiter in meinem Buch lesen.«

»Ich kann dir ja helfen«, sagte Monty. »Ich kann mit ihm reden. Oder ich schaue nach, ob Papa schon auf dem Weg ist.«

Sie strich ihm übers Haar und über die Wange. »Ich habe dich
so lieb, Monty. Was würde ich nur ohne dich anfangen? Dein Vater sagt, Mr Lawrence sei ein junges Genie.« Ein Aschewürstchen
fiel auf ihren Rock. Sie wischte es mit zerstreuter Miene fort und
setzte hinzu: »Er ist Autor und offenbar ein Dichter. Davon haben
wir nicht viele in Nottingham, stimmt's?«

Monty beugte sich nachdenklich wieder über sein Buch. Er
mochte es sehr, mit seiner Mutter zusammenzusitzen und zu lesen, nur sie beide, so nahe beieinander, dass er hören konnte, wie
sie die Luft in die Nase einsog und wieder ausstieß. »Sag mal, hast
du schon mal etwas von einer Witwenpfeifente gehört? Ist das
nicht ein wundervoller Name für eine Ente?«

»Du und deine Namen. Du kommst doch ganz nach deinem
Vater.« Sie seufzte und inhalierte tief. »Ich werde jetzt Nottinghams einzigen Dichter kennenlernen, damit ich ihm helfen kann,
nach Deutschland zu fliehen. Ironie des Schicksals, nicht wahr?«

Monty sprang auf. Schritte. Knirschen auf dem Kiesweg. Papa?
Er wartete auf den Ruf seines Vaters. Papa riss immer die Tür auf,
und genau in dem Moment, da sein rechter Fuß auf der Matte im
Flur landete, verkündete er: »Ich bin wieder da.« Stattdessen ertönte jetzt das anhaltende Schrillen der Glocke.

»O nein! Der Dichter ist schon da, und dein Vater hat es tatsächlich vergessen.« Sie hievte sich hoch und fuhr sich mit der
Hand durchs Haar. »Geh und lass ihn rein, Monty. Ich möchte
noch meine Zigarette zu Ende rauchen.«

Monty räusperte sich erwartungsvoll. Während Papas Abwesenheit war er der Mann im Haus, und es kam darauf an, sich auch entsprechend zu verhalten. Also richtete er sich zu seiner vollen Größe auf und öffnete die Tür, neugierig, wie wohl ein echter Dichter aussah.

»Ist das das Haus von Mr Weekley?« Der Dichter hatte dickes rotbraunes Haar, das er flach über die Stirn gekämmt trug. Sein Schnurrbart hatte die Farbe von Marmelade, und seine Augen waren sehr hell und funkelten wie die Saphire in Tante Nuschs Ringen. Monty dachte bei sich, der Mann sehe aus wie ein Fuchs, wie ein dünner, hungriger Fuchs.

»Treten Sie bitte ein, Sir. Papa ist noch nicht zurück, aber meine Mutter ist da.« Monty betrachtete den Dichter. Er trug sehr glänzende Schuhe mit dünnen Sohlen. Aber er hatte weder einen Hut auf dem Kopf noch einen Stock bei sich, und das bedeutete, dass er kein echter Gentleman war.

»Du brauchst mich nicht Sir zu nennen. Wir sind hier ja nicht in der Schule, oder? Sind das da draußen deine Schwestern?« Mr Lawrence deutete mit dem Kinn Richtung Garten, aber zugleich sahen seine blauen Augen sich flink im Flur um.

»Ja, Sir. Barby ist sieben, und Elsa ist zehn.«

»Und du? Wie alt bist du?«

»Ich heiße Monty und bin elf drei viertel.«

»Was willst du später mal werden, Monty?« Jetzt schaute der Dichter ihn höchst aufmerksam an, gerade so, als habe er noch nie einen Jungen gesehen.

»Ich besitze eine wertvolle Briefmarkensammlung, Sir. Und ich lerne gerade die Namen aller Wildvogelarten auswendig.« Monty fragte sich, ob er ein Wort über Poesie fallen lassen sollte. Er wusste, dass ein Genie sich nicht für Briefmarken oder Wildvögel interessierte. »Und manchmal lese ich Gedichte, Sir«, setzte er geschwind hinzu.

»O Gott! Gedichte sind doch langweilig für einen Jungen. Aber Wildvögel – sehr interessant. Hast du eine Lieblingsart?«

Monty starrte den Dichter an. »Die Wanderpfeifente, Sir.« Der Dichter ging in die Hocke, sodass seine Augen genau auf der Höhe von Montys waren. »Ein guter Name für eine Ente. Was macht sie?«

»Sie streift herum und macht komische Geräusche. Es gibt recht viele Wanderpfeifenten, Sir. Möchten Sie, dass ich Ihnen die Namen aufsage?«

»Das möchte ich gern. Ernsthaft. Aber Mrs Weekly wartet vielleicht schon.« Er blickte über Montys Schulter hinweg, und plötzlich bemerkte Monty seine Mutter, die still in der Tür des Gesellschaftszimmers stand.

»Ah, Mrs Weekley, ich bin Mr Lawrence. Ihr Mann war während des Lehrerstudiums mein Lieblingsprofessor. Ich danke Ihnen sehr für die freundliche Einladung zum Mittagessen. Monty und ich haben uns gerade über Wildvögel unterhalten.«

»Kommen Sie doch herein, Mr Lawrence. Wildvögel sind bei Monty gerade so eine fixe Idee, nicht wahr, Monty?«

»Bis vor wenigen Monaten war ich selbst Lehrer. Ich weiß alles über Jungen und ihre fixen Ideen.« Mr Lawrence lachte, ein sanft rauschendes Lachen, das klang wie der Wind im Kamin. »Ich wollte mal Botanik studieren. Daher verstehe ich gut, dass du dich für Wildvögel interessierst, Monty. Beim nächsten Mal kannst du mir ihre Namen aufsagen, und ich sag dir ein paar Blumennamen. Überhaupt haben Namen einen ganz eigenen Zauber, findest du nicht?«

»Starr ihn doch nicht so an, mein Liebling.« Seine Mutter deutete Richtung Garten. »Warum gehst du nicht raus und spielst mit deinen Schwestern?« Sie drehte sich zu Mr Lawrence um, und Monty fiel auf, wie hell und glänzend ihre Augen geworden waren und wie eine ihrer Hände gleich einer Motte blind um ihren Hals flatterte.

»Aber … aber …« Er wollte Mr Lawrence bitten, ihm ein Gedicht vorzutragen. Er hatte noch nie einen Dichter mit Derbyshire-Akzent sprechen hören. In der Schule hörten sie nur etwas über große Dichter wie Lord Byron und Lord Tennyson. Vielleicht würde Mr Lawrence ein aufregendes Poem über Schlachten rezitieren, wie »Der Todesritt der leichten Brigade«.

Aber als er sich umdrehte und Mr Lawrence flehend ansah, erkannte er, dass Mr Lawrence nicht mehr an ihm interessiert war. Stattdessen sah Mr Lawrence seine Mutter sehr aufmerksam an. Als sei sie eine neue und exotische Briefmarke, die ganz unerwartet mit der Post gekommen war. Das erinnerte Monty an den Umschlag, den sein Vater ihm gegeben hatte, mit einer wunderschönen rot-gelben Briefmarke, die er noch über Dampf ablösen musste. Also zuckte er mit den Schultern und ließ es über sich ergehen, dass seine Mutter ihn geräuschvoll auf die Wange küsste. Vielleicht rezitierte Mr Lawrence ja beim Mittagessen ein Gedicht.

31

Frieda

Bitte nehmen Sie doch Platz, Mr Lawrence.« Frieda deutete auf den braunen Samtsessel mit den Löwenfüßen. Es war zwar Ernests Sessel, aber er war besonders behaglich und dick gepolstert, und der junge Mann, der betreten vor ihr stand, sah aus, als könne er ein wenig Behaglichkeit gebrauchen. Er war sehr dünn, mit Beinen wie Bleistifte. Und so bleich, als sei er gerade aus dem Sarg auferstanden. In seinen blauen Augen indes, die seltsam starr blickten, sah man ein stolzes Funkeln, das seine Blässe und die Hagerkeit seines Körpers Lügen strafte. Er erinnerte sie an etwas, aber sie kam nicht darauf, was es war.

»Ich danke Ihnen, Mrs Weekley. Es ist sehr gütig von Ihnen, mich zu empfangen.«

Seine Stimme – die Wärme und Begeisterung darin, ihre Melodie und ihr Rhythmus – gab ihr tief im Bauch einen Stich. Sie griff nach den Zigaretten und bemerkte unerklärlicherweise ein leichtes Zittern ihrer Hand. Als sei etwas in ihr aufgerüttelt worden und entfalte nun seine Wirkung.

»Mein Mann hat mir erzählt, Sie seien der Sohn eines Bergarbeiters, aber so sehen Sie gar nicht aus.« Sie zündete sich eine

Zigarette an und warf das benutzte Streichholz in den Aschenbecher.

»Ich war krank«, sagte er, presste die Knie zusammen und lehnte sich vor, als sei Ernests Sessel eine Falle, die im nächsten Augenblick zuschnappen und ihr Maul um seine Gliedmaßen schließen könnte. »Aber die Geschichte ist langweilig. Erzählen Sie mir lieber, wie Sie sich den Sohn eines Bergarbeiters vorgestellt haben.«

»Groß und stark und muskulös«, antwortete Frieda ohne jedes Zögern. »Sie sehen nicht so aus, als könnten Sie eine Wanderpfeifente tragen, wie mein Sohn sagen würde.«

Mr Lawrence wirkte kurz überrascht, doch dann lachte er, als hätte ihm gefallen, was sie gesagt hatte. »Professor Weekley erzählt seinen Studenten, Sie seien von adliger Abstammung, stimmt das?«

Frieda runzelte die Stirn, diese Information verwirrte sie einen Augenblick, aber Mr Lawrence lachte immer noch, selbst beim Reden, und offenbar heiterte seine Stimmung sie auf. Sie lächelte und schüttelte den Kopf. »Aber sicher. Ich bin die Tochter eines Freiherrn. Und jetzt sitzen wir hier – die Tochter eines Freiherrn und der Sohn eines Bergmanns – und unterhalten uns wie ganz normale Leute. Wie finden Sie das, Mr Lawrence?«

»Es ist gegen die Regeln«, erwiderte er, und jetzt lachte er nicht mehr. »Ich habe meinen besten Freund verloren, als seine Eltern erfuhren, dass mein Vater Minenarbeiter ist. Er durfte nie wieder mit mir reden.«

»So etwas macht mich wütend! Wie kann man einem Kind so etwas antun?« Plötzlich hatte Frieda ein ganz jämmerliches Bild von Mr Lawrence als Kind vor Augen: klein, schmächtig und ohne Freunde. Traurigkeit schnürte ihr die Kehle zu. Sie nahm einen langen Zug von ihrer Zigarette und blies den Rauch in einem dünnen Strahl wieder aus. »Mein Mann hat gesagt, Sie seien Schriftsteller. Woran arbeiten Sie denn gerade?«

Mr Lawrence lehnte sich weiter vor und rang die Hände im Schoß. »An einem Roman über das Heranwachsen eines Mannes. Eines Mannes aus dieser Gegend. Seine Mutter, zu der er eine sehr enge Beziehung hat, stirbt. Daraufhin hat er sehr zu kämpfen.« Er machte eine Pause und hustete, dann starrte er sie forschend an. »Glauben Sie, mein Buch wird Leser finden, Mrs Weekley?«

Frieda spürte, wie sie erschauerte. Plötzlich drängte es sie, aufzustehen, sich zu bewegen. Der Raum mit seinem schwarz-goldenen Teppich, Ernests goldgerahmten Diplomen und der endlos tickenden Standuhr nahm ihr die Luft zum Atmen und bedrückte sie. Sie begann auf und ab zu gehen und war sich der Tatsache, dass Lawrences fester Blick ihr folgte, sie nicht aus den Augen ließ, deutlich bewusst.

»Ein Sohn, der in seine Mutter vernarrt ist?« Gedanken und Worte aus ihrer Zeit in München schwammen in ihrem Kopf umher wie nach Luft schnappende Goldfische. Sie drückte energisch die Zigarette aus und straffte die Schultern.

»Haben Sie von den neuen Ideen von Dr. Freud aus Wien gehört? Kennen Sie die Geschichte von Ödipus? Oder Hamlet? Dr. Freud glaubt, dass alle Jungen darin gefangen sind, ihren Vater zu hassen und ihre Mutter zu begehren.« Sie sprach nicht weiter, denn sie rechnete damit, dass er zusammenzucken und sich angewidert abwenden werde. Als er dies nicht tat, sagte sie mit leicht spöttischem Unterton: »Würde das auf Ihre Figur passen?«

»Ich habe noch nie von einem Dr. Freud gehört.« Mr Lawrence stand auf und ging zur Terrassentür, vor der die roten Samtvorhänge sich im Wind wiegten. Ihr fiel auf, mit welcher

Leichtigkeit er sich bewegte, wie schnell und sicher. Nicht wie ein gebrechlicher Mann, dachte sie. Nicht wie ein Arbeiter oder Bergmann. Eher wie ein Tier. Ein wildes, anmutiges Tier. Oder wie ein Vogel. Wie ein zarter, blitzschneller Vogel.

»Ich schreibe gerade eine Szene um. Darin küsst der Sohn seine Mutter und fleht sie an, nicht mehr mit seinem Vater zu schlafen. Die Figur der Mutter trägt den Namen Gertrud, wie in *Hamlet*. Aber ich will nichts mehr mit Frauen zu tun haben – rein gar nichts. Mit Frauen bin ich durch! Was würde Dr. Freud dazu sagen?« Er drehte sich zu ihr um. Seine Augen glänzten, und seine Haut hatte einen rosigen Ton angenommen.

Frieda warf den Kopf in den Nacken und lachte laut auf. Was er sagte, war lächerlich, damit wollte er sie bloß provozieren. Das verriet sein ungestümer Blick. Dann sah sie in seinen Pupillen ein Licht aufblitzen. Begierde. Und sie wusste, das Objekt dieser Begierde war sie. Das gefiel ihr und macht sie kühn. »Dr. Freud würde mir zustimmen, wenn ich sagte, dass es heutzutage keinen Mann mehr gibt, der es wert wäre. Sie kommen nicht von ihren Müttern los. Die Mütter sind grenzenlos in sie verliebt, und sie sind grenzenlos in ihre Mütter verliebt. Sind wir Frauen da nicht machtlos?«

»Geht es Ihnen so schlecht?« In Mr Lawrences Ton schwangen sowohl Wissbegierde als auch Belustigung mit, sodass sie nicht zu sagen vermochte, ob er sich nun lustig machte oder bloß neugierig war. Und das nicht zu wissen machte sie ungehalten.

»Ja! Es ist die volle Wahrheit. Sie sind allesamt Muttersöhnchen, lauter von ihrer Mutter besessene Hamlets. Und wir sollen Ophelias sein und ins Wasser gehen.« Sie beugte sich vor, griff nach einer Zigarette und rammte sie sich förmlich zwischen die Lippen.

»Wollen Sie denn ins Wasser gehen?«

»Nein, aber die Liebe einer Mutter ist äußerst machtvoll. Auch wenn ich sagen muss, dass Professor Weekley kein Hamlet ist. Seine Mutter hat ihn nicht mit Liebe überschüttet.« Sie griff nach den Streichhölzern, doch genau in dem Augenblick streckte auch Mr Lawrence die Hand danach aus, sodass ihre Finger sich eine Sekunde lang berührten wie heiße Kohlen.

Er schüttelte die Streichholzschachtel und grinste, als habe er einen kleinen Sieg errungen. »Und welche Rolle kommt Professor Weekley in dieser deutschen Intrige zu?«

»Er liebt mich nur als Vorstellung. Er nennt mich seine Schneeblume. Aber ich bin keine Schneeblume. Ich bin eher ein Löwenzahn. Geben Sie mir bitte Feuer.«

»Und lodern Sie auch so hell und stark wie ein Löwenzahn?« Mr Lawrence strich ein Streichholz an, und sie beugte ihr Gesicht über die Flamme, sodass sie deren Hitze an Mund, Nase und Kinn spürte.

»Warum sollte ich kein Unkraut sein? Ich will nicht verehrt, sondern geliebt werden. Aber Ihr vorsichtigen Engländer wollt euch lieber ein kleines Schneeglöckchen ins Knopfloch stecken. Ihr wisst nicht, wie man liebt! Ist es nicht so?«

»Das liegt daran, dass die meisten Engländer sich ein Leben frei von Intimität wünschen, ohne intensive Gefühle. Ich selbst ziehe den Löwenzahn vor. Es gefällt mir, mit welchem Nachdruck seine Blütenblätter in die Freiheit drängen.«

Während Asche von ihrer Zigarette fiel, wiederholte sie seine Worte im Geiste … »Intimität … Intensität … Blütenblätter, die mit Nachdruck in die Freiheit drängen«. Einen Augenblick lang schien der Raum ringsum wegzukippen, als sei sie eine Biene, die benebelt und pollentrunken aus einer windgeschaukelten Rose kriecht.

»Ja«, fuhr er fort und wippte auf den Fersen. »Die Blüten des

Löwenzahns mag ich sehr, sie sind wie goldene Juwelen, bilden ganze Teppiche, sehnen sich nach der Hitze der Sonne. Sie haben eine solche Freude daran, sie selbst zu sein.«

Sie spürte, wie sich auf ihren Armen die Härchen aufstellten. Es lag eine große Kraft in dem, was er sagte, etwas, das nichts mit dem Dialekt und den Gedichten zu tun hatte. Hastig führte sie die Zigarette an die Lippen und wartete, dass er weitersprach.

»Der Löwenzahn erfüllt keinen bestimmten Zweck, nicht wahr? Man stellt ihn nicht in eine elegante Vase, und man brät ihn auch nicht mit Zwiebeln an. Er ist einfach er selbst, stolz und freudig er selbst. Wir Menschen sollten alle mehr sein wie Löwenzahn.«

»Ja, genau! Sie haben recht!« Ihr war in diesem Augenblick deutlich bewusst, dass sie einander auf geistiger Ebene berührt, durchdrungen und verstanden hatten. Dass dieser Sohn eines Bergarbeiters – so fremd und unbekannt, so jung – ihr mehr glich als alle, denen sie jemals begegnet war.

»Und der Löwenzahn ist voller Kraft und Poesie und Mut«, setzte sie hinzu, damit das Gespräch auch bestimmt nicht versiegte.

»Er ist nur seinem eigenen Gott verpflichtet. Und hat seine ganz eigene Sinnlichkeit, die goldene Kehle, den langen grünen Hals … Ich habe mich selbst in einem Gedicht einmal mit einem Löwenzahnstängel verglichen. Verstehen Sie, warum?«

Sie machte eine Pause. Mr Lawrence war eine dicke Locke über die Augen gefallen, sodass sie ihn nicht mehr sah. Noch ehe sie sich bremsen konnte, war ihre Hand vorgeschnellt und hatte ihm die Locke aus dem Gesicht gestrichen.

Mr Lawrence hustete und wich zurück. In der Tür stand Ernest, Ordner und Papiere unter den Arm geklemmt, und wischte sich atemlos den Schweiß von der Stirn. Wieso hatte sie das Knirschen seiner Schritte im Kies nicht gehört oder seinen Schlüssel im Schloss?

»Es tut mir sehr leid, Mr Lawrence«, sagte er, glättete die Papiere und legte sie auf einen Beistelltisch. »Bitte verzeihen Sie mir die unentschuldbare Verspätung. Wirklich unentschuldbar.«

Frieda spürte, wie der Raum um sie schwerfällig und plump zusammenfiel. Die Luft, eben noch dick und aufgeladen, war mit einem Mal gereinigt und nüchtern. Schrill und tyrannisch drangen die Geräusche des häuslichen Lebens – Mrs Babbit schärfte mit dem Schleifstein ein Messer, die Kinder lachten im Garten – an ihr Ohr.

»Wir haben gerade über Löwenzahn gesprochen«, platzte es aus ihr heraus, während ihre Finger am Kragen herumnestelten.

»Grauenvolles Zeug, unmöglich auszugraben«, erwiderte Ernest knapp. »Mrs Babbit hat mir gerade gesagt, dass das Mittagessen aufgetragen ist. Kommen Sie doch ins Esszimmer, Mr Lawrence.«

Erst in dem Augenblick wurde Frieda klar, woran Mr Lawrence sie erinnerte. Er erinnerte sie an eine Wildkatze, die ihr Vater von einem Jagdausflug mitgebracht hatte. »Ein entkommener Luchs«, hatte der Freiherr gesagt und die Lattenholzbox achtlos auf den Boden fallen lassen. Die Wildkatze hatte einen wunderschön gefleckten Pelz gehabt, aber ein Hinterlauf war gebrochen gewesen, an der Stelle, wo das Tier sich, halb verhungert, aus einer Falle befreit hatte. Und doch hatten seine Augen, wütend und verzweifelt, geleuchtet vor Lebenswillen. Der Freiherr hatte jedem, der mutig genug war, die Hand in den Käfig zu strecken und das knurrende Biest zu berühren, zehn Mark geboten. »Na los, mein kleiner Fritzl«, hatte er sie angestachelt. Frieda hatte die Augen geschlossen und die Hand in die Box geschoben, hatte das sich windende, geifernde Tier mit einem Finger am

Kopf berührt. Sie hatte es nicht für die zehn Mark getan. Oder für den Beifall ihres Vaters. Sie hatte es für das Tier getan. Um es zu trösten. Ihm zu helfen. Später hatte der Freiherr die Box geöffnet, um den Luchs zu erschießen, aber irgendwie war die Raubkatze der Kugel entwischt. Frieda erinnerte sich gut an die üblen Flüche ihres Vaters, aber vor allem erinnerte sie sich an die Katze, an ihre geschmeidigen Hüften, als sie durch den mondbeschienenen Obstgarten davongehüpft war, so als sei das gebrochene Bein nicht der geringste Hinderungsgrund.

»Mama? Gibt es Roastbeef zum Abendessen?« Monty tauchte neben ihr auf, quer über dem Kinn einen Streifen Briefmarkenkleber.

»Ja, mein Liebling«, sagte sie. »Heute gibt es dein Lieblingsroastbeef.«

Sie griff nach seiner Hand, hielt sie fest in der ihren. Seine kalten, klebrigen Finger schienen sie festzubinden, sie wieder mit ihrer gemeinsamen Welt zu vertäuen: das Roastbeef und der Briefmarkenkleber und Mrs Babbits Flammeri. Sie war Mrs Weekley. Die Mutter von Monty, Elsa und Barby. Die Frau von Professor Ernest Weekley. Aber jetzt mit einem Fremden im Esszimmer. Einem Fremden, dem sie sich so nahe fühlte wie keinem anderen Menschen und dem sie verfallen war. Einem Fremden mit der Lebenskraft und dem Mut einer Wildkatze. Ihr wurden die Knie weich, und das Blut rann ihr dick durch die Adern. Geschwind nahm sie sich zusammen. »Mrs Babbits ausgezeichnetes Roastbeef. Ist das nicht ein unglaubliches Glück, mein Liebling?«

32

Frieda

Ich finde, das lief sehr gut, meine Schneeblume.« Ernest erhob sich langsam vom Sofa, zuckte zusammen und knetete sich mit Spinnenfingern den unteren Rücken. »Er wird den Lehrauftrag für das Rheinland bestimmt bekommen. Ein sehr vielversprechender junger Mann.«

Frieda nickte, den Blick starr auf die Glastür gerichtet. Als erwartete sie, dass Mr Lawrence jeden Augenblick wieder auftauchen könnte. Ihr Gespräch, das sie so anregend und berauschend gefunden hatte, war nach Ernests Rückkehr ganz anders verlaufen; sie waren zu profaneren Themen übergegangen. Aber Mr Lawrences Worte, seine Fragen, der Wohlklang seiner Stimme, wirkten noch nach.

Sie hatte das ganze Mittagessen über gespürt, dass er sie anstarrte. Dass er sie über die Essig-und-Öl-Fläschchen, das zähe Stück Braten und die Schale mit nass glänzendem Kohl hinweg beobachtete. Dass sein Blick langsam über ihr Gesicht und ihren Hals wanderte. Dass er die Bewegungen ihrer Hand verfolgte, als sie nach den gekochten Kartoffeln griff. Verschiedentlich war ihr aufgefallen, wie seine klaren blauen Augen ihren Blick suchten. Sie hatte seinem Blick standgehalten, bis der Mut sie verließ, hatte den Raum zwischen ihnen schwinden, sich straffen, erzittern sehen, hatte eine merkwürdige Anziehungskraft gespürt, die von seiner schieren Anwesenheit auszugehen schien.

»Kein Gespür für Etikette. Ist dir aufgefallen, wie ungeschickt er mit dem Besteck hantiert hat? Vielleicht sollte ich ihm eine kleine Einweisung geben, bevor er nach Deutschland geht.« Ernest wischte ein Staubkörnchen von seinem Revers und sah auf die Uhr.

»Deutschland … ja«, wiederholte Frieda leise und sanft. Sie starrte hinaus in den Garten. Die lachsfarbene Sonne von vorhin war hinter den Fabrikschornsteinen zusammengeschrumpft, ein rußiger Märznieselregen fiel auf den Rasen, die Stauden und Ernests frisch gepflanzte Rhabarber-Rhizome. Und doch fühlte sie sich beschwingt, als jage das Blut nur so durch ihren Körper, als hätten ihre Rippen das Korsett gesprengt, das sie, weil Ernest darauf bestand, jeden Sonntag trug.

»Es tut mir leid, dass ich so sehr zu spät gekommen bin. Ich hoffe, die Unterhaltung war nicht allzu unangenehm?«

»Er hat mit mir gesprochen wie kein Engländer je zuvor.« Friedas Blick wanderte von den schwarzen Schornsteinen hinauf zu den grauen Rauchschwaden am Himmel. Mr Lawrences Worte – so direkt, so taktlos und so ohne jeden Charme – schienen, nackt und schmucklos, unmittelbar seiner Seele entsprungen.

»Du darfst mit jemandem, der in einer armseligen Bergarbeiterhütte aufgewachsen ist, nicht allzu hart ins Gericht gehen.« Ernest schüttelte mitfühlend den Kopf. »Und seine Mutter ist erst vor Kurzem gestorben, der arme Mann. Jetzt muss ich aber wirklich zurück an die Arbeit.«

Ernest wollte gerade die Tür des Gesellschaftszimmers hinter sich schließen, als er sich noch einmal umdrehte. »Ach ja, da fällt mir ein, dass Mr Lawrence gefragt hat, ob er am Sonntag noch einmal vorbeischauen kann, denn er würde sich freuen, wenn du dir sein Bewerbungsschreiben ansehen und es auf mögliche Grammatikfehler durchgehen könntest. Ich bin Sonntag natürlich in Cambridge. Wäre dir das sehr unangenehm, mein Schatz? Ich weiß, er gehört nicht gerade zu der Klasse von Gentlemen, deren Umgang du gewohnt bist, aber seine Gedichte sind recht bemerkenswert.«

33

Frieda

D rei Tage später bekam Frieda einen Brief. Er enthielt nur eine Zeile und war nicht unterschrieben. Aber sie sah die Adresse, ein kleines Bergarbeiterdorf namens Eastwood, und wusste sofort, von wem er kam.

Du bist die wunderbarste Frau in ganz England.

Sie lachte und faltete das dünne Stück Papier zu einem kleinen Viereck zusammen, bevor sie es in ihrem Ärmelaufschlag verschwinden ließ. Seit jenem Mittagessen hatte sie unaufhörlich an Mr Lawrence gedacht. An seine Stimme, die mal sanft, mal grob gewesen war, seine Worte, die von irgendwo tief in ihm hervorzusprudeln schienen, seinen Blick, die nackte Gier darin. Sie hatte das seltsame Gefühl, dass sie ihn nie ganz kennen würde, dass er gewissermaßen ungreifbar war. War Ernest auch so gewesen, als sie einander kennengelernt hatten? Sie dachte all die Jahre zurück und erinnerte sich vage, wie exotisch er ihr vorgekommen war, wie die Aussicht auf Abenteuer, Reisen und Unabhängigkeit sie gelockt hatte, wie er sie vor dem erbitterten Hass in ihrem Elternhaus gerettet hatte. Aber selbst damals hatte sie seine

Vorhersagbarkeit gespürt, seine Bestimmtheit. Als hätte sie bereits in der ersten Woche ihrer Begegnung jeden Zoll seines Wesens erkannt und verstanden.

Voller Ungeduld wartete sie auf den Sonntag, an dem Mr Lawrence zum Tee kommen sollte. Und als es Sonntag war und Ernest nach Cambridge fuhr, war sie am Übersprudeln, vibrierte jeder Nerv in ihr erwartungsvoll. Eine Stunde lang suchte sie nach der passenden Kleidung, war sich unsicher, was sie anziehen, wer sie sein wollte. Sie sichtete Kleider und Röcke und Blusen, und nichts schien das Richtige für Mr Lawrence, nichts davon war *sie selbst*. Für Ernest und sie waren die Sachen richtig, aber nicht für Mr Lawrence und sie. Schließlich entschied sie sich für einen marineblauen Rock mit einer hochgeschlossenen gelben Bluse, die sich ganz falsch anfühlte, aber, so dachte sie, auch von der Frau eines Bergarbeiters getragen werden konnte.

Als Mr Lawrence kam, führte sie ihn in die Küche, wo er einen Stuhl unter dem geschrubbten Kieferntisch hervorzog und seinen deutschen Bewerbungsbrief ausbreitete. Sie sah, dass er sich hier viel wohler fühlte, und entschied sich gegen den Tee im Gesellschaftszimmer.

Während sie nach der Teekanne suchte und dann am Gasherd herumfummelte, unfähig, die Flamme zu entzünden, herrschte ein unangenehmes Schweigen. Plötzlich schob er den Stuhl zurück, stand auf und schüttelte so heftig den Kopf, dass sein sauber gescheiteltes Haar lasziv nach vorne fiel.

»Sie wissen nicht, wie man das Gas anmacht, oder, Mrs Weekley? Und Sie wissen auch nicht, wo Sie das Teegeschirr suchen sollen. Ich sollte Sie schelten!« Er schob sie beiseite, drehte das Gas auf und hielt ein angezündetes Streichholz daran. Die blaue Flamme röhrte sich geräuschvoll ins Leben. Frieda sah zu, wie er die Teekanne und die Tassen, die Zuckerdose und die silberne

Zuckerzange nicht nur suchte, sondern fand, wie er die richtige Menge Teeblätter aus der Dose in die Kanne löffelte und mit Wasser aus dem Kessel aufgoss. Äußerst geschickt und effizient, selbst in einer Küche, in der er sich nicht auskannte. Erstaunlich, mit welcher Sicherheit er Schränke und Schubladen öffnete. Wie ordentlich er das Teehandtuch um den Griff des Wasserkessels wickelte. Sie hätte sich schämen müssen angesichts ihrer Unfähigkeit, den Gasherd anzuzünden oder die Tassen zu finden, doch stattdessen sandte seine Geschicklichkeit einen Schauder des Begehrens durch sie hindurch. Sie sah zu, wie seine Hände Teeblätter abschöpften und Milch einschenkten – und dachte an Lilien, zart und weiß. Die Hände eines Dichters, dachte sie, während ihr Blick aufwärtswanderte, zu der Stelle, an der seine Jacke ihn in die schmalen Schultern zwickte und an seinem langen Hals spannte.

»Sind Sie immer so faul?«, fragte er geradeheraus. »Oder liegt es daran, dass Sie aus dem altehrwürdigen Haus von Richthofen stammen und Hausarbeit nicht gewöhnt sind?«

»Ich mag es, wie Sie mit mir reden«, sagte sie und sah ihm in die Augen. »Und Ihr Brief hat mir auch gefallen. Sie vergeuden Ihre Zeit nicht mit belanglosem Gerede, nicht wahr?«

Die Teelöffel, die er auf den Untertassen verteilte, fingen das Licht auf und ließen dünne Silberstrahlen über die Decke zittern. »Nein«, sagte er. »Und Sie sollten das auch nicht tun. Ihre bissige Zunge ist mir lieber als jede Nettigkeit.«

»Aber Nottingham und belangloses Gerede sind so ziemlich eins«, sagte Frieda verwirrt.

»Und können mir deshalb gestohlen bleiben. Ich will ein stürmisches Leben, keines voller respektvoller Gespreiztheiten und Lügen. Welche Art von Leben wünschen Sie sich denn, Mrs Weekley?«

»Das hat mich noch nie jemand gefragt.« Frieda dachte einen Moment nach und verzog den Mund. »Ich wünsche mir ein mutiges Leben. Und frei soll es sein. Ich möchte ganz ich selbst sein.«

»Und was heißt das genau?« In einer Drehbewegung deutete er auf die Küchengegenstände, die aufgereihten glänzenden Töpfe, den funkelnagelneuen Gasherd, das Fenster, das auf einen sorgfältig gestutzten, von Büschen sicher eingeschlossenen Garten hinausging. »Ich glaube nicht, dass Sie das sind.«

»Und woher wollen Sie das wissen, Mr Lawrence?«

»Ich kann durch Ihre helle, harte Schale hindurchsehen.«

Frieda spürte, wie etwas in ihr zusammenfiel. Als sei der Bühnenvorhang zu eilig aufgezogen worden, und das ganze wirre Durcheinander dahinter könne nicht mehr verborgen bleiben. Sie rührte emsig in ihrem Tee. Sie schämte sich für ihre mangelnde Zufriedenheit, für ihre Einsamkeit.

»Ja, ich möchte ich selbst sein. Aber ich möchte auch ein berauschendes Leben führen. Ich habe das einmal zwei Wochen lang erlebt.« Sie zögerte, als plötzlich die Erinnerungen an München auf sie einstürmten. »Aber ich muss an die Kinder denken, und ich möchte eine wundervolle Mutter sein. Denn auch das bin ich. Wenn es auch nicht alles ist.« Irritiert schüttelte sie den Kopf, es frustrierte sie, dass sie ihre Gefühle nicht richtig zum Ausdruck bringen konnte.

Mr Lawrence lehnte sich über den Tisch, ein blaues Licht flammte in seinem Blick auf. Langsam krochen seine Hände über das geschrubbte Holz, bewegten sich auf sie zu.

»Ich möchte wie eine Blume leben, einfach nur ich selbst sein. Mein Löwenzahn-Selbst. Sie haben das letzte Woche so gut in Worte gefasst.« In ihren Fingern pochte es, als hätte jeder einzelne sein eigenes schlagendes Herz. Sie verspürte den Impuls, nach seinen Händen zu greifen, sie fest in den ihren zu halten.

Und sie spürte die Luft zwischen ihnen, steif und starr vor Anspannung. Noch ehe sie über die Schicklichkeit einer solchen Geste nachdenken konnte, waren ihre Hände über den Tisch geschossen und hatten nach den seinen gegriffen.

Er nahm ihre Finger und schloss die Handflächen darum. »Erzählen Sie«, sagte er bloß.

Eine Stunde lang sprach sie von Otto und Ernest, von ihrer Sehnsucht nach Leidenschaft, von ihrem Bedürfnis nach Intimität, von ihrem Glauben an die Freiheit, von München und dem Café *Stephanie*, davon, wie seltsam das Unbewusste in Herz und Verstand arbeitete, von ihrer grenzenlosen Liebe für Monty, Elsa und Barby. Sobald sie eine Pause einlegte, kam er mit einer neuen Frage, seine Augen waren stets wachsam, der Blick wurde nie glasig, nie sanft vor lauter vorgetäuschtem Mitgefühl. Nur einmal schaute er weg. Als sie ihm von ihrer Affäre mit Otto erzählte, senkte er den Blick und schien einen Moment lang nicht zu wissen, was er sagen solle.

»Verabscheuen Sie mich jetzt? Dafür, dass ich Ihnen die Wahrheit über mich erzählt habe?«

»Nein«, sagte er schnell. »Ich bin schockiert, aber ich mag Sie nur umso mehr. Und Ihr Ehemann hat keine Ahnung davon?«

Sie schüttelte so entschieden den Kopf, dass eine Haarnadel scheppernd zu Boden fiel. »Ich sehne mich so sehr danach, geliebt zu werden. *Wirklich* am Leben eines anderen teilzuhaben. Leidenschaft zu erleben. Kinder können einem das nicht geben. Und ich muss meinen Kopf anstrengen können! Männer möchten die geistige Arbeit am liebsten ganz für sich behalten.«

Mr Lawrence trug die Tassen und Untertassen zum Spülbecken hinüber und begann mit dem Abwasch.

»Lassen Sie das«, rief sie aus. »Das erledigt Mrs Babbit morgen.«

»Ich kann nicht untätig herumsitzen«, sagte er, trocknete das Geschirr sorgfältig ab und stellte es wieder in den Küchenschrank. »Gibt es denn in Ihrer Ehe keine Leidenschaft?«

»Nein! Er hat sich ein bestimmtes Bild von mir gemacht. Er weiß nicht, wer ich bin. Und wüsste er es, er würde nur spotten und höhnen und mich hassen.«

»Eine Frau wie Sie ist mir noch nie begegnet«, sagte er später, als er nach Mantel und Mütze griff. »Sie sind so besonders, so vollkommen unkonventionell.«

Sie deutete auf sein Bewerbungsschreiben, das ungelesen auf dem Tisch lag. »Ich habe mir die Grammatik noch nicht angesehen.«

Er wischte den Brief beiseite. »Vergessen Sie die Grammatik. Wen schert schon die Grammatik, wenn wir uns unterhalten können, wie wir es getan haben? Mit echter Leidenschaft, mit aufrichtigem Gefühl …«

Hoffnung durchfuhr sie. Vielleicht würde er in Nottingham bleiben. Vielleicht konnten sie ihre Freundschaft, die sie stützen, sie nähren würde, fortführen.

Er stopfte die Hände in die Taschen, als wollte er dafür sorgen, dass sie stillhielten. »Sie haben mir bei meinem Roman geholfen, Mrs Weekley. Sie haben mir geholfen zu verstehen, wie eine Mutter fühlt, die Kraft und das Mysterium des Ganzen zu verstehen. Sie und Ihre verrückten deutschen Ideen.« Er grinste, und sein Mund schien sich zu dehnen und zu weiten, bis er von der einen Seite seines Gesichts bis zur anderen reichte.

Als er gegangen war, kam Frieda erst einmal nicht zur Ruhe. Sie lief durchs Haus und versuchte zu verstehen, was gerade zwischen ihr und dem Schüler ihres Mannes geschehen war. Sie fühlte sich wie aufgeschlitzt, als habe Mr Lawrence tief in sie hineingeblickt und Dinge gesehen, die sie vor dem Rest der Welt geheim gehalten hatte. Sie kam zu dem Schluss, dass es ein herrliches Gefühl war, erforscht und verstanden zu werden. Und doch quälte sie eine große Ruhelosigkeit.

Was, wenn sich am Ende herausstellte, dass er war wie alle anderen Engländer auch? Die Enttäuschung wäre niederschmetternd, dachte sie. Zugleich spürte sie, dass er etwas Puritanisches an sich hatte, eine strenge Moral, die hier und da kurz aufgeschienen war. Manchmal war es eine bestimmte Wortwahl gewesen, manchmal ein flüchtiger Ausdruck der Missbilligung, bei dem sie sich nicht sicher gewesen war, ob sie ihn nun gesehen hatte oder nicht. Er hatte so angetan gewirkt – geradezu beeindruckt von ihrem Mangel an Zurückhaltung. Aber was, wenn er nur Material für eine Geschichte zusammenbringen wollte? Was, wenn er ebenso selbstgefällig und patriarchalisch war wie jeder andere Mann?

Sein Mut muss auf die Probe gestellt werden, beschloss sie. Sie würde eine Woche abwarten und etwas mehr Zeit mit ihm verbringen – er hatte erwähnt, dass er sich im Theatre Royal in Nottingham ein Stück ansehen und danach wieder vorbeikommen wollte, um an seiner deutschen Grammatik zu feilen. Wenn sie dann immer noch so geblendet war von ihm, würde sie ihn mit in den Wald nehmen und ihm zeigen, wer sie wirklich war. Sie würde ihren Körper sprechen lassen, auf die kühnste Art, die es gab. Einen Engländer zu finden, der frei war von Prüderie oder Verdrängung oder Lüsternheit, war so schwer. Sie musste wissen, ob er tatsächlich so aufgeschlossen war, wie er behauptete. Ja, sie würde ihn mit in den Wald nehmen und auf die Probe stellen.

34

Frieda

Sie spürte das kühle, schwammige Moos unterm Rücken, weich und etwas feucht auf der nackten Haut. Sie schloss die Augen. Mr Lawrence hatte aufgehört zu reden, und so konnte sie das Wispern der Insekten im dichten Gras hören und das Rätschen des Eichelhähers droben in den Bäumen. Überall roch es nach Frühling – ein saftig-grüner Geruch mit einem schlammigen, stinkenden Beiklang, der sie an Ernests Komposthaufen erinnerte. Jenen Haufen hinten im Garten, den er allwöchentlich umgrub, immer samstags, wenn er von seiner Lehrtätigkeit nach Hause kam. Sie fragte sich, ob er vielleicht gerade an seinem Komposthaufen zugange war, in seiner pingeligen, peniblen Art. Ein Schauder überlief sie.

Blickte sie zurück auf die dreizehn Jahre ihres Ehelebens, kam es ihr so vor, als sei es ihr einfach so *passiert*. Das Leben war vorbeigeflossen, und sie war mitgerissen worden, ein Stück Treibholz, das von der Flut mitgenommen und hinaus aufs offene Meer gespült worden war. Es war ein von Ernest konstruiertes Leben. Ein festgefahrenes, enges Leben, starr vor lauter Wohlanständigkeit. Und sie tanzte am Rande wie ein Korken auf der Oberfläche, tröstete sich mit Monty, Elsa und Barby, doch ohne eigenes Ziel, ohne einen eigenen Sinn. Ihre Kinder wuchsen heran. Bald würden sie sie nicht mehr brauchen. Was würde sie dann tun? Frauen gestand man das Recht auf ein Ziel außerhalb des Hauses nicht zu, das wusste sie. Aber die Zeiten änderten sich. Selbst Mrs Dowson hatte mit ihren Suffragetten eine Aufgabe gefunden. Oder Elisabeth. In ihrem letzten Brief stand, sie unterstütze jetzt Max und Alfred Weber beim Schreiben ihrer Bücher, die so radikal und aufregend seien, dass sie kaum schlafen könne, Bücher, die die Gesellschaft für immer verändern würden.

Natürlich hatte sie mit Otto auch ihre Chance gehabt. Aber man musste das Leben auch von der praktischen Seite betrachten und an die Zukunft denken, und in der Hinsicht hatte Otto sich als ganz und gar unzuverlässig erwiesen. Jetzt, mit Mr Lawrence, kehrte sie ins Leben zurück, blühte auf wie die Eschen, Eichen und Ulmen, die sie umstanden. Und sie musste an Ottos Worte denken: ihre Begabung für das Leben, ihre Fähigkeit, Männer zu Großem zu inspirieren. Wenn sie doch nur Mr Lawrence davon überzeugen könnte, in Nottingham zu bleiben, als ihr neuer Liebhaber …

Sie zuckte zusammen. Da war etwas in ihrem Schamhaar.

»Nicht bewegen, Mrs Weekley. Halten Sie die Augen geschlossen.«

»Was tun Sie da?«

»Ich flechte Veilchen in Ihr Schamhaar, mache einen Blumenteppich daraus.«

Frieda lachte. Sie hatte ihn eingeladen, vorbeizukommen und sich mit ihr in den Wald zu legen, sie kenne da einen besonderen, geheimen Ort. Nachdem sie durch Farnkraut und Ginster gekrochen waren, hatte sie sich die Kleider heruntergerissen und ihre Haut von der fahlen Aprilsonne bescheinen lassen, und als

Mr Lawrences Miene von Schock zu Ehrfurcht und Freude gewechselt war, hatte sie gelächelt. Mr Lawrence hatte sie mit einer solchen Bewunderung angesehen, dass sie gespürt hatte, wie sie wuchs und sich weitete, als wollte sie das Übermaß an Gefühlen, von dem sie beide überwältigt wurden, in sich aufnehmen.

Schließlich hatte sie ihn dazu bringen können, erst seine Jacke und dann seine ausgetretenen Schuhe und mehrfach gestopften Socken auszuziehen. Und erst als er sich wirklich sicher war, dass sie von niemandem beobachtet wurden, hatte er begonnen, ihren ganzen Leib mit Küssen zu bedecken, mit kleinen, keuchenden Küssen, die so viel Verwunderung und Zärtlichkeit ausdrückten, dass es sie etwas erschreckte. Doch als sie seinen Kopf zu sich heranzog und ihren Mund daraufpressen wollte, entwand er sich und rief: »Nicht auf den Mund. In meinen Bronchien rumort es gerade etwas, und ich möchte nicht, dass Sie sich anstecken.« Otto hatte sich nie so zartfühlend und zärtlich gezeigt. Er war vollkommen hemmungslos gewesen, hatte ihr Dinge gezeigt, die sie sich nie hätte vorstellen können. Mr Lawrence war da ganz anders. Seine Leidenschaft war zurückhaltend und sanft, und doch strahlte er sie mit jeder Faser aus.

»Riechen Sie diese Luft, Mrs Weekley? Es riecht nach Baumrinde und Lammwolle und nach dem Leben, das ringsum explodiert. Ist es nicht herrlich? Der Geruch des Liebesaktes zwischen Himmel und Erde, der Geruch der Schöpfung.« Geräuschvoll sog er die Luft ein, während er in ihrem Schamhaar herumnestelte, um die biegsamen Veilchenstängel zu befestigen. »Ist das heute nicht ein irrsinniges Sonnenlicht? Haben Sie bemerkt, wie es hüpft und springt wie ein Moriskentänzer? Machen Sie die Augen auf. Die Sonne gibt uns ein irrwitziges Schauspiel.«

Frieda öffnete die Augen. Das Sonnenlicht glitzerte und schüttelte kleine Strahlen aus dem Geäst über ihnen. Und darüber der

Himmel, blassblau und glänzend wie das Innere einer nassen Muschel. Sie hob den Kopf. Mr Lawrence kauerte immer noch zwischen ihren Beinen, und als sie nach unten blickte, sah sie unterhalb ihres Nabels einen Hügel aus lila Veilchen.

»Ich kann kaum glauben, dass Sie dasitzen, Mr Lawrence, und nicht den Drang verspüren, mich zu lieben.«

»Ja, aber das tue ich doch. Ich denke ständig an Sie und daran, wie es sein wird. Ich kann mich nicht davon befreien, von dem Verlangen nach Ihnen.«

Sie stemmte sich auf die Ellbogen, denn ihr war plötzlich ein Gedanke gekommen. »Sind Sie noch Jungfrau, Mr Lawrence?«

Er rieb abwesend seinen Zehenballen im Gras und senkte den Blick. »Nicht ganz, aber fast. Es war jedenfalls nichts Befriedigendes. Aber darum geht es nicht.«

Sie legte sich zurück, schloss die Augen wieder und versuchte das Lächeln, das über ihr Gesicht kroch, zu unterdrücken. Die Vorstellung, jemanden in die Liebe einzuweisen, so wie Otto es mit ihr getan hatte, war sehr verlockend.

»Das Problem ist, dass Sie noch Weekleys Frau sind, sein Territorium. Und ich werde Sie nicht nur aus entflammter Begierde nehmen.«

Sie fühlte, wie die Atemluft aus ihr entwich. Weekleys Frau … sein Territorium. Am liebsten hätte sie sich aufgesetzt und geschrien: »Ich bin niemandes Territorium! Ich bin kein Pferd, das man kaufen und wieder verkaufen kann!« Aber sie hielt den Mund. Mr Lawrence würde schon einlenken. Sie würde ihn aufklären, ihn in ihre Vorstellungen von Freiheit einweihen. Außerdem war sie von seiner Selbstbeherrschung in gewisser Weise beeindruckt. Kurz musste sie an Mr Dowsons fleischige Hände denken, die bei jeder Gelegenheit über ihren Körper wanderten, als habe er sich nicht unter Kontrolle. Und dann erinnerte sie sich an ihren Vater, an sein hemmungsloses Schluchzen, nachdem er am Spieltisch alles verloren hatte. Sicher, Ernest besaß Disziplin. Endlos viel Disziplin. Aber keine Leidenschaft. Mr Lawrence besaß Leidenschaft *und* Disziplin, Gefühl *und* Selbstbeherrschung.

Nach einer langen Pause fragte sie: »Aber das hier mögen Sie?«

»Oh ja, sehr.« Mr Lawrence errötete. »Ich mag Ihr Nacktsein. Ihren wilden Wagemut.«

»Das nächste Mal ziehen Sie auch alles aus. Es wird Ihnen gefallen, Licht und Sonne auf der nackten Haut zu spüren. Es ist ein herrliches Gefühl von Freiheit.« Sie warf den Kopf zurück und streckte die Arme aus, die Handflächen himmelwärts gedreht. Ihr fiel der Tag ein, an dem sie das erste Mal hierhergekommen war. Gleich nach ihrer Rückkehr aus München, als sie an nichts als an Otto hatte denken können. Sie hatte nicht die Absicht gehabt, sich nackt unter freien Himmel zu legen, aber als sie durch den Wald ging, hatte eine jähe Brise ihren Rock gehoben und an ihrer Unterwäsche gezerrt und gerüttelt, als wollte sie sie fortreißen. Aus der Brise war ein Augustwind geworden, der sie immer tiefer ins Gehölz getrieben hatte. Schließlich war sie auf dieses abgeschiedene, lauschige und sonnenüberflutete Fleckchen gestoßen, hatte sich, innerlich im Aufruhr, die Kleider vom Leib gerissen und ein Sonnenbad genommen. Anschließend hatte sie sich besser gefühlt, klarer und ruhiger, als habe die Sonne sie besänftigt.

»Wie wunderbar Sie sind!« Mr Lawrence stockte und fügte dann fast schüchtern hinzu: »Würden Sie meinen Roman lesen wollen? Ich würde sehr gern Ihre geschätzte Meinung hören.«

Frieda ließ die Augen geschlossen. Sie wollte nicht, dass er sah, welches Gefühlschaos diese einfache Frage bewirkt hatte. So gefasst wie nur möglich antwortete sie: »Ich wäre entzückt, Ihnen behilflich sein zu können. Ich glaube, ich sollte jetzt nach Hause gehen, die Kinder fragen sich bestimmt schon, wo ich bin.«

»Sie können nicht mit einer Unterhose voller Veilchen nach Hause gehen, Mrs Weekley.« Er begann die zarten Blumen wieder zu entfernen und sie eine nach der anderen in ihre himmelwärts weisenden Handflächen zu legen. »Jemandem wie Ihnen bin ich noch nie begegnet. Es ist ein Gefühl, als hätten Sie sich in meine Seele eingepflanzt.«

»Ja«, murmelte sie. Wie recht er hatte. Sie fühlte genau dasselbe, hätte es aber nie so zu artikulieren vermocht.

Als ihre Hände voller Veilchen waren, griff er nach ihrer Unterwäsche, die er zusammengefaltet und beiseitegelegt hatte. Selbst diese kleine Geste hatte sie überrascht und erfreut. Eins nach dem anderen hatte er die Kleidungsstücke, die sie auf die moosige Erde warf, aufgehoben, ausgeschüttelt, fein säuberlich gefaltet und auf den Ast einer Eiche gelegt.

»Lassen Sie sich von mir ankleiden. Lassen Sie mich das machen.«

Nachdem er erst ihr Hemd zugeknöpft und zugebunden hatte und dann ihren Unterrock und ihr Kleid, fragte er mit gesenktem Blick: »Habe ich zu viel von einer Frau in mir? Ich bin nicht allzu männlich, nicht wahr? Seien Sie ehrlich, Mrs Weekley.«

»Sie sind gut und stark«, antwortete sie und ließ ihre Hände über seine Hose wandern. »Sie haben einen wundervoll starken Körper und sollten sich dessen nie schämen.«

Als sie am Abend Barby kitzelte, Montys neue Briefmarken bewunderte und Elsas Haar flocht, dachte sie die ganze Zeit über Mr Lawrence nach. Sie versuchte, ihn aus ihren Gedanken zu vertreiben, aber er wollte nicht weichen. Es gelang ihr nicht, die süße Erinnerung an die Küsse auszulöschen, mit denen er ihr ganzes Rückgrat bedeckt hatte, an die rauen Fingerspitzen, mit denen er die Adern nachgezeichnet hatte, die an den Innenseiten ihrer Arme verliefen. Sie dachte an seine Worte – »Sie haben sich in meine Seele eingepflanzt« – und lächelte still vor sich hin. Ja, und er hat sich in *meine* Seele eingepflanzt, dachte sie. Und jetzt ist er wie ein Samen, der in meiner Dunkelheit sprießt.

»Mama! Hast du gehört, was ich gerade gesagt habe?« Barby zupfte sie am Ärmel.

»Tut mir leid, Liebling. Was hast du gesagt?«

»Ach, egal.« Barby kletterte von ihrem Schoß und ging. Frieda nickte abwesend. Sie musste eine Möglichkeit finden, Mr Lawrence in Nottingham festzuhalten. Ihn als Liebhaber zu behalten. Denn zu der dahinplätschernden Lethargie der vergangenen Jahre konnte sie nicht zurück. Nicht mehr.

35

Ernest

Analogien …« Ernest verstummte und sah mit starrem Blick aus dem Fenster seines Arbeitszimmers in den wogenden weißen Himmel. Der hatte heute etwas seltsam Unbehelligtes, Jungfräuliches, als habe ihm niemand auch nur einen Atemzug weggenommen, als sei er unbefleckt vom Rauch der Fabriken oder dem Dampf der Eisenbahn oder der Asche aus den Schornsteinen. Er runzelte die Brauen. Er wollte sich weder von der Luft oder den Wolken noch von poetischen Gedanken zur Jungfräulichkeit ablenken lassen. Wo war er stehen geblieben?

»Die Form eines Wortes wird oft durch Assoziation mit einem anderen Wort beeinflusst.« Er sagte es laut, obwohl er allein war. Das Haus war leer, er fühlte sich schrecklich verlassen, und die eigene Stimme zu hören war beruhigend. Ida hatte die Kinder mit nach draußen genommen, denn heute war Mrs Babbits freier Tag und Frieda war mit Mr Lawrence ausgegangen. Ernest hustete, wie um die Stille zu durchbrechen. Er selbst war im nie endenden Lärm einer großen Familie aufgewachsen, und obwohl er sich damals nach Ruhe und Stille gesehnt hatte, fand er die Stille eines leeren Hauses jetzt eher verstörend.

Wieder sprach er laut vor sich hin: »Demzufolge ist das Wort *bridal*, hochzeitlich, aus der Verknüpfung von bride und Ale entstanden – einer bei Hochzeitsfeierlichkeiten häufig konsumierten flüssigen Erfrischung.« Frieda und er hatten bei ihrer Hochzeit deutsches Bier getrunken. Das schien schon so lange her zu sein ... dreizehn Jahre ... Und was für glückliche Jahre! Sie war heute noch so lebendig und fröhlich wie damals mit achtzehn. Immer noch lachte sie auf die gleiche Art, mit einem leicht spöttischen Unterton, mit geschwungenen Brauen über grün und golden blitzenden Augen. Er dachte daran, wie sie ihm früher mit dem Eifer einer Schülerin zugehört hatte, und das versetzte ihm einen kleinen Stich. Auch hatte es ihn verletzt, dass sie immer von Stärke und Mut sprach. Später hatte er es darauf zurückgeführt, dass sie in einer militärischen Umgebung aufgewachsen war. Damals war sie ihm einfach exotisch erschienen, so ganz anders als die braven Mädchen, denen er in der Kirche begegnete.

Er dachte zurück an den Brief, in dem er ihr seinen Antrag gemacht hatte. Wie unverschämt, wie mutig er gewesen war! In England würde kein Mann seiner Klasse es wagen, eine Aristokratin um ihre Hand zu bitten. In England hätte man ihn an den Pranger gestellt. Aber aus irgendeinem Grund war er in Deutschland kühner geworden. Und zu seiner Überraschung hatte Frieda ihm ihr Jawort gegeben. Selbst heute noch konnte er sein Glück kaum fassen.

»*Marriage* ... das dürfte vom Altfranzösischen *marier* kommen. Heiraten ...« Ernest blickte hinüber zu Friedas Fotografie, die auf dem Kaminsims stand. Am Vorabend hatten sie einen kleinen Wortwechsel gehabt. Er hatte sie nicht gescholten, nur eine sanfte Warnung ausgesprochen. »Ich musste etwas sagen«, murmelte er zu sich selbst. »Ich hatte keine Wahl. Es war gewiss nur zu ihrem Besten.« Sein bester Freund, Professor Kipping, hatte beiläufig erwähnt, Mrs Kipping habe ihm von gewissen Gerüchten erzählt, die die Runde machten. Mrs Weekley betreffend. Man habe sie ein bisschen zu oft mit einem armselig gekleideten jungen Mann mit einer flachen Mütze gesehen. Im Theater. Beim Spaziergang in der Natur. Unpassend für eine verheiratete Frau. Unpassend für die Frau eines Professors. Unpassend für eine Freiin.

Ernest hatte natürlich protestiert. Er hatte Professor Kipping erklärt, der Mann sei ein Dichter und Frieda sei keine Engländerin, sondern eine deutsche Aristokratin und in einem ganz anderen Milieu aufgewachsen. Er hatte seinem guten Freund sogar erzählt, dass sie in ihrer Jugend Kaiser Wilhelm vorgestellt worden war und mit ihrer Schönheit und Intelligenz für Aufregung gesorgt hatte. Professor Kipping hatte in seiner sanftmütigen Art genickt und erklärt, er habe es nicht an Respekt fehlen lassen wollen, seine Frau habe ihn nur gebeten, ihn, Ernest, davon zu unterrichten.

»Ich möchte sie keinesfalls in ihrer Freiheit beschränken«, fuhr Ernest laut fort. »Sie ist kein Schmetterling, den man auf ein Brett pinnt.« Zudem würde Mr Lawrence in Bälde zu einer Lehrstelle in Deutschland aufbrechen, also gab es keinen Anlass zur Sorge.

Er hatte Professor Kipping freundlich die Hand auf die Schulter gelegt und gesagt, er wisse sein Vertrauen zu schätzen, aber Mrs Weekley sei eine loyale und treu ergebene Frau und Mutter, und wer ihren guten Charakter infrage stelle, der irre sich gründlich. Dennoch fühlte er sich bemüßigt, Frieda davon in Kenntnis zu setzen, dass die Leute über sie redeten. So schonend wie möglich hatte er ihr beigebracht, was Kipping gesagt hatte. Frieda war im Gesellschaftszimmer herumgesprungen und hatte ihrer Wut über »diese altmodischen, von Standesfragen besessenen Engländer« freien Lauf gelassen. Sie sei »fertig« mit den englischen Frauen, hatte sie verkündet, wobei ihr weißer Rauch aus den Nasenlöchern gequollen war. Wenige Minuten später hatte sie die Zigarette ausgedrückt und sich auf seinen Schoß gesetzt. »Du solltest nicht auf dieses dumme Gerede hören, mein Lieber.« Dann hatte sie ihm übers Haar und den Schnurrbart gestrichen und mit mütterlichem Stolz verkündet, Monty habe sie schon wieder im Schach besiegt.

Später am Abend war er zu seiner Frau ins Schlafzimmer gegangen, um ihr eine gute Nacht zu wünschen, und hatte sie im Bett sitzend vorgefunden, ein paar Kissen im Rücken, eine Zigarette im Mundwinkel, vor sich einen Stapel handgeschriebener Blätter. Mit fast noch größerem Stolz hatte sie ihm erzählt, Mr Lawrence habe sie gebeten, seinen neuen Roman zu lesen. »Das Buch ist von seinem eigenen Leben angeregt, und er möchte, dass ich es Zeile für Zeile durchgehe.« In ihrer Stimme hatten Freude und Genugtuung mitgeschwungen. »Er braucht meine Hilfe, weil er nichts von Frauen versteht, und in dem Buch geht es nur um Frauen.«

»Da hat er sich ja den richtigen Leser ausgesucht.« Er hatte sie auf den Kopf geküsst, und dabei war ihm die klare, entschlossene Handschrift von Mr Lawrence aufgefallen.

Erneut starrte er auf ihr Foto. Er musste sie nach Cambridge holen. Er griff zum Füller und sah sich den letzten Satz an. »*Marriage*. Vom Altfranzösischen *marier*.« Kurz hielt er inne und seufzte. »Betrachtet man die Spuren des Altfranzösischen in der englischen Sprache, gilt es, einige elementare philologische Tatsachen im Auge zu behalten.« Ja, dachte er und nickte. Wenn nur jedermann sich klarmachen würde, dass die meisten französischen Substantive und Adjektive vom Akkusativ abgeleitet sind. Und dass sie außerdem nicht dem Pariser Französisch entstammen, sondern alten Mundarten wie denen der Normandie und der Pikardie.

36

Frieda

Seit ihrer Entdeckung des Café *Stefanie* fünf Jahre zuvor hatte Frieda sich nicht mehr so wach, so lebendig gefühlt. Jeden Morgen beim Aufwachen durchfuhr sie eine heftige Aufregung. Ein Bild von Mr Lawrence schoss ihr in den Kopf, und schon fühlte sie sich vor Freude ganz leicht. Irgendwie tränkte er jeden Tag mit Farbe. Dinge, die ihr früher platt und schwülstig erschienen waren, hatten nun einen strahlend bunten Glanz. Selbst die Rauchwolke, die über Nottingham hing, war in einen leuchtenden Malventon getaucht wie der Flügel einer Holztaube.

Jeden Tag stürzte sie aus dem Bett, peitschte wie ein Derwisch durch das Haus, sammelte Kinder, Schulbücher und Notenblätter ein, schleuderte Mrs Babbit und Ida ein paar Anweisungen entgegen, stimmte ein Lied an oder improvisierte ein paar Tanzschritte – und wartete ängstlich auf den Postboten, um zu erfahren, wann Mr Lawrence das nächste Mal freihatte.

Sie wusste, dass seine Jugend und sein Genie sie berauschten, dass seine Gedichte sie innerlich zum Schmelzen brachten, dass er sie zu verstehen schien wie niemand sonst. Aber es war noch etwas anderes, das sie faszinierte. Etwas, das sie nicht recht in Worte fassen konnte. Eines Nachmittags, eine Woche nachdem sie zusammen im Wald gelegen hatten, nahm er sie mit nach Sherwood Forest. Dort trat klar und deutlich zutage, dass er völlig anders war als alle Männer, die sie bisher kennengelernt hatte.

Er sprang von Bächen zu Felsen zu umgestürzten Baumstämmen, zog sie hinter sich her, brach bei allem in Ausrufe des Entzückens aus. Noch die kleinsten Dinge schien er zu sehen: einen Tautropfen in der Falte eines Blattes, das Gekröse eines gesprenkelten Pilzes rund um einen Ast, Wurzeln, die sich aus der Erde wanden, Licht, das sich in einer Pfütze spiegelte, eine einzelne rote Ameise, die einen hellgrünen Grashalm hinaufspazierte. Es war, als habe er nicht zwei Augen, sondern hundert. Er bat sie, die Staubgefäße des Schöllkrauts zu betrachten und ihm die Farben zu schildern.

»Warum? Gelb natürlich«, sagte sie und lachte.

»Nein, Mrs Weekley!«, rief er aus und zog sie zum Boden hinunter. »Schauen Sie noch einmal hin. Das war Wordsworths Lieblingsblume, und Sie müssen ihr gerecht werden. Es gibt Hunderte unterschiedlicher Gelbtöne. Sie müssen den richtigen finden.«

»Gelb wie Butter? Oder wie das Fleisch einer gelben Pflaume?«

Er nickte, und dann fiel sein Blick auf etwas anderes, und er zupfte an ihrer Hand, gestikulierte wild und zeigte zum Himmel. »Das war ein Grünspecht. Haben Sie ihn gesehen? Schauen Sie nur, wie er fliegt … wie er steigt und fällt. Kein anderer Vogel fliegt so wie er. Und haben Sie seinen Schrei gehört? Ich finde es herrlich, wie er durch den Himmel schießt, ein grüner Streifen mit diesem frechen scharlachroten Querstrich am Hals.« Und dann fuhr er mit der Hand durch die Luft und machte den Flug des Vogels auf so anmutige Weise nach, dass Frieda fast meinte, selbst zu fliegen.

Eine Sekunde später kauerte er über einem verrotteten Baumstumpf, befummelte ihn und schnüffelte daran. »Kommen Sie und sehen Sie sich das an«, rief er. »Der Wolkenohrpilz. Ist er nicht wunderschön?« Er nahm ihre Fingerspitze und führte sie sanft über die Ohren des rotfleischigen Pilzes, als handele es sich um einen Ballen feinster Seide.

»Sie sind so – so lebendig«, sagte sie später, als sie gegen den Baumstamm einer großen Eiche gelehnt saßen.

Er zog die Knie an, sodass unterhalb des Hosensaums schmale, knochige Knöchel zum Vorschein kamen. »Ich möchte eine neue Gemeinschaft ins Leben rufen, in der jeder wirklich ganz und gar lebendig sein kann. Eine neue Lebensform, fern von der Industrie und den Städten.«

Sie lächelte, denn sie dachte unwillkürlich an Metz. An die weiten, sich kräuselnden Roggenfelder. Die lila Pflaumen mit ihren milchweißen Blüten. Die Kirschblüte, so zart und rosa. Wie hatte sie nur in einer Stadt landen können, in der es so viel Schmutz gab und alle so geschäftig waren?

»Haben Sie gesehen, wie in London die Bäume durch das Pflaster brechen? Das können wir alle. Wir haben genug Leben in uns, um aus diesem System auszubrechen, um eine neue Welt, eine bessere Welt zu erschaffen. Das weiß ich tief im Herzen.« Er schlug sich mit der Faust gegen die Brust, als wollte er sie aufbrechen. »In dem, was ich schreibe, möchte ich die tiefsten Tiefen der menschlichen Seele erforschen, der männlichen *und* der weiblichen. Ich möchte wissen, wie das Herz funktioniert, Mrs Weekley. Ich möchte ins menschliche Unbewusste sehen.«

Sie nickte und dachte, sie könnte ihm immerfort zuhören und nie genug bekommen. Sie hatte das seltsame Gefühl, als stehe sie in den Kulissen und warte darauf, ihren Platz auf einer blütenreichen, sonnenbeschienenen Bühne einzunehmen und auf ihr Stichwort zu lauschen.

»Mein Leben soll ein Abenteuer sein. Ein echter Aufbruch ins Unbekannte. Kommen Sie mit mir! Den üblichen Schnickschnack brauche ich nicht. Bloß sauberes Wasser und einfaches Essen. Die Dinge sind nicht von Bedeutung – die Herrlichkeit unserer Träume, auf die kommt es an. Und wer braucht schon Luxus und Besitztümer, wo wir doch das alles hier haben?« Mit weit ausholender Geste zeigte er auf die dichten Blüten im Geäst, die krächzenden Krähen über ihren Köpfen und die Wolkenfetzen im blassblauen Himmel.

»Der Himmel in Italien hat angeblich die Farbe von Lapislazuli, Tag für Tag, monatelang. Heiß und rein und blau. Würden Sie das nicht gern einmal sehen?«

»Doch, nur zu gern«, antwortete Frieda sehnsüchtig. Sie dachte an ihr gemütliches Haus mit dem eifersüchtig bewachten Grundstück, dem sauber geschnittenen Rasen, den sorgfältig gestutzten Rosenrabatten, den immergleichen Gewohnheiten. Sie dachte an Ernest. Wie er über seine Arbeit gebeugt saß. An seinem abendlichen Glas Stout nippte. Wie er allwöchentlich die Standuhren aufzog, immer am gleichen Tag, immer zur gleichen Stunde.

»Mit Ihnen an meiner Seite könnte ich so viel erreichen, Mrs Weekley. Sie sind die Frau fürs Leben!« Mr Lawrence ergriff ihre Hand. »Kommen Sie und sehen Sie sich mit mir die Welt an. Helfen Sie mir, mein Leben zu einem Feuerwerk zu machen!«

»Ich habe drei Kinder, die ich sehr liebe.« Sie beschwor Bilder von Monty, Elsa und Barby herauf, als wollte sie sich erden, sich selbst daran erinnern, was ihre Rolle war und wo sie hingehörte. Und sie versuchte den Kloß, der ihr im Hals saß und wie eine Fischgräte feststeckte, herunterzuschlucken.

»Die bringen sie einfach mit. Ich schaffe uns allen ein Zuhause, versprochen.«

»Ernest ist ein guter Mann.«

»Er erdrückt Sie, erstickt Sie. Nehmen Sie Ihre Kinder und gehen Sie fort. Ich bin Ihnen ganz ergeben, Mrs Weekley.«

»Das ist nicht so einfach.« Sie verstummte. Es war, als verschiebe sich der Boden unter ihren Füßen, als bewegten sich die Erdplatten und prallten mit einem heftigen Ruck aneinander.

»Kommen Sie, folgen Sie Ihrer eigenen Seele. Und leben Sie!« Er sprang auf und versuchte mit hohlen Händen etwas aus der Luft zu fangen. »Sehen Sie sich diese Libelle an«, rief er, hockte sich neben sie und öffnete die Hände. »Die Männchen sind immer besonders farbenprächtig. Ist er nicht eine Schönheit? Schauen Sie sich seinen Körper an. Wie der Ozean, wie der Himmel am Mittelmeer.«

Frieda beäugte die Libelle, die in seiner Hand saß. Und für einen flüchtigen Moment beschlich sie eine Ahnung, wie das Leben mit Mr Lawrence aussehen könnte. Wie reich es sein könnte. Wie voll und groß und tief. Wie überwältigend! Plötzlich war ihr ganz schwindelig vor Hochgefühl. Die Flügel der Libelle schienen schöner und raffinierter als sämtliche Insektenflügel, die sie je gesehen hatte, als hätten ihre Nerven sich ausgebreitet und wären bis an die Oberfläche ihrer Haut, ihrer Augen, ihres Gehirns, ihres Herzens gedrungen. Sie spürte, dass ihr Atem an dem Kloß in ihrem Hals kratzte, fühlte das Klopfen ihres Herzens, nahm die flattrige Bewegung in den filigranen Flügeln der Libelle wahr, das kräftige Türkis ihrer Zeichnung.

Nun öffnete er die Hand weit, und die Libelle flog in den Himmel. »Ich kann Sie nicht gehen lassen, Mrs Weekley. Ich will Sie. Ich brauche Sie. Es wäre falsch, Sie zu *ihm* zurückzuschicken. Kommen Sie mit mir und seien Sie frei.«

Frieda ließ sich die Idee durch den Kopf gehen. Mr Lawrence wollte sie so, wie sie war, als das, was sie war. Otto hatte sie natürlich auch gewollt, aber bei ihm hatte sie nie wirklich das Gefühl gehabt, dass er sie brauchte. Sie hatte nie gespürt, dass sein Leben, sein Genius, von *ihr* abhing. Er hatte seine große Inspiration anderswo gefunden ... Kokain und Morphium ... andere Frauen. Manchmal fragte sie sich, ob Otto sie als die gewollt hatte, die sie war, oder weil sie in seinen Augen etwas repräsentierte, jenen »Persönlichkeitstyp«, in den er sie gepackt hatte wie in einen selbst gewebten Umhang ... die eifrige Schülerin, die für seine Lehren so empfänglich war. Mit Ernest war es das Gleiche. Für ihn war sie die Schneeblume, er hatte sich die Stückchen herausgepickt, die ihm gefielen, und den Rest liegen lassen. Offenbar brauchte er sie auch nicht. Seine kleinen Erfolge hatten sie enttäuscht, sowohl wegen der Selbstgenügsamkeit, mit der er sie errungen hatte, als auch weil sie so unbedeutend waren.

Mit Mr Lawrence aber war es anders. Er hatte bereits einen Roman veröffentlicht, *Der weiße Pfau*. Sein zweiter, *Auf verbotenen Wegen*, würde demnächst in Druck gehen. Sie hatte den Entwurf für den dritten Roman gelesen und mit eigenen Augen die Tiefe seiner Vorstellungskraft gesehen, die rebellische Aufmüpfigkeit seines Verstandes. Mit einem Menschen zusammen zu sein, der so *lebendig* war, der sie nach nur zwei Wochen mit dieser Leidenschaft liebte, der für Großes bestimmt war! Das ist, als böte er mir nicht nur seine Freiheit und seine Liebe an, sondern sein großes Talent, dachte sie. Und ein erfülltes, stürmisches, intensives Leben. Das Leben, von dem sie seit München, seit Otto immer geträumt hatte. Das Leben, von dem sie schon als kleines Mädchen geträumt hatte.

»Hast du gehört, was ich gesagt habe? Mit dir an meiner Seite könnte ich so viel erreichen! Die Leute nennen mich ein Genie. Aber ich brauche dich bei mir. Ich kann nicht ohne dich.«

Frieda dachte zurück an ihre Kindheit. Die Baronin und ihre Freundinnen, wie sie an einem Marmorkuchen herumpickten.

Wie sie aus gravierten Gläsern ihren Schnaps nippten. Wie gebundene Hennen zusammengluckten. Das Schaben der Kuchengabeln über Porzellan. Das Knarzen der Walbeinkorsette. Nusch, Elisabeth und sie, wie sie hinter der großen Holztür mit dem Messingknauf standen und warteten. Der Ruf von Mutter. Nusch als Erste. Ist sie nicht hübsch? Oh, wie wundervoll sie ist! Was für eine zarte Figur. Sie wird einen guten Ehemann finden. Ga gack gack. Als Nächstes Elisabeth. Meine Elisabeth schreibt ein Buch. Meine Elisabeth sammelt Geld für Waisenkinder. Oh, wie ehrenhaft! Wie klug! Wie fleißig! Die perfekte Frau für einen hochrangigen Offizier. Ga gack gack. Frieda zuletzt. Stille. In die Höhe gehaltene Kneifer. Die Augen der Baroninnen wie Johannisbeeren. Diese hier spielt in Fuchshöhlen und klettert auf Bäume. Augenrollen. Brustgewoge. Tztztz.

»Woran denkst du?« Mr Lawrence sah sie zärtlich an.

»Oh, an nichts«, antwortete Frieda. »Ich glaube, ich sollte dich Lorenzo nennen. Ich möchte einen eigenen Namen für dich haben.«

»Lorenzo.« Mr Lawrence rollte das Wort im Mund hin und her und lächelte. »Das gefällt mir.«

»Ich weiß, dass andere Leute dich Bert nennen, aber ich mag Lorenzo.«

»Ich brauche für dich auch einen Namen. Wie wurdest du genannt, als du klein warst?«

»Ich habe nie einen Spitznamen gehabt. Meine kleine Schwester Johanna wurde Nusch genannt, und Elisabeth hieß Else. Mein Vater hat mich eine Weile lang Fritzl genannt, aber meine Mutter mochte das nicht, also war ich immer nur Frieda.«

»Ist Fritzl nicht ein Name für einen Jungen?«

Sie nickte.

»Na gut, dann nenne ich dich Bienenkönigin. Denn du hast

etwas Königliches, Herrschaftliches. Aber ich bestehe darauf, dass du Weekley von uns erzählst. Sag ihm die Wahrheit, und dann kommt mit mir. Bring die Kinder mit, und ich schaffe ein Zuhause für euch alle, einen neuen Himmel auf Erden. Das verspreche ich!«

Frieda schloss die Augen. Das war eine herrliche Vorstellung. Ein Himmel auf Erden. Aber es war natürlich vollkommen ausgeschlossen. Sie kannte ihn erst seit drei Wochen. Oder war es doch möglich?

»Können wir nächste Woche mit Elsa und Barby einen Ausflug machen? Monty ist noch in der Schule.« Dann würde sie Lorenzo mit Barby und Elsa beobachten können, sehen, ob sie ihn mochten. Sehen, ob ihm die enorme Tragweite seines Angebots bewusst war, der wilde Leichtsinn seines Versprechens. Wenn er erst einmal etwas Zeit mit ihnen verbracht hätte, würde er wahrscheinlich alles zurücknehmen. Dann konnten sie vielleicht einfach ein Liebespaar sein. Sie musste ihn nur davon überzeugen, dass er in Nottingham blieb, das war alles.

37

Frieda

Auf wen warten wir?«, fragte Barby.

»Wir treffen einen Freund von Papa und mir, und dann wandern wir alle zu einem Bauernhof, wo du ein Lamm füttern kannst. Er kommt mit dem nächsten Zug, mein Liebling.«

Frieda sah ihren Töchtern zu, wie sie durch den Sonnenschein hüpften, der golden über den Bahnsteig floss. Es war ein herrlicher blauer Tag, der Himmel nach dem Morgennebel wie sauber geschrubbt. Grün und blond erstreckten sich die Felder bis zu den knorrigen Baumreihen. Selbst in die schattigen Wäldchen waren vorwitzige Sonnenstrahlen gedrungen und leuchteten im hellen Moos und den gelben Flechten. Friedas Blick ging wieder zu den Schienen hinüber, und sie begann am Bahnsteig auf und ab zu laufen.

Sie hatte Lorenzo ein paar Tage nicht gesehen. In dieser Zeit war sie unruhig und nervös geworden. Es begann ihr zu dämmern, dass sich zwischen ihnen etwas unvorstellbar Mächtiges entwickelt hatte. Dieses Gefühl, seine fesselnde und unausweichliche Kraft, machte ihr Angst. Sie verglich es mit der gespenstischen Flaute vor einem Sturm, alles im Fluss, die Luft flirrend vor elektrischer Spannung, aber stumm und unsichtbar. Alles nur etwas, das man *spürte*. Sie wusste, sie sollte ihn besser nicht mehr treffen, sollte ihn anflehen zu gehen. Und doch fühlte sie sich außerstande, dies zu tun. Das wäre gerade so, als wollte man die Wolken bitten, nicht zu regnen, und den Wind, nicht zu wehen, sagte sie sich. Außerdem gab es die leise Stimme in ihrem Kopf, die hartnäckig und hungrig säuselte: Wenn er nur mein Liebhaber wäre, hier in Nottingham, würde er mir vielleicht die körperliche Liebe geben, nach der ich mich so sehne … vielleicht könnte seine Aufmerksamkeit mir Nahrung sein. Bis … bis … Bis was? Bis Ernest sich änderte? Sie war sich nicht einmal sicher, ob sie Lorenzo davon würde überzeugen können, in Nottingham zu bleiben. Er schien sehr entschlossen fortzugehen.

Und die ganze Zeit flehte er sie an, bettelte, sie solle Ernest verlassen und mit ihm ein neues Leben beginnen. Brachte sie mit schönen Worten in Versuchung, sprach von Abenteuer und dem »Wunder des Lebens«. Wie konnte sie der wilden Verlockung seiner Lyrik, seiner Ideale, seines Genius widerstehen? Oder seinem Versprechen eines Himmels auf Erden. Sie würde beobachten, wie er mit den Mädchen umging. Und dann würde sie weitersehen.

Das Pfeifen der Lokomotive zerriss den Frieden, jagte ihre vertrackten Gedanken auseinander. Schon sprang Lorenzo auf den Bahnsteig, wandte blitzschnell den Kopf mal hierhin, mal dorthin. Sobald sie ihn erblickte, spürte sie den Schmerz des Verlangens. Sie hatte in den letzten Tagen beständig an seinen Körper gedacht, sich seine kantigen Schulterblätter vorgestellt, die Sommersprossen auf seiner Brust, sein langes Rückgrat. Er war mager und schlaksig, hatte keine Muskeln und kein Gewicht, aber sie mochte das. Etwas an seiner dünnen Gestalt, an seinen langen Fingern, an seiner extrem weißen Haut zog sie an. Sie sehnte sich danach, sich an diesen gertenschlanken Körper zu schmiegen, zu spüren, wie seine Arme sie umfassten, wie seine weiche und warme Haut mit der ihren verschmolz. Es überlief sie ein Schauder der Vorfreude. Einer der Gründe, warum Lorenzo auf diesem besonderen Ausflugsziel bestanden hatte, war, dass er ihr einen Bauernhof zeigen wollte, zu dem er die Schlüssel hatte und dessen Besitzer oft nicht da waren. »Ich weiß, du gehörst noch immer Weekley«, hatte er gesagt. »Aber ich habe ein heftiges Verlangen nach dir und kann mich nicht länger zurückhalten.«

Sie spazierten über die Felder, Lorenzo stürzte mal hierhin, mal dorthin, machte sie auf Blumen an den zerzausten grünen Feldrändern aufmerksam – Ehrenpreis, Kreuzblume, Knolliger Steinbrech – und pflückte sonnige Löwenzahnköpfe.

»Hört mal, Mädchen! Wir könnten sie schwimmen lassen wie Flöße«, rief er und warf Elsa und Barby ein paar Blütenköpfe zu. »Außerdem habe ich Papier und Streichhölzer mitgebracht, da können wir eine spanische Armada bauen und den Fluss hinuntersegeln lassen.« Er lief einen Kiesweg hinauf und rief: »Ich wette, ihr wisst nicht, was eine Armada ist, oder?«

»Doch, das wissen wir«, sagte Elsa beleidigt. »Das sind Schiffe, ist doch klar!«

Frieda schlenderte, den Sonnenschirm schwingend und lächelnd, hinter ihnen her. Er scheint der geborene Vater zu sein, befand sie, erfreut und erleichtert zugleich. Seine Begeisterung und Energie und Neugierde – welches Kind würde sich nicht in ihn verlieben? So, wie ich es getan habe, dachte sie glücklich. Wie wundervoll es doch war, zu spüren, dass sie ins Leben zurückkehrte, dass sie wieder atmen konnte.

Sie lehnte an einer schmalen Steinbrücke und sah Lorenzo und den Mädchen, die neben einem seichten Bach hockten, zu. Lorenzo hatte ein gefaltetes Stück Papier aus der Jackentasche geholt und faltete es noch ein weiteres Mal, wobei er die Kanten sorgfältig zusammenpresste. Er wirkte völlig versunken, als habe er die ganze Welt hinter sich gelassen. Elsa und Barby stießen und schubsten einander und schnitten hinter seinem Kopf Grimassen. Als er sein Papierboot schließlich zu Wasser ließ, wirbelte die Strömung es sofort davon und schleuderte es ans Ufer, wo es sich in einer glitschigen Unkrautmatte verfing.

»Lasst es uns holen, lasst es uns retten!« Barby rannte zum Ufer, kletterte durch Brombeerhecken und Schilf und rutschte mit ihren fein säuberlich gebundenen Stiefelchen immer wieder auf dem morastigen Grund aus.

»Pass auf dein Kleid auf«, rief Lorenzo, als er zur Brücke zurückkletterte.

»Es ist ja nur ein Kleid. Das ist unwichtig«, sagte Frieda lachend. »Ist Mr Lawrence nicht geschickt, meine Mädels?«

Die Kinder antworteten nicht. Sie waren zu sehr damit beschäftigt, das durchweichte Boot anzuschubsen und mit der langen knotigen Rute, die Lorenzo von einer Eiche abgeschnitten hatte, auf das Unkraut einzuschlagen.

»Ich bin so gespannt auf das Häuschen, in dem wir unser Stelldichein haben werden«, flüsterte sie Lorenzo ins Ohr. »Könnten wir nicht schon mal einen Blick darauf werfen, solange sie mit der Bootsrettung beschäftigt sind?« Sie atmete seinen Geruch – Teerseife, Tinte, einen schwachen, würzigen Haarölgeruch –, und es schauderte sie vor Verlangen.

Lorenzo nickte und deutete mit einem Stock nach vorn. »Es ist hinter den Bäumen da, Moorgreen Cottage. Du gehst es dir ansehen, und ich bleibe mit Elsa und Barby hier.«

Sie betrat das Wäldchen und blinzelte ins verschlafene Zwielicht. Hinter den Bäumen konnte sie geradeso ein Haus erkennen, es war niedrig, hatte ein rotes Ziegeldach und vergitterte Fenster. Als sie näher kam, sah sie, dass es von einem Obstgarten umgeben war, und zwischen den Obstbäumen standen blühende Johannisbeersträucher. Schwalben verschwanden in den Dachvorsprüngen und schossen wieder heraus. An den Backsteinwänden waren dicke, grobe Holzscheite aufgeschichtet. Hühner pickten im hohen Gras, und eine rotbraune Katze sonnte sich auf einer Regentonne. Hinter dem Haus erstreckten sich schläfrige Felder, auf denen Ziegen den Rotklee abweideten und Lämmchen neben ihren blökenden Müttern herliefen.

»Wie schön, wie schlicht und göttlich«, sagte sie im Flüsterton. Plötzlich sehnte sie sich danach, an einem Ort wie diesem zu leben. Dagegen kam ihr eigenes großes und freistehendes Haus ihr anonym vor und fad, ein Haus nach Ernests Geschmack. Natürlich hatte *sie* die roten Samtvorhänge ausgesucht, und es waren *ihr* böhmisches Glas und *ihre* Perserteppiche, die ihm ein wenig Charakter gaben, aber der Garten war ganz nach Ernests Geschmack: das Gemüse in ordentlichen Reihen, die streng gestutzten Büsche sorgfältig nach den Sorten ausgesucht, die möglichst wenig Laub fallen ließen, der viereckige Rasen stets geschnitten. Sie stellte sich vor, wie es hier sein könnte, mit Lorenzo und den Kindern … sah ihn unter einem Birnbaum sitzen und schreiben, während die Kinder Hühner jagten. Und dann sich selbst, breit und aufgeplustert vor lauter Liebe und Glück.

Sie betrachtete die Fenster und fragte sich, hinter welchem sich wohl das Zimmer verbarg, in dem sie und Lorenzo sich endlich lieben würden. Es gab ein Fenster, das aus dem Gebäude herauszuragen schien, sein trunkener Rahmen kippte hinüber in einen ausladenden Birnbaum, der so dicht und so verschwenderisch voll von Blüten war, dass er vom Stamm aufwärts vollkommen weiß war. Wie ein Hochzeitsschleier aus Spitze. Dort stellte sie sich Lorenzo und sich selbst vor, die Fenster weit aufgeschwungen, sodass Birnbaumblüten ins Zimmer schwebten, große, bauschige Blütenwolken. Sie lachte und drehte vor Entzücken ihren Sonnenschirm.

Als sie wieder zum Bach kam, hockte Lorenzo neben ihren Töchtern im Dreck, zündete Streichhölzer an, eines nach dem anderen, und warf sie in das Papierboot. Sie wurde von einer Welle der Zärtlichkeit erfasst. Wie hatte sie seine Eignung als Vater jemals infrage stellen können?

Sie kniete nieder, pflückte ein paar kleine Veilchenbüschel und steckte sie sich keck hinters Ohr. Dann sammelte sie Löwenzahnköpfchen und steckte sie an die Speichen ihres Sonnenschirms. Schließlich pflückte sie einen durchscheinenden Hirschzungenfarn und schob ihn sich in den Haarknoten. Später, als Elsa das Gesicht verzog und sie fragte, warum sie Blumen und Blätter im Haar stecken habe, sagte sie: »Es ist einfach so über mich gekommen. Magst du sie nicht?«

»Du siehst albern aus«, sagte Elsa.

Frieda war das gleich. Als sie zu dem Bauernhaus liefen, federten ihre Füße über den Boden, als seien ihre Stiefel mit Luft aufgepumpt, sodass ihr die Veilchen um die Ohren sprangen und durchgeschüttelt wurden, und ihre Nase in ihrem Duft badete.

38

Frieda

Zwei Tage später kehrte sie mit Lorenzo zum Moorgreen Cottage zurück. Er schloss die Vordertür auf und führte sie die knarrende Holztreppe hinauf, die eng war und im Dunkeln lag. Seine Finger zitterten in ihrer Hand.

»Alle sind fort«, erklärte er. »Wir haben mindestens eine Stunde für uns.«

In dem kleinen Zimmer, dessen Fenster auf den Birnbaum hinausging, liebten sie sich zum ersten Mal. Sein Körper war so zart, langgliedrig und austernfarben, wie sie ihn sich vorgestellt hatte. Seine Haut brannte weißglühend unter ihren Fingern, aber sie waren beide so fiebrig und nervös, dass alles ohne Finesse vonstattenging und bald vorbei war. Er verkroch sich, Entschuldigungen murmelnd und beschämt. Sie zog ihn wieder an sich und schloss die Arme um ihn. Als sie so dalagen, hatte sie ganz unerwartet Mitleid mit ihm. »Es wird mehr Gelegenheiten geben, bessere«, murmelte sie, strich ihm übers Haar und küsste ihn in den Nacken.

Anschließend lehnte Lorenzo sich aus dem Fenster und schnitt mit seinem Taschenmesser große blühende Büschel aus dem Birnbaumgeäst. Er bedeckte ihren nackten Körper mit den Zweigen und schüttelte die Blüten auf ihr Haar, ihr Gesicht, ihre Brüste.

»Mein Gott, ich liebe dich«, sagte er. »Ich werde dich immer lieben.«

Sie sah ihm in die Augen, und ihr war, als leuchteten sie wie flüssiges Silber. Ihr schossen Tränen in die Augen. »Wir müssen heute glücklich sein«, verkündete sie, während sie Blüten und winzige Insekten von ihren Wangen und Brauen strich.

»Ja, aber wo soll das enden? Die Welt ist voll von gemeinen, brutalen Menschen.«

»Genug! Ich werde dich das Nackttanzen lehren.« Sie sprang auf, warf die Zweige von dem kleinen Holzbett und schüttelte den Kopf so wild, dass ihr weiße Birnbaumblüten wie ein Glorienschein aus Konfetti aus dem Haar flogen. »Und dann lieben wir uns noch einmal. Und noch einmal. Und noch einmal.«

Er sah sie misstrauisch an. »Was zum Kuckuck soll Nackttanzen sein?«

»Na, das geht so.« Sie begann sich durch den kleinen Raum mit den schiefen Wänden, dem unebenen Boden und der schrägen Decke zu drehen. Je schneller sie sich drehte, desto mehr Blüten fielen von ihr ab. Ihre Brüste hüpften, das offene Haar floss in dicken blonden Bändern von ihrem Kopf. »Tanz mit mir!«

Lorenzo begann zu hüpfen, sein steifer weißer Körper bewegte sich in seltsam eckigen Zuckungen, die hohlen Hände schützten linkisch das Geschlecht. Breitbeinig, die Arme in die Hüften gestemmt, stand sie da und lachte laut heraus.

»Vielleicht lehre ich dich doch lieber, wie man Liebe macht.« Sie ergriff seine Hand und zog ihn zurück auf die Federmatratze. »Aber diesmal will ich oben sein. Ich zeig es dir.«

Aus dem Augenwinkel sah sie den Birnbaum und seine Blütenwolken, die durch das kleine schiefe Fenster winkten. »Das heißt, ich habe eine noch bessere Idee. Ich beuge mich aus dem offenen Fenster, und du stehst hinter mir. Ich zeig es dir.«

»A-Aber … Wenn da draußen jemand ist und uns sieht?«

»Da wird schon keiner kommen. Vertrau mir. Ich möchte dich in mir spüren, während ich die lebendigen Birnbaumblüten atme.« Sie ließ ihre Hände über seine Brust wandern, spürte, wie er unter der Berührung erschauerte, und hatte das unbestimmte Gefühl, ihn gewissermaßen wieder zusammenzufügen. Als sei er ein in seine Einzelteile zerlegtes Laubsägepuzzle und sie müsse ihn ganz machen, ihn wieder zusammensetzen.

»O Bienenkönigin, du bist so vollkommen wunderbar. So vollkommen ganz und gar wunderbar!« Er barg seinen Kopf zwischen ihren Brüsten und rührte sich lange nicht, noch sprach er ein Wort.

Cowley,
Victoria Crescent
Nottingham
17. April 1912

Liebste Elisabeth,
ich muss Dir so viel von Mr Lawrence erzählen. Wir sind sehr verliebt. So sehr. Ich weiß nicht, wie ich mich daraus wieder lösen kann.

Er bedrängt mich ständig, Ernest die Wahrheit zu sagen. Er ist sehr moralisch und aufrichtig und wird keinen Betrug, keine Heimlichtuerei und keine Heuchelei dulden. Und er ist wild entschlossen, mich zu heiraten. In zwei Wochen fährt er nach Deutschland zu seinen Cousins, genau dann, wenn wir, Du und ich, zu Vaters Dienstjubiläum nach Metz fahren. Trifft sich das nicht gut? Mr Lawrence hat vorgeschlagen, wir sollten zusammen reisen und ein paar Tage Urlaub machen. Vielleicht lernst Du ihn kennen? Ich weiß nicht, wie das zwi-

schen uns weitergehen wird, aber ich glaube, das Beste wäre, wir hätten eine glückliche Affäre, und dann – wer weiß? Vielleicht erlischt unsere Leidenschaft ganz von allein wieder? Das wäre wohl die praktischste Lösung. Aber ich hege so die kleine Fantasie, dass er und ich und die Kinder zusammenleben. Ist das sehr falsch? Sehr unvernünftig? Er hat mich dem Leben zurückgegeben, wie Otto es getan hat. Das muss ich genießen, so lange ich kann. Schließlich könnte ich morgen schon von einer Straßenbahn überfahren werden!

Aber sag, glaubst Du, ich könnte ein neues Leben mit ihm anfangen? Er hat mir mit meinen Kindern einen neuen Himmel auf Erden versprochen – ja, versprochen! Klingt das nicht wundervoll?

Nusch erzählt, dass Alfred Weber mit Dir und Edgar zusammenlebt, als ein zweiter Ehemann. Stimmt das? Ich wollte, Ernest wäre so entgegenkommend wie Edgar. Außerdem hat Nusch mir erzählt, dass Du auch mit Alfreds Bruder Max schläfst. Wissen die beiden das? Was für ein erfülltes Leben Du hast!

Deine Dich liebende Schwester
Frieda

Unter der Schanz 1
Heidelberg
25. April 1912

Meine liebe Frieda,
hör auf mit diesem Unsinn. Bitte werde erwachsen!

Wenn Mr Lawrence sich nicht verstecken und lügen will, dann musst Du entweder die Sache mit ihm beenden oder es

Ernest erzählen und darauf hoffen, dass er Dich mit Deiner Affäre gewähren lässt. Ich glaube keine Sekunde daran, dass Ernest sich auf die Forderung einlassen wird. Du erwähnst nicht, dass Mr Lawrence Dich gern teilen würde, nur dass er Dich heiraten möchte. Du kannst nicht mit zwei Männern auf einmal verheiratet sein.

England ist rückständig und erstaunlich intolerant, wie mir scheint. Hier in München lebt Franziska (Gräfin zu Reventlow) mit ihrem Sohn und hat ein äußerst buntes Liebesleben. Aber allein der Gedanke, Ernest für den Sohn eines Grubenarbeiters zu verlassen, ist irrwitzig, undenkbar. Bring ihn bitte nicht mit nach Metz. Vater würde ihn umbringen. Lass ihn seine Stelle als Lehrbeauftragter in Deutschland antreten, und such Dir selbst in Nottingham etwas, bei dem Deine Energie und Deine Talente zum Tragen kommen. Warum musst Du Dich nur immer anstellen wie ein Kind?

Ja, Albert, Edgar und ich leben etwas, das die Franzosen eine Ménage-à-trois nennen, auch wenn meine Ehe mit Edgar vorbei ist und wir das beide wissen. Was meine Beziehungen zu den berühmten Weber-Brüdern angeht, möchte ich Dich um Diskretion bitten. Ich helfe ihnen, ihre Gesellschafts- und Geschichtsphilosophien zu entwickeln, und assistiere Max bei seinen revolutionären Büchern.

Otto ist in die Anstalt Mendrisio gesperrt worden. Was für eine Verschwendung von Talent. Ich weiß nicht, was jetzt aus ihm werden soll.

Mit schwesterlicher Zuneigung
Elisabeth

39

Frieda

Frieda klopfte leise an die Tür des Arbeitszimmers. Den ganzen Morgen hatte sie fieberhaft Kleider zusammen- und wieder auseinandergefaltet, Taschen gepackt und wieder ausgepackt. Das Abendcape aus Samt? Das Seidenkleid mit der lila Bordüre? Den Fransenschal mit dem Paisley-Muster? Es war hoffnungslos. Sie konnte nicht klar denken. Sie würde mit Ernest reden, sich von dieser Last befreien. Danach war sie dann vielleicht imstande, ihre Sachen zu packen.

»Kann ich hereinkommen, Ernest? Ich muss mit dir reden.« Die Worte, die so lange in ihrer Kehle gefangen gewesen waren, krochen heraus, schlüpften widerwillig durchs Schlüsselloch, setzten sich ins Ohr ihres Mannes.

Sie hörte das Scharren seines Stuhls und seine Stimme: »Ja nun, wenn du musst.«

Er saß, umgeben von Büchern, über seinen Schreibtisch gebeugt. In der Luft hing ein papierener und leicht schimmeliger Geruch. Als sie eintrat, blickte er kurz auf, dann wandte er sich wieder seiner Arbeit zu. »Fast fertig zur Veröffentlichung. Du solltest stolz sein auf deinen alten Mann.« Er sprach zu seinem Schreibtisch, nahm seine Feder zur Hand und nickte.

Frieda stand vor ihm, die Hände fest zusammengepresst. Sie hatte einen galligen Geschmack im Mund, bitter und sauer, als hätte sie in eine Zitrone gebissen.

»Ich möchte bezweifeln, dass wir mit meinem Buch das große Geld machen. Dafür ist es ein bisschen zu schwer verständlich.« Er legte eine Pause ein und inspizierte die Spitze seiner Feder. »Aber es wird helfen, mir eine Professorenstelle in Cambridge zu sichern. Könntest du mir noch ein paar Federspitzen kaufen, wenn du aus Metz zurück bist?«

Frieda presste die Hände noch etwas fester zusammen. Sie spürte, wie die Nägel in die Haut schnitten, wie ihr Körper heftig zitterte. Warum bemerkte er das nicht? Warum sagte er nichts? Langsam wich sie zurück Richtung Tür, die Lippen ängstlich über die Zähne gespannt.

»Und auch ein wenig Tinte, bitte.« Ernest sah hoch und aus dem Fenster. Die Kinder spielten mit einem Drachen, den sie aus einem alten Laken und einem Wollknäuel gebastelt hatten. Frieda folgte seinem Blick, hinaus aus dem Arbeitszimmer mit seiner bedrückenden Büchersammlung, den Wänden voller gerahmter Stipendien, Empfehlungen und Auszeichnungen – hinaus in den Garten, wo Monty den Drachen in die Luft warf und zusah, wie er herabsegelte und mit einem dumpfen Geräusch aufprallte. Barby und Elsa sahen es und rannten hin, kauerten sich zu ihm, untersuchten ihn und stritten sich, wie sie ihn am besten wieder zum Fliegen bringen könnten. Ihre Stimmen drangen durch das offene Fenster herein; Monty sagte, der Drachen sei zu schwer, und Elsa sagte, der Wind wehe in die falsche Richtung.

»Sie sehen aus wie Zigeuner, meine Liebe. Gibt es irgendeinen Grund, warum sich keiner von ihnen heute Morgen gekämmt hat?« Mit einem leicht missbilligenden Blick drehte Ernest sich zu ihr um.

»Das ist der Wind.« Frieda sah ihm kurz in die Augen, dann senkte sie den Blick, ihr Herz klopfte wild. Er musste doch sehen, wie sie zitterte? Wie blutleer ihr Gesicht war?

Er untersuchte bereits wieder seine Federspitze, als halte er Ausschau nach einem Riss. »Baumwolle ist zu schwer für einen Drachen. Das sollte Monty aber wissen. Ich muss wirklich mit meiner Arbeit weitermachen. Ich bin so kurz vor dem Ende. Wenn es vorbei ist, sollten wir ein kleines Fest geben. Was meinst du, meine Schneeblume?«

Frieda spürte, wie sie sich, die Handflächen aufeinanderge-presst, der Tür näherte. Sie durfte dieses Arbeitszimmer nicht verlassen – nicht, ohne es ihm erzählt zu haben, nicht, ohne über-haupt etwas gesagt zu haben. Das hatte sie Lorenzo versprochen. Das hatte sie sich selbst geschworen. Bevor sie nach Metz fuhr, musste sie sprechen. Wo waren nur all die Worte hin? Die Worte, die sie des Nachts immer und immer wieder geprobt hatte. *Lieber Ernest, ich bin nicht die Frau, für die du mich hältst. Wir leben eine Lüge – und ich kann nicht länger lügen. Ich liebe jetzt einen ande-ren. Ich werde die Kinder mitnehmen, aber ich verspreche dir, du kannst sie sehen, wann immer du willst.*

Zitternd stand sie da, während ein Gefühl des Ekels in ihr an-schwoll. Sie hörte Lorenzos Stimme, die sich einen Weg in ihren Kopf bahnte, sie drängte, etwas zu sagen, bevor es zu spät war.

»Ernest?« Sie hielt inne und holte tief Luft.

»Ach ja, du wolltest mich ja sprechen. Geht es wieder um Mrs Babbit?« Er hielt den Füller ins Licht, seine Augen verengten sich zu Schlitzen, und er untersuchte ihn ein weiteres Mal. »Ich weiß, sie ist eine Tyrannin, aber *kochen* kann sie, und das bedeu-tet, du hast mehr Zeit zu tun, was immer du willst.«

Frieda spürte den Schweiß unter den Achseln und im Nacken. Das war ihr Moment, ihr Stichwort. Aber ihre Zunge war eingefroren, und ihr Mund verweigerte jede Bewegung. Die Stimmen der Kinder wehten in Fetzen herüber, als sei sie in einem Traum gefangen. Sie hörte Barby sagen, sie sollten Gott um Hilfe anflehen, und Monty erklären, das sei viel zu viel Wolle, und der Drachen werde niemals fliegen. Und ihre Stimmen waren so unerbittlich fröhlich, so entschieden – sie konnte nicht sprechen.

Die Uhr auf dem Kaminsims schlug zur vollen Stunde, und Ernest sah ostentativ hin. »Ich muss wirklich weitermachen«, sagte er erneut.

»Ernest, ich hatte in Deutschland einen Liebhaber.« Es war so schnell aus ihr herausgeschossen, dass sie nicht sicher war, ob sie es wirklich gesagt hatte. Sie wartete auf Ernests Antwort, aber er sagte nichts, er starrte nur auf die Uhr. Stattdessen kam Montys Stimme wieder zum Fenster herein, er teilte Elsa und Barby mit, der Drachen müsse von einem der oberen Fenster aus losgelassen werden. Und sie hörte sie alle drei schreiend und lachend aufs Haus zukommen.

»Ich hatte einen deutschen Liebhaber«, wiederholte sie, diesmal etwas lauter, etwas nachdrücklicher. Sie musste fertig sein, ehe die Kinder ins Haus kamen. Warum sah Ernest sie nicht an? Warum sagte er nichts?

»Ich bin nicht die, für die du mich hältst, Ernest.« Ihre Stimme wurde immer leiser und erstarb. Ernest wandte sich wieder seiner Federspitze zu und nickte abwesend. Sie sah, dass er an der Federspitze vorbei auf seine Papiere schaute, und sein Gesichtsausdruck war so ruhig, dass sie annahm, er habe sie nicht gehört.

»Ich habe Liebhaber gehabt«, platzte es aus ihr heraus. Ernests Gesicht schien kurz zu erstarren, aber er sagte nichts. Sie hörte, wie die Kinder die Treppe heraufstürmten, und dann Mrs Babbit, die schrie, sie sollten nicht solchen Lärm machen.

»Sie ist ganz bestimmt eine Tyrannin.« Seine Stimme klang

steif und spröde, aber dann räusperte er sich und sah wieder demonstrativ zur Uhr hinüber. »Mach dir keine Sorgen, meine Teuerste. Ich weiß, dass es in Nottingham nicht leicht war für dich. Ich weiß, dass du eigentlich nach Cambridge gehörst, und wenn ich einfach nur mein Buch zu Ende bringen kann, werden wir auch bald dort sein. Das verspreche ich. Und jetzt muss ich wirklich weitermachen.« Er beugte sich über ein Blatt Papier, tauchte die Feder ein und strich die Spitze sorgfältig am Löschpapier ab.

Tränen schossen Frieda in die Augen. Sie hatte versagt. Sie hatte versucht, ihm von Lorenzo zu erzählen, aber sie hatte versagt. Sie wandte sich ab und wankte zur Tür, wollte raus, Luft in ihre Lunge pumpen, fortgehen.

Aber vor der Tür stand, erschöpft und rotgesichtig, Mrs Babbit. Und ehe Frieda sich an ihr vorbeidrücken konnte, begann Mrs Babbit sich über die Kinder zu beschweren, sie seien in die Küche gekommen, um sie um Essen anzubetteln, und von dem Lärm bekomme sie Kopfschmerzen.

Frieda blinzelte heftig. Sie biss sich auf die Lippe, um die Tränen zurückzuhalten, um nicht vor Mrs Babbit zu weinen. Doch dann schnaubte und murrte Mrs Babbit und ging zurück in die Küche. Und Frieda rannte die Treppe hinauf in ihr Schlafzimmer, schloss die Tür ab und warf sich aufs Bett. Sie konnte es nicht. Sie konnte ihn nicht verlassen. Wie hatte sie je glauben können, dass sie das könnte? Sie versuchte, sich einen Reim auf Ernests seltsame Reaktion zu machen. Liebte er sie etwas nicht? Oder liebte er sie so sehr, dass es ihm einerlei war? Oder war er so sehr in seine Arbeit vertieft gewesen, dass er sie nicht gehört hatte?

Sie setzte sich auf und lehnte sich ans Kopfteil ihres Bettes. Nichts ergab einen Sinn. Sie rieb sich die Stirn, wie um die Fragen, die ihr durch den Kopf gingen, wegzuradieren. Draußen gurrte leise eine Ringeltaube, und dann stimmte eine Amsel ein, mit klarem, melodiösem Gesang. Als die wolkigen Töne der Amsel erklangen, elliptisch und verwirrend, schien das Gurren der Ringeltaube immer schwächer zu werden. Und sie wusste, die Ringeltaube war langweilig und monoton und würde nie so singen wie die Amsel.

Sie langte hinüber zum Nachttisch. Ihre Finger griffen blind in den hinteren Teil der Schublade. Als Erstes fühlte sie das lose Band. Dann das Papier, dünn und weich wie Seide. Sie zog Ottos Briefe heraus, band das rote Band mit einer kleinen Schleife wieder zu und legte das Briefbündel zuunterst in ihre Reisetasche.

Dann stand sie auf und lauschte nach draußen. Der Gesang der Amsel schwang sich auf und schnitt hell und glitzernd durch die Luft. Mut, rief er ihr zu. Nur Mut!

40

Monty

E r spielte gerade mit seinem neuen Kreisel, als sie in der Hintertür erschien. Wieder und wieder drehte er ihn, betrachtete das bunt bemalte Metall, wie es Lichtsplitter über die Steinterrasse warf, wirbelte und sich drehte, bis ihm die Augen wehtaten.

»Monty?«

Er sah auf und blinzelte in die Sonne. Sie trug ihren besten Hut und rang die Hände, die in Handschuhen steckten.

»Ich fahre jetzt nach Deutschland. Und deine Schwestern fahren nach Hampstead und bleiben bei Großmutter Weekley und Großvater Charles, bis ich wieder da bin.«

Er nickte und wandte sich wieder dem Kreisel zu, der sich schlingernd auf ein Blumenbeet zubewegte. Er wollte keinen Dreck auf seinem strahlend neuen Kreisel haben, also sprang er hin und konnte ihn gerade noch abfangen.

»Magst du nicht herkommen und mich noch einmal umarmen?«

Monty schaute hinauf zur Sonne, die bereits wie eine Riesenfackel am Himmel loderte. Heute würde es Papa zu heiß sein. Wenn Papa den ganzen Tag in seinem Arbeitszimmer blieb, dann würde er den ganzen Morgen mit seinem Kreisel spielen können, vielleicht auch den ganzen Nachmittag.

»Bringst du mir ein Geschenk mit?« Er drückte den Kreisel mehrmals herunter, und als er ihn losließ, drehte er sich so schnell, dass nichts als ein wilder Wirbel aus Gelb und Grün und Orange zu sehen war. Seine Mutter kam mit ausgestreckten Armen auf ihn zu. Aber während sie die Terrasse überquerte, begann der Kreisel sich im Zickzack auf den Rasen zuzubewegen. Er jagte ihm nach, kam aber zu spät – der Kreisel schlingerte über den Rasen und schleuderte kleine Erdklumpen in die Luft. Monty wollte ihn greifen, doch er drehte sich zu schnell, und als Monty sich umsah, entdeckte er eine schmale Furche, die quer über den Rasen lief, und wusste, dass sein Vater ihm zürnen würde.

Seine Mutter verfolgte ihn immer noch, also hielt er ihr schnell die Wange hin und machte sich daran, den Rasen zu reparieren, indem er die Erdklumpen sorgsam zurück in die Rille drückte und sich fragte, was sie ihm wohl aus Deutschland mitbringen würde. Vielleicht ein paar Zinnsoldaten. Oder eine Trommel. Ja, eine neue Trommel würde er gern haben.

Über seinem Kopf stieg die Sonne in den Himmel, und Ruß- und Staubflocken tanzten im Licht. Und in weiter Ferne, am Rand des Himmels, tauchten weiße Wolken auf, weiß wie Kaninchenschwänze. Monty hatte die Löcher im Rasen gestopft und kam zu dem Schluss, dass es draußen zu heiß war. Er würde ins Haus gehen und von den Dingen, die er sich wünschte, Bilder malen. Die konnte er ihr vielleicht schicken, dann wusste sie genau, was sie zu kaufen hatte.

41

Frieda

Als der Zug aus dem Bahnhof rollte, starrte Frieda in den schwarzen Rauch, der draußen am Fenster vorbeitrieb. Die Luft im Waggon war abgestanden, und es roch nach Schweiß und Gesichtspuder, aber sie fühlte sich wie gelähmt, unfähig, aufzustehen und das Fenster zu öffnen, unfähig, zuzuschauen, wie Barby und Elsa die Lakritzschnüre, die sie ihnen am Bahnsteig gekauft hatte, untereinander aufteilten. Etwas in ihr schien auseinanderzugehen, als würde ein mit straffen Stichen genähter Saum aufgetrennt – Stichen, die sie zwölf lange Jahre zusammengehalten hatten.

Draußen gingen die schmalen Nottingham-Häuser mit den Plumpsklos im Garten, den verwilderten Zäunen und den vielen Reihen durchhängender Wäscheleinen in die schwarze Wolke über, die ewig über der Stadt hing. Und als der Zug schneller wurde und das Stampfen der Räder und Kolben in einen gleichmäßigen Rhythmus fiel, wurden die Häuserreihen zu grünen Böschungen aus verknäuelten Nesseln und Brombeeren und Buddleia, und dahinter lagen Felder mit grasenden Kühen, Eichenwälder, silbrige Flüsse. Sie lächelte beim Gedanken an die Streifzüge, die sie mit Monty in die Glockenblumenwälder unternommen hatte, an den schweren Geruch der Blüten, die sie niedergetrampelt hatten, während sie Robin Hood und Maid Marian spielten. Monty hatte immer verlangt, dass sie sich an einen Baumstumpf stellte und so tat, als sei sie daran gefesselt, sodass er sie befreien konnte.

»Ich will nicht bei Großmutter bleiben.« Barbys Stimme schnitt in Friedas Gedanken. »Großvater Charles erzählt immer die gleiche Geschichte über das Höllenfeuer, und er hat schwarze Zähne.«

»Wie lange bleibst du weg, Mama?« Elsa hatte sich eine Lakritzschnur fein säuberlich um den Finger gewickelt und saugte nun daran.

»Zwei Wochen.« Frieda betrachtete die großen blauen Augen ihrer Töchter und ihre Himbeerwangen und spürte, wie eine Welle der Liebe sie erfasste. Sie wirkten so zart in ihren rosa und weiß gestreiften Kleidchen und den passenden Hüten.

Rasch sah sie wieder aus dem Fenster. Gepflügte Felder rasten vorbei. Vögel kreisten und stürzten als quirliger Schwarm vom Himmel. Die Geschwindigkeit, mit der das alles geschah, war wie ein Spiegel der Gedanken, die ihr durch den Kopf schossen. Sie würde zu der Feier ihres Vaters gehen, eine Woche mit Lorenzo verbringen und dann zu Ernest zurückkehren und noch einmal mit ihm über die Zukunft reden. Und dann würde sie nicht mit Tränen in den Augen aus dem Zimmer stürzen. Und wenn – wenn! – Lorenzo aus Deutschland zurückkam, würde er ihren Kindern gegenüber wie ein Vater sein. Genau, wie er es versprochen hatte. Der Zug riss ihre Worte mit und warf sie ihr als Echo zurück. Versprochen, versprochen, versprochen …

Sie schüttelte kurz den Kopf, als wollte sie die Stimmen darin loswerden. Sie hatte genug davon, über die anderen nachzudenken, sich Gedanken zu machen, was wohl in Ernests Kopf vorging, zu grübeln, ob sie nun lieber dies oder lieber jenes tun sollte oder was *er* oder *sie* oder *die anderen* denken würden. Sie liebte ihre Kinder, und die Kinder liebten sie. Es würde sich alles finden.

»Wenn ich zurückkomme, gehen wir in den Londoner Zoo und sehen uns die Papageien und die Affen an. Möchtet ihr ein paar Zitronenbonbons?« Frieda öffnete ihre Reisetasche, kramte darin herum und stieß auf das Bündel mit Ottos Briefen. Ihr Herz machte einen kleinen Sprung. Sie wollte sie herausholen, wollte sie riechen, anfassen, lesen – noch einmal ganz von vorn. Diese Briefe erinnerten sie daran, wer sie war, was sie sein konnte. Sie schloss die Hand darum, und es war, als pochten sie unter ihrer Handfläche. Für einen Moment machte sie die Augen zu und ließ das Stampfen des Zuges über sich hinwegspülen. Sie würde Ottos Briefe lesen, Kraft aus ihnen ziehen. Er hatte gewusst, dass sie für Größeres geschaffen war, für ein Leben mit einem Ziel und einer Leidenschaft. Und das Hämmern des Zuges auf den Geleisen flüsterte ihr ins Ohr, was er gesagt hatte, »… Zukunftsweib … Zukunftsweib – Zukunftsweib«.

Sie nahm die Briefe und stopfte sie schnell in eine Falte ihres Rockes. Dann holte sie eine Tüte Zitronenbonbons heraus und sagte Elsa, sie solle gerecht mit Barby teilen. Während die Mädchen ihre Süßigkeiten zählten, faltete Frieda den zuoberst liegenden Brief auseinander, legte ihn in ihr Buch und schob sich die anderen unters Gesäß.

Das Buch vor dem Gesicht lächelte sie über Ottos wilde Liebeserklärungen, hingeworfen in seiner krakeligen Handschrift. Ihr war, als dufte das Papier ein ganz klein wenig nach dem Café *Stefanie*. Und sofort befand sie sich wieder in München. Sog wieder diese Mischung aus Begeisterung und Hoffnung in sich ein.

Die Worte der Gräfin zu Reventlow kamen ihr in den Sinn, verdrängten die von Otto. Liebe ist keine Habe, kein Eigentum, kein Besitz. Liebe sollte frei sein. Der Körper sollte frei sein. Frauen sollten frei sein. *Sie* musste frei sein.

42

Barby

Barby entdeckte sie als Erste, ihre Köpfe mit den schwarzen Hüten, die in der aus dem Zug strömenden Menschenmenge auf und nieder gingen. Großmutter war klein und korpulent, und das Fleisch flatterte ihr in Falten vom Kinn. Tante Maude war groß und knochig und hatte dünne, herabhängende Ohrläppchen.

»Dein Zug hat gehörig Verspätung, Frieda«, bellte Großmutter, während sie sich mit einem Taschentuch übers Gesicht wischte. »Diese Hitze ist schrecklich! Es ist viel zu heiß für Mai. Wo ist dein Kofferträger? Wir haben einen Wagen draußen stehen, für die Koffer der Mädchen. Nimm sie bei der Hand, Maude!«

Tante Maudes nestelnde Hände lösten sich von ihrem Kleid und griffen nach Barby und Elsa. »Hallo Mädchen«, hauchte sie. »Wie war die Reise?«

Barby spürte, wie Maudes sehnige Finger sich um die ihren schlossen. »Wir hatten Lakritzschnüre und Zitronenbonbons und Pfefferminzdrops und –«

»Du verziehst diese Kinder, Frieda.« Großmutter machte eine Reihe verärgerter Klickgeräusche mit ihrer Zunge. »Ich habe das bereits gesagt, und ich sage es noch einmal – das ist nicht gut für sie. Vor dem Abendbrot sollten Kinder keine Süßigkeiten essen. Du kannst froh sein, dass Ernest so gut verdient. Und jetzt, Frieda, können wir dich für einen Tee nach Well Walk locken?«

Sie sagte, sie habe keine Zeit, sie müsse ein Taxi zum Bahnhof Charing Cross nehmen und wolle wirklich den Zug nicht verpassen. Und während sie das sagte, flatterten ihre Hände zu ihrem Schlüsselbein, und ihr Blick schoss im Zickzack hierhin und dorthin. Barby dachte, sie halte Ausschau nach dem Kofferträger, aber der Kofferträger stand gleich hinter ihnen und wartete auf ihre Anweisungen.

Barby drückte noch einmal Tante Maudes Hand, und als Maude den Kopf zu ihr herunterbeugte, flüsterte sie: »Wenn Mama zurückkommt, geht sie mit uns in den Zoo.« Und dabei spürte sie Tante Maudes leicht zitterndes, langes Ohrläppchen an ihrem Mund.

»Ich will auch nicht zu spät kommen. Charles wartet auf uns.« Großmutters Stirn glänzte, und in den Nasenwinkeln hatten sich kleine Schweißperlen gebildet. »Im Haus ist es noch heißer. Charles besteht darauf, dass immer ein Feuer brennt. Und mir ist es, wie du weißt, lieb, wenn die Vorhänge zugezogen bleiben. Also, wann können wir dich zurückerwarten? Nicht, dass wir Eile hätten, überhaupt nicht. Maude braucht eine Aufgabe, etwas, das sie beschäftigt, damit sie nicht den lieben langen Tag Trübsal bläst.«

»In ein paar Wochen.« Frieda lächelte und küsste Großmutter auf die glänzende Wange. Dann küsste sie Tante Maude und wandte sich an Elsa. »Du wirst schön brav sein, nicht wahr, Elsa? Und du wirst auf Barby aufpassen und dafür sorgen, dass sie sich benimmt und den Großeltern nicht zur Last fällt. Ich habe euch sehr lieb, alle beide.« Sie umarmte und küsste sie, während Großmutter die Nase rümpfte und ihre kleinen Augen verdrehte.

»Du meine Güte! Ist es wirklich nötig, so ein Gedöns zu machen? Du zeigst diesen Kindern deine Zuneigung viel zu deutlich – sie werden zu weich sein, wenn sie mal groß sind. Und jetzt fort mit dir.«

»Wir haben viel zu tun. Du kannst mir beim Frühjahrsputz helfen«, murmelte Tante Maude. »Und heute Abend gehen wir in die Kirche.«

Barby drehte den Kopf in der Hoffnung, ihrer Mutter noch zuwinken zu können, doch sie war schon fort, verloren in der Masse aus Köpfen und Hüten, die in der Hitze wogten. Aber dann sah Barby, wie sie auf Zehenspitzen stand, wild winkte und rief: »Ich habe euch lieb! Ich habe euch lieb!«

SECHSTER TEIL

London, Metz und Nottingham 1912

»Er wollte sie haben, er wollte mit ihr verheiratet
sein, er wollte sie ganz und gar, als sein Eigen,
für immer.«

D. H. Lawrence, *Der Regenbogen*

43

Frieda

Das Taxi fuhr gemächlich die Oxford Street hinunter und bog in die Charing Cross Road ein. Frieda saß mit der Reisetasche auf den Knien und dem Koffer zu den Füßen. Es hob ihr immer wieder den Magen, die angespannte Erwartung machte sie zum Nervenbündel. Was, wenn er es sich anders überlegt hatte? Was, wenn er zu dem Schluss gekommen war, dass zu viele Zwänge und zu viel Verantwortung damit verbunden waren, sich eine alte Mutter von drei Kindern als Geliebte zu halten? Und wenn er kam, würde er sie nach Ernest fragen. Wie sollte sie das erklären?

Unschlüssig öffnete sie ihre Tasche. Ottos Briefe lagen zuoberst, wo sie sie am Ende der Zugreise hingetan hatte. Sie beschloss, einen in ihrer Bluse zu verwahren wie ein geheimes Schmuckstück. Genau wie vor fünf Jahren, als sie aus München zurückgekehrt war. Ihre Haut fühlte sich feucht an, und sie hoffte, dass die Tinte durch den Schweiß nicht ausblutete. Wenn sie doch nicht all diese lächerlichen Kleidungsstücke tragen müsste! Wäre ihre Mutter nicht so vehement dagegen, würde sie gar kein Korsett mehr tragen. Sollte der Gärtner es doch mit verbrennen. Sie spürte, wie es scheuerte, ihr die Rippen zusammendrückte, an ihren Hüftknochen schabte.

Sie stieg aus dem Taxi und stand in einem Verkehrschaos: Omnibusse, Pferde, Kraftfahrzeuge, Fahrräder, ein Eiswagen, ein Brennereiwagen. Obwohl über dem Verkehr ein Hitzeschleier schwebte, erspähte sie Lorenzo, der mit dem Blick die Menge absuchte – er hielt sich sehr gerade, das Haar glatt gescheitelt und gekämmt. Ihr Herz schlingerte und stampfte. Warum hatte sie an ihm gezweifelt?

»Lorenzo!« Sie hätte sich kämmen und die Nase pudern sollen, Schweiß und Schmutz von ihrer samtenen Haut wischen, aber dafür war es zu spät. Er würde sie so nehmen müssen, wie sie war.

»Hier bin ich, Lorenzo!« Sie wollte ihm die Arme um den Hals werfen, gleich hier vor den fliegenumschwärmten, defäkierenden Pferden, den steiflippigen Herren mit den Bowlerhüten, die vor dem Wechselbüro Schlange standen, den uniformierten Kindermädchen mit dem Stärkepuder im Gesicht und den glänzenden Kinderwagen, den rippendürren Katzen, die sie aus dem Schatten beobachteten.

»Dem Herrn sei Dank, du bist gekommen!« Lorenzo presste sie an sich. »Ich war irrsinnig durcheinander, ein dummer, zerstreuter Narr.« Er ließ einen langen, rasselnden Husten vernehmen und wich von ihr zurück. »Wie war es mit Weekley? Was hat er gesagt?«

Frieda tupfte sich die Stirn. Plötzlich wünschte sie sich nichts sehnlicher, als auf dem Schiff zu sein: kühle Salzluft auf der Haut, überm Kopf die kreisenden sturzfliegenden Möwen, die weißen, schrumpfenden und in der Ferne versinkenden Klippen von Dover. »Hast du kein Gepäck?«

»Ich habe ein Notizbuch und Wechselwäsche dabei.« Er hatte einen schmalen Koffer, gerade groß genug für ein wenig Unterwäsche. »Wird Weekley sich von dir scheiden lassen? Ich möchte dich so bald wie möglich heiraten. Du weißt, wie wichtig eine Heirat für mich ist, nicht wahr?«

Frieda schluckte. Ihr war sehr heiß, als verbrenne sie inwendig. Ihre Kehle fühlte sich trocken und kratzig an.

»Wir müssen heiraten, meine Bienenkönigin. Er muss sich von dir scheiden lassen. Es ist mir vollkommen gleichgültig, was das kostet.«

»Und die Kinder?« Ihr Mund schien voller Reißzwecken und Nadeln, sodass ihre Frage wie ein einziger brüchiger Ton herauskam.

»Hat er dir die Scheidung angeboten?« Er deutete zum Bahnsteig. »Du kannst es mir im Zug erzählen. Und wenn wir nach Deutschland kommen, können wir ganz offen und ehrlich zusammen sein.«

Frieda nickte. Sie brauchte Zeit, Zeit, um sich ihre Antworten genau zu überlegen, um die richtigen Worte zu wählen, ihn auf die Enttäuschung vorzubereiten. Gerade sah sie noch die Gesichter ihrer Kinder vor sich: Monty im Garten mit seinem Kreisel, Elsa und Barby in ihren gestreiften Kleidchen, wie sie entschlossen Zitronenbonbons verschlangen. Ein dumpfer Schmerz stieg aus der Grube ihres Magens auf. Wie sollten sie von Lorenzos armseligem Einkommen ihr Leben bestreiten? Nein, es war lächerlich, unmöglich.

»Wir müssen einen Träger rufen«, sagte sie und deutete auf ihren Koffer und ihre Reisetasche.

»Unsinn.« Lorenzo nahm das Gepäck und ging mit großen Schritten Richtung Bahnsteig. Seine Stimme, hoch und schrill, schwebte zurück zu ihr. »Ich hasse England, und ich verabscheue London. Es ist wie eine uralte, gewaltige Unterwelt, ein Inferno, in dem die Verkehrsströme fließen wie Höllenflüsse. Komm schon, Bienenkönigin!«

Sie folgte ihm, spürte die Hitze in der Luft und die Hitze in den Bodenplatten unter ihren Füßen und die Hitze, die ihre Adern durchpulste und durch ihre Haut drang. »In Deutschland ist es hoffentlich kühler«, sagte sie und beschleunigte ihren Schritt, während Lorenzos lange schwarze Beine von der Menschenmenge geschluckt wurden. Vielleicht würde sie klarer denken können, sobald die Hitze ihr nicht mehr so zu schaffen machte.

Und dann war er wieder neben ihr, seine blauen Augen blinzelten, und sein bleiches Gesicht hatte eine zartrosa Farbe angenommen. »In Deutschland können wir richtig zusammen sein – eine vollkommene Einheit, spirituell und mystisch. Wir werden sein wie zwei Sterne, die einander im Gleichgewicht halten. Verstehst du?«

Frieda nickte, aber innerlich spürte sie den Wechsel zu etwas Dunklem und Zweifelhaftem. Und mit einem Mal wusste sie, warum sie Ernest nicht alles hatte sagen können, warum sie ihm nichts von Lorenzo erzählt hatte. Sie wollte nicht mehr verheiratet sein. Sie wollte nicht ein Eheleben gegen das nächste eintauschen. Sie brauchte Zeit. Sie öffnete die Lippen, suchte nach den richtigen Worten. Aber sie hatte zu lange gezögert. Da spürte sie auch schon Lorenzos Mund am Ohr, und er sprach so voller Drangsal, dass sie sich außerstande fühlte, ihn zu unterbrechen.

»Ich hatte solche Angst, war so beunruhigt. Ich hatte Sorge, Weekley könnte dich umbringen. Aus diesem Mann kann plötzlich das Tier hervorbrechen. Ich sehe es in seinen Augen. Wie ein Aal, der aus dem Schlamm hervorschießt und sich festbeißt. Aber er hat dich gehen lassen – jetzt bist du frei!«

Sie zuckte zusammen und nahm die Unterlippe zwischen die Zähne. Ernest hatte so gar nichts von einem Tier oder einem beißenden Aal erkennen lassen. Ihr ging auf, dass er sie möglicherweise nie geliebt hatte, dass er sie und die Kinder kampflos ziehen lassen und über ihr Fortgehen erleichtert sein könnte. Denn dann würde er sich ganz auf sein Buch und seine Erstausgaben-Sammlung konzentrieren können. Sie spürte einen stechenden Schmerz. Waren die letzten dreizehn Jahre nichts als bloßer Schein gewesen, nur der Bequemlichkeit geschuldet?

»In Deutschland werde ich dich bis zur Besinnungslosigkeit lieben, einzig aus reiner, wilder Leidenschaft!« Damit stürzte Lorenzo sich wieder ins Gedränge.

Sie spürte einen Schauder über ihre Kopfhaut und ihren Rücken laufen, jeder Zentimeter ihres Körpers schien zu kribbeln. Sein schlaksiger Körper kämpfte sich durch die Menge, aber seine Worte sprangen und hüpften vor ihrem Gesicht herum … »einzig aus reiner wilder Leidenschaft« … Ja, so wollte sie leben, nicht um des Ansehens oder der Bequemlichkeit willen, sondern aus »reiner wilder Leidenschaft«.

44

Barby

Barby zog die Nase kraus und wappnete sich gegen den vertrauten Geruch. Sie hatte ihn schon bemerkt, als Granny die Haustür aufstieß, bei der Hitze war er beißender denn je. Sie warf Elsa hinter Maudes Rücken einen Blick zu und hielt sich theatralisch die Nase zu in der Hoffnung, Elsa werde loslachen, in der Hoffnung auf einen kleinen Moment der Vertrautheit, etwas, das die kleine Leere füllen könnte, die sie in sich fühlte. Aber Elsa starrte sie nur an und schüttelte den Kopf, als sei sie plötzlich erwachsen geworden und jetzt eine andere.

»Herein mit euch, Mädchen.« Tante Maude trat zur Seite, und Barby fiel auf, dass ihre Schultern sich gehoben und nach vorn gekrümmt hatten, als trage sie eine riesige unsichtbare Kiste. Und als Elsa und sie in den engen, dunklen Flur traten, blieb Tante Maude draußen zurück und nestelte an ihren Handschuhen und dem schäbigen bestickten Pompadour-Täschchen herum, das sie immer am Handgelenk trug.

»Charles? Charles? Sie sind da. Wohlbehalten aus Nottingham eingetroffen, trotz dieser schrecklichen Hitze. Der Fahrer hat ihren Schrankkoffer draußen stehen lassen. Würdest du Maude bitte helfen, ihn hereinzuholen? Ich weiß ja nicht, was Frieda da hineingepackt hat. Scheint eine ganze Bibliothek zu sein. Habt ihr da Bücher hineingetan?« Großmutter zog die Hutnadel aus ihrem Hut und stach anklagend Richtung Koffer.

»Papa wollte, dass wir unsere Schulbücher und die Lektüre mitnehmen«, sagte Elsa leise.

»Ernest ist kein Anhänger der Suffragetten-Bewegung, daher verstehe ich nicht so recht, warum. Oder ist Frieda jetzt bei den Suffragetten? Maude bricht sich das Kreuz, wenn sie diesen Schrankkoffer die Treppe raufwuchtet. Charles? Kommst du?«

Nun kam Großvater Charles den Flur entlanggetappt. Sein Bart, einst grau gesprenkelt, war jetzt weiß. Seine eulenartigen Augen waren tief in ihre Höhlen gesunken. Er war groß und dünn, und wie er so über sie gebeugt stand, spürte Barby seine feierliche Frömmigkeit. In seiner Nähe fühlt man sich wie in einer Kirche, dachte sie.

»Gebt eurem Großvater einen Kuss, Mädchen«, befahl Großmutter. »Beeilt euch! Maude will den Koffer hereinholen.«

Großvater Charles beugte sich langsam zu ihr herunter, und sie hörte seine Knochen knacken und spürte seinen Bart wie eine weiche Bürste an der Wange. »Danke, dass wir bei dir wohnen dürfen, Großvater«, sagte sie, denn ihr war eingefallen, was ihr Vater ihr zu sagen aufgetragen hatte.

»Willkommen, Barbara.« Großvater Charles stupste seinen schneeigen Bart Richtung Elsa.

»Danke, dass wir in eurem schönen Haus wohnen dürfen, Großvater, und wir versprechen mitzuhelfen, wo immer wir können.« Tonlos und in einem Rutsch floss der Satz aus Elsas Mund, als habe sie ihn auswendig gelernt. Barby warf ihr einen angeekelten Blick zu. Das war kein »schönes Haus«. Es war ein schreckliches Haus, in dem es nach toter Maus, hoffnungslos verkochtem Kohl und Mottenkugeln stank, alles auf einmal.

»Du bist ein braves Mädchen, Elsa.« Großvater Charles tätschelte Elsa den Kopf, seine Stirn glänzte vor Schweiß.

»Maude und euer Großvater werden den Koffer raufschleppen, und dann könnt ihr Großvater bei seinen Amtsgängen begleiten.«

Großmutter machte eine Pause, als wolle sie ihrer Ankündigung Gewicht verleihen. »Es wird euch guttun zu sehen, wie die Armen und Obdachlosen leben.«

Barby wusste, was das bedeutete: einen Nachmittag mit ihrem Großvater, der Münzen an Bedürftige verteilte oder obdachlosen Familien half, ihr spärliches Hab und Gut ins Armenhaus zu bringen. Und wenn sie dann nach Hause kamen, würde Großmutter sie ausfragen, was sie gesehen hätten. »Das wird euch davor bewahren, Allüren zu entwickeln«, würde sie sagen, die Nase gen Himmel gereckt. »Eure Mutter mag ja mit einem Silberlöffel im Mund geboren sein, aber ihr seid gerade so viel wert wie der Rest von Gottes Herde, vergesst das nie.«

45

Frieda

Als der Schiffszubringerzug London verließ, verscheuchte eine freundliche Brise die abgestandene Luft und ersetzte sie durch kühlere, die zart nach Grasschnitt und frisch umgegrabener Erde roch. Die Passagiere ließen die Zeitungen, die ihnen als Fächer dienten, sinken, und steckten ihre Taschentücher ein. Frieda rechnete damit, dass Lorenzo sie erneut nach Ernest ausfragen würde.

Doch er starrte sie nur forschend an, als wollte er sich jedes Fältchen, jede Sommersprosse, jedes Grübchen, die Konturen ihrer Lippen und Wangen, einfach alles genauestens einprägen. Normalerweise mochte sie es, wenn er sie anstarrte, aber jetzt wurde ihr unbehaglich zumute. Etwas daran ließ sie an einen Löwen denken, der einen Kadaver ableckt und von Fleischfetzen, Haut und Mark befreit, um dann stur die Knochen zu zermahlen. Sie bleckte die Zähne und imitierte ein Löwenknurren. »Du erinnerst mich an einen Löwen, Lorenzo«, sagte sie mit einem Lachen, »weil deine Augen so durchdringend schauen.« Sie spürte, wie die anderen Passagiere sie anstarrten, verstohlene Blicke auf ihren Ringfinger warfen, über ihren deutschen Akzent spekulierten, sich fragten, warum eine gut gekleidete ältere Dame so vertrauten Umgang mit einem jüngeren Mann pflegte, der Dialekt sprach, billige, schlecht sitzende Kleider trug und einen Pappkoffer mit verbogenen Beschlägen bei sich trug.

»Und wann hast du schon einmal einem Löwen in die Augen gesehen?«

»Im Zoo. Wenn man ihnen beim Fressen zuschaut, sieht man genau, dass sie an nichts anderes denken. Nur ans Fressen. Ich dagegen denke immer über so viele Dinge nach.«

»Was sind das für Gedanken, die in deinem schönen adligen Kopf herumschwirren?«

»Oh, meist sehr langweilige. Ich denke an Vorhänge, die gewaschen werden müssen. An Einladungen und Briefe, auf die ich antworten muss. An Socken, die gestopft werden müssen. An Dinge, die ich einkaufen muss: Tinte für Ernest, Geburtstagsgeschenke, eine neue Haarbürste für die Mädchen.« Sie seufzte und machte eine Bewegung, als wollte sie diese trübseligen Gedanken wegwischen, sie durch das Zugabteil an die Passagiere schicken, die neben ihnen saßen und ihre Ohren gespitzt hatten.

»Erzähl mir, wie du dich fühlst.« Sein Blick – direkt, arglos, blau – schien sich in sie hineinzubohren, und wieder hatte sie das seltsam aufregende Gefühl, aufgeschlitzt zu werden wie eine Feige. Sie fragte sich, ob er vielleicht wirklich in sie hineinsehen konnte, ob er bereits wusste, was am Vortag zwischen Ernest und ihr vorgefallen war. Nein, das war ausgeschlossen. Also dachte sie über seine Frage nach. Wenn sie die Zerrüttung ihrer Ehe außen vor ließ, wie fühlte sie sich dann eigentlich?

Wie ein Vogel auf Tauchgang, dachte sie. *Ich fühle mich wie ein Vogel auf Tauchgang.* Eine Erinnerung trieb heran … der Freiherr hatte sie kopfüber in das trübe Gewässer eines Sees geworfen. Wie alt war sie damals gewesen? Sieben? Sie erinnerte sich an den Luftzug auf ihrer Haut, daran, wie ihre Kopfhaut die Oberfläche zerschnitten hatte, wie ihre Knochen durch das schlammige Wasser geglitten waren, an die Mischung aus Angst und Hochgefühl. Und an das hüpfend pulsierende Licht, das über den See gefegt war, als sie, nach Luft schnappend, wieder an die Oberfläche kam.

»Ich will alles über dich wissen. Ich will jeden Gedanken kennen, der dir durch den Kopf geht, jedes Gefühl, das dir durchs Herz rast, jede Empfindung, die deine Haut streift. Ich will sie alle kennenlernen.«

»Warum?«

»Weil ich verstehen will, wer du bist. Nicht nur, was du fühlst oder denkst, sondern wer du wirklich bist. Tief in deiner Seele.«

Frieda näherte ihren Mund seinem Ohr und flüsterte: »Dann werde ich es dir erzählen. Ich fange mit meinen Gedanken an, denn gerade jetzt denke ich über die Frau uns gegenüber nach, die uns beobachtet, während sie vorgibt, in der Bibel zu lesen. Ich denke, dass ich von dem England, in dem alles so klein und gemein ist, gehörig die Nase voll habe. Ich möchte meine Hände über deinen Körper wandern lassen, der viel zu dünn ist. Daher denke ich auch daran, dass ich in Metz dafür sorgen werde, dass du gutes deutsches Essen bekommst, Blutwurst und Pfefferkuchen und Buttermilchsuppe.«

»Was noch?«

Sie lehnte sich an ihn, spürte die buttrige Wärme seines Atems, roch den sauberen Duft der Rasierseife auf seinen Wangen. »Ich hoffe, Monty hat heute gut zu Mittag gegessen. Und ich denke daran, wie sehr ich dich liebe. Und bekomme Panik, was ich meinen Eltern sagen soll. Und ich hoffe, dass der Hut, den ich für Vaters großes Fest mitgebracht habe, nicht zu sehr zerdrückt ist, und dass Elisabeth mir ein Kleid leihen kann.«

»Zumindest an Weekley musst du nicht mehr denken. Du kannst ihn hinter dir lassen – all die Socken und Vorhänge und die Tinte.« Lorenzo ergriff ihre Hände und hielt sie fest. Sie starrte auf die vielen Sommersprossen auf seinen Knöcheln, die blauen Adern unter der bleichen Haut. Aber dann tauchte Montys feierliche Miene auf und schien vor ihr zu schweben. Sie sah die Sommersprossen auf *seiner* Nase, *seinen* Wangen und hoffte, dass Mrs Babbit darauf achtete, dass er immer seine Mütze aufsetzte.

»Du hast es ihm gesagt, nicht wahr, Bienenkönigin?« Jetzt umklammerte er ihre Hände fester. Sie spürte, wie die stumpfen Kanten seiner Fingernägel sich in ihre Handinnenflächen gruben.

»Am Bahnhof von Metz müssen wir uns trennen, das weißt du schon, oder?« Ihr Blick folgte dem Adergeflecht, das sich von den Händen über seine Handgelenke bis in die ausgefransten Ärmel seines Hemdes wand. Montys Gesicht war davongeschwebt, und sogleich war Ernests Gesicht an seine Stelle getreten. Sie sah den offenen Mund, das blasse Zahnfleisch und die sorgfältig geputzten Zähne, hörte ihn sagen: »Wenn ich erst mit dir nach Cambridge gehe, wird alles gut, aber jetzt muss ich weitermachen.«

»Wovon redest du? Wir haben beschlossen, Mann und Frau zu bleiben.«

»Nein, das haben wir nicht. Gar nichts wurde beschlossen!« Sie entzog ihm ihre Hände und faltete sie im Schoß. Dabei spürte sie den Boden unter sich hindurchrauschen, hörte, wie die Eisenbahnschwellen in die Ferne davonratterten. Draußen zischten Felder und Farmen und Wälder vorbei, und der blaue Himmel senkte sich auf den Horizont und drückte ihn zu einer dünnen, platten Linie zusammen.

»Meine Eltern wissen nicht Bescheid. Ich kann dort nicht einfach mit einem Mann aufkreuzen, über den sie rein gar nichts wissen! Ich fahre zum Jubiläum meines Vaters. Er hat fünfzig Jahre in der deutschen Armee gedient, es wird eine große Feier, und ich will sie ihm nicht verderben. Das verstehst du doch bestimmt?«

»Wir hatten etwas vereinbart. Wir wollten ehrlich zueinander sein.«

»Ja schon, Lorenzo. Wir werden ein paar Tage miteinander verbringen, aber er soll erst einmal sein Fest feiern. Sei so gut, ja?« Sie löste ihre Hände voneinander und griff in einer Geste der Versöhnung nach den seinen. »Du kannst dir einfach ein Hotelzimmer nehmen.«

»Ja, wunderbar!« Lorenzo schüttelte den Kopf. »Und wie hat Weekley die Neuigkeit aufgenommen?«

Sie sagte vorerst nichts und kaute auf ihrer Unterlippe herum. Wie sollte sie Lorenzo erklären, dass sie versucht hatte, es Ernest zu sagen, und damit gescheitert war? Dass sie ihm ihre Liebhaber gestanden, er aber nichts darauf erwidert hatte, nicht ein Wort?

»Er wird in die Scheidung einwilligen, nicht wahr? Du musst meine Frau werden!«

»Pssst, darüber können wir später reden. Warum schläfst du nicht ein wenig?« Frieda strich ihren Rock glatt und machte es sich auf ihrem Platz bequem, als wollte sie versuchen, ein wenig Schlaf zu bekommen. Allmählich begann Lorenzo sie zu ärgern mit seiner gnadenlosen Fragerei, denn sie offenbarte einen streitsüchtigen Zug, der ihr, im Gegensatz zu den anderen Eigenschaften, die sie an ihm so liebte und bewunderte, gar nicht behagte. Er macht sich zweifellos Sorgen, dachte sie und ließ die Augen zufallen.

»Wenn du mit mir nicht über Weekley sprechen magst, dann erzähl mir etwas über deinen Vater, den Freiherrn, und über die

Freifrau und deine ganze adlige Familie.« Plötzlich hatte er einen ehrerbietigen Ton, der sie überraschte.

Sie nickte, schob zwei diskrete Finger zwischen die Knöpfe ihres Korsetts und strich über die weichen Ränder von Ottos Brief. »Ich werde dir alles erzählen. Mit meinen Schwestern fange ich an, aber du darfst nicht vergessen, dass ich die Einzige war, die tauchen konnte.«

46

Monty

In dem Moment, als er die Haustür aufstieß, wusste Monty, dass etwas nicht stimmte. Im Flur roch es nicht nach Lebkuchen – oder Scones oder Biskuits oder Brot, nach gar keinem Backwerk. Und als er die Ohren spitzte, war weder etwas von Mrs Babbits üblichem Geschnaube und Geschnaufe zu hören noch der dumpfe Schlag ihres Nudelholzes oder das böse Zischen ihres Dampfbügeleisens. Vielleicht war sie kurz rausgegangen. Aber hatte Mama nicht gesagt, sie würde immer hier sein, wenn er aus der Schule kam? Er ließ die Riemen des Schulranzens von den Schultern gleiten und ging in die Küche. Mrs Babbit war nicht da. Er sah in der Speisekammer und der Spülküche nach, aber da war sie auch nicht. Und in der Küche war alles sauber und ordentlich, alles an seinem Platz. Vielleicht war Mrs Babbit früher nach Hause gegangen.

Monty nahm sich einen Apfel aus der Obstschale und biss hinein. Er schlenderte in den Flur und zurück zur Treppe. Alles war ruhig und still. Einen Moment lang fragte er sich, ob er vielleicht versehentlich ins falsche Haus gegangen war, ob er die falsche Haustür aufgestoßen, den Apfel eines anderen aus einer anderen Küche genommen hatte und eines anderen Treppe hinaufgestiegen war. Es lagen keine Schuhe, keine Puppen, kein für

Picknickspiele hergerichtetes Teeservice herum, es gab keine Falte im Teppich, über die er hätte stolpern können, und keine von den Wildblumen, mit denen seine Mutter so gern alles schmückte. Es war alles zu sauber und ordentlich, zu ruhig. Er biss noch einmal von seinem Apfel ab und kaute gründlich, mit offenem Mund. Und als er die Treppe hinaufstieg, stampfte er laut auf, sodass ihm durch den Lärm seiner eigenen Schritte und das krachende Geräusch in seinem Mund das Haus weniger still vorkam.

Und dann hörte er es. Ein seltsames, ersticktes Geräusch, wie ein Keuchen. Mitten auf der Treppe blieb er stehen und nahm den Apfel aus dem Mund. Das Geräusch kehrte wieder. Nur folgte ihm diesmal ein weiteres, anschwellendes Geräusch, als ringe jemand um Atem. Monty machte kehrt und ging wieder nach unten. Da war jemand im Haus! War jemand eingebrochen und hatte Mrs Babbit angegriffen? Lag sie irgendwo, gefesselt und geknebelt? In einer Blutlache womöglich? Sein Herz raste. Noch nie war er einem gefährlichen Menschen begegnet. Was, wenn der Dieb noch im Haus war?

Da war das Geräusch wieder, laut und würgend, gefolgt von einem eigenartigen Pfeifen. Diesmal war es so laut, dass Monty genau hörte, wo es herkam. Lag Mrs Babbit im Todeskampf in Papas Arbeitszimmer? Oder war das Papa? Hatte der Einbrecher Papa überfallen – und ihn dann dem Tod überlassen?

Die letzten Stufen nach unten rannte er, dann stürmte er die Tür des Arbeitszimmers. Eigentlich sollte er immer anklopfen, aber dafür war jetzt keine Zeit. Er hielt abrupt inne. Es gab keine Blutlache, keine bösen, säbelschwingenden Diebe, keine gefesselte und geknebelte Mrs Babbit. Nur sein Vater war da. Hatte den Kopf auf den Schreibtisch gelegt. Zwischen seine ganzen Papiere, die ihn umrahmten wie ein zerfetzter Heiligenschein. Und schluchzte.

Monty starrte ihn an. Seine Schultern hoben und schüttelten sich. Krächzende, würgende, erstickte Töne kamen aus seinem Mund. Er hatte die Hände neben seinem Kopf so fest geballt, dass die Knöchel aussahen wie weißer Marmor. Und obwohl er sie zu Fäusten geballt hatte, zitterten sie, als habe er die Kontrolle über sie verloren wie ein gelähmter alter Mann.

»Papa?« Seine Stimme klang dünn und hoch. Er wollte schon hingehen, seinem Vater die Hand auf die zitternde Faust legen, aber etwas hinderte ihn daran. Also stand er bloß da. »Papa?«

»Lass mich! Lass mich! Um Himmels willen, geh weg!«

Monty wandte sich ab und verließ den Raum. Sein Herz schlug wild gegen die Rippen. Wie damals, als ein Kricketball ihn am Auge getroffen hatte und alles um ihn her schwarz geworden war und er nicht gewusst hatte, was und wie und warum es passiert war.

Er legte sich aufs Bett und starrte an die Decke. Er versuchte an andere Dinge zu denken, aber das Bild seines weinenden Vaters suchte ihn immer wieder heim. Selbst als er die Namen von Jagdvögeln aufsagte, hörte er Vaters hässliche, bebende Schluchzer. Er fragte sich, ob er das, was er gesehen und gehört hatte, irgendwie ungeschehen machen könnte, ob es wohl irgendeine wissenschaftliche Methode gab, die Zeit zurückzudrehen und diese Dinge aus seinem Kopf herauszubekommen. Plötzlich spürte er einen Knoten im Bauch und fuhr mit der Hand in das Taillenband seiner Hose. Neben seinem hervorstehenden Hüftknochen ragte etwas hervor, fest und hart. Er legte die Hand darauf und spürte, wie es unter seiner Berührung auswich, als sei es lebendig. Als hätte er ein verstecktes Tier in sich. Er wollte beten. Wollte Gott bitten, dafür zu sorgen, dass sein Vater aufhörte zu weinen. Er würde Gott bitten, dass dieses Ding in ihm sich nicht weiter wand und krümmte.

47

Frieda

Friedas erste Tage in Metz vergingen in chaotischer Geschäftigkeit. In der Wohnung ihrer Eltern herrschte ein einziges Kommen und Gehen, es waren viele Freunde und Verwandte zur Feier des Freiherrn angereist. Sie musste die Blumenarrangements ihrer Mutter bewundern, musste die Speisepläne für das Abendessen prüfen; der neue Hut des Freiherrn musste beim Hutmacher abgeholt werden, die militärischen Gäste brauchten Unterhaltung, sie musste Knöpfe an Ärmelaufschläge nähen und lose Saumnähte schließen. Bei alledem sehnte sie sich nach Lorenzo, dachte immer wieder daran, wie sie in dem windschiefen Cottage unterm Birnbaumblütenregen miteinander geschlafen hatten.

Nach gerade zwei Tagen im Hotel schickte er ihr schon Briefchen mit der Frage, wann er sie sehen und wann er ihre Familie kennenlernen könne. Sie sah ängstliche Ungeduld in seiner Handschrift, und ihre größte Sorge war, er könnte plötzlich vor der Tür stehen oder wie der Springteufel vor ihr auftauchen, während sie die Gäste des Freiherrn durch die Stadt führte.

Dann kam ein Telegramm von Ernest. Sie saß gerade mit Nusch im Gesellschaftszimmer beim Tee, als die Freifrau hereinstürmte und ein Telegramm in ihren Schoß fallen ließ.

»Was hat das zu bedeuten?« Im strengen Ton der Freifrau lag Missbilligung.

Frieda betrachtete das Telegramm. Zwei Zeilen: »Ist jemand bei dir? Telegrafiere mir Ja oder Nein.« Offensichtlich eine verzögerte Reaktion auf ihr halbes Geständnis. Als habe er ihre Worte an dem Abend zwar gehört, aber erst jetzt ihre Bedeutung verstanden. Irgendwie hatte Ernest wohl erfahren, dass sie mit einem anderen Mann in Metz war.

Sie verbarg das Gesicht in der Teetasse. Ihr Inneres krümmte sich katzbuckelnd zusammen.

»Äußere dich dazu!«, bellte ihre Mutter.

»Vielleicht ist mein Leben mit Ernest aus und vorbei.« Sie brachte es kaum heraus.

»Vorbei?«, krähte Nusch. »Lass mich sehen.« Sie griff nach dem Telegramm in Friedas Schoß, und schon beim Lesen legte sich ein Lächeln über ihr Gesicht. »O, du böses Mädchen. Ist dein Liebhaber hier in Metz?«

Frieda saugte nervös an ihrer Unterlippe und nickte. Sie wusste weder, was sie sagen, noch, wie sie es sagen sollte. Es formten sich Sätze in ihrem Kopf, stockten und verschwanden wieder. Unruhig lief sie durch den Raum, als könnten die Chintzvorhänge oder die blutigen Schlachtengemälde in den überladenden Goldrahmen ihr die richtigen Worte eingeben.

»Sei keine Gans, Frieda.« Freifrau von Richthofen verschränkte die Arme und gab ihrer Enttäuschung Ausdruck, indem sie Augen, Nase und Mund zu einem verhärmten Knoten zusammenzog. »Du kannst deinen Mann nicht verlassen. Das macht man einfach nicht. Du behältst deinen Liebhaber, sagst nichts und spielst weiter die gute Ehefrau. Wie konntest du auch so dumm sein und dich erwischen lassen.«

»Aber Mr Lawrence möchte das nicht!«, jammerte Frieda.

»Wer ist Mr Lawrence? Ist das dein Liebhaber? Ich hatte mir für dich eher einen englischen Herzog vorgestellt.« Nuschs flatternder Stimme war die Enttäuschung anzuhören.

»Ehrlichkeit und Moral sind ihm sehr wichtig. Er möchte, dass wir ganz offen zu unserer Affäre stehen und vor Ernest nichts verbergen. Und er ist kein Herzog.«

»Dann ist dieser Mr Lawrence ein Narr. Für so einen Narren kannst du unmöglich deinen Mann verlassen.« Die Freifrau durchschritt steif das Gesellschaftszimmer, ihre schwarzen Seidenröcke raschelten, ihr Korsett knarzte, ihr Atem ging in kleinen verärgerten Stößen.

»Ist er sehr reich?« Nusch beugte sich vor und beäugte ihre Schwester mit durchtriebener Neugier.

Frieda holte tief Luft. »Er ist arm. Er ist Schriftsteller … Ich liebe ihn.«

Im Nu war es still. Nusch riss vor Staunen den Mund auf, Teetasse und Untertasse verharrten in der Luft. Die Freifrau stockte kurz und kehrte zum Teetisch zurück. Alle Farbe war aus ihrem Gesicht gewichen. Frieda sprach weiter. »Sein Vater ist Bergarbeiter. Er hat kein Geld, aber er ist ein Genie. Er wird ein berühmter Schriftsteller werden, aber er braucht mich, er braucht meine Hilfe.«

»Lächerlich! Du bist die Tochter eines Offiziers und Gentleman. Das hört sich an, als sei er selbst als Liebhaber ungeeignet.«

»Das hört sich an, als sei er schlimmer als Ernest.« Nusch stellte ihre Teetasse zurück aufs Tablett und nahm ostentativ ihre Ringe in Augenschein. »Manchmal glaube ich, du bist verrückt, Frieda. Es ist wirklich sehr fahrlässig, sich von seinem Ehemann erwischen zu lassen.«

»Ich bin nicht erwischt worden. Ich hab es ihm gesagt. Ich wollte, dass er weiß, wer ich wirklich bin.«

»Das ist ja noch dümmer!« Nusch begann, die Diamanten und Saphire an ihren Fingern mit einem seidenen Tüchlein zu polieren. »Kein Ehemann sollte wissen, wer seine Frau ›wirklich‹ ist.«

»Wir müssen pragmatisch denken. Was ist jetzt zu tun? Ah, da kommt Elisabeth, dem Himmel sei Dank.« Die Freifrau eilte zur Tür und flüsterte mit Elisabeth, die sich noch ihrer Hutnadeln entledigte.

»Ich habe dir geschrieben, dass du ihn nicht mit nach Metz bringen sollst. Du hast mich schriftlich um Rat gebeten, dem bin ich nachgekommen. Und nun beachtest du diesen Rat nicht im Geringsten. Was hast du dir dabei gedacht?« Elisabeth fegte durch den Raum und zupfte ungeduldig an den Fingerspitzen ihrer Handschuhe.

»Du weißt von dem Bergarbeiter und hast mir nichts gesagt?«, fragte Nusch gekränkt.

Elisabeth beachtete sie nicht. »Es gibt nur eins, was wir tun können.«

»Ich wusste, Elisabeth würde eine gute Idee haben. Es ist doch sehr nützlich, einen guten Denker in der Familie zu haben.« Nun lief die Freifrau wieder geschäftig umher, gruppierte die Marmorkuchenstücke auf der verzierten Präsentierplatte um und strich die Rückenlehnen der Stühle glatt. »Wir müssen das so schnell wie möglich in Ordnung bringen. Ich kann nicht zulassen, dass euer Vater auf seiner Feier in Bedrängnis gerät. Fünfzig Dienstjahre beim Militär! Darauf sollten wir unsere Gedanken richten, nicht auf deine Eskapaden, Frieda.«

»Wir dürfen Vater nichts verraten. Noch nicht. Wäre Mr Lawrence reich, ich würde nicht zögern, dich zu unterstützen. Aber er ist mittellos. Er kann dich und deine Kinder nicht versorgen.« Elisabeth, die auf der Sofakante saß, wirkte förmlich und effizient. »Du musst Ernests Ehefrau bleiben. Wenn er glaubt, du hast Ehebruch begangen, fordert er vielleicht das Sorgerecht für die Kinder. Dann hast du nichts mehr – keine Kinder, kein Ansehen, kein Geld. Dann bist du so gut wie tot.«

»Aber ich liebe Ernest nicht. Er versteht mich nicht, und ich bin in Nottingham tiefunglücklich. Mein ganzes Leben dort ist eine Lüge.« Frieda spürte einen Kloß im Hals, aber sie schluckte tapfer. »Wie auch immer, es sind meine Kinder. Natürlich kann ich sie behalten. Ich bin ihre Mutter.«

»Ja, ja.« Elisabeth wedelte mit den Händen, als sei alles, was Frieda sagte, irrelevant. »Du musst Ernest gegenüber alles abstreiten, sonst ist dein Ruf ruiniert. Und du musst diesem Bergarbeiter klarmachen, dass er jeden Gedanken daran, Ernest Bescheid zu geben, fahren lassen muss. Und zwar unverzüglich. Er versucht nur, deine Hand zu erzwingen.«

Frieda spürte, wie es ihr die Kehle zuschnürte. Ihre Handflächen brannten. Sie stellte sich vor, wie sie nach Hause kam. Zu Ernest und nach Nottingham. Mrs Kipping und Gladys Bradley, die auf der Straße einen Bogen um sie machen würden. Ernests schwelende, unterdrückte Wut, dann die seiner Familie. Er würde sie brechen. Sie würde das leere, tödliche Leben ihrer Eltern führen. Ihre Kinder würden aufwachsen wie sie selbst, in einem Zuhause, das der Hass verhärtet hatte. »Er hat mir einen Himmel auf Erden versprochen, zusammen mit meinen Kindern«, flüsterte sie so leise, dass sie nicht zu hören war.

»Hättest du dir doch einen netten Militär geangelt. Die sind in diesen Dingen sehr entgegenkommend.« Nusch lächelte affektiert.

»Hätte euer Vater nicht unser ganzes Geld verschleudert, hättest du eine Mitgift bekommen und einen Militär heiraten können, dann müssten wir jetzt nicht dieses Gespräch führen«, sagte die Freifrau mit jäher Bitterkeit.

»Du hast die Wahl zwischen zwei Lösungen.« Brüsk drehte Elisabeth sich zu Frieda um. »Du kannst diesen Lawrence als deinen geheimen Liebhaber behalten, wie du es mit Mr Dowson und Dr. Gross getan hast. Oder du beendest die Sache mit diesem Lawrence. Aber Ernest zu verlassen kommt nicht infrage.«

»Elisabeth hat recht. Ich muss jetzt einige Dinge regeln, daher möchte ich nicht länger über diese dumme Angelegenheit sprechen. Du musst diesen Mann bitten, Metz unverzüglich zu verlassen.« Freifrau von Richthofen presste die Handflächen gegeneinander und hob den Blick zur Decke. »Sieht er denn auch aus wie ein Bergarbeiter?«

»Ich nehme mal an, er ist besonders attraktiv? Irgendetwas muss ja an ihm dran sein, das einen Ausgleich bietet.« Nusch bog ihren langen Hals wie ein Kätzchen, dann warf sie Frieda einen Seitenblick zu. »Ist er denn gut im Bett?«

»Ich finde es anziehend, wie er mich behandelt. Und nein, er ist nicht rußverschmiert. Er ist Schriftsteller und nicht Schornsteinfeger.« Ihr kam ein Bild von Lorenzo in den Sinn, das sich ihr tief eingeprägt hatte. Von dem Tag, an dem er die Papierboote für Elsa und Barby gebastelt hatte. Es hatte mit seiner Halsbeuge, der Krümmung seines Rückgrats, der sanften Begeisterung in seiner Stimme zu tun. In dem Moment hatte sie die erste Welle reiner, absoluter Liebe verspürt. Wie seltsam, dass sie das an einem bestimmten Augenblick festmachen konnte. Wie wundervoll, dass sie den Moment so präzise im Gedächtnis behalten hatte. Fast so eingefangen wie auf einer Fotografie.

»Hörst du überhaupt zu, Frieda?« Die Freifrau ging zielstrebig zur Tür, blieb aber noch einmal stehen. »Dann ist es also beschlossene Sache. Du wirst Ernest telegrafieren und ihm mitteilen, dass du bald nach Hause kommst, und diesen Bergarbeiter bittest du zu verschwinden. Hast du verstanden?«

»Wäre er ein Adliger, würde er niemals solche Forderungen stellen. Nur Arbeiter haben diese Art von ... von ...« Nusch gab ein kurzes, tonloses Schnauben von sich, als sie nach dem rechten Wort suchte. »Chuzpe! Genau, Chuzpe.«

Frieda antwortete nicht. Sie fuhr mit der Hand in die Tasche, und ihre Finger zwirbelten Lorenzos letztes Briefchen, einen weiteren von diesen Papierfetzen, auf denen er flehte, sie sehen zu dürfen. Plötzlich kochte Ärger in ihr hoch.

Selbst Lorenzo war fordernd und streitsüchtig. Warum war er so ungeduldig? Warum verlangte er so hartnäckig, Ernest müsse sofort die Wahrheit erfahren? Sie hatte das Gefühl, ein jeder ziehe und zerre an ihr herum. Sage ihr, was sie zu tun habe.

Sie kaute auf ihrer Lippe herum. Die Liebe, die sie hätte befreien sollen, richtete sich nun gegen sie. Als wären ihre Kinder – ihre Familie, Lorenzo – ein Gefängnis, aus dem es kein Entrinnen gab. Sie verspürte eine unbändige Sehnsucht nach Freiheit. Sie wollte die Nadeln aus ihrem Haar ziehen und fühlen, wie es ihr frei schwingend über den Rücken fiel. Wollte sich die Kleider vom Leib reißen, ihre Schuhe wegtreten und den Kanal entlangrennen. Meile um Meile. Fort von Metz, fort aus Deutschland, fort von allem und jedem.

48

Frieda

Was soll ich ihm antworten? Meine Schwestern raten mir, alles abzustreiten und wieder nach Hause zu fahren.« Frieda umarmte ihre Knie, zog sie zur Brust und versuchte, die von Metz herüberwehenden Störgeräusche auszublenden: die Trommeln und Trompeten einer Marschkapelle, nicht enden wollende Gewehrschusssalven, den Dolchschnabel eines Spechts.

»Sag ihm die Wahrheit. Schick ihm umgehend ein Telegramm, und sag ihm, dass ich bei dir bin.«

»Muss ich das? Jetzt schon?« Sie verstummte. Während der Festtage hatte sie das Gefühl gehabt, zwischen zwei Leben gefangen zu sein und wie eine fette Molluske, deren Tentakel von der Strömung bald hierhin, bald dorthin getragen werden, amorph und schlaff zwischen zwei Felsen zu treiben.

»Wir müssen gelassen bleiben. Und dürfen es nicht persönlich nehmen.« Lorenzo legte sich rücklings ins Gras und verschränkte die Hände hinterm Kopf. »Uns bleibt keine Zeit für Gefühlsduseleien. Ich werde einen Brief schreiben, den du Weekley schicken kannst. Wir müssen kalt und logisch vorgehen.«

»Kalt und logisch? Müssen wir das?«

»Ich brauche Gewissheit, Frieda. So kann es nicht bleiben, dass alles ständig im Wandel ist. Ich brauche Gewissheit, damit ich schreiben kann. Hier geht es nicht um Gefühle. Hier geht es um unsere gemeinsame Zukunft.«

Sie legte sich neben ihn, ließ die Schulterblätter entspannt in den warmen Boden sinken. »Hast du es deiner Familie schon gesagt?«

»Nein. Ich sag es ihnen erst, wenn es ganz gewiss ist. Sobald Weekley die Scheidungspapiere unterzeichnet hat.«

»Aber meine Familie weiß Bescheid, wieso willst du es dann deiner nicht sagen?«

»Sie sind auf diesen Schock nicht vorbereitet. Aber ich werde um dich kämpfen. Mit Zähnen und Klauen, wenn es sein muss.« Er hielt inne und wandte den Kopf in ihre Richtung. »Ich liebe dich, Frieda. Wenn ich bei dir bin, ist es, als drehe sich das Sonnenlicht in mir. Ich gebe dich nicht auf. Für nichts und niemanden. Du bist mir notwendig für mein Genie, Bienenkönigin.«

Frieda zupfte an einem Löwenzahn herum und zog sanft an den Samenköpfchen. Unsicher stoben die Schirmchen auf in die pollengeschwängerte Luft. *Als drehe sich das Sonnenlicht in mir ... Als drehe sich das Sonnenlicht in mir ...* Niemand kann ohne Sonnenlicht leben. Sie schloss die Augen und schüttelte den Kopf. Zu viele Gedanken – zeternde, widerstreitende, kollidierende Gedanken. »Ich will über den ganzen Unfug nicht nachdenken, Lorenzo. Schenk mir ein Gedicht, beschreibe die Hecke. Du weißt, wie gern ich deinen Worten lausche.« Sie öffnete ein Auge und deutete auf eine Weißdornhecke, die von Blüten übersät war. Undeutlich nahm sie den Umriss eines marineblau gekleideten Mannes wahr. Sie runzelte die Brauen und fragte sich, wer das wohl sein könnte und warum er sich nicht bewegte. Schloss die Augen wieder. Spürte die Sonne wie gewärmte Seide auf den Lidern. *Als drehe sich das Sonnenlicht in mir ...*

»Üppige, reglose Blüten, so zart und weiß, in kleinen Büscheln ... wie Manna blinkend ... vergänglich ... lieblich ... eine Rauchwolke aus Blüten.«

Mäandernd und melodiös zogen seine Worte über sie hinweg, jedes einzelne das Versprechen auf mehr in sich bergend. »Hör nicht auf, Lorenzo. Beschreib den Himmel.« Sie seufzte zufrieden und griff nach ihm, fuhr über die kratzige Wolle seiner Jacke, das raue Garn, in dem die Armut seiner Kindheit gefangen war.

»Blass und hoch dahindriftend ... in Regenbögen der Ekstase herabschießende Schwalben – Himmel und Erde wirbeln ringsum, die nackte Hässlichkeit von Nottingham, fort für immer.«

Wieder verspürte sie den Kitzel, aus allem auszubrechen, und wusste, hier hatte sie ihre Chance, das alte Leben – mit seinen bequemen Gewohnheiten, seiner unerträglichen Einsamkeit – zurückzulassen, in der Vergangenheit. Doch die Schuldgefühle ließen nicht auf sich warten. Sobald sie sich mit Ernest über die Einzelheiten geeinigt hätte, sobald Monty, Barby und Elsa bei ihr wären, würde sie ihre Flucht feiern. In dem »Himmel auf Erden«, den Lorenzo ihr versprochen hatte.

Wieder öffnete sie ein Auge. Der Mann in Blau kam diensteifrig auf sie zu. Sie schloss die Augen, ignorierte ihn. Wahrscheinlich war er auf dem Weg zu einer militärischen Festivität. Metz war voll von Militärs. Preußische Offiziere überall, jede Bö wehte den Geruch von Sattelseife und Schießpulver herüber.

Lorenzo löste die hinter seinem Kopf verschränkten Hände und griff nach ihren Fingern. Sie spürte seine Energie, seine Kraft durch sich hindurchfahren, sie schoss von den Fingerspitzen in ihre Handflächen, die Arme hinauf und dann hinunter zum Herzen, an den Polen ihrer Rippen entlang, durch Hüfte, Schenkel und Waden. Und dann kam der feurige Blitz, den sie immer verspürte, wenn er sie berührte.

»Ein Leben ohne dich will ich mir nicht vorstellen«, murmelte sie. »Aber es ist alles so plötzlich gekommen, und ich mache mir Sorgen wegen meiner Kinder.«

»Denk jetzt nicht an sie, Bienenkönigin. Ich werde uns allen ein Zuhause schaffen.«

»Was für eine Art von Zuhause?« Sie lächelte, als ihr ein Bild in den Sinn kam: ein makellos blauer Himmel und mäandernde zinnerne Bäche, darüber die Sonne mit ihrem buttrigen Schleier, Insekten ritten auf der warmen Luft, es gab Wanderpfeifenten für Monty, Schwalbenschwanzschmetterlinge für Elsa, Mistelbüsche für Barby.

»Ein Zuhause ohne Besitztümer. Eines, in dem man lebt und nicht nur vor sich hin schmort. Wir dürfen uns von den materiellen Dingen nicht beherrschen lassen. Es darf in unserem Leben keine Tyrannei geben, keine Besitztümer, die uns einengen.«

Frieda dachte an ihr Zuhause in Nottingham. An das Haus, das Ernest nach seiner Krankheit gekauft hatte. Sie dachte an all die Nächte, in denen er gearbeitet hatte, um ihr eine goldene Kutschglocke kaufen zu können, an die endlosen Aufsätze, die er korrigiert hatte, damit sie rote Samtvorhänge bekam, die man vor der Terrassentür zuziehen konnte. Wie stolz er auf seine Terrassentür gewesen war. Wie liebevoll er über seine stockfleckige Sammlung von Erstausgaben gewacht hatte. Ja, sie waren die Sklaven ihrer Besitztümer gewesen, hatten sich von ihnen schikanieren und kontrollieren lassen. Ein Gefühl der Leichtigkeit überkam sie, als sei ein großes Gewicht von ihr abgefallen.

»Du siehst alles so klar, Lorenzo. Aber ich hätte gern ein Klavier, und die Kinder werden natürlich ihr Spielzeug brauchen.«

Seine Fingerspitzen wanderten zu dem Smaragdring, den sie stets am Mittelfinger trug, und begannen ihn zu drehen, langsam, vorsichtig. »Denk jetzt nicht an sie, meine Bienenkönigin. Ist das der Edelstein von deiner Großmutter? Ich werde seine geheimnisvolle Tiefe für dich beschreiben, so, dass du alles vergisst. Ich werde dich mit meiner Dichtung in Verzückung geraten lassen.«

»Nein, nein, nein!« Plötzlich stand der Mann in Blau dräuend über ihnen und schrie sie an, harte deutsche Konsonanten durchschnitten die Luft. »Er ist Engländer! Er ist ein Spion.« Er deutete wiederholt mit dem Finger auf die graue Mauer hinter ihnen. »Festung!«

Frieda sprang auf und zog Lorenzo an der Hand. »Los, steh auf! Das ist offenbar ein wichtiger Truppenstandort, und er denkt, du seist ein Spion.«

Lorenzo wankte auf die Füße. »Ich wüsste eine Festung nicht von einer Fabrik zu unterscheiden. Was sagt er da?«

»Alle Mann hierher!« Der Mann starrte sie durchdringend an und zog eine Trillerpfeife aus der Tasche. Ein Pfiff ertönte, und kurz darauf kamen aus allen Richtungen Soldaten mit erhobenen Piken und Gewehren auf sie zugerannt.

»Was um Himmels willen ist das?« Lorenzo packte Frieda beim Arm. »Was sagen sie?«

»Sie halten dich für einen Spion«, zischte sie. »Tu einfach, was sie sagen.«

»Sag ihnen, dass ich kein verdammter Spion bin!«

»Geh einfach mit.« Sie schob ihn sanft in Richtung der Männer. »Ich geh zu meinem Vater, wir werden dich freibekommen.« Dann drehte sie sich zu den Soldaten um und sagte in ihrem arrogantesten Ton: »Mein Vater ist der Freiherr von Richthofen.«

»Ja, natürlich«, gab der Mann lachend zurück und deutete auf Lorenzos schlecht sitzende Jacke. »Und ich bin ein Hund!«

»Wir werden bald kommen und dich holen, mein lieber Lorenzo.« Sie drehte sich zu dem Uniformierten um und warf den Kopf in den Nacken, wobei sich ihre Nasenflügel verächtlich blähten.

Die Soldaten bildeten einen engen Kreis um Lorenzo und führten ihn ab. Als er sein bleiches Gesicht nach ihr umwandte, empfand sie jäh eine überwältigende Liebe. Seine plötzliche Hilflosigkeit, seine Eloquenz, seine entbehrungsreiche Vergangenheit, die verheißungsvolle Zukunft, seine Unberechenbarkeit – so viele Dinge, die ihr gefielen, die sie aufregend fand, die ihr auf die Nerven gingen. Sie winkte ihm, und er antwortete darauf mit gereckter Faust, was verletzlich und mutig zugleich wirkte.

So sah sie ihn den Hügel hinaufgehen, sanft vorwärtsgeschubst und eingekreist von scharlachrotgoldenen Soldaten. Von irgendwoher kamen Worte und füllten ihren Kopf, schwirrten ihr in den Ohren: »… ich bin nur noch kurze Zeit bei euch … wohin ich gehe, dahin kannst du mir jetzt nicht folgen. Du wirst mir aber später folgen … Du willst für mich dein Leben hingeben? … Ich sage dir: Noch ehe der Hahn kräht, wirst du mich dreimal verleugnen … Ich bin es.«

Sie wandte sich ab und rannte los. Sie würde ihren Vater suchen. Dann würde sie einen Brief an Ernest schreiben. Mit ihren eigenen Worten und zu ihrer Zeit würde sie ihm, freundlich und ruhig, mitteilen, dass sie mit Lorenzo zusammen war. Und wenn sie sich sicher war, ganz sicher, würde sie das Telegramm aufgeben.

*

Hotel Deutscher Hof
Metz
7. Mai 1912

Verehrter Professor Weekley,
wahrscheinlich wissen Sie mittlerweile um das Ausmaß der
Schwierigkeiten. Verurteilen Sie mich nicht, weil ich mir die
Frechheit herausnehme, Ihnen zu schreiben. In dieser Stunde
sind wir nur Männer. Mrs Weekley wird Ihnen alles erzählt ha-
ben, doch Sie leiden nicht allein. Diese Situation ist eine wahre
Tortur für mich. Wir sind zu dritt, auch wenn ich meine Lei-
den nicht mit dem vergleichen möchte, was Sie durchmachen
dürften. Ich bin hier ein ferner Freund, und Sie können sich die
tausend verwirrenden Lügen denken, die das nach sich zieht.

Mrs Weekley graut davor, aber es muss gesagt werden. Ich
liebe Ihre Frau, und sie liebt mich. Ich bin weder leichtsinnig
noch unverschämt. Mrs Weekley hat Angst zu verkümmern,
nicht wachsen zu können, daher muss sie ihr eigenes Leben le-
ben. Alle Frauen sind ihrem Wesen nach Riesinnen. Sie durch-
brechen alles und geben in ihrem Leben selbst den Takt an.

Es ist für uns alle eine Tortur. Glauben Sie nicht, ich sei ei-
ner Ihrer Studenten – ein junger Krüppel. Sind wir in dieser
Angelegenheit nicht einfach nur Männer?

Mrs Weekley muss ein großes und reiches Leben führen.
Das ist ihre Natur. Mir bedeutet es die Zukunft. Mir kommt es
so vor, als hätten alle meine Bemühungen im Leben nur ihr
gegolten. Haben wir nicht alle etwas zu vergeben? Das ist nicht
zu viel verlangt. Gewiss, sollte etwas wirklich Unrechtes getan
worden sein, dann von meiner Seite, aber ich denke nicht, dass
dem so ist.
D. H. Lawrence

49

Frieda

Frieda!« Die Stimme des Freiherrn dröhnte durchs Haus. »Komm in mein Arbeitszimmer. Sofort!«

Für einen Wimpernschlag war sie wieder zehn Jahre alt, stand in seinem Arbeitszimmer unter den ausladenden Geweihen, den an der Wand drapierten Jagdgewehren, dem ausgestopften Bärenkopf mit den gelben Glasaugen. Unter ihren Füßen der speckige graue Pelz eines Wolfes. Es roch nach Sattelwachs, Zigarren, glimmenden Holzscheiten. Ihre kindlichen Hände bürsteten mit kräftigen Strichen den Rock glatt. Und dann war da er mit seinen glänzenden Messingknöpfen und den scharlachroten, mit Goldfäden verbrämten Epauletten.

»Was zum Teufel geht hier vor sich? Ich habe einen Brief von Ernest erhalten, in dem er mich bittet, dich nach Hause zu schicken. Er behauptet, du seist mit einem mittellosen Tunichtgut davongelaufen.« Der Adamsapfel des Freiherrn vibrierte sichtlich. Sein rotes Gesicht glänzte. Im Mundwinkel hatte sich Spucke verfangen. »Das ist doch nicht etwa der schäbige Lump, den ich aus einer Arrestzelle befreit habe?«

Frieda ließ den Kopf hängen. Dann hatte Lorenzo seine Drohung also wahr gemacht. Er hatte Ernest einen Brief geschrieben.

Ohne ihr Wissen. Ohne ihre Erlaubnis. Entsetzt starrte sie auf die Wolfshaut unter ihren Füßen.

»Er schreibt, er wird seine Anstellung verlieren und die Kinder müssen hungern. Und dass sie nicht länger in Nottingham leben können. Er schreibt, er wird sich umbringen.« Wütend fingerte der Freiherr an seinen Schnurrbartenden, drehte und rollte sie. »Hast du vergessen, dass du die Tochter eines Adligen bist?«

»Ernest sieht das viel zu dramatisch. Aber es stimmt. Ich glaube nicht, dass ich zu ihm zurückgehen kann.« Sie sagte nicht, dass Lorenzo versprochen hatte, ihr ein neues Zuhause zu schaffen – nicht ein stumpfes, leeres Zuhause, wie sie es mit Ernest geteilt hatte, sondern eins voller Freude und Glückseligkeit, ein Zuhause für ihren Körper und ihre Seele. Sie sagte nicht, dass Lorenzo sie niemals würde zurückgehen lassen.

»Du gehst zurück zu Ernest. Und damit ist die Sache geklärt. Ich dulde nicht, dass eine meiner Töchter sich wie eine lockere Weibsperson aufführt!« Der Freiherr starrte sie an, unter seiner goldbetressten Jacke hob und senkte sich die Brust.

Aber dass du ein lockeres Mannsbild warst, das war in Ordnung, dachte Frieda bitter und musste an seine Geliebten denken, seinen unehelichen Sohn, seine Spielsucht, die sie um allen Besitz gebracht hatte. Sie machte den Mund auf, um zu protestieren, doch der Freiherr hob eine blutleere, verdorrte Hand. Als Frieda sie erblickte, wie sie zitternd dort baumelte wie ein kleiner toter Tintenfisch, schluckte sie herunter, was sie hatte sagen wollen. Geradezu jämmerlich kam er ihr vor. War nicht mehr das Idol, das sie als kleines Mädchen verehrt hatte. Er verdiente kaum ihren Respekt, von ihrer Bewunderung ganz zu schweigen. Damals war sie dankbar gewesen, wenn er sie für ihren Mut und Schneid gelobt hatte. Aber wie er nun vor ihr stand, mit der verdorrten

Hand, die schlaff in der Luft hing, sah sie ihn so, wie er war: ein gescheiterter Soldat, ein Heuchler, ein Betrüger.

»Warum kannst du nicht ein bisschen mehr wie deine Schwestern sein? Beide führen erfolgreiche Ehen.« Die verdorrte Hand wedelte in ihre Richtung. Kleine Speichelperlen troffen aus seinem Mund und blieben zäh auf den spröden Lippen liegen. »Oder bist du eins von diesen unausstehlichen englischen Weibsbildern geworden, die das Wahlrecht fordern?«

Trotz flammte in ihr auf. Sie weigerte sich, einen weiteren Monolog über die überragenden Fähigkeiten ihrer Schwestern und ihre Häuser über sich ergehen zu lassen, wollte sich von ihrem Heuchler-von-einem-Vater nicht nötigen und einengen lassen. Und Ernest durfte ihr auch nicht drohen. »Mr Lawrence möchte mich heiraten. Wenn ich zustimme, kommen die Kinder mit. Niemand wird verhungern oder sich umbringen.«

»Ich habe dich zu einem mutigen Menschen erzogen, mutig wie ich selbst! Jetzt zeig, dass du den Schneid eines Mannes besitzt, und fahr nach Hause zu deinem Mann.« Gereizt drehte er sich zu seinem Schreibtisch um, griff das Gewehr, das dort lag, schob eine Patrone in den Lauf und ließ ihn zuschnappen.

Verstört wandte sie sich ab und wollte das Zimmer verlassen. Sie war wie gelähmt von dem Chaos der Gefühle, das um sie her herrschte. Einige von Ottos Worten kamen ihr in den Sinn: »Du bist für die Freiheit geboren.« Aber in diesem Wust von Gefühlen gab es keine Freiheit. Plötzlich verspürte sie den Impuls, Ottos Briefe noch einmal zu lesen. Sie würde sich seine Briefe und ein paar Kleider schnappen und zu ihrer Schwester nach München fahren. Dort würde sie ins Café *Stefanie* gehen und vielleicht noch ein paar andere der Münchener Treffpunkte aufsuchen, die sie einst inspiriert hatten. Dort würde sie klarer denken können.

»Sieh mich an, bevor du gehst«, brummte Freiherr von Richthofen.

Frieda drehte sich um und wich jäh zurück bis zur Wand. Da stand ihr Vater, der Lauf seines Jagdgewehrs war auf sie gerichtet, sein Finger schwebte über dem Abzug.

»Nimm es herunter«, rief sie.

Er ließ das Gewehr sinken und wandte sich ab, die Schultern hingen plötzlich schlaff hernieder, die Brust war eingefallen, als sei alle Luft aus ihm herausgesaugt worden. Sie verspürte einen Stich vor Mitleid. Wie alt und hohl er wirkte, wie ein geschlagener Hund, der sich unterwürfig in den Schatten davonschleicht. Unter dem herausgeputzten Pomp seiner Uniform war er ein Nichts.

»Geh zu Ernest zurück. Tu deine Pflicht, Fritzl.« Seine Stimme war matt, als habe der Zorn, den er gerade demonstriert hatte, ihn erschöpft. »Tu es für mich, Fritzl.«

»Ich heiße nicht Fritzl, ich heiße Frieda.« Damit machte sie auf dem Absatz kehrt und ließ die Tür seines Arbeitszimmers mit einem dumpfen Geräusch hinter sich zufallen.

50

Monty

Monty wusste, es war noch zu früh, um wach zu sein. Durch die Vorhänge drang ein fahles und kaltes Licht. Er hatte müde Glieder, und seine Augen fühlten sich an, als seien sie in ihren dunklen Höhlen geschrumpft. Er ging zum Fenster und zog die Vorhänge auf. Zu seiner Überraschung war jemand im Garten. Da grub jemand die Gemüseparzelle seines Vaters um. Monty erkannte nur den grauen Umriss eines Mannes, der sich über einen Spaten beugte. Er fragte sich, ob da jemand die Kartoffeln stahl, doch dann begriff er, dass der Mann das Beet umgrub, das sie für die Tomaten freigehalten hatten.

Er rieb sich die Augen und sah zum Himmel hinauf. Dort hing noch der Mond wie ein silberner Entersäbel. Schwalben flogen im Sturzflug kreuz und quer durch die graue Luft. Er musste zur Schule, wusste aber nicht, wie spät es war. Falls sein Vater mit Gartenarbeit beschäftigt war, musste es später sein, als er gedacht hatte. Er ging in den Flur, um auf die Standuhr zu sehen. Niemand hatte sie aufgezogen, die Zeiger waren auf halb drei stehen geblieben. Kein Klappern von Pfannen und Geschirr zeigte an, dass Mrs Babbit Frühstück machte. Nur die Vögel hörte er singen und dazu die dumpfen Hiebe eines Spatens.

Seit drei Tagen hatte sein Vater nicht mehr mit ihm gesprochen. Er hatte sehr hart gearbeitet, und Mrs Babbit stellte ihm immer ein Tablett mit Essen vor die Tür zum Arbeitszimmer. Aber dann brachte Mrs Babbit die Tabletts wieder in die Küche, mit Tellern voll kalter Suppe und verdorrten Koteletts und Brot, das sich an den Rändern wellte. Irgendwann hatte er Mrs Babbit gefragt, warum sein Vater denn keinen Hunger habe, und Mrs Babbit hatte gesagt, er sei vielleicht nicht ganz auf der Höhe.

Am ersten Tag war Mrs Babbit sehr nett gewesen und hatte ihm all seine Lieblingsgerichte gemacht: Apfelkuchen und Vanillesauce, Limonade, Scones mit Stachelbeermarmelade und Cream. Aber am zweiten Tag war sie ganz anders gewesen, und Monty hatte sich schon gefragt, ob sie vielleicht auch nicht ganz auf der Höhe war. Also hatte er am Abend Listen für seine Mutter geschrieben, mit all den Sachen, die er sich zum zwölften Geburtstag wünschte, denn bis dahin waren es nur noch vier Wochen.

Er ging hinunter und hinaus in den Garten. Draußen stand sein Vater im gestreiften Nachthemd und in Gummistiefeln.

»Papa?« Er fragte sich, ob sein Vater nach einem Schatz grub oder vielleicht nach etwas, das er verloren hatte. Er beackerte den Boden nicht richtig, nicht, wie er es normalerweise tat, von rechts nach links. Stattdessen drehte er nur immer wieder dieselbe Schaufel voll Erde um, wieder und wieder.

»Papa? Ich muss zur Schule.« Monty wurde der Magen schwer. Der Mund seines Vaters bewegte sich, als rede er mit sich selbst, als mache er sich Vorhaltungen. Aber außer den Grabegeräuschen konnte Monty nichts hören. Er gab seiner Stimme mehr Nachdruck. »Papa? Papa?«

Sein Vater hörte auf zu graben und blickte mit einem verstörten Ausdruck im grauen Gesicht auf. Seine Augen waren rot, und darunter hatte er dunkle Ringe. Er starrte Monty an, als erkenne er ihn gar nicht. Und dann sagte er: »Was? Was hast du gesagt?«

»Ich muss zur Schule, und ich weiß nicht, wie spät es ist. Niemand hat die Uhr aufgezogen.«

»Schule? Heute?« Sein Vater lehnte sich schwer auf den Spaten, und ein kleiner Schweißtropfen lief ihm seitlich das Gesicht hinunter.

»Ja. Es ist Freitag. Sollen wir auf Mrs Babbit warten?«

»Mrs Babbit kommt heute nicht.« Sein Vater hob den Spaten und stieß ihn fest in die Erde. Und dabei entfuhr seiner Kehle ein würgendes Geräusch.

»Oh!« Monty wollte seinen Vater nicht länger ansehen, also blickte er hinauf in den Himmel. Eine dünne Ader in blassem Gelb war erschienen, eingeklemmt zwischen Spuren von sehr blassem Rosa. In seinem erst kürzlich erwachten Verstand begann sich ein hässlicher Gedanke zu regen. Ein großer Starenschwarm flog über seinem Kopf dahin, stob hinauf und wieder hinab wie eine dunkle Welle, und als er über dem Dachfirst verschwand, wusste Monty, dass er die Frage stellen musste.

»Sie ist t-tot, oder?« Monty spürte, wie sich in seinem Inneren eisige Finger rührten, wie sie grabschten und quetschten.

»Nein, ist sie nicht, aber sie sagt, sie kann nicht mehr für uns arbeiten.« Papa riss den Spaten aus der Erde, dass Erdklumpen über seine nackten Beine und in seine Gummistiefel flogen. Seiner Kehle entfuhr ein weiterer würgender, erstickter Ton, und Monty sah Tränen in seinen Augen schimmern.

»Nicht Mrs Babbit ... Mama ... Sie ist tot, nicht wahr?« Montys Beine schrumpften, und er sank aufs taufeuchte Gras. Es fühlte sich an, als könne er nicht atmen, als sei keine Luft mehr da.

»So gut wie tot, ja. Für uns ist sie jetzt tot, das muss so sein.«
Während ihm die Tränen übers Gesicht liefen, stieß er den Spaten
zurück in den Boden.

»Ich verstehe nicht, Papa. Wie meinst du das?«

»Wir müssen leben, als wäre sie tot, Monty.« Er hielt inne
und schluckte, dann setzte er hinzu: »Du darfst es niemandem
weitererzählen. Weder deinen Schwestern noch sonst irgendwem.«

»Dann lebt sie also noch? Sie ist gar nicht tot?« Eine Welle der
Freude und Erleichterung überkam Monty. Er sprang auf, plötzlich leicht wie eine Seifenblase. Am liebsten hätte er in die Luft
geboxt und geschrien und getanzt. Seine Mutter lebte!

»Sie ist fortgegangen, um mit Mr Lawrence zu leben. Sie hat
uns verlassen.« Papa schluchzte laut auf und warf den Spaten auf
die Erde.

»Was?« Monty starrte seinen Vater an. »Nein, Papa. Mama ist
bei Großvaters Feier in Metz. Hast du das vergessen?«

»Sie möchte Mr Lawrence heiraten.« Die Worte kamen in einem gequälten Ton aus seinem Mund und sanken wie Steine auf
den Grund von Montys Magen. Er stürzte zum Spaten, fiel dann
aber auf die schwarze Erde und schluchzte und klagte wie eine
Möwe.

»Wir müssen sie zurückholen! Sie ist mit dir verheiratet. Sie
kann Hungriger Fuchs nicht heiraten … Das kann sie nicht!«
Monty griff nach der Hand seines Vaters und begann an ihm zu
ziehen. Er war aufgebracht. Voller Wut und Zorn über die Schwäche seines Vaters. Warum grub sein Vater im Nachthemd den
Garten um, wo er doch Mama aus den Fängen von Hungriger
Fuchs befreien musste?

Er zog an der Hand seines Vaters, zog ihn vom Boden hoch
und zerrte ihn zum Haus. Sie hatten keine Zeit zu verlieren. Er

würde Pfeil und Bogen holen und Schrecklicher Hungriger Fuchs totschießen. Warum hatte sein Vater nicht selbst daran gedacht? Sie konnten Mrs Babbits schärfstes Küchenmesser nehmen. Vielleicht konnten sie auch eine Schrotflinte kaufen.

»Los, Papa! Wir können den Zug nehmen.« Montys Zorn über die Schwäche seines Vaters wuchs immer mehr. Warum konnte sein Vater nicht etwas männlicher sein? Wie Robin Hood oder King Arthur? Warum jammerte er wie ein Baby?

»Nein!«, schluchzte sein Vater und schüttelte seine Hand ab. »Du verstehst das nicht!«

»Sie gehört nicht ihm! Sie gehört uns!« Es war lauter und klarer aus ihm hervorgebrochen, als er erwartet hatte.

Sein Vater hörte auf zu schluchzen. Rotz- und Spuckefäden liefen über sein Kinn, Schweiß und Tränen funkelten in den Falten seines Gesichts. Er lehnte sich mit geschlossenen Augen an die Hauswand, als versuche er, sich zusammenzureißen, bevor er ins Haus ging.

»Ich werde ihr nicht erlauben zurückzukommen, Monty. Sie hat uns entehrt. Sie hat ihr Eheversprechen gebrochen. Sie hat meine Familie zerstört, meine Karriere, meinen Ruf. Alles!« Er begann mit seinen dünnen, zitternden Fingern die Gummistiefel auszuziehen.

»Was soll aus uns werden?«

»Wir werden das Haus verkaufen, und du wirst nach London gehen und bei deinen Großeltern leben und eine neue Schule besuchen, an der uns niemand kennt.«

»Ich will nicht in London leben. Ich habe jetzt Freunde.« Monty traten Tränen in die Augen.

»Du wirst tun, was ich dir sage!« Sein Vater hob die geballte Faust und hieb sie gegen die Backsteinmauer. Monty zuckte zusammen. Er wollte nicht länger bei seinem verrückten Vater sein.

Er wollte zur Schule gehen und in seiner Lateinklasse sitzen und dem eintönigen Geleier seines Lehrers zuhören.

Sein Vater sackte gegen die Wand und untersuchte seine Hand. Sie war an der Seite aufgeschürft, und aus der geschundenen Haut rann Blut. Dann fing er wieder an zu weinen, und seine Brust hob und senkte sich, sodass schreckliche erstickte Laute aus seiner Kehle kamen, die Morgenluft durchschnitten und alle Vögel vom Himmel verscheuchten.

»Soll ich jetzt zur Schule gehen, Papa?«, wisperte Monty. Sein Vater machte ihm Angst. Er musste zur Schule gehen, um klar und ruhig darüber nachdenken zu können, wie er seine Mutter retten, wie er sie zurückholen könnte. Und erst dann würde er über Schrecklicher Hungriger Fuchs nachdenken. Über die Strafe, die er verdiente.

*

Cowley
Victoria Crescent
Nottingham
12. Mai 1912

Liebste Maude, meine liebste Schwester,
mach Dich auf schreckliche Neuigkeiten gefasst. Frieda hat mich verlassen und ist mit einem anderen Mann nach Deutschland gegangen. Ich bin zu feige, es den alten Leutchen zu sagen. Ich bitte Dich, sag Du es ihnen. Ich weiß, es wird für sie zehntausendmal schlimmer sein als der Tod.

Mein Zustand ist entsetzlich. Beim Anblick von Friedas Handschrift zittere ich wie ein alter Krüppel. Sie wiederzusehen wäre mein Tod. Ich würde mich umbringen und die Kinder auch. Es ist schrecklich, sich so nach dem Tod zu sehnen und doch für andere leben zu müssen. Umbringen werde ich mich nicht, aber ich wünschte, sie würde mich in Frieden lassen.

Heute hoffte ich, das Geratter in meinem Kopf sei vergangen, doch dann kam ein Brief von ihr mit einem Kompromissvorschlag, der mir das kleine bisschen Vernunft, das mir geblieben war, geraubt hat.

Um ihretwillen und um der Kinder willen muss ich meine Stellung hier behalten, obwohl ich diesen Ort mehr verabscheue als die Hölle. Heute musste ich vier Stunden Vorlesung halten und dann an einer langen Versammlung teilnehmen. Ich musste mich verzweifelt zusammennehmen, um nicht hysterisch in Tränen auszubrechen.

Dann wieder bin ich schwach wie ein Kind und kann nur daliegen und denken und denken – wenn ich doch nur eine Viertelstunde lang mit dem Denken aufhören könnte!

Meine Verzweiflung lässt mich kämpfen, sie wird mir den besten Ausweg aus dieser Situation zeigen.

Bitte bring es den alten Leutchen möglichst schonend bei. Und bitte sag den Mädchen nichts. Sie sollen es nicht wissen. Ich werde Dir später, in einem anderen Brief, mitteilen, was ich für Elsa und Barby entschieden habe.

In großem Kummer
Ernest

PS: Ich bitte Dich, mach gottesfürchtige Christinnen aus den Mädchen. Alle Spuren von IHR müssen ausgemerzt werden. Die Boheme soll ihnen unbekannt bleiben.

PPS: Die Kinder sollen nie wieder ein deutsches Wort sprechen. Nie wieder.

51

Barby

Barby und Elsa standen auf dem Treppenabsatz und lauschten der Stimme ihrer Großmutter, die die Treppe heraufschallte. »Wovon sprichst du, Maude? … Nein! … Ich glaub es nicht!«

Dann war Tante Maudes Stimme zu hören, ängstlich und zögernd. »Fort … ich soll mit ihnen in die Kirche gehen … er hat es mir aufgetragen … sie von der Boheme fernhalten … alle Spuren von ihr …«

»Wie sollen wir es Charles sagen? Ich kann das nicht … Gar nichts sagen? Was sollen wir denn dann sagen?« Großmutters Stimme zitterte, dann schwoll sie an, klang wütend und empört. »Wie niederträchtig von dieser Frau! Eine Schande … nichts weiter als eine …«

»Warum ist Großmutter so gemein zu Tande Maude? Sie ist ja noch gemeiner als sonst!«, flüsterte Barby empört.

Nun bellte Großmutter die Treppe herauf. »Elsa! Barby! Holt eure Hüte und Handschuhe! Wir gehen in die Kirche, jetzt sofort.«

»In die Kirche? Es ist doch gar nicht Sonntag. Und noch früh am Morgen. Was sollen wir da in der Kirche?«, fragte Barby.

Großmutter schrie weiter. »Kämm dich! Gesegnet sind die, die sich allezeit in Rechtschaffenheit üben.«

Während Elsa auf ihr Zimmer ging, um die Hüte zu holen, begann Barby, sich, den Rücken an der Wand und die Ohren gespitzt, die Treppe hinunterzuschieben. Sie linste übers Geländer. Sie sah, wie Großmutter ihr Spitzenhäubchen fester zog und Tante Maude ihr Schürzenband löste. Großmutter schnalzte ärgerlich mit der Zunge, dann flüsterten die beiden wieder miteinander. »Verkommene deutsche Brut ... so eine verkommene Brut ... hier war der Satan selbst am Werk ... Sie wird den gerechten Zorn Gottes erfahren!«

Großmutter schielte zu ihnen herauf. »Beeilt euch, Mädchen! Ergreift die ganze Waffenrüstung Gottes, damit ihr gegen die Listen des Teufels bestehen könnt.«

»Warum müssen wir jetzt in die Kirche?«, protestierte Barby.

»Pssst«, suchte Maude sie zu besänftigen. »Wir nehmen am Elf-Uhr-Gottesdienst teil, und dann schreibt ihr euch für den Chor und die Sonntagsschule ein.«

Sobald die Kirche in Sicht kam, marschierte Großmutter mit stocksteifem Rücken und bauschenden schwarzen Röcken auf das offen stehende Portal zu. »Wir müssen beten, dass diese Kinder der Versuchung widerstehen können, dass ihnen alles schlechte Blut ausgetrieben wird.«

Nach dem Gottesdienst setzten Tante Maude und Großmutter Barby und Elsa auf die hinterste Kirchenbank und steckten mit dem Vikar die Köpfe zusammen. Barby beugte sich zu Elsa hinüber und fragte: »Haben wir etwas falsch gemacht?«

Elsa starrte auf ihr Gebetbuch, fuhr vorsichtig mit dem Zeigefinger über die geprägten Lettern des Titels, zog sie nach, als habe sie ihr Augenlicht verloren und versuche, mit den Händen zu lesen. »Das nehme ich mal an.«

»Kommt jetzt, Mädchen.« Tante Maude, den Strohhut schief auf dem Kopf, kam den Gang entlanggetrippelt. »Der Vikar sagt, ihr könnt beide Male am Unterricht der Sonntagsschule teilnehmen und dürft ohne Vorsingen dem Kinderchor beitreten. Das Psalmensingen wird euch viel Trost und Stärke bringen.«

»Und rechte Frömmigkeit«, schnappte Großmutter. »Lasst uns Gottes große Gnade nicht vergessen.«

»Aber wir fahren doch schon bald nach Hause. Warum müssen wir dem Chor beitreten?«, fragte Barby verwirrt.

»Weil der Herr alle Menschen liebt, auch wenn *sie* das nicht tut. Du und Elsa, ihr sollt heute der Abendandacht beiwohnen.«

»Weil wir voller Sünde sind?«, fragte Elsa mit leisem Stimmchen.

»Ja, das seid ihr. Euer lieber Vater, der Gute, hat Tante Maude gebeten, die Sünde in euch auszurotten. Und das werden wir!« Großmutter stampfte im Stechschritt über den Steinboden und verließ die Kirche mit hoch erhobenem Kopf. Tante Maude trabte hinterher.

Barby suchte tastend Elsas Hand. »Ich versteh das nicht. Wieso glaubt Papa, wir seien voller Sünde?«

Aber Elsa antwortete nicht. Alles, was Barby hörte, waren die Wetterfahne, die heftig im Wind schlug, und Großmutters schrille Stimme. »Was Gott zusammengeführt hat, soll der Mensch nicht trennen.«

Cowley
Victoria Crescent
Nottingham
25. Mai 1912

Frieda,
unter gehörigem Zwang und als Gentleman von unbestreit-
barer Redlichkeit wäre ich gewillt, Dich wieder in den Stand

einer Mrs Weekley einzusetzen. Unserer Familie und unseren drei Kindern zuliebe. Selbstverständlich würde ich Treue und Ergebenheit von Dir fordern. Ich erwarte, dass Du das Eheversprechen, das wir einander und vor Gott gegeben haben, erfüllst.

Sollte dieser Vorschlag für Dich nicht annehmbar sein, ziehe ich in Betracht, Dir eine Wohnung in London zu schenken, in der Du mit den Kindern leben kannst. Deine Lebensführung müsste höchsten moralischen Ansprüchen genügen, das erwarte ich von Dir. Ich wünsche nicht, dass unsere Kinder vom Skandal beschmutzt oder der Sittenlosigkeit ausgeliefert werden. Und es bedarf keiner Erwähnung, dass jede Verbindung mit anderen Männern unverzüglich zu enden hat.

Mehr Kompromisse als diese kann ich dir nicht anbieten.
Ernest

52

Frieda

D as ist doch lächerlich, Frieda. Natürlich musst du zu Ernest und den Kindern zurückgehen.« Elisabeth saß kerzengerade auf der Kante ihres rauchfarbenen Sofas und blickte ihre Schwester über den Rand ihrer Teetasse an.

»Aber Lorenzo braucht mich. Er erträgt es nicht, wenn ich fort bin, nicht einmal für ein paar Stunden.« Frieda zog kräftig an ihrer Zigarette und erhob sich. Sie hätte so gern die rechten Worte gefunden, um zu erklären, dass Lorenzo einfach der »Richtige« war, dass vor ihnen eine gemeinsame Zukunft lag, dass sie dieses »Richtige« mit solch strahlender Intensität fühlte, als halte sie einen fein geschliffenen Diamanten in der Hand.

»Du kennst ihn kaum. Du bist nach nur acht Wochen mit ihm durchgebrannt. Wie kann er innerhalb von acht Wochen dermaßen abhängig von dir werden? Das ist ziemlich absurd.«

»Ich bin nicht mit ihm durchgebrannt.« Frieda blies eine lange Rauchwolke aus und ging zum Fenster. Sie fuhr mit der Hand über die buttergelben Vorhänge. Wie seidig sie waren, der reine Luxus. Wie schwer der Stoff fiel. Wie gut und treffend das Gelb neben den grauen Samtpolstern zur Geltung kam. Vor dem Fenster stand eine Vase mit gelben Gloire-de-Dijon-Rosen. Wie sie dufteten – und wie kunstvoll sie im Strahl der Nachmittagssonne positioniert waren. Alles in Elisabeths Wohnung war genau platziert und gut eingerichtet, perfekt aufeinander abgestimmt und durchdacht. Das hätte sie eigentlich beruhigen sollen, tat es aber nicht. Vielmehr unterstrich es noch den scharfen Gegensatz zu ihrer eigenen Zerrissenheit.

»Er hat diesen Brief hinter deinem Rücken an Ernest geschickt, ohne dein Einverständnis! Er hat deine Hand erzwungen. Er hat dich ausgetrickst.« Elisabeth trat zu der Vase, arrangierte eine Rose um, trat einen Schritt zurück, um das Ganze zu begutachten. »Aber was noch stärker ins Gewicht fällt: Er hat kein Geld. Papa nennt ihn einen ungezogenen, gemeinen, mittellosen Flegel, das weißt du, nicht wahr?«

Friedas Blut geriet in Wallung. Ihr Vater hatte nicht halb so viel Herz und Ehrlichkeit im Leib wie Lorenzo. Nicht halb so viel Talent und Brillanz. Sie nahm einen gierigen, tiefen Zug, füllte ihre Lunge mit beruhigendem Zigarettenrauch. »Lorenzo hat geniale Fähigkeiten. Selbst Ernest hat das erkannt.«

»Aber wie will er für dich sorgen?« Elisabeth zupfte ein mit Monogramm versehenes Taschentuch aus Friedas Tasche. »Wozu hat man dir Taschentücher gegeben, in die dein Wappen eingestickt ist, wenn du leben willst wie eine Almosenempfängerin?«

»Es war eine Laune.« Frieda blieb stumm. Nicht einmal sich selbst gegenüber konnte sie das abgründige Gefühl erklären, das sie beschäftigte, seit sie wieder allein hier in Schwabing war; sie spürte, dass dieses kleine Zwischenspiel in ihrem Leben eine Chance darstellte, wieder sie selbst zu werden. Hier war sie weder Mrs Weekley noch die zukünftige Mrs Lawrence. Natürlich änderten die Taschentücher nichts an ihrem geschundenen Seelenzustand. Aber es war ein auf unerklärliche Weise tröstliches Gefühl, die bestickte Kante zu ertasten.

Sie starrte hinaus. Zwei Jungen jagten einen Hund die Straße hinunter, und als sie ihnen dabei zusah, merkte sie, dass sich eine Träne in ihr Auge stahl. Was tat Monty gerade? Sortierte er seine Briefmarken, oder war er im Garten und spielte mit dem Kreisel? Sie stellte sich vor, wie er im Gras hockte, Dreck auf den Knien, und zusah, wie der Kreisel auf dem Rasen Pirouetten drehte. Oder vielleicht hatte Ernest ihn nach Sherwood Forest mitgenommen, um mit ihm Bogenschießen zu üben. Und die Holunderblüten waren schon aufgegangen, und die Kastanienbäume standen in voller Blüte, und die Knospen der Hundsrose waren dabei, sich zu öffnen. Und Ernest brachte Monty bei, wie man einen Pfeil spaltet.

»Du weißt, dass ich Ernest nicht leiden kann, aber du musst zu ihm zurückgehen.« Elisabeth legte Friedas Taschentuch deutlich sichtbar neben die Rosenvase und ging zurück zum Sofa. »Du kannst gern Affären haben. Zu deinem Vergnügen nach München kommen. Aber ohne einen guten Ruf und ohne Geld bist du nichts und niemand.«

Frieda wandte sich vom Fenster ab und blinzelte Montys Bild fort. »Aber mit Lorenzo kann ich jemand sein. Er möchte, dass ich ihm beim Schreiben helfe. Er hat so viele Pläne – er will die Welt sehen, verändern will er sie –, und ich werde ein Teil davon sein. Ich brauche kein Vergnügen!« Sie spürte die alte Jauche der Eifersucht in sich hochsteigen. Elisabeth durfte ein erfülltes Leben haben, aber sie, Frieda, sollte zu einer langweiligen Ehe voller Pflichten zurückkehren, mit einem Ehemann, der ihr die Verfehlungen niemals verzeihen würde.

»Dann nimm einfach die Londoner Wohnung, die Ernest dir angeboten hat. So kannst du wenigstens die Kinder sehen.« Elisabeth stieß einen ungeduldigen Seufzer aus, als fange sie allmählich an, sich über Friedas Ausflüchte zu ärgern.

»Das kann ich nicht. Ernest ändert seine Meinung von Stunde zu Stunde, daher kann ich kaum wissen, ob das Angebot ernst gemeint ist. Außerdem ist es an eine Bedingung geknüpft, die ich nicht akzeptieren kann.«

Elisabeth zog eine Braue hoch. »Und was wäre das?«

»Er verlangt, dass ich Lorenzo fallen lasse. Und das kann ich nicht.« Frieda sah zu Boden und rieb sich müde übers Gesicht. »Ich bin so lange einsam gewesen. Nur beim Lesen habe ich mich weniger einsam gefühlt. Und jetzt wird mir durch Lorenzo eine Zukunft ohne Einsamkeit geboten.«

»Mr Lawrence muss das Feld jetzt räumen. Das hat nichts mit deiner Einsamkeit zu tun.«

»Er weigert sich. Fragt, warum *er* geopfert werden soll. Sagt, die Kinder würden leiden und sich genötigt sehen, für mich zu leben und nicht für sich selbst; sie würden sich gezwungen sehen, mir mein Opfer zurückzuzahlen – und so meine emotionalen Sklaven sein. Er sagt, ihr Leben wäre ruiniert, wenn ich mich für sie aufgäbe.«

»Was für ein hanebüchener Unsinn!«

»Er macht mir Baumwoll-Pluderhosen. Die näht er selbst. Und letztens hat er mir meinen Hut aufgeputzt. Wir werden ohne Geld überleben.«

»Baumwoll-Pluderhosen!«, schnaubte Elisabeth. »Was ist so falsch an der französischen Spitze, mit der Mama uns großgezogen hat?«

»Lorenzo mag einfache Baumwolle lieber. Er ist recht gut im Nähen.« Ihre Stimme wurde weich vor Zärtlichkeit. Wie sollte sie ihrer rationalen Schwester die tausend verschiedenen Arten von Liebe erklären, die sie für Lorenzo empfand? Elisabeth würde das nie verstehen. Elisabeth, die eine Ehe gewählt hatte, in der lukrative Zweckdienlichkeit die Hauptrolle spielte, und die sich mit

Salons und Liebhabern tröstete. Elisabeth, die sich nie allein gefühlt hatte.

»Sei vernünftig, Frieda. Geh zu Ernest zurück.«

Frieda wandte sich wieder zur Straße um. Die Jungen waren verschwunden, und die Straße war leer bis auf ein paar Tauben, die halbherzig an einer Brotrinde herumpickten. Vielleicht sollte sie zu Ernest zurückgehen. Von ihren Kindern getrennt zu sein bedeutete unerträglichen Schmerz. Vor ihrem inneren Auge tauchte ein Bild von Nottinghams stehenden gallegrünen Kanälen mit den darin treibenden Abwasserschlieren auf. Und sie dachte an Ernest, wie er pedantisch die Bedeutung belangloser, obsoleter Wörter auseinanderpflückte. Und diese endlose, schreckliche Leere.

»Sei in der Öffentlichkeit Ernests Frau.« Mit einem abschließenden Klirren stellte Elisabeth die Teetasse zurück auf die Untertasse. »Und behalte Mr Lawrence als geheimen Liebhaber. Ernest muss das nie erfahren.«

»Damit wäre Lorenzo niemals einverstanden. Er weigert sich, etwas zu tun, bei dem man betrügen muss.« Frieda drückte die Zigarette aus und nahm sich aus der Schachtel auf dem Tisch eine neue. Ein hauchdünner Groll wand sich durch ihre halbgeformten Gedanken. Sie war es müde, sich von Elisabeth Vorträge anzuhören; war es müde, dass jeder dachte, Elisabeth wisse schon, was das Beste wäre. »Ich weiß nicht, was ich tun soll. Solange wir die Sache klären, muss ich irgendwo bleiben können. Irgendwo, wo es friedlich ist und ruhig.«

»Männer sind so selbstsüchtig.« Elisabeth beugte sich vor und zog die Kante eines Perserteppichs gerade. »Du kannst Alfreds Wohnung in Icking haben. Sie steht momentan leer. Es ist schön dort am Fluss, mit den Alpen im Hintergrund. Ich gebe dir ein wenig Geld.«

Frieda blähte die Nasenflügel. Sie wollte weder Elisabeths Geld noch die Wohnung ihres Liebhabers. Aber hatte sie denn eine Wahl? Sie dachte an die von blauem Schnee durchzogenen Berge und das opalisierende Licht, das über der Isar aufblitzte. Und an Lorenzo. Sie würde Zeit haben, sich auszuruhen und nachzudenken. Dann würde sie ihre Entscheidung fällen: Mit Lorenzo ein Zuhause für ihre Kinder schaffen oder zu Ernest zurückgehen?

*

Gasthaus zur Post
Beuerberg
26. Mai 1912

Liebste Elisabeth,
Lorenzo und ich sind auf unserem Weg zu Alfred Webers Wohnung, die Du uns so großzügig angeboten hast, für ein paar Tage in einem alten Gasthaus in dem reizenden Dorf Beuerberg untergekommen. Alle Häuser hier haben weiße Giebel und schwarze Balkone, und überall blühen Glockenblumen. Ich habe gemerkt, dass ich langsam wieder zu Verstand kam.

Aber es ist etwas geschehen. Oder, besser gesagt, ist nicht geschehen. Meine Menses ist ausgeblieben. Ich denke, ich bekomme ein Kind von Lorenzo. Das macht mich nervös. Wie soll ich mit einem Kind von Lawrence zu Ernest und den Kindern zurückgehen? Und wenn ich bei Lorenzo bleibe, wir aber kein Geld haben, wie sollen wir da ein Kind großziehen? Ich habe es Lorenzo natürlich gesagt, und er ist begeistert. Jetzt sagt er, dass er den »entschiedenen Wunsch« verspürt, mit mir ein Kind zu haben. Ich hätte nicht gedacht, dass er so reagiert.

Ich muss gestehen, dass mir der Gedanke, noch ein Kind zu bekommen, durchaus gefällt. Ein Kind, das mit Monty, Barby und Elsa aufwachsen könnte. Dann hätte ich vier, wie Du!

Lorenzo drängt mich immer noch, ihn zu heiraten. Ich möchte nicht verheiratet sein. Ich möchte niemandes Besitz sein. Ich glaube nicht an Treue oder die Monogamie. Aber wenn ich Nein sage, spielt er seine Trumpfkarte aus: Er erinnert mich daran, dass Ernest niemals die Kinder zu uns lassen wird, wenn wir nicht verheiratet sind. Und falls ich von Lawrence ein Kind erwarte, werde ich ihn natürlich heiraten müssen. Nehme ich an.

Ich kann nicht mehr klar denken. Warum muss das Leben für uns Frauen so schwer sein, so kompliziert?
Deine Dich liebende Schwester
Frieda

53

Monty

Es gab keine einzige Uhr im Haus, die noch tickte. Wenn Monty aus der Schule kam, dröhnte das Echo der Stille durch die leeren Räume. Er machte sich selbst in der Küche einen Toast, kratzte die Reste aus den Konfitüregläsern. Und dann ging er in sein Zimmer und ordnete seine Briefmarken oder zeichnete Wildvögel.

An manchen Abenden war sein Vater zu Hause, grub entweder wie besessen den Garten um oder sperrte sich in sein Arbeitszimmer ein, wo er Selbstgespräche führte, nicht selten auch laut wurde und Bücher an die Wand warf. Dieser Tage glänzten ständig Tränen in seinen Augen, und Monty und er huschten schweigend aneinander vorbei wie Fremde.

Manchmal schlich Monty sich in das Zimmer seiner Mutter und legte sich auf ihr Bett, atmete in die nach Tabak riechenden Kissen und streckte sich auf der Spitzentagesdecke aus. Oder er setzte sich an ihren Frisiertisch und strich sich mit der Bürste durchs Haar, legte die Hut- und Haarnadeln in ordentliche Reihen, richtete die Parfümfläschchen gerade und überprüfte, ob die Deckel der Puder- und Rougedöschen fest zugeschraubt waren. Ob alles bereit war für ihre Rückkehr.

Einmal fand er seinen Vater in ihrem Zimmer, mit dem Gesicht nach unten auf ihrem Bett liegend. Er hatte nichts am Leib als seine Unterwäsche. Monty starrte ihn an und war schockiert, wie dünn sein Vater war. Er sah aus wie bis auf die Knochen abgenagt, wie erloschen, als habe man seine Innereien ausgeräumt, sodass er hohl und leer war. In dem Moment begriff Monty, dass sein Vater nicht mehr sein Vater war. Er sah zwar noch so aus, aber er war ein anderer Mann. Ein ganz anderer.

Überall gab es Dinge, die einen ständig an »sie« erinnerten. Ihre Hüte und Handschuhe lagen auf dem Regal im Flur. Ihr Knopfhaken hing an einem Nagel bei der Haustür. Ihre Bücher und Notenblätter lagen in Stapeln im Gesellschaftszimmer. Ihr Stickkästchen stand geöffnet im Esszimmer, mit den bunten Garnspulen und dem Porzellanfingerhut mit dem Wappen derer von Richthofen. Wie ein Spukgeist war sie in jedem Raum, in jeder Ritze des Hauses gegenwärtig. Ihr Geruch hing in der Luft, einzelne blonde Haare fanden sich auf dem Sofa, dem Klavierhocker, dem Badewannenrand.

Eines Nachmittags, er saß gerade in der Küche und aß Toast, hörte Monty seinen Vater rufen. Er schluckte hinunter, was er im Mund hatte, und ging in den Flur. Sein Vater lehnte kraftlos im Türrahmen seines Arbeitszimmers.

»Hast du den Jungen in der Schule erzählt, deine Mutter werde dich holen und mit nach London nehmen, Monty?« Die Pupillen seines Vaters verengten sich auf Stecknadelkopfgröße.

Monty errötete und sah hinunter auf seine verschrammten, lange nicht polierten Schuhe.

»Hat es in der Schule Gerede gegeben? Unter den Jungen?«

Monty nickte und hielt den Blick fest auf seine Schuhe gerichtet. Die Schnürsenkel waren ausgefranst, und die aufgegangenen Hosensäume flatterten unordentlich um die Knöchel.

»Was haben sie gesagt?«

»Dass Mama nach Europa durchgebrannt ist.« Monty spürte das, was da in ihm lebte, was auch immer es war, durch seine Eingeweide mäandern.

»Was noch?«

»Dass sie mit einem Bergarbeiter abgehauen ist«, murmelte er.

»Was noch?«

»Dass er so jung ist, dass er ihr Sohn sein könnte.«

»Sonst noch etwas?«

»Dass ein Kind unterwegs ist«, murmelte Monty.

Er hörte seinen Vater schlucken.

»Und was sagst du dazu?«

»Ich sage ihnen, dass sie Lügner sind.« Monty verstummte. Sein Gesicht war heiß, und er konnte seinem Vater nicht in die Augen schauen.

»Und was sagst du noch?«

»Ich sage ihnen, dass sie kommt und mich holt ... mich nach London holt, damit ich bei ihr lebe ... und dich auch ... und Barby und Elsa.«

»Du weißt, dass das eine Lüge ist, Monty.« Die Stimme seines Vaters klang dünn. »Es ist wohl besser so, wenn du nicht mehr zur Schule gehst. Du wirst das Halbjahr vorzeitig beenden.«

»Nicht zur Schule gehen?« Ein Schauder lief durch seinen Körper. Einige Jungen hatten zwar gemeine Dinge über seine Mutter gesagt, aber die Schule war jetzt alles, was er noch hatte. Er dachte an seinen Geschichtsunterricht, seine Lateinstunden, die Lehrer, deren Gesichter ihm vertraut waren, seine hölzerne Schulbank mit den glatten, hineingeschnitzten Rillen, in die er jeden Morgen seine Stifte legte.

»Das Gerede ist nicht gut für uns. Es ist durchaus möglich, dass ich meine Arbeit verliere.« Sein Vater lehnte sich noch schwerer in den Türrahmen, als könnten seine abgemagerten Beine das Gewicht nicht mehr tragen.

»Aber du kannst doch jetzt nach Cambridge gehen.« Montys Miene hellte sich auf. »In Cambridge kennen sie Mama nicht.«

»Der Traum ist ausgeträumt. Niemand wird mich wollen – nicht mit diesem Ruch von Skandal, der uns anhängt. Ich wollte das nur für deine Mutter. Nicht für mich.« In seinem Gesicht zuckte es, und sein Mund zitterte, als werde er gleich weinen. Aber dann schloss er die Augen und schüttelte kurz und entschieden den Kopf.

»Was soll aus uns werden, Papa?«

»Ich habe eine neue Schule für dich gefunden, Monty. Die St Paul's School in West-London. Ich werde ein Haus in der Nähe der Schule kaufen, und dort werdet ihr, deine Schwestern und du, mit euren Großeltern und Tante Maude wohnen. Und am Wochenende komme ich euch besuchen.«

»Dann bleibst du unter der Woche hier?« Monty betrachtete den Flur, und ein Funke Hoffnung regte sich in ihm. Er würde an den Wochenenden herkommen, seine Freunde besuchen, auf sie warten.

»Nein. Das Haus werde ich verkaufen. Ich werde mir in der Nähe der Universität ein Zimmer mieten.«

»Das darfst du nicht! Was ist mit Mamas Sachen? Sie wird zurückkommen!«

»Sie kommt nicht zurück!«, schrie sein Vater. Dann hob er die Hand und schlug hart gegen den Türpfosten. »Warum bin ich nur mit so einem Idioten von Sohn geschlagen!«

Der Kloß in Montys Kehle schien immer mehr anzuschwellen und bis zum Gaumen hinaufzusteigen. Er versuchte ihn hinunterzuschlucken, doch stattdessen entfuhr seinem Kehlkopf ein seltsames Knacken, wie wenn eine Kastanie platzt.

»Tut mir leid.« Sein Vater streckte die Hand aus und packte Monty am Arm. »Manchmal denke ich, ich werde langsam verrückt.«

»Papa?«

»Ich muss wieder an meine Arbeit. Mein Verleger hat mir die Korrekturfahnen geschickt.« Er stieß einen langen, stotternden Seufzer aus, und seine Brust hob und senkte sich.

»Ich habe bald Geburtstag, Papa.« Monty war nicht wohl dabei, seinen Geburtstag zu erwähnen, aber er musste es tun. Denn wenn er es nicht tat, verschwand der Geburtstag vielleicht. Wie alles andere in seinem Leben auch. Und dann bliebe er für alle Zeit elf Jahre alt.

»Tatsächlich?« Sein Vater runzelte die Stirn und grub seine Finger noch fester in Montys Arm. »Wie alt wirst du denn?«

»Zwölf.«

»Zwölf?«

»Ja, am fünfzehnten Juni.« Er wünschte, sein Vater würde ihm den Arm nicht so quetschen. Es tat allmählich weh.

»Und was wünschst du dir zum Geburtstag?«

»Einen neuen Bogen und ein paar mehr Pfeile, bitte.« Stille. Monty hörte seinen Vater zischend ein- und ausatmen. Er trat verlegen von einem Bein auf das andere. Es gab eine Frage, die er stellen wollte, stellen musste. Sie saß ihm gleich vorn auf der Zungenspitze. Und dann kam sie heraus. »Kommt Mama zu meinem Geburtstag?« Sie hatte seinen Geburtstag noch nie vergessen. Nie.

Sein Vater ließ seinen Arm fallen, dann schoss ihm das Blut ins weiße Gesicht. »Sie kommt nicht. Niemals. Nicht zu deinem Geburtstag. Nicht an Weihnachten. Zu keiner Gelegenheit!«

Monty zuckte zusammen. »Nicht einmal an Weihnachten?«

»Zu gar keiner Gelegenheit. Und du darfst ihr auch nicht schreiben. Ich verbiete dir das!«

Monty versuchte, den Kloß in seinem Hals hinunterzuschlucken, aber diesmal gelang es ihm nicht. Der Kloß kam wieder, in einem erschrockenen Schluchzer brach es aus ihm heraus. Er schluckte erneut, aber seine Augen konnten die Tränenflut nicht länger zurückhalten, und er hatte keine Luft mehr in der Lunge. Wenn er nicht losweinte, würde er ersticken. Er drehte sich um und rannte die Treppe hinauf. Als er auf dem Treppenabsatz angekommen war, blieb er stehen und schrie zu seinem Vater hinunter: »Aber wie soll ich sie dann in Erinnerung behalten? Wie nur?«

*

Beuerberg, Gasthof
Beuerberg
30. Mai 1912

Liebe Elisabeth,
ich habe meine Menses bekommen! Also kein kleiner Lawrence.
Ich bin erleichtert und traurig zugleich. Lorenzo war enttäuscht, aber er hat sich damit abgefunden. Jetzt tigert er mit seinen schlaksigen Beinen in diesem schrecklichen kahlen Raum umher (wir schlafen unter dem grauenvollen Ölbild eines blutenden Christus am Kreuz) und sagt, er werde die Welt für die nächsten tausend Jahre ändern. Und er glaubt wirklich daran!
Morgen ziehen wir in Alfreds Wohnung um.
Deine Dich liebende Schwester
Frieda

54

Frieda

A lfred Webers Wohnung lag im vierten Stock. Man blickte von dort auf blauschwarze Berge mit schneebedeckten Gipfeln, die in der Nachmittagssonne sattgolden erstrahlten. Frieda und Lorenzo frühstückten im örtlichen Gasthaus, unter einem Kastanienbaum, der seine rosa Blüten in ihren Kaffee, auf die Schwarzbrotscheiben und in die Butterdose fallen ließ. Nach dem Frühstück wanderten sie in die Berge oder durch die umgebenden Täler und Buchenwälder. Eines Tages geriet Lorenzo angesichts der Fülle an Wildblumen in Verzückung und bückte sich nach jeder einzelnen Blüte, um sie zu untersuchen.

»Was sind das für goldene Blasen?« Er deutete auf eine Gruppe kugelförmiger Blumen von der Farbe reifer Quitten. »Wenn du den Namen nicht weißt, müssen wir einen erfinden.« Er rutschte die Böschung hinunter zu der Stelle, an der die Blumen am Ufer des jadegrünen Flusses wuchsen. Als er mit einer Blume in der Hand zurückkehrte, reichte er sie Frieda mit einer kleinen Verbeugung. »Ich taufe diese Blume Strahlend Gelber Junggesellen-Knopf ... und überreiche sie Ihnen, meine Kaiserin.«

Frieda lachte. »Der Name gefällt mir! Sie sehen genau aus wie goldene Knöpfe. Aber warum nennt man die Flockenblume im Englischen ›Junggesellen-Knopf‹?«

»Weil Junggesellen sich bei Laune halten müssen, solange sie auf der Suche nach der Frau ihrer Träume sind.«

Hand in Hand stolperten sie durch Farnkraut und Alpenrosen zu dem Ufer, an dem die Flockenblumen in riesigen gelben Kugeln wuchsen, gleich neben Primeln und Glockenblumen, Weiden und Silberpappeln.

»Schau dir die hier an, Frieda. Sieh dir die Staubblätter an. Sieh nur, wie sie sich strecken, wie sie nach Leben und Sonne dürsten. Dieser hier musst du einen Namen geben.«

Frieda blieb stehen und betrachtete Lorenzo, sein blasses Gesicht war vor Aufregung gerötet und von frischen Sommersprossen übersät. Der helle Glanz in seinen Augen schien alles mit Leben zu füllen und mit Farbe zu tränken. Sie liebte seine Gabe, Schönheit noch in jeder grauen Wolke und in jedem wuchernden Unkraut zu finden. Am Vortag hatte er einen Mispelzweig mit nach Hause gebracht, die braunen Früchte hart und unreif. Aber als er ihren Finger nahm und behutsam auf die ledrige, narbige Schale der Mispeln legte, hatte sie ein atemloses Hochgefühl empfunden. Wie jemand etwas so Wertloses zu etwas so Auserlesenem machen konnte!

»Wie wäre es mit ›Liebesklage‹?«

»Viel zu traurig. Da ist nichts Klagendes an dieser kleinen Schönheit. Zieh deine Schuhe aus, und lass uns ein bisschen herumplantschen.« Lorenzo löste die Schnürsenkel, zog seine abgetragenen Schuhe und die groben Socken aus. Seine Füße waren dünn und weiß, und an den Zehen klebten rote Hautfetzen. Als Frieda sie sah, wäre sie am liebsten auf dem feuchten Boden niedergekniet, um sie mit Küssen zu bedecken. In diesen Füßen steckte so viel Pathos. Aber Lorenzo rutschte bereits über die Felsen, plantschte herum und japste nach Luft.

»Komm her. Das Wasser ist gar nicht so kalt hier ... und atme tief ein! Riechst du die wilde Pfefferminze? Ich komme mir vor wie auf den Hügeln des Himmels!«

»Das Wasser kommt direkt aus den Alpen. Es ist geschmolzener Schnee.«

Frieda schleuderte die Schuhe von den Füßen, zog ihre Strümpfe aus und warf sie nachlässig über einen Ast.

In der folgenden Stunde ließen sie die Füße in einem kleinen Becken mit sonnengewärmtem Wasser baumeln, während eine leichte Brise die verschiedensten Gerüche heranwehte. Als ihre Füße allmählich taub wurden, zog sie die Ringe von ihren Fingern und forderte Lorenzo auf, ihr seine Füße zu geben. Bereitwillig legte er die Füße in ihren Schoß. Sie zog sanft an den gekrümmten Zehen, dann küsste sie die kalten, blassen Füße einzeln und begann, seinen Zehen Ringe überzustreifen. »Deine Füße sehen aus wie zwei Kabeljaufilets«, sagte sie lachend. »Aber sie haben etwas, das mich mit Liebe zu dir erfüllt. Jetzt lass sie wieder ins Wasser hängen und sieh dir an, wie sie zum Leben erwachen.«

Gehorsam streckte Lorenzo die Füße in das milchgrüne Becken. Die kleinen Wellenrippel ließen sie größer und verzerrt erscheinen, und das Licht, das sich an den goldenen Ringen und kostbaren Steinen brach, brachte alles unter der Oberfläche zum Glitzern und Funkeln.

»Deine Füße sind so hochherrschaftlich und wohlgenährt und gesund. Deine großen Freifrauenfüße neben meinen armen Nottinghamer Füßen.«

Sie stupste seine platten, knochigen Füße mit ihren runden, rosigen an und sagte lachend: »Ich hätte lieber wie du eine Hornhaut als alle Ringe der Welt. Los, zieh dich aus, und schwimm mit mir!«

»Hier?« Er sah sich um und wischte sich nervös die Handflächen an den Knien seiner hochgekrempelten Hose ab. »Nackt?«

»Warum nicht? Ist doch egal, wenn ein Bauer uns sieht. Mir macht es nichts aus, wenn ein Holzfäller meine Brüste sieht. Alle Frauen haben welche, sie sind alle gleich.« Frieda schälte sich aus Kleid und Unterrock und zog ihre Damenpluderhosen aus. Dann stand sie auf einem Felsen, das Kinn der Sonne entgegengereckt, den Rücken durchgebogen, die Haut perlmuttfarben glänzend.

»Na los«, rief sie. »Ich habe Ernest nicht verlassen, damit Sie mir hier mit dieser Prüderie kommen, Mr Lawrence.« Damit stieg sie hinunter ins Becken und japste, als das eiskalte Wasser ihre Beine umspülte und ihr Fleisch fleckig blassrosa färbte. Sie drehte sich nach Lorenzo um. Mit flinken, ängstlichen Bewegungen krempelte er die Hosenbeine hoch, blickte flugs nach links und rechts, hielt den zerbrechlichen weißen Körper gebeugt.

»Du dummer, schüchterner Kerl ... Du musst nackt sein! Durch den Schock fühlst du dich ganz großartig lebendig.« Sie tauchte den Kopf ins eiskalte Wasser. Eine Sekunde später war er an ihrer Seite, ein plantschendes, nach Luft japsendes Gewirr aus Gliedmaßen. Sie griff nach seiner Hand und zog ihn ins arktische Zentrum des Beckens. Dann legte sie ihm die Arme um den Hals und fragte: »Fühlst du dich jetzt gut und lebendig?«

»O mein Gott, ja!« Er machte sich von ihr los und fing an, Wasser über sich zu schöpfen. »Ich bin rein! Dieses blassgrüne Gletscherwasser hat mich reingewaschen!«

Sie wärmten sich im grellen Sonnenlicht, dann kehrten sie in die Wohnung zurück. Lorenzo richtete auf dem Balkon einen improvisierten Schreibtisch ein, mit Blick auf die Weizenfelder, die sich grün und borstig bis ins Tal erstreckten. Er schrieb schnell und wie im Furor, als vernehme er hinter sich schon das Knistern eines Waldbrandes. Ab und an legte er eine Pause ein und massierte sich die Hände, sah den vorbeifahrenden Ochsenkarren zu, den Maultieren, die mit riesigen Käserädern beladen waren, den gebückten Frauen, die Weizen droschen. Und dann tauchte er die Feder ins Tintenfass und schrieb weiter, dass die Worte nur so übers Papier flossen, so als könnte sein Füllfederhalter kaum mit seinen Gedanken Schritt halten.

Schließlich hielt er inne und rief nach Frieda. »Ich wusste nicht, dass das Leben so schön sein kann – so göttlich. Ich habe es bewiesen! Ich habe bewiesen, dass das Leben wundervoll und herrlich und so gut sein kann, wie man es sich in seinen wildesten Träumen nicht ausgemalt hätte.«

»So, mein Lieber, und das hast du jetzt bewiesen?« Frieda trat auf den Balkon hinaus und legte die Hände auf seine Schultern, spürte die Knoten und Beulen unter ihren Fingern.

»Ich bin so voller Angst und Glück, meine Kaiserin, meine Bienenkönigin. Verliebt sein ist das Größte, was einem Mann passieren kann, und ich will es allen sagen, all meinen unverheirateten Freunden, allen!«

Sie machte den Mund auf, um etwas zu erwidern, um zu sagen, dass sie noch nicht entschieden habe, was sie tun werde, dass sie ohne ihre Kinder gar nichts tun werde. Aber die Worte zerkrümelten ihr in der Kehle.

»Du weißt, ich liebe dich jeden Morgen und jeden Abend mehr.« Lorenzo lehnte sich zurück, ließ seine Schultern in ihre warmen Hände schmelzen, lehnte den Kopf an ihren weichen Bauch. »O Frieda, wo soll das enden? Ich weiß, ich werde dich mein Leben lang lieben, aber was, wenn Weekley dich nicht ziehen lässt?«

»Lass uns nicht an ihn denken, Lorenzo. Nicht heute.« Am

Nachmittag war ein weiterer Brief von Ernest gekommen. Er schrieb, einer Scheidung werde er niemals zustimmen. Sie hatte den Brief noch an der Tür geöffnet, aber nichts gesagt. Sie wusste, wie sehr Ernests Briefe Lorenzo aufregten, wie bitter er wurde, wenn er sie wegen der Kinder weinen sah.

»Aber ich muss dich heiraten, meine Kaiserin.« Er drückte den Kopf fester in die Wülste ihres Körpers.

»Wir könnten doch so weitermachen wie bisher, oder nicht?« Sie sah hinüber zu den Berggipfeln, die ihren morgendlichen Glanz verloren hatten und aprikosengolden in der sirupartigen Nachmittagssonne badeten.

»Ich glaube an die Ehe, meine Bienenkönigin. Ich will, dass du meine Frau wirst. Ich will nicht, dass die Leute dich nicht in ihre Häuser lassen, weil sie dich für nicht respektabel halten, weil du in Sünde lebst. Und Ernest wird ohnehin nicht zulassen, dass seine Kinder bei einer gefallenen Frau aufwachsen.«

Frieda strich ihm übers Haar. Sie wollte keine Ehefrau mehr sein. Sie wollte wie Franziska zu Reventlow sein – ihren eigenen Namen tragen und sich ihre Unabhängigkeit bewahren. Aber sie wollte auch ihre Kinder bei sich haben, und sie wusste, dass Lorenzo recht hatte. Sie lenkte ihren Blick von den angegrauten Bergkämmen im Süden zurück nach England. Schaute über das kleine weiße Dorf, über die weiße Kirche hinweg, über die Wälder und Weizenfelder, und dachte wieder an ihre Kinder. Was taten sie gerade? Spielte Monty mit Ernest Schach? Zeichnete Barby unter dem bewundernden Blick von Tante Maude Feen? Und Elsa – was tat Elsa? Half sie ihrer Großmutter bei der Zubereitung der Mahlzeiten? Ja, Elsa war so hilfsbereit … sie würde den Tisch decken. Und sie würden an ihren Ausflug in den Londoner Zoo denken. An den Ausflug, den sie ihnen versprochen hatte … ihre Augen füllten sich mit stillen Tränen.

Sie spürte, wie Lorenzo an ihrer Hand zog. »Wir können nicht zulassen, dass Weekley uns zerstört. Das dürfen wir nicht. Unser gemeinsames Leben wird so gut sein!«

Sie trat vom Fenster zurück, denn sie wollte nicht, dass er den wässrigen Film in ihren Augen sah. »Aber können wir auch ein Zuhause für meine Kinder schaffen?«

Lorenzo nahm seine Feder, legte den Zeigefinger auf die Spitze und ließ sein dünnes Handgelenk in der Luft kreisen. »Ich will in die Wildnis der menschlichen Erfahrung reisen. Mit dir an meiner Seite, als meine Frau.«

Kurz hielt er inne, dann setzte er die Spitze auf die Seite, und dort blieb sie, während die Tinte ins Papier blutete.

Frieda blinzelte und schaute mit Tränen in den Augen wieder zum Fenster, zurück nach Norden, zurück nach England.

55

Frieda

Nur eine Woche lang keinen Kummer und kein Zaudern«, bettelte er. »Eine Woche nur, die wir ›unseren Honeymoon‹ nennen können? Anschließend ordnen wir das ganze Durcheinander und holen deine Kinder.«

Sie trat auf den Balkon hinaus. Die Abenddämmerung dunkelte in die Nacht, und auf dem Pfad vorm Haus sangen Holzfäller und Köhler auf ihrem müden Marsch nach Hause. Sie sagte über die Schulter: »Gut, ich verspreche, eine Woche lang weder über Ernest nachzudenken noch über England oder meine ...« Sie brachte das Wort nicht heraus, aber sie würde sie in einen anderen Winkel ihrer Seele packen. Nur eine Woche lang. »In Wahrheit, mein lieber Lorenzo, bin ich sehr glücklich mit dir. Unglaublich glücklich.«

Er kam und stellte sich neben sie und deutete hinauf in die dunkelnde Milchstraße. »Schau, das ist Sirius, der Hundsstern. Sieh nur, wie er einen Grünschleier über alles zaubert, wie er dich anschaut. Sieh nur! Er starrt uns an!«

Frieda lächelte und schlang die Arme um ihn. »Ich denke, er schaut mich an!«

»Bah! Mich schaut er an. Ich nenne ihn den Himmelshund.«

»Oh, das gefällt mir … der Himmelshund.« Genüsslich ließ sie das Wort auf der Zunge zergehen. Es war das erste Mal überhaupt, dass jemand sie auf einen Stern aufmerksam gemacht hatte, und plötzlich wünschte sie, sie könnte die ganze Nacht aufbleiben, jeden einzelnen Stern entdecken, seinen jeweiligen Namen lernen und seinen Weg durch die Galaxie verfolgen.

Sie nahm Lorenzo bei der Hand. »Los, lass uns in den Buchenwald gehen. Komm!«

Er verdrehte die Augen. »Es ist schon spät. Und ich habe nur Hausschuhe an.«

»Nein, es ist nicht spät. Komm barfuß mit. Wie ich. Wir können uns auf den Rücken legen und die Sterne anschauen.« Sie zog ihn hinter sich her, durch das Wohnzimmer, die Küche und zur Eingangstür hinaus. Im Dorf war es still. Wie ein tintenschwarzer Mantel lag die Dunkelheit über den Dächern, den Bäumen, den stachligen Roggen- und Maisfeldern.

»Lass uns rennen – den ganzen Weg durch die Wälder!« Sie nahm den Rocksaum ihres scharlachroten Trägerkleides, hob ihn hoch über die Knie und rannte los, dass die rosa Sohlen ihrer Füße im Mondlicht aufblitzten.

»Du bist so ein Kindskopf«, rief er. »Man sieht überhaupt nichts mehr, da zerfetze ich mir die Füße!«

»Ich bin viel älter als du«, schrie sie zurück und rannte weiter, schneller und schneller den gewundenen Weg hinauf, der in den Buchenwald führte. Eine Eule flog vorbei, weiß und still, und aus weiter Ferne hörte sie einen langen, schrillen Schrei, als sei ein kleines Säugetier in eine Falle gegangen.

Sie drehte sich um und rief: »Na los! Ich kenne eine Stelle, wo man durch die Zweige auf deinen Himmelshund schauen kann.«

Und schon rannte sie weiter zwischen den Bäumen hindurch, ihre nackten Füße versanken in dem feuchten, breiigen Laub und verteilten es auf dem Waldboden. Zum ersten Mal, seit sie England verlassen hatte, spürte sie die Freiheit, nach der sie sich so gesehnt hatte. Es schoss in ihr hoch wie eine Art Freudenexplosion, sodass sie Lorenzo für ein paar Minuten vergaß und meinte, ganz allein zu sein. Sie spürte die Luft mit ihrem scharfen Duft nach Pilzen und Erde wie eine Bö in sich hinein- und wieder hinauswehen. Sie fühlte die Brise durch ihr Haar fahren, fühlte sich hochgehoben, als werde sie in die Elemente geschleudert.

»Ich kann atmen!«, sang sie. »Ich kann atmen!«

Lorenzo lief fluchend hinter ihr her; man hörte Zweige schnappen und Laub rascheln, während er sich durch die Dunkelheit kämpfte.

»Ich sehe überhaupt nichts«, sagte er, als er, eine Hand auf die Brust gepresst und hektisch blinzelnd, bei ihr auftauchte.

»Ich möchte im Dunkel des Mondes liegen«, sagte sie, warf sich zu Boden und bettete Rücken und Po tief in das mulchige Laub. »So möchte ich leben! Erzähl mir von all diesen Sternen.«

Langsam, vorsichtig, legte er sich neben sie. »Wir sind zwischen Schlamm und Himmel«, murmelte er. Dann schoss sein Arm nach oben. »Da! Folge meinem Finger … das ist der Große Wagen.«

Sie starrte hinauf ins Firmament, zu den über den Himmel ziehenden Sternen, zum Mond, der groß und weiß wie eine riesige milchige Perle am Himmel heraufzog. Dann drehte sie sich zu Lorenzo um und drückte ihren Kopf an seine Brust. Sie spürte das Pumpen seines Herzens wie einen Kolben an ihrer Wange. Er beugte sich zu ihr herunter und küsste sie, wie sie noch nie zuvor geküsst worden war. Erst hektisch, dann wieder sanft, dann mit einer wilden Entschlossenheit, seine Zunge zum Dach ihres Mundes stoßend und seine Hände in ihrem Haar, über ihren Nacken kriechend, zu den Haken und Knöpfen ihrer Kleider.

Anschließend flüsterte sie ihm ins Ohr: »Grab mich ins Laub ein! Ich möchte mich wie eine Pflanze fühlen, wie die Wurzeln eines Löwenzahns.«

Er hob Hände voll Laub und Schlamm aus, verteilte sie sorgfältig auf ihrem Körper und klopfte sie fest, als sei sie ein Kind, das man am Meeresstrand in den Sand eingräbt. Als die klamme Feuchtigkeit ihr allmählich in die Knochen drang, brach sie aus dem Laub hervor, warf weiche Erdklumpen hoch in die Luft und juchzte entzückt.

»Ja, jetzt weiß ich, wie es ist, eine Blumenwurzel zu sein. Da bin ich doch lieber ich selbst.«

Lorenzo schlang die Arme um sie, dann hob er ihr Haar und begann, ihren Nacken zu küssen. »Außer meiner Mutter habe ich nie einen Menschen geliebt. Ich war mir nicht sicher, ob ich es kann. Aber ich liebe dich immer mehr.«

»Das sollst du mir jeden Tag sagen.« Sie lag eine Weile ganz still und traurig da. Nie hatte jemand so mit ihr gesprochen, wie Lorenzo es gerade getan hatte – abgesehen vielleicht von Otto. Sie konnte sich nicht erinnern, dass Ernest jemals so mit ihr geredet hätte. »Wirst du mir das jeden Tag sagen?«

»Nein«, sagte Lorenzo. »Das kann ich nicht. Das ist der Engländer in mir. Aber ich weiß, dass das Leben mit dir reich sein wird, einfach nur reich.«

Er strich ihr übers Haar, zog ein paar Blätter und kleine, knotige Reiser heraus und schnippte sie ins Unterholz. »Wäre meine Mutter noch am Leben, könnte ich dich niemals lieben. Sie würde mich nicht gehen lassen.«

Über ihnen ragten die Bäume auf, rauschten sanft im Wind. Frieda wollte weder über seine Mutter noch über die Vergangenheit oder England nachdenken. Sie hatte ihm einen Honeymoon versprochen, also legte sie ihm die Finger auf die Lippen und sagte: »Es gibt da einen Hochsitz, wir müssen nur tiefer in den Wald hineingehen. Wir können den Baum hochklettern und dort übernachten. Als ich klein war, habe ich immer auf Bäumen geschlafen.«

»Wirklich?« Lorenzo griff nach seinen Kleidern, die er zuvor ordentlich aufgestapelt hatte.

»Ohne Kleider«, sagte sie herrisch. »Folge mir. Ich führe dich hin.«

»Aber …« Er starrte sie entgeistert an. »Was ist, wenn …«

»Mir nach!« Sie sprang auf die Füße und lief los, tiefer und immer tiefer in den Wald hinein, schlug das stachlige Geäst der Bäume beiseite und die Efeuranken, die von oben herabhingen. Und sie hörte, wie Lorenzo ihr mit langen Schritten folgte und ungläubig lachte.

Sie kletterten die Leiter hinauf, setzten sich oben auf einen breiten Ast und ließen die Beine baumeln, während Motten im Blindflug gegen sie prallten.

»Ist dir aufgefallen, mit welcher Eile die Buchen austreiben? Als könnten sie den Frühling nicht erwarten, als müssten sie die Allerersten sein«, sagte Lorenzo.

»Nein«, antwortete sie belustigt. »Aber jetzt werde ich darauf achten.«

»Und genau so geht es mir mit dir. Du hast eine so geniale Begabung zu leben.«

Sie lächelte. »Genau das hat Otto Gross einmal zu mir gesagt.« Ein Gedanke durchfuhr sie, und sie sah ihn von der Seite an. »Du solltest mir Ottos Briefe vorlesen. Sie sind wie die Heilige Schrift, verstiegene, verrückte Manifeste der Liebe.«

»Ich habe sie gelesen«, sagte er leichthin. »Jedes Herz hat ein Anrecht auf seine Geheimnisse, aber du hast sie liegen lassen, damit ich sie lesen kann. Erinnerst du dich?«

»Habe ich das? Wird wohl so sein.« Sie hörte die leise Wehmut in ihrem Ton und fragte sich, ob sie der Mrs Ernest Weekley galt, die sich einst in Geheimnissen und Mysterien gesuhlt hatte und jetzt keine mehr besaß. Ach, aber ein Geheimnis gab es noch, fiel ihr ein.

Sie blinzelte es fort und lehnte den Kopf an seine Schulter. »Ich wollte, wir könnten immer und allezeit so sein.«

»Das können wir«, sagte er mit Nachdruck. »Das können wir.«

Sie spürte, wie seine Lippen ihren Kopf seitlich streiften und seine Finger zart und innig über ihre nackten Schultern wanderten. Und in dieser Stunde fühlte sie sich ihm nahe wie nie zuvor, spürte sie eine Vertrautheit, die tiefer und profunder war als alles, was sie je mit einem Menschen erlebt hatte.

Er deutete in die Ferne, wo am Rand der Erde ein blasser Lichtspalt aufging. »Sieh nur! Am Horizont schäumt eine apfelgrüne Morgendämmerung auf.«

Sie lächelte. »Wie schön du das sagst, Lorenzo. Du bist so voller Poesie. Ich glaube nicht, dass ich dich jemals mit irgendjemandem teilen möchte. Ich möchte deine Poesie ganz für mich allein haben.«

»Ist das wahr?«

»Für mich und die Kinder«, sagte sie, und in ihrer Stimme schwang neue Hoffnung mit. »Es wird ihnen sehr gefallen, durch mondbeschienene Wälder zu laufen, auf Bäumen zu sitzen und deinen schönen Worten zu lauschen.«

Lorenzo starrte zerstreut in das schwarze und grüne Geäst, das sich über ihren Köpfen schloss. »Der Mond … goldnes Blütenblatt … die Augen grün – wie Blumen, aufgetan.«

Die Blätter rauschten in der Stille.

56

Frieda

Wenige Tage später wachte sie auf, und das Bett neben ihr war leer, die Laken auf Lorenzos Seite ordentlich eingeschlagen, das Kopfkissen glatt gestrichen. Sie streckte sich und lächelte. Es war Lorenzos Idee gewesen, während ihres »Honeymoon«, wie er es genannt hatte, die Post nicht zu öffnen, und sie fühlte sich dadurch leichter und glücklicher. Jetzt hatte er schon fünf Tage lang Ernests gehässige, wankelmütige Briefe gesammelt und ungeöffnet weggeschlossen, und es gelang ihr, den beständigen inneren Kampf, der ihnen die vergangenen Wochen so gründlich verdorben hatte, irgendwie zu unterdrücken. Aber morgen würde sie Ernests Briefe suchen und öffnen. Sie hegte die geheime Hoffnung, in einem von ihnen könnte er ihr die Kinder zurückgeben, und diese Hoffnung hatte sie die ganze Woche über bei Laune gehalten.

Sie schlug die Bettdecke zurück und lachte. Sie waren am Vorabend wieder im Buchenwald gewesen, und das Bett war voll von trockenem Laub und Erdklumpen; außerdem lag da eine lange weiße Feder, die Lorenzo im Wald gefunden und ihr ins Schamhaar geflochten hatte. Sie warf die Feder in die Luft und schnappte danach, doch dann kam Lorenzo in den Raum gestürzt, ein Wirbelwind aus Papieren und Notizbüchern und Rosenblättern.

»Ich konnte nicht schlafen, meine Bienenkönigin, nicht eine Sekunde.« Er warf ein Papierbündel aufs Bett. Rosenblätter – rosa, weiß, gelb – fielen ihm aus dem Haar und von den Schultern. »Lass uns noch mal ins Bett kriechen und das hier lesen, hast du Lust?«

Frieda nahm einen blauseidenen Morgenrock vom Haken an der Tür und zog ihn über. »Was ist das?«

»Gedichte, Kurzgeschichten, Ideen für Reisestücke und Essays und noch mehr Geschichten. Ich fühle mich so …« Er hielt inne und schien nach dem rechten Wort zu suchen.

»Inspiriert?«, schlug sie vor. Sie hatte bemerkt, wie manisch, wie hektisch er seit Kurzem war. Er arbeitete mit fiebriger Energie, als komme sein Körper dem Geist nicht hinterher, als rase seine Feder übers Papier, um mit den Ideen, die unstillbar aus ihm heraussprudelten, Schritt halten zu können.

»Wie im Wald, letzte Nacht und in der Nacht neulich … so will ich leben, Bienenkönigin.«

Sie lachte. »Indem du versuchst, auf einem kalten, kratzigen Baum zu schlafen?«

»Ohne Komfort möchte ich leben und mich durchschlagen, frei, frei. Ich möchte mich nicht festlegen.« Er begann händeweise Rosenblätter aus seinen zerrissenen Taschen zu rupfen und sie auf die Matratze zu werfen.

»Dann müssen wir gar nicht heiraten?« Sie kletterte zurück ins Bett, und über allem lag der Duft zerquetschter Rosen, schwer und üppig.

»Natürlich müssen wir ein ehrbares Leben führen und heiraten«, sagte er kalt. »Jetzt lies meine Arbeit, ich bring dir ein Tablett mit was zu essen.«

Sie begann in seinen Gedichten zu lesen – es waren so viele, und sie waren so offen und aufrichtig – und dann seine Skizzen und Ideen für Erzählungen. Zu ihrem Stift griff sie erst, als sie zu einer kleinen titellosen Geschichte kam. Alles drehte sich um sie – die Gedichte, die Hauptideen –, aber in diesem Stück verwendete er genau ihre Worte, das, was sie eine Woche zuvor gesagt hatte. Wie hatte er sich das alles so genau merken können? Sie griff nach der Feder, tauchte sie ins Tintenfass und begann, die Wörter, die nicht richtig waren, die nicht von ihr selbst kamen, auszustreichen.

Sie war so in ihre Arbeit versunken, dass sie weder die Fahrradklingel des Postboten noch sein energisches Klopfen hörte. Als Lorenzo mit einem Päckchen in der Hand auftauchte, blickte sie verdutzt auf. »Wir haben doch vereinbart, dass wir diese Woche keine Post öffnen.«

»Das ist mein Manuskript. Mein Verleger hat es zurückgeschickt.« Seine Stimme klang gepresst und unsicher.

»Die möchten wahrscheinlich ein paar Überarbeitungen«, sagte sie heiter. »Du hast selbst gesagt, es sei das beste Buch, das du je geschrieben hast.«

»Ist es auch«, sagte er. »Es ist ein richtig gutes Buch.«

»Dann mach es auf«, erwiderte sie. »Und schreib ihnen, dass du den Titel geändert haben möchtest, so wie ich es dir vorgeschlagen habe. *Paul Morel* ist ein miserabler Titel. Meine Idee finde ich viel besser. *Söhne und Liebhaber*.«

Er knotete die Paketschnur auf und rollte sie sorgfältig zu einem Knäuel zusammen, erst dann schlug er das braune Packpapier zurück.

»Wirf es doch einfach weg! Warum musst du jeden Bindfaden und jeden Fetzen Papier aufheben?« Sie seufzte entnervt. Sie brauchten das Geld, das er für *Paul Morel* bekommen würde, dringend, und er saß da und rollte seelenruhig ein Stück Kordel auf!

Er legte das wuchtige Manuskript beiseite und begann den Begleitbrief zu lesen. Sie sah, wie alle Farbe aus seinem Gesicht wich und der darauf folgende Wutanfall es purpurrot färbte.

»Was ist denn, Lorenzo? Ich kann dir bei der Überarbeitung helfen.«

Aber Lorenzo antwortete nicht. Er schleuderte den Brief aufs Bett und schlug mit den Fäusten in die Luft. »Diese verdammten rückgratlosen Schweine! Diese schleimigen, wabbelbäuchigen, jämmerlichen Scheißschufte!« Seine Stimme wurde schrill und gellend, die Fäuste hieben immer schneller in die Luft. »Diese wehleidigen Tröpfelblasen, diese elenden, blutleeren verdammten Engländer!« Er stürmte aus dem Raum und schlug die Tür zu, dass die Fensterläden gegen die Wand knallten.

Sie hörte ihn weiter toben, seine Stimme drang durch die Dielenbretter an ihr Ohr. »Ich kann großartigere Sachen schreiben als irgendwer sonst in England ... das ist ein großer Roman ... ein verdammt großer Roman ... verflucht sollen sie sein, diese Schweine mit ihren verfaulten Knochen und breiigen Herzen ... sollen sie doch stinkend verrotten, in ihrer Verbitterung verrotten ...«

Sie griff nach dem Brief von Mr William Heinemann und überflog ihn: »Dem Roman mangelt es an der Geschlossenheit, ohne die kein Autor die Aufmerksamkeit des Lesers fesseln kann ... keinerlei Sympathie für eine der Figuren in Ihrem Buch ... wenig Struktur ... Mangel an Zurückhaltung ... sehe mich gezwungen, von einer Veröffentlichung abzusehen ...«

Sie stützte den Kopf in beide Hände. Wenn Lorenzo diesen Roman nicht verkaufte, was würden sie dann essen? Wovon sollten sie die Kinder ernähren und kleiden?

Von seinem letzten Gedichtband waren nur hundert Exemplare verkauft worden. Davon konnte man noch nicht einmal einen Karpfen füttern.

Lorenzo, das Gesicht puterrot, kam wieder ins Zimmer gestürmt. »Steh auf. Der Honeymoon ist vorbei!«

»Schon gut«, sagte sie beschwichtigend. »Ich helfe dir. Wir können das gemeinsam machen.«

Er warf ihr ein Bündel Briefe zu. »Und diese ekelerregenden Briefe sind für dich, von deinem monströsen, niederträchtigen Gatten.«

»Wo gehst du hin? Lass mich diese Briefe bitte nicht allein lesen«, bettelte sie, als Lorenzo ging. Ernests Briefe waren quälend und unfreundlich und häufig schockierend in ihrer Brutalität. Ihr zitterten schon die Hände, und ihr Mund fühlte sich hart und trocken an.

Lorenzos Antwort kam von der Treppe, klar und deutlich. »Ich gehe jetzt und schreibe meinen verdammt guten Roman neu und mache ihn noch mal verdammt viel besser.«

*

Bei Herrn Professor Alfred Weber
Icking
Bei München
28. Juni 1912

Lieber Ernest,
ich danke Dir für Deine Bereitschaft, mich wieder als Deine
Frau anzuerkennen, und für Dein Angebot, mir eine Woh-
nung in London zur Verfügung zu stellen. Deine Angebote
ändern sich anscheinend täglich, daher weiß ich nicht recht,

was ich Dir antworten soll. Und die vielen Bedingungen, die Du an diese Angebote knüpfst, machen es mir unmöglich, sie anzunehmen.

Du verlangst, dass ich Mr Lawrence aufgebe. Das kann ich nicht. Er verlässt sich ganz auf mich. Er sagt, sollte ich ihn verlassen, müsste er sterben. Dann wäre sein Genie für alle Zeiten vernichtet.

Ich würde gern die Schulferien mit Monty, Elsa und Barby verbringen – jedes Jahr, so lange, wie sie es sich wünschen. Ich vermisse sie entsetzlich und hoffe, Du kommst meiner Bitte nach. Das scheint mir nicht zu viel verlangt, außerdem sollten Kinder ihre Mutter kennen.

Frieda

*

Bei Herrn Professor Alfred Weber
Icking
Bei München
1. Juli 1912

Liebe Elisabeth,
ich halte das nicht mehr lange aus! Letzte Nacht saß ich da und habe den Kopf auf den Boden geschlagen, immer und immer wieder – so wild und bitter war mein Leid. Von den eigenen Kindern getrennt zu sein, das ist, als werde einem das Fleisch vom Leib gerissen, geradezu von den Rippen geschält. Ich habe versucht, nicht an sie zu denken, und ein paar Tage lang (die Lorenzo seinen »Honeymoon« genannt hat) ist mir das auch gelungen, aber jetzt ist der Schmerz wieder da, und er ist stechender und heftiger als zuvor.

Was ich nicht verstehe, liebe Elisabeth, ist, warum so viele Menschen leiden müssen, damit ich leben kann. Du hast ein Leben, und niemand hat gelitten. Warum müssen andere leiden, damit ich leben kann? Damit Lorenzo leben kann?

Ernest weigert sich zu verstehen, warum ich gegangen bin. Ich bin sicher, wenn er mich besser verstehen, mein wahres Ich kennen würde und nicht die Mrs-Schneeblumen-Weekley, die er sich ausgedacht hat, könnte er eher verzeihen, hätte er mehr Mitgefühl.

Daher ändere ich jetzt meine Methode. Ich habe ihm Otto Gross' Briefe geschickt, damit er sieht, wer ich wirklich bin, die ehrliche und echte Frieda. Wie Du Dir vorstellen kannst, war es, als hätte ich mir das Herz aus dem Leib gerissen und in einem Umschlag versiegelt. Fünf Jahre lang waren diese Briefe für mich eine Bestätigung dessen, wer und was ich bin! Aber was hatte ich denn für eine Chance? Wenn Ernest erfährt, dass es Dr. Gross war, der diesen Wandel in mir bewirkt hat, und nicht irgendein Mangel seinerseits, dann muss er doch mehr Mitleid empfinden!

Und jetzt werde ich ihm mein Exemplar der Anna Karenina *schicken. Wenn Ernest das liest, wird er vielleicht mehr Dankbarkeit aufbringen, mehr Toleranz. Vielleicht sieht er dann, dass es keine Schande ist, ein betrogener Ehemann zu sein. Und versteht, welche Folgen es hat, wenn er sich weigert, in unsere Scheidung einzuwilligen.*

Alfred möchte seine Wohnung zurückhaben, daher haben Lorenzo und ich beschlossen, die Alpen zu überqueren und nach Italien zu wandern. Ich werde versuchen, das ganze Elend, das ich selbst verursacht habe, zu vergessen. Vielleicht bekomme ich durch die Wanderung den Kopf frei, sodass ich die richtige Entscheidung treffen kann. Jedes Mal, wenn ich an meine Kinder denke, löse ich mich in Tränen auf – die ich vor Lorenzo verstecken muss, denn sie machen ihn sehr wütend. Gestern hat er mir die Tür vor der Nase zugeknallt und geschrien: »Ich ertrage dieses Leben nicht einen Augenblick länger!«

Er hat mir ein Zuhause mit ihnen versprochen (»einen Himmel auf Erden«, wie er es so hübsch genannt hat), aber je mehr Zeit vergeht, desto deutlicher sehe ich, wie unüberlegt dieses Versprechen war. Ich lerne eine andere Seite an Lorenzo kennen. Er will mich ganz für sich allein. Ich glaube nicht, dass er sich ein Zuhause mit meinen Kindern wünscht, ganz gleich, was er versprochen hat.

Deine unglückliche Schwester
Frieda

PS: Ich höre, Du nennst Dich jetzt Frau Jaffé-Richthofen. Wie überaus emanzipiert. Ich sehne mich immer mehr nach meinem eigenen Namen. Manchmal, wenn Lorenzo mich sehr ärgert, nehme ich ein Blatt von Mamas Briefpapier mit dem Wappen im Briefkopf (sie hat mir einen ganzen Vorrat davon gegeben) und schreibe quer darüber »Ich bin Freiin Frieda von Richthofen«. Du findest das sicher albern. Aber Dich zwingt auch niemand, eine Mrs Lawrence zu werden!

57

Ernest

Gartenarbeit war das Einzige, bei dem sein Geist noch zur Ruhe kam. Nein, nicht Gartenarbeit – das Graben. Die Wochen schlaflosen Irreseins waren vorüber. Die Tage, an denen Monty ihn voller Angst und Abscheu angesehen hatte. Die Tage, an denen er mit dem Zeigefinger über die Schneiden von Küchenmessern, Gartenscheren, seiner Rasierklinge gestrichen war. Die Tage, an denen er den Geräteschuppen nach Arsen oder Karbolsäure abgesucht hatte. Inzwischen wusste er, dass er nicht sterben durfte. Er musste leben. Für seine Kinder. *Seine* Kinder.

The Romance of Words war erschienen und über Nacht eine Sensation geworden (das waren die Worte des Verlegers, nicht seine), aber es war ihm gleichgültig. In einer der schlaflosen Nächte, als der Wahnsinn in ihm tobte, hatte er ein Feuer gemacht und sämtliche Exemplare, die der Verlag geschickt hatte, verbrannt – hatte den Buchdeckel vom Buchrücken und die Seiten in Fetzen gerissen und sie in die Flammen geworfen. Und während er das tat, hatte er blasphemische Flüche ausgestoßen, die ihn zugleich entsetzten und besänftigten. Als die Flammen sich in glühende Asche verwandelt hatten, hatte er sich gefragt, was aus dem Mann geworden war, für den er sich einst gehalten hatte, aus dem Leben, dem er einst entgegengefiebert hatte – aus dem Cambridge-Professor seiner Träume? Wo war dieser Mann hin?

Die Phase des Irreseins war vorüber, aber Bitterkeit und Erniedrigung steckten noch in ihm, rangen unkontrollierbar mit der Liebe, die einfach nicht sterben wollte. Er konnte nicht verstehen, warum er sie immer noch liebte. Warum er sie jetzt noch mehr liebte. Sie hatte ihn betrogen und hintergangen. Sie hatte ihn erniedrigt und bloßgestellt. Doch gelegentlich übermannte ihn verzweifelte Liebe zu ihr. Dann schickte er ihr kriecherische Briefe, bettelte, sie möge zurückkommen. Anschließend hasste er sich selbst, verachtete seine Schwäche. Verachtete sie, weil sie diesen schwachen, innerlich hohlen Mann aus ihm gemacht hatte. Und dann erfasste ihn eine Welle unbezwingbarer Wut. Meist schrieb er dann noch einen Brief – dass alles vorbei sei, dass er sie nie wiedersehen wolle, dass sie ihre Kinder nie wiedersehen werde, dass er nie in eine Scheidung einwilligen werde. Und so gingen seine Tage dahin, so schleuderte es ihn von einem Gefühlsaufruhr zum nächsten.

Draußen ging es ihm besser. Wo es keine Spuren von ihr gab. Wo er graben und immerzu graben konnte. Das Haus war randvoll mit ihren Sachen, ihrem Geruch, mit Dingen, die an ihre Anwesenheit erinnerten. Er roch ihren Zigarettenrauch, ihr Parfüm, ihre Seife. Manchmal presste er einen Schuh von ihr an seine Nase, sodass er ihre Füße riechen konnte. Manchmal nahm er einen ihrer Hüte und atmete den Duft ihres Haars ein. Und dann schämte er sich wieder seiner selbst, rannte aus dem Haus und begann zu graben.

Ab und zu nahm er seinen eigenen Geruch wahr – den Geruch von umgegrabener Erde und Kummer und böswilligem Verlassen. Und wenn gelegentlich Monty neben ihm stand, was selten vorkam, nahm er auch bei seinem Sohn einen solchen Geruch wahr. In einem dieser Momente beschloss er, das Haus zu reinigen. Er musste Vorkehrungen für die Möbelpacker treffen. Sie sollten kommen und das gesamte Mobiliar nach London bringen. Aber er war zu sehr mit Graben beschäftigt gewesen, und nun war nichts gepackt. Er stieß den Spaten in die Erde, ging in die Spülküche, fand einen Eimer, eine Schachtel mit Soda-Kristallen und einen Putzlappen und wollte gerade zurück in die Küche gehen, als ihm auffiel, dass Montys Betttücher und sein Nachthemd von einer unter der Decke befestigten Stange hingen. Er blinzelte verunsichert. Monty musste die Sachen selbst gewaschen haben. Das Stubenmädchen war die einzige Bedienstete, die noch kam, und sie war ein paar Tage nicht da gewesen. Angeblich war sie krank. Ernest hatte ihr nicht geglaubt, aber was konnte er sagen? Niemand wollte mehr für ihn arbeiten. Er starrte auf das Laken mit seinen Flecken und Spuren, und plötzlich sausten ihm Bilder des rothaarigen Studenten und seiner grünäugigen Frau durch den Kopf, wie sie Unzucht trieben. Immer wieder.

Er ging in die Küche und versuchte, die Gebrauchsanweisung auf der Schachtel mit den Soda-Kristallen zu lesen. Die Worte gerieten durcheinander und hüpften vor seinen Augen, und er konnte sich nicht konzentrieren. Überall sah er Frieda mit diesem abscheulichen Mann, wie sie sich küssten und es miteinander trieben. Sie rammten einander die Zunge in die Kehle, in alle möglichen Körperöffnungen, überall am ganzen Körper. Wenn diese Bilder in seinem Kopf festsaßen, konnte Ernest nur noch eins tun, und das tat er jetzt. Er hob den Unterarm zum Mund und biss zu. Fest. Fester. Noch fester. So lange, bis der Schmerz unerträglich war. Anschließend betrachtete er den kreisförmigen, lila unterlaufenen Zahnabdruck und nickte zufrieden. Einmal hatte es geblutet, und Monty hatte wissen wollen, warum er denn einen Verband trage. Er hatte seinem Sohn erzählt, er habe sich versehentlich heißen Kaffee über den Arm geschüttet, und Monty hatte mitleidig den Kopf geschüttelt.

Er gab die Kristalle in eine Schüssel, goss heißes Wasser dazu und rührte mit einem Holzlöffel um, bis alles aufgelöst war. Er würde den Geruch seiner Frau tilgen. Alle Spuren von ihr beseitigen. Entschlossen spülte er den Lumpen im Wasser und wrang ihn aus. Als Erstes wollte er alles abwischen, was sie angefasst hatte: das Klavier, die Türklinken, die Lichtschalter, die Wasserhähne, das Innere ihrer Schuhe.

Gerade als er den Putzlumpen mit einer letzten Drehung auswrang, läutete es an der Haustür. Er sah zu der Tür mit ihren farbenprächtigen Buntglasfenstern. Er wollte niemanden sehen. Und er wollte nicht, dass ihn jemand sah. Er war schon einmal vor Professor Kippings Frau in Tränen ausgebrochen. Es läutete wieder. Undeutlich erkannte er die Konturen und die Uniform einer Gestalt, die er für den Postboten hielt. Sein Herz machte einen Sprung. Sie hatte geschrieben, sie bat ihn um Vergebung!

Er öffnete die Tür einen Spaltbreit und streckte den Kopf hinaus. Der Postbote warf ein Paket und einen Brief in seine Richtung, winkte ihm fröhlich zu und ging zurück zu seinem Fahrrad. Es war ihre Handschrift … auf dem Paket *und* dem Brief … Sie wollte zu ihm zurückkommen. Was für ein Glück, dass er mit der Reinigung noch nicht begonnen hatte!

Ernest nahm die Post mit in sein Arbeitszimmer, suchte den Brieföffner und öffnete mit zitternden Fingern den Umschlag. Als Erstes würde er den Brief lesen, in dem sie ihn um Verzeihung bat, dann würde er das Paket öffnen. Vielleicht gratulierte sie ihm zum Erfolg seines Buches. Die Nachricht vom außerordentlichen Erfolg von *The Romance of Words* musste doch auch Deutschland erreicht haben.

Zu seiner Überraschung befanden sich in dem Umschlag mehrere Briefe. Sehr klein zusammengefaltet. Mit einem dünnen roten Band zugebunden. Seine Stirn legte sich in Falten. Das Band kam ihm bekannt vor, ließ einen Brechreiz in ihm aufsteigen. Er sah es sich genauer an. Die meisten Briefe waren in einer Handschrift verfasst, die er nicht kannte oder wiedererkannte. Einer chaotischen, ausladenden Schrift mit gezackten, zittrigen Schlingen. Und es gab lange Schlitze im Papier an den Stellen, wo die Federspitze sich hindurchgebohrt hatte. Er spürte, wie sein Puls sich verlangsamte. Er hatte diese Briefe schon einmal gesehen. In ihrem Schlafzimmer. Vor fünf Jahren. Das war also nicht der reumütige Brief, auf den er sich gefreut hatte. Es gab nur einen Brief in Friedas Handschrift, und der war drei Zeilen lang:

Damit Du mich besser verstehst, schicke ich Dir diese Briefe von meinem früheren Liebhaber, Dr. Otto Gross. Bitte versuch zu verstehen, wer ich bin.

Ernest las ihn erneut. Sein Hirn zerbarst in scharlachrote Scherben. Sein Herz hämmerte gegen die Rippen. Das Blut zischte durch die geschwollenen Adern. Er griff nach seiner Pfeife. Er musste sich beruhigen. Er fand seinen Tabaksbeutel, doch seine Finger zitterten so sehr, dass er die Pfeife nicht stopfen konnte. Er würde sie nicht lesen. Er würde sie direkt ins Feuer werfen. Nein, er würde sie diesem widerlichen Dreckskerl schicken, diesem Lawrence.

Dann fiel ihm das Päckchen ein. Es lag noch auf dem Schreibtisch. Er holte lange und tief Luft, schnitt die Kordel entzwei und schlug das braune Packpapier auseinander. Ein Exemplar der *Anna Karenina*. Und eine kurze Mitteilung:

Ich bitte Dich, lies das. Sieh, welche schrecklichen Dinge Anna widerfahren sind, nachdem Graf Karenin sich geweigert hat, in die Scheidung einzuwilligen. Ich bitte dich, lass mich meine Kinder sehen.

Ernest fühlte nichts mehr. Er hatte einen kalten, leeren Raum in sich, sah die toten Lücken in seinen Gedanken, die große Leere der endlosen Tage, die vor ihm lagen. Wie das geschah, war seltsam. In der einen Minute tobte er vor Wut. Zwei Minuten später konnte er hohl und emotionslos sein. Und wieder zwei Minuten später konnte er weinen und sie anflehen, zurückzukommen, und wünschte, er könnte den Kopf an sie lehnen und vergessen, dass das alles jemals geschehen war.

Er nahm das Buch und zielte damit auf den leeren Rost. Dort konnte es in der Asche liegen, bis er das nächste Mal Feuer machte. Vielleicht zündete er auch jetzt eines an und verbrannte das Buch und ihre lächerlichen Briefe. Aber gerade, als er das Buch in den Kamin werfen wollte, fiel etwas heraus und flatterte zu Boden.

Ernest bückte sich und hob es auf. Es war ein weiterer Brief. Aber er trug nicht Friedas Handschrift. Und es handelte sich auch nicht um das manische Gekritzel dieses deutschen Arztes. Er hielt inne. Runzelte die Stirn. Er kannte diese Handschrift. Kannte sie gut. Jahr für Jahr prangte sie auf einer Geburtstagskarte an Barby, und das großzügige Geschenk, das es dazu immer gab, war in der gleichen Handschrift etikettiert. Warum befand sich in Friedas Ausgabe der *Anna Karenina* ein Brief von William Dowson? Seinem alten Freund Dowson … Der hatte sich schon seit Monaten nicht mehr blicken lassen, immer viel zu sehr damit beschäftigt, Spitzenstofffabriken zu kaufen und zu verkaufen. Und Mrs Dowson nahm umtriebig an Märschen und Kampagnen teil … Das musste ein alter Brief sein, der in den Seiten hängen geblieben war. Ernest verspürte eine unerwartete Zuneigung für Dowson. Vielleicht sollte er einmal bei ihm vorbeischauen und ihm alles erzählen. Etwas von seiner Würde gegen ein freundliches Schulterklopfen, ein mitfühlendes Ohr eintauschen.

Er faltete den Briefbogen auseinander. Und erstarrte.

Wenn Du schon mit jemandem durchbrennen musstest, warum dann nicht mit mir?

Darunter Dowsons Unterschrift. *William.* Und die Vertrautheit dieses einen Wortes sagte Ernest alles.

Er saß da und schwieg, entsetzt und fassungslos, sein Blick ging von dem Brief zu dem Bündel mit dem roten Band und von dort wieder zurück zu dem Brief. Wer war diese Frau? Mit was für einer Frau hatte er dreizehn Jahre lang gelebt? Was für eine Frau betrog ihren Ehemann mit einem Freund der Familie, mit dem Paten ihrer eigenen Tochter? Er stützte den Kopf in die Hände. Wie viele gab es noch? Professor Kipping? Edgar Jaffé? Wie viele ihrer Freunde hatten seine Frau schon besessen? Bestimmt war er das Gespött von Nottingham, der Gehörnte der Nation. Seine Lippen und sein Mund waren trocken. Seine Brust fühlte sich eng und gequetscht an, als hätte Gifteifeu ihm das Herz zugeschnürt. Sie war eine Fremde. Er hatte sie nie gekannt. Er fühlte, wie etwas in seiner Kehle aufstieg, ein so mächtiger Schluchzer, dass er nicht atmen konnte. Er griff über den Tisch und tastete nach einem Umschlag. Er würde Dowsons Brief an dieses Schwein weiterschicken, diesen Lawrence. Ihm zeigen, was für eine Frau sie wirklich war. Er versuchte, den Klebestreifen am Umschlag anzulecken, aber seine Zunge war zu trocken, zu spröde. Stattdessen legte er den Kopf auf den Schreibtisch und weinte. Er weinte, bis in ihm nichts mehr übrig war. Keine Furcht, kein Schmerz, keine Erniedrigung, kein Hass, keine Liebe. Er weinte, bis er es an der Tür klopfen hörte. Er wollte Monty nicht sehen. Er konnte Monty nicht gegenübertreten. Und er wollte nicht, dass Monty ihn so sah – mit seinen rot geränderten Augen und einer vor Anspannung versagenden Stimme.

»Papa? Papa?«

Ernest rührte sich nicht. Er versuchte etwas zu rufen, Monty zu bitten, er möge ihn in Ruhe lassen, doch seine Zunge war wie verdorrt. Er hob den Kopf und blickte hinaus auf die Bäume. Ihre grünen Blätter hingen schlaff herunter, wie erdrückt vom Gewicht seines Kummers und seiner Scham. Das hartnäckige Klopfen an seiner Tür kehrte zurück, erst leise, dann immer lauter.

»Papa? Bist du da drin?«

Langsam öffnete Ernest den Mund. »Jetzt nicht«, krächzte er.

»Papa? Heute ist mein Geburtstag. Ich habe uns im Café *Mikado* einen Kuchen gekauft. Papa? Bist du da drin?«

58

Barby

Erst kam Monty. Dann kamen die Umzugskartons – Hunderte –, in denen das gesamte Geschirr, das Besteck, die Vorhänge, Kissen, Kleider und Bücher aus dem Haus in Nottingham verstaut waren.

»Wo sollen wir das alles nur hintun?«, rief Tante Maude und rang die Hände, als die Kartons vom Karren geladen und ins Haus geschleppt wurden.

Eine Woche später kamen die Möbel an – Stühle, Tische, Wandschränke, Betten. Sämtliche Räume in der Well Walk 40 wurden mit Möbeln vollgepackt. An jeder Wand stapelten sich Umzugskartons, sodass die acht Bewohner des Hauses sich dünn machen und fast schon an der Wand vorbeischieben mussten, rückwärtsgingen, aufeinander warteten, andere Manöver ausführten, nur um aneinander vorbeizukommen oder zur Haustür hinein- oder hinauszugelangen. Großmutter schob Mäusefallen in die Ritzen zwischen den Kartons, aber dann vergaß sie, wo sie sie hingetan hatte. Der Gestank verfaulender Mäusekadaver wurde immer unerträglicher, und das Summen der tausend Fliegen kam zur Kakofonie in diesem Haushalt noch hinzu.

Die Sommerhitze sorgte auch für erhitzte Gemüter, und Monty, Elsa und Barby nutzten jede Gelegenheit, sich in die Kirche davonzustehlen. Die kalte Luft, die nach Lilien und frisch gestärkten Talaren roch, die Stille, die Dreiecke farbigen Lichts, die durch die Buntglasfenster hereinfielen, der riesige, mit Nichts gefüllte Raum – all das beruhigte sie. Zumal ihr Vater, wenn er freitags abends nach Hause kam, immer lächelte, sobald ihm erzählt wurde, wie oft sie in die Kirche gegangen waren. Ein sonderbares Lächeln, gerade mal zahnbreit. Aber eben doch ein Lächeln.

Elsa und Barby fragten nicht länger, wann ihre Mutter nach Hause käme. Tante Maude hatte ihnen gesagt, sie sei krank und werde wiederkommen, wenn es ihr besser ginge. Monty hatte die meiste Zeit Bauchschmerzen und sagte gar nichts. Und wenn seine Schwestern ihn fragten, dann schüttelte er bloß den Kopf und sagte, die Mama sei immer noch in Deutschland.

»Aber warum schreibt sie nicht?«, hatte Barby gefragt, als Monty gerade nach London gekommen war.

»Sie ist zu krank, nehme ich an«, hatte Monty gesagt. Und dann hatte er sich vor Bauchschmerzen gekrümmt und sich in dem Schlafzimmer, das er sich mit seinem Vater teilte, hinlegen müssen.

Eines Freitagabends kam ihr Vater aus Nottingham und bat die drei Kinder und Tante Maude, sich zwischen den Umzugskartons im vorderen Wohnzimmer mit ihm zu treffen. Er ließ sich in einen Lehnstuhl fallen, und Tante Maude und die drei Kinder quetschten sich auf die Couch. Großmutter lauerte an der Tür wie eine dicke schwarze Spinne.

»Ich habe uns allen ein neues Haus gekauft. Viel größer … mit einem Garten. In Chiswick an der Themse.« Er machte eine Pause und räusperte sich. »Nächste Woche beginnen wir mit dem Umzug.«

»Wird Mama das Haus mögen?«, fragte Barby.

»Elsa und Barby werden sich ein Zimmer teilen und Monty bekommt ein eigenes. Ich werde eine Köchin anstellen, dann haben deine Großmutter und Tante Maude weniger Arbeit.«

»Tante Maude und Großmutter ziehen auch mit in das neue Haus?«, fragte Barby überrascht. Sie spürte, wie Elsa neben ihr stocksteif wurde. Und neben ihr saß Monty, der leise rülpste und sich die Hand auf den Magen hielt. Sie rückte ein wenig von ihm ab. Sie wollte nicht, dass er sich übergab und sie erwischte. Er hatte sich am Vortag schon auf ihre Schuhe übergeben, die Flecken und Spritzer waren immer noch zu sehen.

»Ja. Und dein Großvater natürlich auch. Was mich zum nächsten Punkt bringt.« Ernest hob den Blick, bis er auf einen Punkt über ihren Köpfen starrte, wie der Vikar, wenn er seine Predigt hielt. »Von jetzt an werdet ihr Tante Maude ›Mama‹ nennen.« Und er deutete vage mit seinem bandagierten Arm in Richtung Tante Maude.

»Mama?«, echote Barby verdutzt. »Warum sollen wir Tante Maude ›Mama‹ nennen?«

Einen kurzen Moment, in dem Tante Maude sich auf dem Sofa wand, war es ganz still. Monty würgte und schluckte. Elsa starrte ihren Vater aus weit aufgerissenen, misstrauischen Augen an.

»Sie wird von jetzt an Mama genannt werden«, wiederholte er, den Blick immer noch starr auf einen Punkt im Raum gerichtet. Etwas an der strengen Linie seines Kinns hielt Barby davon ab, weitere Fragen zu stellen.

»Wann kommt Mama zurück?«, fragte Elsa.

Papa schüttelte kurz den Kopf. Seine Augen sahen wund und wässrig aus, als säße ein Fremdkörper darin. Eine kleine Fliege oder vielleicht ein Sandkorn. »Ich habe jetzt zu tun. Maude, könntest du sie in die Kirche mitnehmen?«

»Deine Mutter ist krank«, zischte Tante Maude. »Wie oft sollen wir dir das noch sagen?«

Großmutter stand, die Hände auf den Hüften, in der Tür und nickte mit vorgetäuschter Fürsorglichkeit. »Hört auf, euren Vater zu ärgern, Kinder. Wenn wir jetzt aufbrechen, kommen wir noch rechtzeitig zur Abendandacht.«

Schweigend liefen die fünf zur Kirche, Tante Maude und Großmutter vorneweg, Monty rülpsend hinterher. Als sie die Tore des Friedhofs erreichten, hörten sie ein Würgen, und als sie sich umdrehten, sahen sie, wie Monty sich über den Rinnstein gebeugt erbrach.

»Es geht ihm nicht gut!«, rief Elsa. »Er sollte nicht hier sein!«

»Das reicht jetzt aber, junges Fräulein!«, schnappte Großmutter. »Weißt du, warum deine Mutter nicht hier ist, weißt du das?«

»Weil sie in Deutschland ist und weil sie krank ist. Wahrscheinlich hat sie das Gleiche wie Monty, aber ich wette, Großvater zwingt sie nicht, in die Kirche zu gehen«, sagte Barby in klagendem Ton.

»Wie kannst du es wagen, mir Widerworte zu geben! Kein Wunder, dass sie dich nicht mag. Das ist der Grund, warum sie nicht hier ist. Die-die–einst-Frieda–war liebt dich nicht. Jetzt müssen wir dich lieben. Und wenn dein Vater dich bittet, Tante Maude ›Mama‹ zu nennen, dann tust du das auch!« In langen Schritten strebte Großmutter der Kirche zu, ihr schwarzer Rock wehte ihr hinterher. »Jetzt liegt es in Gottes Hand, und Er zeigt sein Lächeln nur den Rechtschaffenen.«

Elsa tastete nach Barbys Hand und zog sie auf den Kirchhof. Monty humpelte hinterher, er stöhnte leise und wischte sich den Mund. Barby spürte, wie Elsas Finger zupackten und die Knochen in ihrer Hand quetschten. Was hatte Großmutter damit gemeint, dass ihre Mutter sie nicht liebe? Warum hatte sie ihre Mutter *Die-die-einst-Frieda-war* genannt?

An dem Abend kletterte Barby zu Elsa ins Bett und kuschelte sich an sie.

»Mama würde uns nicht verlassen, nicht wahr?«

»Nein«, stimmte Elsa ihr zu. »Ich glaube, sie ist verrückt geworden, und sie haben sie in eine Irrenanstalt gesteckt. Sie schämen sich zu sehr, uns das zu sagen. Deshalb sagen sie so grausame Dinge.«

Barby rückte näher an sie heran, sodass sie wie Siamesische Zwillinge waren. »Ich glaube, sie hat das Gedächtnis verloren und weiß nicht mehr, wo sie ist. Die anderen glauben, dass sie davongelaufen ist, aber in Wahrheit irrt sie verloren in einem großen deutschen Wald umher. Wie eine Prinzessin, die unter einem Zauberbann steht.«

Sie lächelte in der Dunkelheit. »Weißt du noch, wie sie uns das Märchen vom Dornröschen erzählt hat? Erinnerst du dich, wie sie aufgesprungen ist, als wir sie geküsst haben, und wie die ganzen Bilder an der Wand geklappert und gewackelt haben?«

Elsa kicherte. »Und weißt du noch, wie sie einmal einen so großen Sprung gemacht hat, dass das Bett kaputtgegangen ist?«

Die Schwestern drückten einander fest, und als sie am nächsten Morgen erwachten, lagen sie immer noch eng aneinandergeschmiegt da, wie die zwei Schalen einer Auster.

SIEBTER TEIL

Gardasee, Italien, 1912-1913

»Er hasste sie aufrichtig. Sie hasste ihn. Und doch hielten sie sich im Weitergehen bei der Hand.«

D. H. Lawrence, *Hexe à la mode*

59

Frieda

Die Villa Igéa in dem kleinen Dorf Gargnano bot einen freien Ausblick auf den großen blauen Gardasee, die dahinterliegenden Zitronenhaine und die silbergestreiften Bergmassive des Monte Baldo. In dem kleinen Garten drängten sich Pfirsich-, Orangen- und Dattelpflaumenbäume, Wein- und Jasminranken wucherten wild und struppig über die umliegenden Mauern. Jenseits davon standen dicht an dicht Bäume – Oliven-, Kastanien-, Feigenbäume – und Reihe um Reihe knorrige Weinstöcke, bis hoch hinauf in die Berge.

Bei ihrer Ankunft war Lorenzo durch die Villa gerast, hatte sämtliche Fenster und Türen aufgerissen und unaufhörlich begeisterte Rufe ausgestoßen – beim Anblick der Kohlenbecken und Kupferpfannen in der Küche, der hellen Binsenmatten auf dem Fußboden im Esszimmer, der Rosen, die durchs Schlafzimmerfenster hereinwucherten und ihre Blütenblätter auf der Steppdecke ausstreuten. Frieda hatte ihre Schals auf den Tischen drapiert und ihre Hüte und Halsketten in farbenprächtigen Kompositionen an die leeren Wände gehängt.

Das war im September gewesen, und im Dorf hatte es scharf nach zerquetschten Trauben und gärendem Most gerochen. Die

Tage hatten mit dem Gesang der Erntehelfer begonnen, die die Trauben kelterten. Jetzt dagegen war das Dorf voller Soldaten mit extravaganten, federgeschmückten Helmen und langen, glänzenden Stiefeln. Sie erinnerten Frieda an ihre Kindheit, und sie saß oft am Fenster und sah zu, wie sie mit großer Geste vorbeistolzierten. Nachdem sie in ihre Baracken zurückgekehrt waren, würde sie auf den See hinausstarren, auf die mit Wimpeln geschmückten Dampfer und die Boote mit ihren gelben und rosa Segeln, und sich fragen, wo sie die Kinderbetten hinstellen sollte, wenn Monty, Elsa und Barby endlich kämen.

Sie schwankte zwischen dem Reiz der Flucht und dem Elend unterdrückten Kummers. Es kamen immer neue Briefe von Ernest, zeitweise täglich. Seine Stimmungen waren einem wilden Wechsel unterworfen: In manchen Briefen flehte er sie an, zu ihm zurückzukommen, in anderen bot er ihr die Scheidung an, sofern sie sich bereit erkläre, Lorenzo zu verlassen, in den meisten jedoch verweigerte er ihr die Scheidung – und zwar für alle Zeiten. Sieben Monate nach ihrer Abreise schien er immer noch verzweifelt, und das schockierte sie. Er war immer so steif und hölzern gewesen. Warum hatte er sie nicht schon damals mit dieser Leidenschaft geliebt? Warum hatte er ihr in Nottingham nie irgendein Gefühl gezeigt?

Ausblenden konnte sie ihr Elend, indem sie sich in Lorenzos Arbeit stürzte. Er war immer noch mit dem Umschreiben von *Paul Morel* befasst und saß meist im Garten, rücklings an einen Pfirsichbaum gelehnt, einen Ausdruck ängstlicher Konzentration auf dem Gesicht. Sie beobachtete ihn, bis sich in seinem Gesicht etwas regte. Dann stürzte sie zu ihm und bot an, ihm zu helfen, wo immer sie könne. Sie sah sich selbst als Kerze, die geeignet war, die Schwachstellen seines Manuskripts zu beleuchten.

»Du hast das Wesentliche nicht erfasst«, sagte sie und ließ die letzte Fassung eines Kapitels, das er schon dreimal überarbeitet hatte, sinken.

Lorenzo wirkte unsicher, blass und ausgelaugt. »Inwiefern habe ich das Wesentliche nicht erfasst?«

»Paul hat seine Mutter wirklich geliebt, mehr als jeden anderen Menschen. Das musst du klarer machen. Das ist wie bei Ödipus.«

»Nicht wieder diesen Otto-Gross-Kram, bitte!« Lorenzo warf sich auf die Couch. Sein Blick hatte die gewohnte Neugier verloren und wirkten flach und glasig. »Hilf mir, Frieda. Hilf mir, es zu verstehen.«

»Wenn Söhne heranwachsen, erklärt die Mutter einen nach dem anderen zu ihrem Lieblingssohn. Darum geht es. Mit ihrer Liebe drängt sie sie hinaus ins Leben, und sie lieben sie zurück.«

Lorenzo setzte sich auf, lehnte sich vor. »Sprich weiter.«

»Das ist kein Problem, solange die Söhne klein sind.« Sie machte eine Pause. Vor ihrem inneren Auge tauchte eine Erinnerung an Monty auf. Pummelige rosa Finger, die sich an ihren Rock klammerten. »Mama, wann kann ich dich heiraten?« Sie schüttelte die Erinnerung ab. Gehorsam wich sein Babygesicht zurück, wie ein Ballon, der zum Horizont schwebt. Sie zögerte einen Moment, dann fuhr sie fort. »Aber wenn die Söhne dann erwachsen werden, können sie nicht lieben. Nicht richtig.«

Lorenzos Starren wurde durchdringend. »Wann können sie denn richtig lieben? Ich meine, mit Leidenschaft lieben, mit Körper und Seele?«

»Wenn die Mutter tot ist, natürlich.« Frieda klatschte in die Hände. »Erst, wenn sie stirbt, sind sie wirklich frei zu lieben.«

Lorenzo sprang hoch, er durchwühlte sein Haar, und seine Augen blitzten gletscherblau auf. »Ja! Weil die Mutter die stärkste

Kraft in ihrem Leben ist. Sie hält ihre Seele fest. Wenn sie dann eine andere Frau kennenlernen, sind sie innerlich gespalten. Aber die Mutter ist immer stärker. So ist es doch, oder, Frieda? Sie ist immer stärker.« Lorenzos Haare standen ab wie kupferfarbene Nadeln. Ein dünner Schweißfilm glänzte auf seiner Stirn.

»Ja, sie ist immer stärker, weil es dieses Blutsband gibt. Es dreht sich alles um die Blutsbande. Aber die Geliebten, die Frauen, werden die Mutter bekämpfen. Wir Frauen geben nicht so einfach auf.« Frieda stieß ein kurzes, tonloses Lachen aus, erleichtert, dass sie nicht mit der unbezwingbaren Mrs Lawrence um Lorenzo kämpfen musste.

»Aber der Kampf ... die Schlacht ... es muss ja einen Sieger geben.« Lorenzo begann mit großen Schritten im Raum auf und ab zu gehen, seine Stimme wurde lauter und wieder leiser, immer wieder ballte er die Hände zu Fäusten und ließ wieder locker. »Wenn ihr, meine Mutter und du, um mich hättet kämpfen müssen, das hätte sie umgebracht. Vielleicht bringt es die Mutter um, wenn sie um ihre Söhne kämpft?«

»Natürlich. Es liegt im Unbewussten der Mutter. Sie sieht, wie ihr Sohn sie für eine andere Frau verlässt. Sie kämpft um ihn. Wenn sie denkt, sie kann den Kampf nicht gewinnen, stirbt sie. Und dann ist er frei.« Frieda sah Lorenzo zu, wie er hin und her lief, die Schultern rundbucklig wie eine Wildkatze. Sie machte sich Sorgen, wenn er so außer sich geriet, aber sie wusste auch, was er am liebsten hatte, was ihn munter machte und inspirierte. Eine Woche zuvor hatte er, als sie still hinter ihm stand, ins Waschbecken gehustet. Er hatte ihre Anwesenheit nicht wahrgenommen und in aller Seelenruhe den Wasserhahn aufgedreht, um den Schleim wegzuspülen. Doch nicht schnell genug, dass sie den Blutklumpen, der wie eine purpurrote Schlange ums Abflussloch gekreist war, nicht gesehen hätte. Sie hatte sich abgewandt, damit er nicht merkte, dass sie es gesehen hatte.

»Willst du dich nicht setzen, Lorenzo?« Sie klopfte auf das Kissen neben sich, aber er lief weiter nervös durch den Raum.

»Und der Vater ... wie wäre der Vater?«

»Söhne hassen ihren Vater natürlich. Sie sind eifersüchtig.«

»Weil ihm einst die ganze Leidenschaft der Mutter gehört hat ... Ja, natürlich!« Lorenzo fiel vor Frieda auf die Knie. Er nahm ihr Gesicht in beide Hände und drückte die rauen Fingerspitzen in ihre Wangen. »Und wenn die Mutter stirbt, dann ist der Sohn vollkommen nackt und bloß, dann driftet er dem Tod entgegen ... das ist das Drama Tausender junger Männer in England ... Ich erlebe es bei so vielen meiner Freunde. Die Mütter haben ihnen die Seele aus dem Leib gewürgt.«

»Er muss nicht dem Tod entgegentreiben, Lorenzo. Wenn sie stirbt, ist er endlich frei. Das ist der Sieg des Sohnes über die Mutter.«

»Nein!« Nun sprang er wieder auf die Füße. »Das ist Unsinn, Frieda! Erst müssen wir sterben wollen. Er muss den Tod suchen. Er muss ohne seine Mutter verloren sein.«

»Das stimmt nicht, Lorenzo. Es muss eine große Befreiung sein. Er muss sich verlieben und echte Leidenschaft erleben. Und es sollte gleich danach geschehen, zum Trost, das ist dann die echte Liebe.«

»Nein, so möchte ich das nicht haben. Er muss dem Tod entgegentreiben. Aber auf dem Weg dahin muss er Erfahrungen mit anderen Frauen machen.« Lorenzo ging zu dem kleinen Schreibtisch, wo er seine Feder und sein Tintenglas und einen Stapel Papier hatte. Er nahm die Feder zur Hand und tauchte sie energisch in das Tintenfass. »Das ist meine Geschichte. Hör auf, dich da einzumischen!«

»Die Mutter ist die eigentliche Bedrohung. Sie ist das dominierende Element. Und das muss sie sein. Lass mich den Teil schreiben, in dem die Mutter mit Paul über Jessie spricht.« Frieda hielt das überarbeitete Kapitel hoch und schüttelte es. »Ich verstehe etwas von Mutterliebe.«

Lorenzo schnaubte, und dann war kurz sein rasselnder Husten zu hören. »Sehr gut, mach das. Aber wenn es mir nicht gefällt, verwende ich es nicht.«

Frieda lächelte und griff nach der Zigarettenschachtel. Sie fand es herrlich, wenn sie zusammenarbeiteten. Es war wunderbar, sich einer Sache mit vereinten Kräften zu widmen, so als kämpften sie gemeinsam mit einem unhandlichen Klumpen Ton. Sie hatte bereits große Abschnitte des Romans umgeschrieben, hatte die Passagen heimlich auf kleine Papierschnipsel gekritzelt und hinter einer losen Sockelleiste im Schlafzimmer versteckt.

»Das liebe ich so an dir, Lorenzo. Du bist in deiner Arbeit so ehrlich. Du sprichst so geradeheraus Dinge aus, die andere nicht einmal zu denken wagen. Du bist der einzige Revolutionär, der diesen Namen verdient, mein Lieber.«

»Dann habe ich jetzt in deiner Liga revolutionärer Helden Otto Gross endlich überholt, kann man das so sagen?« Lorenzo warf eine Streichholzschachtel nach ihr und begann zu schreiben. Seine Feder bewegte sich so schnell übers Papier, als habe sie ein Eigenleben und Lorenzo halte einfach nur die Spitze auf die Seite.

»Das hast du.« Frieda zog an ihrer Zigarette. Obwohl Otto eine ferne Erinnerung war, wusste sie, dass ein Teil von ihm immer noch in ihr war und immer bleiben würde, wie die Bakterien, die ihr Innerstes besiedelt hatten. Und sie wusste, dass eine der von ihm stammenden klitzekleinen Bakterien sich jetzt in Lorenzo einnistete, in seinen Büchern, in den Ideen, mit denen er jede Nacht kämpfte.

Das Schaben und Kratzen der Feder erstarb. »Sag mal, das, was wir heute Morgen gemacht haben ... das hat er dir gezeigt, oder? Mit Weekley hast du das nicht gemacht, oder?«

Frieda lachte. »Warum wirst du denn jetzt rot? Warum solltest du dich schämen? Ernest hätte niemals etwas so Gottloses getan.« Eine ferne Erinnerung an Ernest huschte vorbei – dieser funktionale Geschlechtsakt, die Art, wie er sie mechanisch gestoßen hatte, als mache er mit einem Pümpel einen Abfluss frei. Bei der einzigen Anspielung aufs Liebemachen, die ihm je über die Lippen gekommen war, hatte er die Stimme gesenkt, gehustet und gefragt, ob es ein guter Tag sei, um »sich dem Zeugungsakt hinzugeben.«

»Dann war es also Gross?«

»Sieh mich an, Lorenzo. Ich möchte nicht, dass es zwischen uns Scham oder Angst oder Peinlichkeit gibt. Warum bist du jetzt wieder so schüchtern?«

»Weil wir über meine Mutter gesprochen haben, nehme ich an.« Er sah sie an. »Mir gefällt, dass du das Spirituelle und das Animalische zugleich in mir weckst.« Damit wandte er sich wieder seiner Seite zu und kaute geistesabwesend auf dem Ende des Federhalters.

»Gut. Lust ist wichtig. Das habe ich von Otto gelernt.«

»Darüber möchte ich schreiben, Frieda. Ich möchte das englische Publikum schockieren, es aus seiner frömmlerischen Anständigkeit herausreißen.« Er legte die Feder nieder und löschte sorgfältig einen Tintenklecks am Seitenrand.

»Man würde es verbieten und verbrennen – und das weißt du.« Sie machte eine Pause und nahm einen tiefen Zug von ihrer Zigarette. Und während der Rauch aus ihren Nasenlöchern quoll, setzte sie hinzu: »Aber es gibt einen Weg, wie es dir gelingen könnte. Du kannst so klug und brillant mit Worten umgehen. Du musst nur einen Schleier der Poesie darüber weben, einen Schleier, der so leicht ist, dass die Lust des Aktes von denen, die einen offenen Geist haben, gesehen wird, nicht aber von den Staatsanwälten und Priestern. Ich kann dir helfen. Aber nicht bei diesem Buch.« Sie deutete mit der Zigarette in Richtung des Manuskripts. »Bei deinem nächsten.«

»Mein nächstes Buch soll von zwei Schwestern handeln, Schwestern wie Elisabeth und du, von ihren ersten Erfahrungen mit Liebe und Sexualität.« Er ließ vom Tintenkleckslöschen ab, hob den Blick von seinem Manuskript und sah zu Frieda hinüber. »Du tust mir so gut, Frieda. Ich brauche eine Frau, die mich unterstützt. Ohne eine Frau in meinem Rücken zu wissen, möchte ich nicht auf der Welt sein.«

»Dann habe ich also deine Mutter ersetzt?« Frieda blies eine lange Rauchfahne an die Decke und hob ihr Buch vom Boden auf.

»Ich kann nur über das schreiben, was starke Gefühle in mir weckt. Momentan ist das die Beziehung zwischen Mann und Frau. Aber das ist es nicht allein. Du bringst mich mit dem Unbekannten in Berührung.«

Ein Lächeln zuckte in ihren Mundwinkeln. Sie sah sich selbst gern als eine Verbindung zum Mysterium, als einen Kanal zum *Unbekannten*. Rasch schlug sie ihr Buch auf. Staub stieg aus den vergilbenden Seiten auf, und eine platt gequetschte Fliege wurde vom Buchrücken geschnippt.

»Was liest du da?« Lorenzo warf ihr einen vorsichtig fragenden Blick zu.

»Die Bibel. Ich hab sonst nichts mehr. Außerdem mag ich Christus ganz gern und denke, er hätte mich auch gemocht.«

60

Frieda

Drei Tage später kam Lorenzo wieder auf Otto Gross zu sprechen. Er hatte sich seine Ölfarben, ein Glas mit Terpentin sowie Lappen und Pinsel in einer ordentlichen Reihe zurechtgelegt und richtete gerade mit gesenktem Kopf seine Staffelei aus, weg von dem perlweißen Novemberlicht, das durchs Fenster hereinkam. Die Leinwand mit den drei nackten Männern stand gegen eine Wand gelehnt, von wo sie in den Raum blickte.

»Was hat dein verrückter österreichischer Arzt darüber gedacht – über die Liebe zwischen Männern?«

»Er ist Anarchist. Er denkt gar nichts darüber.« Frieda sah von ihrem Buch auf und blickte ihn neugierig an. Etwas an seiner Frage, an dem unsicheren Unterton, veranlasste sie, sich nicht zu rühren und den Atem anzuhalten. Sie wartete auf eine Antwort, aber er sagte nichts. Stattdessen schnappte er sich die Leinwand, stellte sie auf die Staffelei und wischte mit dem Lappen an einem Pinsel herum.

Frieda legte ihr Buch weg, zündete sich eine Zigarette an und schüttelte das Streichholz mit einer ruckartigen Bewegung aus dem Handgelenk aus. »Otto glaubt, dass der Mensch alle seine sexuellen Wünsche und Fantasien ausagieren muss, um sich von der Verdrängung zu befreien, um wirklich frei zu sein.«

Lorenzo begann heftig auf der Leinwand herumzuwischen und füllte in einer Ecke eine Schattenfläche. Plötzlich hatte sie das drängende Bedürfnis, sein Gesicht zu sehen und nicht nur seinen Rücken. Sie nahm einen tiefen Zug und sagte: »Das ist natürlich gegen das Gesetz. Denk nur daran, wie es Oscar Wilde ergangen ist.«

Lorenzo schluckte hörbar, sagte aber nichts. Die Stille im Raum war irgendwie unnatürlich. Sie hörte den Pinsel über die Leinwand schaben und ein Holzscheit im Kamin knistern. Aber die üblichen Geräusche von der Straße – schreiende Kleinkinder, bellende Hunde, marschierende Soldaten, scheppernde Eimer und Milchkannen – waren verstummt. In der Stille sah sie ein Bild vor sich, glasklar und scharf: wie Lorenzo einen Weinbergsarbeiter beobachtet hatte, als dieser mit den bloßen Händen Kalk und Dung und Erde mischte. Als der Arbeiter sich über seinen Eimer gebückt hatte, war ihm die Kniebundhose von den schmalen Hüften gerutscht und hatte einen Streifen bronzeglänzender Haut entblößt. Sofort war in Lorenzos Augen ein besonderes Licht erschienen. Ein Licht, das sie kannte und liebte. Ein Licht, von dem sie dachte, es gelte nur ihr. Und anderen Frauen. Sie hatte sich abgewandt, sie hatte es weder sehen noch etwas wissen wollen. Während sie stumm auf die Reihen von Weinstöcken gestarrt hatte, war ihr ganz ungebeten eine Passage aus Lorenzos erstem Roman durch den Kopf gegangen. Eine Szene, in der zwei Männer zusammen in einem Mühlteich schwammen und sich anschließend gegenseitig abtrockneten. Die Textstelle drängte sich ihr auf, als habe ihr Unbewusstes sie tief in ihr Gedächtnis eingegraben. »… er legte den Arm um mich und presste mich an sich, und die Süße der Berührung unserer nackten Körper, einer gegen den anderen, war herrlich. Unsere Liebe war einen Moment lang vollkommen, vollkommener als jede Liebe, die ich seither erfahren ...«

Sie rieb sich die Stirn. In ihren Schläfen war ein dumpfes Pochen. Als bekäme sie Kopfschmerzen. Sie wollte nicht mehr über solche Dinge nachdenken. Als ginge ihr nicht schon genug durch den Kopf! Plötzlich wünschte sie, sie hätte Ottos Briefe behalten. Warum hatte sie sie Ernest geschickt? Warum hatte sie sie vorher nicht abgeschrieben? Sie drückte ihre Zigarette aus und stand auf. Sie würde sich ein wenig hinlegen. Diese Kopfschmerzen loswerden.

Als sie auf dem Weg ins Schlafzimmer an Lorenzo vorbeiging, berührte sie ihn leicht an der Schulter. »Ich ruhe mich ein wenig aus, mein Schatz.«

Er drehte sich um und nickte zerstreut. Sie spürte seine knochige Schulter unter den Fingern. Dann sah sie sein Gesicht, fratzenhaft und verzerrt, als bewegten sich die Muskeln darin geradezu kreisend unter der Haut. Als sei er ein kleines Tier, dessen Pfoten in einem Tellereisen gefangen waren.

»Mein Schatz, ich liebe dich. Ich will, dass alle dich lieben. Du hast es verdient.«

»Ich liebe dich auch, meine Bienenkönigin.« Aber er sah sie nicht an, sondern zog weiter Pinselstriche senkrecht über die Leinwand, zog lange schwarze Linien um die Hintern seiner Motive, wie Spalten.

Im Schlafzimmer angekommen legte sie sich ins Bett, zog sich die Decke über den Kopf und weinte. Eine Stunde später stand sie wieder auf, schnäuzte sich und zog ihre Reisetasche unterm Bett hervor. Sie lauschte, ob sie Lorenzo hörte, und als das nicht der Fall war, öffnete sie den Wandschrank und fing an, Kleider von den Bügeln zu zerren und in ihre Tasche zu werfen. Ein

Kleid, einen Schal, eine Bluse, einen Rock. Während sie die Schubladen öffnete und schloss, sagte sie immer wieder die Namen ihrer Kinder auf. »Monty, Elsa, Barby. Monty, Elsa, Barby.« Ihre roten Strümpfe packte sie in die Tasche, ihre lila Strümpfe, ihre Glasperlenkette, einen fleckigen Waschlappen, ein fadenscheiniges Handtuch. Sie durchsuchte die Taschen von Lorenzos Jacken und nahm an sich, was sie an Geldscheinen und Münzen fand.

Sie kniete nieder und nestelte an der Schließe herum. Und während sie das tat, kehrte wie ein eiskalter Blitz die Erinnerung an ihre Hochzeitsnacht zurück. Das kleine Hotel am Ufer des Luzerner Sees. Die ausgeblichenen Tapeten mit den eingerollten Farnblättern. Wie sie nackt oben auf dem Schrank gehockt hatte. Ernests nervöse Schritte auf dem Flur. Der Geruch von Schweiß und Whiskey, als sie auf ihn gesprungen war und sich an den rauen Tweed seiner Jacke gepresst hatte. Ungeschickt und gierig hatte sie den Mund auf den seinen gedrückt. Nur um zu merken, wie er vor ihr zurückwich. Nur um diese Mischung aus Scham und Ekel auf seinem Gesicht zu sehen und sein Protestgestammel zu hören: »… das Fleisch muss gebändigt werden … das Fleisch muss gebändigt werden …«

Danach war er kurz, pflichtbewusst und freudlos in sie eingedrungen und hatte den Akt vollzogen. Die restliche Nacht hatte sie auf dem Balkon verbracht, hatte die grauen Motten angestarrt, die unter dem verwaschen hellen Mond umhertorkelten, hatte das Morgengrauen hinterm See herankriechen sehen. Sie erinnerte sich immer noch an dieses Morgengrauen – den blassen Streifen Licht und dann die Sonne selbst, wie das blassgoldene Loch von einer Kugel, aus dem rosige, gelbe und orangefarbene Streifen hervorquollen und in die Luft ausbluteten. Als das Morgenkonzert begann, war es, als höben die Vögel vom tiefen Grund des Sees aus an zu singen. Gedämpft. Erstickt. Neun Monate später war Monty zur Welt gekommen.

Frieda spürte, wie ihr eine Träne über die Wange rollte. Langsam begann sie ihre Sachen wieder aus der Reisetasche herauszuholen, sie auf die Kleiderbügel zu hängen und in die Schubladen zu legen und das Geld in Lorenzos Jackentasche zu stecken. Sie wischte sich mit dem Ärmel die Tränen weg und ging zum Fenster. Der See war ein großes Laken aus geriffeltem, leuchtendem Grün. Hinter ihm stiegen die Hügel auf, rosa und silbern über dem schräg fallenden Licht der untergehenden Sonne. Wie schön das war. Wie demütig es einen machte. Sie fragte sich, wo Lorenzo war. Vielleicht genoss er den Ausblick genauso. Vielleicht schrieb er darüber, weiche, geschmeidige Worte, wie sie für ihn so typisch waren. Als sei er irgendwie im Herzen und Kern des Sees selbst. In seinen Eingeweiden, seiner Lunge, seinem Blut. Niemand sonst kann das, dachte sie. Niemand.

61

Frieda

Eines Morgens, als Frieda im Garten ihre nassen Laken über einem Blecheimer auswrang, kam Lorenzo aus dem Dorf gerannt und schrie: »Hundert Pfund. Bienenkönigin! Hundert Pfund!«

Sie ließ die tropfnassen Laken fallen und lief ihm, die seifigen Finger an ihrer Schürze abreibend, entgegen.

»Duckworth will *Söhne und Liebhaber* veröffentlichen!« Er nahm sie in die Arme und begann wild mit ihr herumzutanzen, drückte sein Gesicht in ihr seifenverschmiertes Haar. »Ich wette, du denkst, das sei alles nur wegen dir, was?«

»Ja«, sagte sie lachend und schob ihn weg. »Den größten Teil dieses Buches hab ich mit meinem Blut geschrieben.«

»Papperlapapp! Aber ich werde mich heute nicht mit dir streiten.« Er hob ein nasses Laken vom Boden auf und warf es ihr über den Kopf, sodass sie in triefendes Weiß gehüllt war. »Sie kürzen es um zehn Prozent, aber das ist mir egal, denn sie haben mir hundert verdammte Pfund bezahlt!«

Sie stieß das Laken von sich, warf es über die Mauer und trocknete sich das Gesicht mit der Schürze ab. »Was nehmen sie sich denn raus?«

»Das ganze Zeug, das ich deiner Meinung nach über deine Brüste schreiben sollte.«

»*Du* hast das geschrieben! Du bist besessen von meinen Brüsten … Was noch?«

»Einige Abschnitte über die Mutter. Sie fanden es zu *ödipal*«, sagte er und gab seiner Stimme bei dem Wort einen schrillen, hämischen Ton. »Sollen sie doch damit machen, was sie wollen, zum Kuckuck. Ich habe meine hundert Pfund.«

Er begann im Garten herumzutanzen, dass seine knochigen Knie und Ellbogen wild in die Luft stachen.

»Das müssen wir feiern, Lorenzo! Sollen wir dem ganzen Dorf Wein ausgeben?«

»Später.« Er hielt inne. »Zuerst will ich eine Einführung zu *Söhne und Liebhaber* schreiben, eine Art Manifest … Darüber, dass wir Gott im Fleisch, in der Frau, finden können … Über die Frauen kehren wir zum Vater zurück, aber geblendet und unbewusst.«

Frieda zog das Laken von der Mauer und brachte die angefangene Arbeit über dem Blecheimer zu Ende. »Frauen machen dir schreckliche Angst«, behauptete sie und wrang das Laken mit brutaler Kraft. »Du weißt, dass wir überlegen und stärker sind, und das macht dir Angst. Du hasst es, dass du mich lieben musst, dass du ohne mich nichts tun kannst. Ich hab dich durchschaut, du bist vollkommen gläsern für mich.«

»Ich werde mich heute nicht mit dir streiten.« Lorenzo stieß ein langes, gackerndes Lachen aus. »Ich werde mein Manifest schreiben, und danach betrinken wir uns mit den Bauern.« Die Hände über den Kopf erhoben und mit den Fingern schnipsend, als seien es Kastagnetten, tänzelte er ins Haus.

Frieda schlug sich gegen die Stirn. Er konnte einen so wütend machen! Es war so zermürbend! Aber seine Vitalität, das scharfe

Licht, in dem er alles sah, seine wilde poetische Wut – sie bewirkten, dass sie wieder atmen konnte. Plötzlich musste sie an Ernests Bett in dem spartanischen Zimmer denken. Die stramm über die schmale Matratze gezogenen Laken. Die grauen Decken. Das eine kümmerliche Kissen, dessen Federn mit der Zeit platt geworden waren. Hätten sie doch nur mehr Zeit miteinander verbracht, Ernest und sie, ledig und frei! Vielleicht hätte sie dann genug Weitblick besessen, hätte geahnt, wo ihre Ehe hinsteuern würde. Dann hätte der ganze Schmerz vermieden werden können. Sie schüttelte das feuchte Laken aus und warf es über einen Busch. Ja, dachte sie. Otto, Franziska und die Münchener Verfechter der freien Liebe hatten recht: Enthaltsamkeit, Monogamie, die Ehe, das war alles falsch.

62

Frieda

Es war jetzt zehn Monate her, dass sie ihre Kinder gesehen hatte. Am schlimmsten war der Heiligabend gewesen, ein Tag von einer so schrillen Leere, dass sie die meiste Zeit ihr Gesicht im Kissen vergraben hatte. Einmal hatte es an der Tür geklingelt, und Frieda war hingestürzt, um zu öffnen, doch es waren nur die üblichen Dorfjungen gewesen, die aufgefädelte tote Singvögel vor ihr ausgebreitet hatten. Der Anblick dieser winzigen gefiederten Körper, so schlaff und leblos, so beiläufig getötet und auf eine Schnur gezogen, hatte sie, vor Kummer aufheulend, wieder in ihr Bett getrieben. Aber sie konnte nichts sagen, konnte es niemandem erzählen. Lorenzo und sie waren fast vollkommen allein, hatten keine Freunde, waren Ausgestoßene. Zumindest fühlte sie sich so.

Sie hoffte, die Kinder Ostern zu sehen. In Ernests letztem Brief war – neben dem Vorwurf, sie verrate ihre adlige Herkunft – angeklungen, dass so etwas möglich sein könnte, und jetzt hatte sie den Kopf voller Pläne für eine Rückkehr nach England. Nach nichts sehnte sie sich mehr als danach, ihre Kinder im Arm zu halten. Manchmal wachte sie morgens auf und hörte ihr Lachen die Treppe heraufschallen. Einen kurzen Moment fragte sie sich dann, ob sie wieder in Nottingham war, ob Monty, Elsa und Barby gleich an die Tür klopfen und ins Zimmer stürmen würden, wie sie es früher getan hatten. Dann merkte sie, dass es die hiesigen Kinder waren, die einander auf dem Weg in die Dorfschule vor ihrem Fenster anrempelten und lachten. Als das zum ersten Mal geschehen war, hatte sie sich ein Stück Papier geschnappt und angefangen, Ernest einen Brief zu schreiben und zu fragen, ob sie zurückkommen könne. Nach zwei Sätzen hatte sie den Brief in Stücke gerissen und auf den Kaminrost geworfen. Wie konnte sie jemals zurückgehen? Niemand würde mit ihr sprechen ... Ernest hasste sie ... Die Kinder würden es nur noch schwerer haben, wenn ihre Mutter eine Ausgestoßene wäre. Außerdem konnte Lorenzo ohne sie nicht überleben. Sie würde sie an Ostern sehen. Schließlich waren sie *ihre* Kinder, und niemand konnte eine Mutter daran hindern, ihre Kinder zu sehen.

Aber dann kam ein Brief von Ernest, der dicker und fester war als die anderen. Darin eine Fotografie von Barby und Elsa, die einander bei der Hand hielten. Wie hübsch sie waren mit ihren langen Locken! Und sie hatten beide neue Hüte auf, mit Samtband rund um die Krone und breiter Krempe, um die Sonne abzuhalten. Frieda verspürte einen jähen Schmerz. Wie sollte sie bis Ostern warten? Bis Ostern war es viel zu lange hin, sie musste *jetzt* fahren. Sie musste nach Hampstead fahren und einfach an der Tür klopfen. Großmutter Weekley würde sie hereinlassen müssen. Sie drehte das Bild um. Las die einzige Zeile in Ernests sorgfältiger, steiler Handschrift. Spürte, wie die Erde unter ihr ins Wanken geriet. Die Fotografie fiel ihr aus der Hand und flatterte zu Boden. Frieda japste nach Luft, stolperte und fiel hin, kroch auf Knien, um das Foto aufzuheben. Und als sie, mit dem Gesicht nach unten, auf den Steinfliesen lag, brach ein Geheul aus ihr hervor wie aus einer tiefen, offenen und blutenden Wunde. Es brach aus ihr heraus und floss mit solch reißender Qual durch ihren Körper, dass Lorenzo aus dem Garten, wo er Holz gehackt hatte, herbeigerannt kam.

»Was ist los? Was ist? Bist du verletzt?«

Frieda schrie weiter, aber er hörte keine Worte heraus. Er kniete neben ihr nieder und wollte sie gerade berühren, als er die Fotografie in ihrer Hand bemerkte. Er schnappte sich das Bild, starrte es an und drehte es um. »Du wirst sie nie wiedersehen«, las er in affektiert-spöttischem Ton. Dann stand er auf und warf ihr das Foto ins Gesicht.

Friedas Schreie verwandelten sich in heisere Schluchzer, sie schluckte und japste nach Luft. »Das ... sind ... meine ... Kinder!« Sie wandte den Kopf und sah zu Lorenzo auf. Ihr Gesicht war rot und wund, mit Rotz und Tränen verschmiert. »Halt mich fest ... Bitte halt mich fest! Ich brauche deine Liebe!«

»Nein!« Er bückte sich, griff nach ihrem Arm und begann sie über den Boden zu zerren. »Ich will nie wieder etwas von diesen Bälgern hören!« Er zerrte sie zur Couch, dann ließ er ihren Arm los, sodass sie schwer zu Boden fiel. »Hör auf, so albernes Zeug über Ernest und diese Kinder von dir zu geben – und über dein widerliches, abscheuliches Pflichtgefühl. Ich liebe dich! Ich brauche dich! Mehr als sie!«

Friedas Schluchzer rissen ab. Entsetzt drehte sie sich um und sah, wie er über ihr die Faust reckte, als wollte er sie schlagen. Ihr Gesicht erstarrte. Ihr Körper verspannte sich. Etwas an Lorenzo war anders. Sie hatte ihn noch nie so außer sich erlebt. Das war keine Gereiztheit. Er zitterte vor Wut und Bitterkeit, sein Gesicht war hassverzerrt.

»Warum gehst du nicht einfach zu Weekley zurück! Na, mach schon! Nimm deinen fetten Arsch und geh! Warum soll ich mir dieses Geheule und Gejammer antun?« Seine Faust schoss auf sie zu, doch im letzten Moment richtete er sie gegen sich selbst, ließ sie hart auf seinen Brustkorb krachen. »Ich bin jetzt der Mann in deinem Leben! Du hast mich gewählt! Mich!«

Sie starrte ihn an, unfähig zu sprechen. Ihr war, als verschlinge er sie mit seiner Wut. Er hatte sie hierhergelockt, weit weg von allen und jedem. In diese Villa in den Bergen, Meilen von allem entfernt. Als wollte er sie vom Erdboden getilgt sehen. Und jetzt ging er auf sie los.

»Warum hast du sie noch nicht vergessen? Zehn Monate! Was stimmt mit dir nicht?« Seine Stimme kippte um in ein Kreischen.

Frieda barg ihr Gesicht im Samt der Couch, versuchte ihre eigenen seltsamen, beständig sich verändernden Gefühle zu verstehen – und Lorenzos anschwellende Wut. Zuerst war er freundlich und mitfühlend gewesen. Dann leicht verstimmt, dann verärgert. Aber jetzt war er kurz vorm Explodieren – als sei er eifersüchtig auf ihre Kinder, wütend, weil sie ihnen diese Liebe entgegenbrachte. Als ihr das klar wurde, empfand Frieda einen schwachen, undeutlichen Kitzel. Etwas an dieser Aggression, an der darin zutage tretenden Kraft, war auf seltsame und befremdliche Weise erheiternd.

Nach diesem Zwischenfall stritten Frieda und Lorenzo zuweilen heftig miteinander. Etwa wegen der Kinder, wenn sie ihren Kummer nicht verbergen konnte. Aber es ging auch um seine Arbeit, um Bücher, um die Frage, warum der Blasebalg nicht funktionierte oder warum das Wetter umgeschlagen war. Solange es nicht um die Kinder ging, genoss sie diese Auseinandersetzungen. Wenn Lorenzos Geschrei die Luft zerriss, wenn seine Stimme sich vor Gefühlen überschlug, fühlte sie sich merkwürdig lebendig. Und sie wusste, dass ihre Kämpfe ihn zu größerer Kreativität anspornten, zu mehr Mut beim Schreiben. Sie wusste nicht, warum das so war, aber es war so. Er brauchte etwas Zeit, um sich zu beruhigen (manchmal auch nur ein paar Sekunden), und schon war er wieder bei der Arbeit, und die Feder sauste übers Papier. Als seien ihre Gefechte eine Art Exorzismus, eine Katharsis, die ihn in gewisser Weise befreite. Der Glaube daran versetzte sie in die Lage, die Schmähungen, mit denen er sie überhäufte, die grausamen Sticheleien und erniedrigenden Beleidigungen, die er ohne jeden Anlass ausspie, zu ertragen.

»Ich möchte nicht, dass wir immer gurren wie zwei Turteltäubchen«, sagte er nach einem besonders erbitterten Streit über die Frage, ob Leuchtkäfer und Glühwürmchen ein und dasselbe waren. »Ich muss einen inneren Krieg führen, mit jemandem, den ich liebe und dem ich vertraue. Wie sonst sollte ich das Hinterland der Seele erforschen?«

»Ich weiß, ich weiß«, sagte Frieda beschwichtigend. Selbst wenn sie sich stritten, spürte sie, dass es zwischen ihnen eine geheime Verbindung gab, ein unendlich elastisches Band, das ihn an sie und sie an ihn band. Manchmal schien es, als ringe er mit seiner eigenen Seele und als helfe sie ihm dabei, ganz so, wie eine Hebamme die Wut und den Schmerz der gebärenden Frau mitträgt. Aber ihre Kinder und ihren Kummer durfte er nicht als Futter für seine Arbeit benutzen, das ließ sie nicht zu. Nein, das gehörte ihr allein.

»Es braucht Mut und Kraft, um so zu lieben, meine Kaiserin«, sagte er. »Männer sind heutzutage nicht mutig genug, um richtig zu lieben. Aber wir beide schon. Wir schon!«

»Ja, wir sind mutig«, murmelte sie und fuhr sich mit der Hand an die Wange. Noch immer spürte sie das Stechen und Brennen vom Schlag seiner Hand. Sie würde versuchen, ihren Kummer für sich zu behalten. Würde ihn wie eine Eisenkette um ihr Herz tragen. Über alles würde sie sich mit ihm streiten. Sogar über Leuchtkäfer. Nur nicht über ihre Kinder.

63

Frieda

Es regnete schon seit drei Wochen, als die ersten Scheidungspapiere mit Ernests Ehebruchsbeschuldigungen kamen. Überreicht wurden sie ihr vom Konsul höchstpersönlich, der sich verbeugte, affektiert lächelte und sich den kleinen öligen Bart kraulte, während die Papiere aus seiner Aktentasche quollen. Lorenzo, der gerade auf Händen und Knien den Boden schrubbte, sprang auf und rief: »Hab keine Angst, Bienenkönigin. Das heißt, wir können heiraten, endlich!«

Als der Konsul die entscheidenden Worte vorlas, die Anklagepunkte, kicherte Lorenzo, dann wiederholte er den Wortlaut wieder und wieder und wischte sich die nassen, schaumigen Hände an seiner Schürze ab. »Hier steht, wir hätten *gewohnheitsmäßig gemeinsam Ehebruch begangen* ... so steht das da ... gewohnheitsmäßig gemeinsam Ehebruch. Also das haben wir die ganze Zeit gemacht, ja? Gewohnheitsmäßig gemeinsam Ehebruch begangen!«

Einen Tag später kam ein letzter Brief von Ernest. Frieda öffnete ihn mit zitternden Fingern, denn sie hatte das Foto mit den vernichtenden Worten auf der Rückseite nicht vergessen. Aber dieser Brief war schlimmer. Sehr viel schlimmer.

Ich bin fertig mit Dir. Ich will Dich vergessen, und für die Kinder musst Du tot sein. Du weißt, dass das Gesetz auf meiner Seite ist.

Das war es, dachte sie. Ich habe meine Kinder verloren. Ein großer, qualvoller Schrei brach aus ihr heraus. Nie hätte sie gedacht, dass es so weit kommen würde. Wie konnte man ihr die *eigenen* Kinder wegnehmen? Wie war das möglich? Sie biss sich fest auf die weiße Lippe und warf den Brief ins Feuer. Sie wollte nicht wieder hysterisch werden. Sie wollte Lorenzo nicht wütend machen, aber sie konnte den Schmerz nicht für sich behalten. Sie sank zu Boden, und eine Woge der Verzweiflung ging so ungebremst durch sie hindurch, dass sie mit den Fäusten auf die Dielenbretter einschlug.

»Du musst dich entscheiden!«, schrie Lorenzo. »Sie oder ich!«

»Aber das Gesetz!«, schrie sie zurück. »Können sie denn die Tatsache, dass das meine Kinder sind, ungeschehen machen?« Sie blickte auf und sah seinen Stiefel über ihrem Kopf schweben. Der Schock fuhr ihr in die Glieder, aber sogleich schlug wie eine Welle ein Schmerz über ihr zusammen, der so gewaltig, so stechend war, dass sie ihn nicht unterdrücken konnte. Wie hatte es so weit kommen können? Sie schlug den Kopf hart auf den Boden.

»Diese Blagen lieben dich nicht! Und du liebst sie nicht. Steh auf!«

Sie spürte seinen Stiefel, die Hitze und Kraft direkt über ihrem Kopf. Aber es war ihr egal. Sollte er sie treten und schlagen und anschreien. Es war ihr egal.

»Sie sind meine Kinder! Ich habe sie zur Welt gebracht, ich habe sie geliebt. Wie kann er sie mir wegnehmen? Das ist nicht gerecht! Du hast mir ein Zuhause für sie versprochen. Du hast es versprochen!«

»Da kann ich nichts ausrichten. Daran ist dieser verfluchte Weekley schuld! Jetzt steh auf und halt den Mund!« Und sie hörte Lorenzos Stiefel über den Boden schlappen und dann das donnergleiche Knallen der Haustür.

Später kehrte er, halbwegs beruhigt, mit einem Strauß Winterrosen zurück. »Meine Kaiserin, wenn du dich für deine Kinder und gegen mich entscheidest, wie sollen sie dann aufwachsen mit dieser Last der Erwartung, dem Gewicht deines Opfers auf ihren schwachen Schultern? Ich habe die erdrückende Liebe einer Mutter gekannt. Lass sie frei.«

An jenem Abend saß Frieda da, zündete eine Zigarette an der anderen an und starrte über die schwarze Leere des Sees. Der Mond war sehr bleich und zerbrechlich, eine narbige Scheibe aus Eis. In der Dunkelheit wirkte der See hohl, wie ein riesiger Krater, und doch hörte sie das Schwappen und Gluckern der Wellen, die unablässig am Ufer nagten. Und sie spürte die porzellanhafte Kälte des Seenebels, der sich an sie heftete, sich in ihr einnistete.

Sie erschauerte und sah hinauf in den Himmel, der mit winzigen weißen Sternen gesprenkelt war. Ihre Gedanken flogen zurück zu der Nacht, in der sie die Sterne betrachtet hatten, in der sie nackt durch den Buchenwald hinter Alfred Webers Wohnung gelaufen waren. Ihr »Honeymoon«. Lorenzo sprach immer noch davon … von diesen wenigen idyllischen Tagen, während derer sie die Post versteckt hatten, während derer sie noch geglaubt hatte, Ernest werde sich freundlich und ehrenwert verhalten, während derer sie sich den lieben langen Tag geliebt und alles andere aus ihrem Sinn verbannt hatten. Sie hob den Arm, um zu den Sternen hinaufzudeuten, um Lorenzo an diese rauschhaft glückliche Nacht zu erinnern, doch er knallte die Vase mit den Winterrosen auf den Tisch und redete weiter, wobei er sich unablässig auf die Brust klopfte.

»Du musst Vernunft annehmen. *Ich* brauche dich jetzt. Die Kinder haben ihre Großeltern und ihren Vater, aber ich habe niemanden. Und ich kann ohne dich nicht leben.« Er verfiel in verdrossenes Schweigen, und dann änderte er plötzlich die Taktik. »Ich habe genug von dem Ganzen! Du musst dich entscheiden. Ich und die Armut oder deine Kinder und ein komfortables Leben.«

Sie kehrte dem See den Rücken zu. »Sie sind meine Kinder. *Meine* Kinder. Wie kann er sie mir verweigern?«

Aber in Lorenzos Augen blitzte schon wieder Wut, und er schnappte sich einen Aschenbecher und warf ihn zu Boden. »Warum gehst du dann nicht? Ich würde nicht versuchen, dich aufzuhalten!« Er stürzte sich auf die Obstschale, Spucke flog von seinem Mund. »Wenn du mich wirklich verlassen willst, dann kannst du noch heute nach England zurückgehen. Geh und erfüll deine dreckige Pflicht!«

Als die Obstschale an ihrem Kopf vorbeiflog, hörte Frieda ein Pfeifen. Und dann das Krachen des Porzellans, das an der Wand zerschellte. Verstört sah sie sich im Zimmer um. Überall auf den Fliesen lagen Scherben. Zitronen mit klaffender Schale taumelten über den Boden. Sie griff nach einer weiteren Zigarette und wartete auf die erregte Kampfeslust, von der sie immer erfasst wurde, wenn Lorenzo sich gegen sie wandte. Aber sie fühlte nichts. Nur ein dumpfes Gewicht, das sie im Genick gepackt hielt. Das also, dachte sie, ist jetzt mein Leben. Dafür habe ich meine Kinder geopfert.

»Kein Gejammer mehr!« Brutal kickte Lorenzo eine spitze Porzellanscherbe quer durch den Raum. »Vielleicht hasse ich dich, vielleicht bin ich rasend vor Wut wegen dir, vielleicht verspotte ich dich – das mag alles sein! Aber es ändert nichts daran, dass ich dich liebe.«

Frieda steckte sich die Zigarette in den Mund und versuchte, ein Streichholz anzureißen, aber ihre Hände zitterten und es brauchte mehrere Anläufe, bis ihr eine Flamme glückte.

»Sag etwas!« Lorenzo ballte die Fäuste und boxte in die Luft. »Ich liebe dich mit jeder Fiber meines mickrigen Körpers. Ich liebe alles an dir. Aber nur eine Hälfte von dir liebt mich! Ich will deine ganze Liebe, nicht ein armseliges Stückchen davon!«

Frieda atmete tief ein und betrachtete ihn in seiner ohnmächtigen Wut. Er schüttelte die Fäuste, als wollte er sie schlagen. »Ich habe alles verlassen für dich, Lorenzo, alles! Wieso siehst du das nicht?« Kleine Rauchfetzen kamen aus ihrem Mund und schwebten müde in der Luft.

»Aber das hast du nicht! Du denkst die ganze Zeit an sie. Deine wölfische Mutterliebe ist wie ein Dämon, der dich von mir wegzieht!« Er wurde lauter, und in seinen Augen leuchteten kleine Lichtfunken auf.

Sie schüttelte den Kopf, weigerte sich zu antworten.

»Die Hälfte deiner Liebe schenkst du diesen Weekley-Blagen. Wie kannst du mich voll und ganz lieben, wenn du immer an sie denkst? Wie? Wie?« Während er auf den Zehenspitzen vor ihr herumtanzte, ging seine Faust nach oben, lief sein Gesicht rot an, erinnerte er sie an die Kobolde aus den Geschichten, die sie als Kind gelesen hatte. Böse Kreaturen, die so wütend wurden, dass sie schrecklich unbedachte Versprechen gaben oder entsetzliche Gräueltaten vollbrachten. Ihre Kindheit war voll von Geschichten über solche Kreaturen gewesen. Und jetzt lebte sie mit einer zusammen, hatte dafür ihre Kinder verlassen. Was hatte sie nur getan?

Zwei Tage lang sprach Frieda kein Wort. Lorenzo vertrieb sich die Zeit damit, Ernests Briefe abzuschreiben und dabei vor sich hin zu glucksen. Er versuchte, sie in ein Gespräch über das Stück zu verwickeln, das er gerade schrieb, ein Stück, in dem er Ernests Tiraden ausschlachten wollte. Aber Frieda antwortete nicht. Und während sie so durch die Wohnung schlich, nahm, langsam und zögerlich, eine Idee in ihr Gestalt an. Eine Idee, die sie nicht wieder loswurde. Sie nistete sich ein und beanspruchte immer mehr Raum. Bis Frieda an nichts anderes mehr denken konnte.

64

Frieda

K omm her und schau dir das an, und dann sag mir, was du denkst.« Lorenzo stand vor seiner Leinwand und malte eine Landschaft mit Zypressen, Olivenbäumen und einer gebogenen Brücke. Er deutete mit dem Pinsel darauf. »Habe ich die Brücke gut getroffen?«

Frieda legte ihr Buch weg und starrte hinaus auf den See – lila, grün, kobaltblau, obenauf tanzten die Schaumkronen. Sie wollte nicht ohne ihre Kinder leben. Wie sollte das gehen? Wie sollte sie das ertragen?

»Willst du es dir nicht anschauen?«, drängte Lorenzo.

Langsam erhob sie sich von der Couch. Sie hatte sie vor das Fenster gestellt, sodass sie die zitternden Fraktale des silbernen Lichts auf dem Wasser sehen konnte, aber an diesem Tag gab es kein Licht, nur sausenden Wind und schreiende Möwen. Und überall die Gesichter ihrer Kinder. »Für meinen Geschmack nicht weich und dunstig genug. Aber die Brücke ist gelungen.« Sie wusste, dass ihre Bemerkung tonlos und flach klang. Sie wusste, dass Lorenzo enttäuscht sein würde.

Beim geringsten Anlass warf es sie jetzt zurück in die Vergangenheit. Am Vortag hatte sie ein in eine Decke gewickeltes Baby gesehen, das die Mutter stolz herumzeigte. Sofort hatte sie in dem Kind Monty gesehen. Er war ein so hübsches Baby gewesen … das Gesicht rund und glänzend wie ein Apfel, das feine goldene Haar wie Distelwolle, die blassen Lider von einem Netz lila Äderchen durchzogen. Sie hatte sie mit dem Finger nachgezeichnet, wenn er schlief, und ihn für das schönste Kind gehalten, das sie je gesehen hatte. Bis Elsa kam. Elsa mit ihren Erdbeerwangen und den dicken Ärmchen, wie Würstchen. So ein hübsches Baby. Hübscher als alle Babys von Nottingham. Und dann Barby mit ihren großen braunen Augen und der Knopfnase und dem kleinen knorrigen Kopf, wie eine Walnuss. So ein liebes Kind, so anhänglich. Und diese leuchtenden Augen! Überhaupt nicht die eines Kleinkinds. Ernest hatte sie die kaiserlichen Von-Richthofen-Augen genannt.

Sie stand auf und nahm Mantel und Hut vom Nagel an der Tür. »Ich gehe spazieren.« Sie sah Lorenzo unsicher von seiner Leinwand aufblicken. Sein Mund wurde verkniffen, sein Kiefer hart. Er konnte es nicht ausstehen, wenn sie sich in sich selbst zurückzog, sich auf diese Art unerreichbar machte. Aber was sonst konnte sie tun?

Sie lief, bis sie ans Ufer des Sees kam, bis sie dessen feuchten Atem auf der Haut spürte. Ein steifer Wind blies über die Oberfläche, peitschte das Wasser zu weißen Wellen und buckelnden Seepferdchen. Steine. Sie wusste, man brauchte Steine, damit der Körper unterging. Sie mussten groß genug sein, um ihn unter Wasser zu halten, aber nicht so groß, dass er spurlos bis zum Boden sank. Sie wollte, dass man ihre Leiche entdeckte. Sie wollte nicht zum Grund des Sees sinken und bei den Fischen verrotten, neben verlorenen Rudern und rostigen Blechdosen. Sie wollte nicht zwischen schleimigen Steinen und verhedderten Angelschnüren begraben sein.

Sie klaubte ein paar Steine auf und steckte sie in die Manteltaschen. Dann ging sie ans Ufer und starrte übers Wasser. Wohin sie auch blickte, stets wurde sie an ihre Kinder erinnert. Unter ihren Füßen waren winzige Kieselsteine, weiß und glatt wie Babyzähnchen. Sie erinnerten sie an die Wackelzähne ihrer Kinder. Daran, wie Monty an ihnen gesaugt und sie mit der Zunge bearbeitet hatte, bis sie lose genug waren, dass man sie ziehen konnte. Wie Elsa ihre mit der Haarbürste geschrubbt hatte, um sie perlweiß zu machen. Und Barbys Zähne? Hatte sie die großen hinten schon verloren? Vielleicht hatte sie auch gerade einen Wackelzahn.

Unter Wasser waberten dicke grüne Wedel wie Tentakel. Frieda bückte sich und streckte die Hand ins Wasser, berührte das Unkraut. Wie sie sich danach sehnte, das Haar ihrer Kinder zu berühren, zu spüren, wie glatt es sich unter ihrer flachen Hand anfühlte, es zu bürsten und zu kämmen? Wer bürstete ihnen jetzt das Haar? Machte ihre Tante Maude es so, wie sie es mochten? Gab sie sich Mühe, nicht an den kleinen Knoten zu reißen? Verband Großmutter Weekley ihnen die Füße, wenn sie Blasen hatten? Las Ernest ihnen abends vor, und ahmte er die Stimmen nach, wie sie es mochten? Sie spürte, wie ihre Augen sich mit Tränen füllten und wie der Regen in kalten Pfeilen vom Himmel fiel und die Wasseroberfläche zeichnete.

Sie knöpfte ihre Stiefel auf und zog die Strümpfe aus. Dann stieg sie versuchsweise mit einem Fuß ins Wasser. Es war so kalt, dass ihr der Atem stockte. Sie spürte seine gefrorenen Finger am Saum ihres Kleides, spürte, wie seine eisige Zunge über ihre Zehen, den Spann, die Knöchel leckte. Sie fuhr mit den Händen in die Tasche und packte die Steine. Waren sie schwer genug? Sollte sie mehr suchen? Nein, allein das Gewicht ihres Kummers würde sie nach unten ziehen, sie unten halten.

Sie watete noch etwas weiter hinaus, und das Wasser ging ihr bis zu den Waden, dann bis zu den Knien, dann bis zu den Oberschenkeln. Ihre Röcke blähten sich. Sie spürte das Wasser an der Haut, die Kälte machte ihre Glieder taub, sie bekam eine Gänsehaut. Sie sah hinüber zu den dunklen Wolken, die sich am Horizont zusammenballten, und dachte an Anna Karenina. Sie hatte Annas letzten Monolog so oft gelesen, dass er in ihr Gedächtnis eingebrannt war. Anna hatte für die Liebe alles aufgegeben, um sich wieder lebendig zu fühlen. Und doch war die Liebe nicht nur ein Segen, sondern auch ein Fluch gewesen. Und Anna hatte den höchsten Preis gezahlt, das höchste Opfer gebracht. Jetzt würde sie ein Gleiches tun. Sie machte einen weiteren Schritt und spürte, wie die scharfe Kante eines Felsbrockens ihr in die Ferse schnitt. Der Schlamm gab nach, quoll zwischen ihren Zehen hervor. Jetzt schlotterte sie. Ihre Füße und Beine wurden fühllos vor Kälte. Wind und Regen hatten sich plötzlich gelegt, und der See lag seltsam ruhig, still und unversehrt da. Als hätte der Herrgott den Wind und die Fischer und alle Wildvögel vom See gerupft, damit sie in einsamem Frieden sterben konnte.

Neben ihr sprang ein Fisch aus dem Nass, schickte Wellenringe übers Wasser. Ihr Blick erfasste den silbrigen Körper, wie er einen Bogen durch die Luft beschrieb und mit einem Spritzer wieder in den See schoss. Und etwas an dem Geräusch, das er machte, an dem Lichtblitz, den er erzeugte, rüttelte sie aus ihrer starren Trance. Sie wandte den Kopf zum Himmel. Zwischen den Wolken war eine schwache Februarsonne erschienen und schickte blasse Lichtplissees auf die Seeoberfläche, ließ sie schimmern wie Rohseide.

Sie dachte an Lorenzos Worte: wie schön und wunderbar und göttlich das Leben sei. Erinnerungen krochen in ihr hoch – an die explodierende Birnbaumblüte, als sie zum ersten Mal miteinander geschlafen hatten, an den strengen Ledergeruch der väterlichen Reitpeitsche, die sie an ihr Gesicht gepresst hatte, den saphirblauen Glockenblumenteppich von Sherwood Forest, ihre Kinder, die im Geäst einer Eiche saßen und grüne Eicheln herunterwarfen. Ich bin nicht Anna Karenina, dachte sie. Ich lasse mich nicht nötigen, etwas so Grausames, so Abstoßendes zu tun. Ich will leben! Und ich will meine Kinder wiedersehen.

Als sie in ihren nassen, an den Beinen klebenden Röcken und mit zitterndem Leib nach Hause kam, blickte Lorenzo kurz von seiner Leinwand auf, und seine Augen kamen ihr vor wie zwei blaue, auf dem Meer verlorene Boote. Sie stürzte auf ihn zu und stieß in ihrer Hast die Leinwand um. Und ehe er protestieren konnte, hatte sie ihren nassen Mantel und das Kleid ausgezogen, zog ihm das Hemd vom Rücken und warf ihn grob auf die Couch. Schnell setzte sie sich auf ihn und liebte ihn mit solcher Dringlichkeit, dass keiner von beiden wahrnahm, wie kalt ihre Knochen waren und wie feucht ihre Haut. Später, als Lorenzo ihre Kleider vor dem Feuer aufhängte, erzählte sie ihm, sie sei gestolpert und versehentlich in den See gefallen.

Am nächsten Tag brachte Lorenzo ihr das Frühstück ans Bett, und auf dem Tablett stand eine Vase mit Olivenzweigen. Er ging wieder nach unten, und sie hörte, wie er den Boden schrubbte, die Fenster putzte und Holz hackte. Als sie aufstand, zog er das Bett ab, wusch die Laken und Kopfkissenbezüge in der Blechwanne, wrang sie aus und hängte sie vors Feuer.

»Jetzt wasche ich deine Strümpfe«, sagte er und deutete auf die roten Strümpfe, die, starr vor getrocknetem Schlamm, auf dem Sofa lagen. »Und ich stopfe sie für dich. Sie haben Löcher an den Fersen. Jetzt geh und schau in die Speisekammer, tust du das?«

Frieda ging in die Küche. Sämtliche Kupferpfannen glänzten. Er musste sie poliert haben, noch bevor sie aufgewacht war. Sie drückte die Tür zur Speisekammer auf, und ihr schlug der Duft von Bitterorange entgegen. Auf dem oberen Regal standen ordentlich aufgereiht Marmeladengläser. Marmelade! Wann hatte er Marmelade gekocht?

»Während du schliefst, meine Bienenkönigin«, rief er. »Das ist die beste Marmelade, die du je kosten wirst, versprochen. Und jetzt geh ins Wohnzimmer.«

Sie öffnete die Tür zum Wohnzimmer. Riesige, zittrige Lichtfetzen fielen durch die frisch geputzten Fenster herein. Auf sämtlichen freien Flächen standen Vasen und Krüge, Eimer und Gläser, alles vollgepackt mit blühenden Mandelzweigen und Myrte und schlanken Stängeln wilder Alpenveilchen.

»Das ist mein Schrein für dich. Und jetzt sieh dir an, was der Postbote gebracht hat.« Er deutete auf den Tisch. Dort lag ein Umschlag, der Ernests pingelige Handschrift trug. Er war aufgerissen worden, und von dem aufgebrochenen Siegel hing ein rotes Band herab.

Sie hob die Brauen und sah Lorenzo fragend an. Er hüpfte um den Tisch wie eine Krähe und beobachtete sie genau.

»Das sind die Briefe von deinem verrückten Doktor. Weekley hat sie zurückgeschickt.« Er verstummte, dann machte er noch einen kleinen Hüpfer wie ein Moriskentänzer. »Und er hat mir diese Nachricht von einem deiner alten Liebhaber geschickt, Dowson. Er meint, ich wüsste nicht Bescheid über deine Eskapaden. Er denkt, ich würde dich jetzt nach Hause schicken. Ha! Der Narr hat keine Ahnung, was Liebe ist.«

Am nächsten Tag saß Lorenzo wieder an der Arbeit und schrieb so fanatisch, dass Frieda sich um seine Gesundheit sorgte. Seine sonst so bleiche Haut hatte einen rosa Schimmer, als sei alles Blut in seinem Körper hoch konzentriert bei der Arbeit. Er warf ein Blatt Papier nach ihr. »Schreib auf, was du mir letztens erzählt hast, wie das war, als dein Vater mit dir auf dem Rücken in einen Fluss gesprungen ist und es dir den Kopf nach hinten gerissen hat. Und lass nichts aus.« Dann fuhr er sich mit dem Handrücken über die Stirn. Sie versuchte, ihn zu beschwatzen, er möge das Fleckchen unter dem Pfirsichbaum, unter dem er schrieb, verlassen, aber er schüttelte den Kopf und murmelte: »Noch nicht, noch nicht. Das wird ein Knüller, das beste Buch, das je geschrieben wurde.«

65

Frieda

Eine Woche später hatte Frieda einen Plan gefasst. Lorenzo und sie gingen am Seeufer spazieren; hinter ihnen lag ein langer Arbeitstag, an dem er ihr, während er schrieb, immer wieder Fragen zugerufen hatte: »Empfindet eine Mutter anders für ihre Söhne? Wie fühlt sich der Tritt eines ungeborenen Kindes an? Wie ist eine Geburt? Wie fühlt man sich, wenn man dem eigenen Nachwuchs den Hintern versohlt?« Mit immer mehr Fragen war Lorenzo gekommen, und schließlich hatte er sich, hustend und vor Kälte zitternd, neben sie auf die Couch fallen lassen und auf einem Abendspaziergang bestanden, damit er wieder einen klaren Kopf bekäme.

Die feuchte Luft roch nach Zypressen und Zitronen. Der Himmel über ihnen war bleich und leer, staubfarben. Vom Horizont her bewegte sich langsam ein Trauerzug aus dunklen Wolken auf sie zu. Ich muss es sagen, bevor der Regen kommt, dachte Frieda. *Fräulein Winifred Inger ...* der Name kam auf sie zugerollt wie die Wolken über ihren Köpfen, unheilverkündend, unwillkommen.

»Ich würde gern nach London fahren, Lorenzo.«

»Noch nicht, Bienenkönigin. Ich komme gerade so gut weiter mit dem neuen Roman. Mit den dunkelsten Winkeln meiner

Seele, *deiner* Seele, setze ich mich auseinander. In dieser schauerlichen Stadt kann ich nicht arbeiten.« Er zögerte, seine Augen verengten sich. »Geht es wieder um die Kinder?«

Sie griff nach seinem Arm, drückte ihn besänftigend.

»Wir sind hier viel zu sehr allein.«

»Diese Kinder hängen zwischen uns wie ein gezücktes Schwert.«

Sie drängte ihn weiter, hielt den Blick auf ein Segelboot gerichtet, das draußen auf dem See zu kreisen schien. »Es gibt etwas, das ich dir nie erzählt habe. Niemandem. Aus dem dunkelsten Winkel meiner Seele.«

»Möchtest du dich mir anvertrauen?«

»Ich dachte, du könntest es für deinen neuen Roman gebrauchen. In dem es um Elisabeth und mich geht.«

»Warum hast du mir das nicht schon früher erzählt? Ich dachte, wir hätten keine Geheimnisse voreinander?«

»Ich wollte nicht darüber nachdenken. Es war zu schmerzhaft.« Ihr Blick wanderte über den See hinauf in die Berge, in ihre nebelverhüllten Gipfel. »Aber wenn du mich nach London fahren lässt, erzähle ich es dir.«

»Geht es um noch einen Liebhaber? Um irgendeine schändliche Sache, die du mit Otto Gross gemacht hast?« Seine Oberlippe kräuselte sich leicht, aber Frieda vermochte nicht zu sagen, ob es Wut war oder die Vorfreude auf noch mehr Material für seinen »Knüller«.

»Versprichst du mir, dass du mich nach London fahren lässt?«

»Ich komme mit. Aber wir werden nicht lange bleiben.«

Sie nickte. Sie wusste, dass er ihr nicht genug traute, um sie allein fahren zu lassen; dass er entsetzliche Angst hatte, sie würde zu Ernest, zu ihren Kindern zurückkehren. Aber damit konnte sie sich jetzt nicht aufhalten, nicht, während das Bild von Fräulein Winifred Inger sie aus allen Winkeln ihres Gedächtnisses bedrängte. Sie musste die richtigen Worte finden, es erklären. Plötzlich hatte sie das Gefühl, dass Fräulein Inger zugegen war, fest an ihr hing wie eine alte Spinnwebe. Es war, als sei ihr Geist, ihre Gegenwart, über die nebelverhangenen Berge gekommen, sei übers Wasser geglitten und zwischen die Zypressen gekrochen, die wie eine Reihe von Wachposten die Landzunge säumten. Frieda schlug in die Luft, als wollte sie eine Fliege verscheuchen. Sie wollte schnell machen, es ihm erzählen, es hinter sich bringen. Dann würde sie nach London fahren und ihre Kinder besuchen können. Ehe die sie vollkommen vergaßen.

»Wir müssen weiterreisen, Bienenkönigin. Ich brauche Veränderung, Neues – etwas, das mich aus meiner Selbstzufriedenheit reißt. Und ich würde gern gen Süden ziehen, Richtung Rom. Was hältst du da vor mir geheim?«

»Als ich sechzehn war, hatte ich eine Lehrerin namens Fräulein Inger. Sie wurde meine Freundin – Winifred.« Nur unter großer Willensanstrengung gelang es ihr, mit ruhiger Stimme zu sprechen. Sie war froh, dass sie nebeneinander hergingen, sie wollte den Ausdruck auf seinem Gesicht nicht sehen. »Ich habe die Schule gehasst. Alles war so reglementiert und erdrückend.«

»Das weiß ich alles, aber du hast immer gesagt, du hättest keine Freundinnen gehabt«, bemerkte er gereizt.

»Sie war mehr als eine Freundin. Wir sind uns sehr nahegekommen. Nur für kurze Zeit.« Frieda hielt inne und begann innerlich schon den nächsten Satz zu formulieren. Hinter ihnen begannen die Klosterglocken ihr endloses Abendgeläut, der Klang flog über den See und wurde von den Bergen als Echo zurückgeworfen, bis das ganze Tal von dem Geläut zu vibrieren schien.

»Das ist perfekt für meinen Knüller. Erzähl weiter«, drängte Lorenzo, der plötzlich lief, als habe er Lichtstrahlen unter den

Fußsohlen. »Was habt ihr miteinander gemacht?« Seine Schritte griffen weit aus, seine Finger zitterten. Frieda ging schneller, um mit ihm Schritt halten zu können. Sie spürte, dass die Worte ihr schon im Hals steckten und herausdrängten. »Ich wollte ihr unbedingt gefallen, wollte ihr nahe sein, wollte, dass sie mich bewundert. In meinen Augen war sie der vollkommenste Mensch der Welt.« Frieda zögerte. Sie spürte, dass Lorenzo neben ihr kochte. Vor Neugierde? Vor Eifersucht?

»Beschreib sie mir.«

»Sie war die Tochter eines Geistlichen. Sehr athletisch und stolz wie ein Mann. Aber auch zart und schön. Sie gab Schwimmunterricht, und ich wollte sein wie sie, schwimmen wie sie, aussehen wie sie.« Frieda machte eine Pause und blickte in den zusehends dunkler werdenden Himmel. Hinter den Bergen grollte der Donner, und die Wasserhühner und Schwäne glitten geschwind ans Ufer. »Sie hat mich im Wasser gehalten, im Schwimmunterricht, und mir war, als müsse mein Herz explodieren, als werde es aus meinem Körper katapultiert.«

»Und dann?«

»Sie hat mich zu sich nach Hause eingeladen, und wir waren nackt in einem Fluss schwimmen.« Es schauderte Frieda. Wie schwarz und eisig dieser Fluss gewesen war, wie warm sie sich in Fräulein Ingers Armen gefühlt hatte, wie sie sich in dem dunkel wogenden Wasser an ihre Lehrerin geklammert hatte. Selbst in diesem Augenblick konnte sie sich an das heiße Drängen von Fräulein Ingers Mund erinnern, während das eiskalte Wasser ihnen um die Knie wirbelte. An das Gefühl, dass jeder Zentimeter ihres Körpers wie Kerzenwachs schmolz. An Fräulein Ingers Finger, der in ihr Fleisch drängte.

»War das schon das Ende?« Lorenzo klang streng und beherrscht, als wüsste er nicht, wie er darauf reagieren sollte. Plötzlich wollte Frieda nicht weitererzählen. Winifred war ihre Geschichte, nicht seine. Sie hatte ihm doch genug geliefert, um nun nach London fahren zu können, oder?

»Sie ist nach Berlin gegangen. Ich habe ihr geschrieben, aber sie ist nicht zurückgekommen. Irgendwann habe ich gehört, dass sie geheiratet hat.«

»Aber als ihr nackt geschwommen seid … was ist da noch passiert?«

Frieda kannte diesen störrischen Zug um seinen Kiefer, das entschlossene Funkeln in seinen Augen. »Sie hat mich im Fluss geküsst. Das war alles – nur die Verliebtheit eines Schulmädchens.« Aber schon als sie das sagte, meinte sie Fräulein Ingers Zunge zu spüren, wie sie ihre kalten Lippen öffnete und in ihren Mund glitt, ihr über Zahnfleisch und Zähne fuhr und kreiste. Sie spürte, wie Fräulein Ingers starke Arme an ihr zogen, wie Fräulein Ingers Fingernägel sich in ihre Oberarme krallten, wie das morastige Wasser zwischen ihnen wirbelte und zerrte. Kurz darauf hatte Fräulein Inger sie losgelassen und war von ihr abgerückt, als müsse sie Luft holen. Und eine Woge des Verlangens und der Angst hatte Frieda mitgerissen, eine Woge, so stark, dass ein leises Winseln aus ihrer Kehle kam und ihre Hände sich unwillkürlich nach der Lehrerin ausstreckten.

»Du liebst mich, nicht wahr?« Winifred hatte geflüstert, hatte den Kopf gesenkt und über Friedas Nacken geleckt, dann war sie mit der Zunge erst über das eine, dann das andere Schlüsselbein gefahren. Frieda, die schier verging vor Bewunderung und Verwirrung, hatte geflüstert, »Ich liebe Sie, Fräulein Inger, ich liebe Sie.« Und Fräulein Inger hatte sie dazu gebracht, es zu wiederholen, immer und immer wieder. Hatte sich geweigert, sie zu küssen, solange sie es nicht fünfzigmal gesagt hatte.

»Was für eine Art von Kuss? Und wo hat sie dich berührt?«

Lorenzo fragte hartnäckig weiter, sein Gesicht war noch starr, aber sein Blick wanderte ruhelos umher.

»Ein richtiger Kuss auf die Lippen. Den Rest kannst du dir selbst ausmalen, Lorenzo. Mach das Ganze so erregend, wie du willst.«

»Bist du dir sicher, dass du nichts vergessen hast?«

Frieda schüttelte den Kopf und wandte sich ab. Nach dem Schwimmen mit Fräulein Inger hatte sie langärmelige Kleidung tragen müssen, um die pflaumenfarbenen Abdrücke auf ihrem Arm zu verdecken. Später hatte sie sich gefragt, ob sie bei Fräulein Inger ähnliche Spuren hinterlassen hatte, ob Fräulein Ingers schöner, muskulöser Körper die lila Abdrücke *ihrer* Fingerspitzen trug.

Riesige Regentropfen begannen vom Himmel zu fallen. Die Zypressen neben ihnen brodelten und zischten. Statt schneller zu gehen, verlangsamte Frieda ihren Schritt. Es hatte etwas Befriedigendes, wie der Regen auf ihr Gesicht fiel, wie er sie von Winifred reinwusch, ihr auf seltsame Weise Absolution erteilte. Sie wollte nicht mehr darüber nachdenken – über den Schmerz von damals, als ihr junges Herz in zwei Stücke gerissen worden war. Eine Woche später war Winifred plötzlich verschwunden gewesen, und die anderen Lehrer hatten zu ihrem Verschwinden keinerlei Erklärung abgegeben. Abend für Abend hatte Frieda ihr geschrieben und sie angefleht zurückzukommen. Sie hatte die Briefe beim Cottage ihrer Lehrerin eingeworfen und sich allabendlich in den Schlaf geweint. Dann war sie jäh aufgewacht und nach unten gerannt, um nachzuschauen, ob Post gekommen war. Einen Monat später hatte ihr ein anderes verheultes Mädchen erzählt, Fräulein Inger habe einen Arzt geheiratet und werde nicht wiederkommen. Friedas Liebe war langsam zu bitterer Galle vergoren. Es hatten sich weitere Mädchen gemeldet und behauptet, Fräulein Inger habe ihnen geschrieben, habe ihnen Hochzeitsfotos oder ein Stück vom Hochzeitskuchen geschickt, in einer mit einem Bändchen verzierten Schachtel. Ein Mädchen hatte behauptet, Fräulein Inger habe sie in ihr Berliner Zuhause eingeladen. Frieda hatte zu all dem nichts gesagt. Und als ihre Liebe sich verhärtet und in ein kleines, bröseliges Etwas verwandelt hatte, hatte sie sie eingewickelt und sie in einen fernen Winkel ihrer Erinnerung gepackt.

»Ich werde das in meinen Roman aufnehmen. Ich werde der Sache ein eigenes Kapitel widmen«, sagte Lorenzo und nickte. »Ich werde das Kapitel ›Schmach‹ nennen. Nein, so nicht. Ich werde es ›Scham‹ nennen.«

»Scham?«, wiederholte Frieda. »Warum? Ich schäme mich nicht.«

»Warum hast du es dann niemandem erzählt?«

»Weil die Erinnerung schmerzt. Ich schäme mich überhaupt nicht«, insistierte sie. Dann fiel ihr ein, dass sie es sehr wohl jemandem gesagt hatte. Sie hatte es Otto erzählt, vor vielen Jahren. Er hatte es als ein weiteres Zeichen ihrer genialen Begabung und ihrer Emanzipiertheit gedeutet. Nicht ansatzweise als etwas, das mit Scham besetzt war.

»Und hast du seither auch mal eine andere Frau küssen wollen?«

Lorenzos begieriger Blick auf die Haut des Weinarbeiters kam ihr in den Sinn – dieser Sekundenbruchteil ungezügelten Verlangens, unfreiwilliger Offenbarung. Hinter den Bergen wurde der Himmel urplötzlich von einem Blitz erhellt, und es folgte ein leises Donnerfauchen. »Nein«, sagte sie. »Eine Frau sollte bei einem Mann sein. Das hat die Natur so gewollt.«

»Beeil dich, Frieda! Ich muss nach Hause und das niederschreiben.« Lorenzo hatte sich umgedreht und rannte fast, seine

Hosenbeine flappten im Wind, der Regen peitschte seinen Rücken.

»Ich komme nach.« Sie stand am Straßenrand und blickte auf den See. Boote ruderten zum Ufer, weiße Schaumkronen hockten trotzig auf den Wellen, die Bäume am Ufer wankten und schienen am dunkler werdenden Himmel zu kleben.

»London!«, schrie sie seiner kleiner werdenden Gestalt hinterher. »Wann fahren wir nach London?« Aber der Wind riss ihr die Worte von den Lippen, peitschte sie fort, warf sie in den Regen. Lorenzo war verschwunden.

Villa Igéa
Gargnano
Gardasee
15. März 1913

Liebste Elisabeth,
Lorenzo hat unserer Fahrt nach London zugestimmt. Gott sei Dank! Ich habe ihn davon überzeugt, dass wir hier viel zu viel allein sind und dass ich meine Kinder sehen muss. Er hätte mich gern hier in der Falle sitzen, und niemand soll versuchen, mich von hier wegzulocken. Er mag den Gedanken, dass wir als ein Paar verliebter Aussteiger leben. Aber selbst er gibt jetzt zu, dass wir hier lebendig begraben sind und dass dieses einsame Leben keinem von uns beiden guttut.

Er liebt Italien, sagt, hier könne die Seele ganz und gar frei sein, weil das Land so gar nicht moralisch sei. Aber mich schließt das nicht ein. Die Italiener sind so kinderlieb, sind so vernarrt in ihre Kinder und so stolz auf sie. Wenn sie wüssten, dass ich meine Kinder in England zurückgelassen habe, sie würden mich mit Spitzhacken und Sicheln verjagen! Lorenzo packt die nackte Wut, wenn ich traurig werde, so habe ich keine Menschenseele, mit der ich reden könnte. Und jeden Tag zeigt mir irgendeine Bäuerin ihr Kind, und ich würde am liebsten in Tränen ausbrechen.

Eines schrecklichen Morgens vor ein paar Wochen habe ich Monty erwähnt. Noch im gleichen Atemzug schluchzte ich los. Lorenzo ist fuchsteufelswild geworden, hat gedroht, er werde zu den Mönchen ins Kloster ziehen. Ich habe eine Tasche gepackt, war entschlossen, zu Ernest zurückzugehen, habe Lorenzo einen Brief hingelegt und bin zum Pier gegangen, um einen Dampfer zu nehmen. Wegen des schlechten Wetters fuhren keine Dampfer. Ich wurde gefragt, wer denn mein Ehemann sei. Sie haben gelacht und mich fortgescheucht wie einen streunenden Hund. Ich war zwei Nächte in einem Hotel, dann bin ich besiegt in unsere Wohnung zurückgekehrt und habe auf Lorenzo gewartet.

Jetzt bin ich froh, dass es so gekommen ist. Wäre ich allein nach England zurückgegangen, stünde ich ohne Freunde da. Und ohne einen Penny (ich lehne es ab, weiterhin Geld von Dir zu nehmen, liebe Elisabeth). Ernests Familie würde mir das Leben zur Hölle machen. Und wenn Ernest mich zurücknehmen würde, dann nur um seines Ansehens willen, für Cambridge, für seinen guten Ruf. Er trägt eine solche Bitterkeit im Herzen. Er würde mir nie wieder vertrauen. Er (und mit ihm das ganze kleinkarierte, puritanische England) würde in mir immer eine gefallene Frau sehen, eine lose Weibsperson. Meine Vergehen wären niemals getilgt. Nein, diese Tür ist mir verschlossen.

Wie dem auch sei, ich muss an Lorenzo denken. Italien hat ihn in einen besessenen Schreiber verwandelt, und wenn er bis zur Erschöpfung schreibt, wird er immer schrecklich krank, und ich muss ihn wieder gesundpflegen. Ich weiß, er wird ein großer Schriftsteller, aber das wird nur geschehen, wenn ich bei ihm bin. Das sagt er mir immer wieder, und ich weiß, dass es wahr ist. Es gibt auch noch anderes, das mich an ihn bindet. Und ich kann ja nicht noch mehr Leben zerstören, nicht wahr?

Daher habe ich mir für meinen Kummer eine Maske zugelegt. Ich behalte alles für mich. Mein Gesicht ist wie aus Alabaster, meine Augen sind trocken wie Kreide. Dabei sinne ich den lieben langen Tag über einen Plan, wie ich meine Kinder treffen, wie ich sie zu mir holen kann. Lorenzo und ich streiten uns wie Katzen, aber das ist mir egal. Denn bald werde ich meine Kinder sehen!

Deine Dich liebende Schwester
Frieda

PS: Er ist einverstanden, diesen dummen Titel fallen zu lassen, Paul Morel, *und stattdessen meinen zu nehmen.* Söhne und Liebhaber. *Das ist viel besser, findest du nicht auch?*

ACHTER TEIL

London 1913

»Sie hasste sich selbst, sie hätte sich am liebsten
vernichtet. Wie man sich wohl befreien konnte?«

D. H. Lawrence, *Der Regenbogen*

66

Frieda

A uf dem Weg nach Hampstead ging Frieda in einen Süß-
warenladen. Riesige Vorratsgläser standen an der Wand
hinter dem Tresen aufgereiht: Butterscotch, Zitronenbonbons,
Toffees, Lakritzschnecken, Malzbonbons, Birnenbonbons, ge-
streifte Minzbonbons, Pineapple Rock. Sie kaufte von jeder Sorte
eine Tüte, packte sie in ihre Reisetasche und spazierte mit flirren-
den Nerven den Hügel hinauf Richtung Well Walk. Die Sonne
hatte eine großzügige Portion Gold über Hampstead Heath aus-
gegossen, und die Luft duftete süß nach gemähtem Gras. Frieda
versuchte sich zu beruhigen, indem sie ihre Lunge mit tiefen
Atemzügen füllte. Wochenlang hatte sie stumm diese Sätze geprobt: »Hallo, Großmutter Weekley. Wie geht es dir? Und wie
geht es Charles und Maude? Dürfte ich bitte meine Kinder sehen?
Wie nett von dir. Danke, Großmutter Weekley.«

Als sie sich dem Well Walk näherte, schlug ihr Herz schneller
und wurden ihre Handflächen feucht. Sie schwitzte unter den
Achseln, und die viel geprobten Zeilen blieben ihr verstümmelt
im Hals stecken. Sie hatte das sonderbare Gefühl, all ihre früheren Inkarnationen wären um sie versammelt und sprächen ihr
Mut zu. Die ganz kleine Fritzl, die von Felsen ins Wasser sprang

und mit Fröschen schwamm. Die kleine Frieda, die Birnbäume hinaufkletterte und sich in Fuchsbauten quetschte. Die junge Frieda, die von Abenteuern und Liebe träumte. Die verheiratete Frieda. Die ehebrecherische Frieda. Die Bienenkönigin-Frieda. Es war, als redeten die vielen Friedas wild durcheinander und bedrängten sie.

Sie bog in den Well Walk ein, hielt sich gerade und ging mit gespielter Unbekümmertheit auf das Weekley-Haus zu. Sie würde einfach läuten. Selbstsicher. Sie würde nicht zittern und zagen. Sie hatte nichts zu befürchten. Es waren ihre Kinder. Der Großmutter und Maude gegenüber würde sie höflich, aber bestimmt auftreten. Sie würde ihre Kinder in den Arm nehmen und sie ganz, ganz lang festhalten. Es genießen, dass sie ihr mit klebrigen Lippen einen Kuss aufdrückten. Ihnen übers Haar streichen, über die Wangen, den flaumigen Nacken. Dann würde sie mit ihnen in den Heath-Park gehen und mit ihnen in der Sonne liegen und sie mit Süßigkeiten füttern, als wären sie Vogeljunge. Sie würde ihre Haare nach Läusen absuchen. Sie würde sie in die Rippen zwicken, um sicher zu sein, dass sie auch genug zu essen bekamen. Sie würde ihre Zähne nach faulen Stellen absuchen und prüfen, ob sie ihre Nägel auch ordentlich geschnitten hatten. Und dann werde ich sie in meine Tasche packen und weglaufen … Ihre Lippen verzogen sich zu einem Lächeln.

Sie hörte einen Teppichklopfer. *Flack! Flack!* Das war bestimmt Maude – wie üblich beim Saubermachen. Ihr Lächeln wurde breiter. Mit Maude würde sich leichter verhandeln lassen als mit der Großmutter. Vielleicht war die ausgegangen. Vielleicht waren die Kinder mit Maude allein – machten ihre Hausaufgaben oder halfen der Tante beim Frühjahrsputz. Frieda machte jetzt größere Schritte. Ihre Arme schwangen freier. Die Tasche mit dem köstlichen Inhalt fühlte sich leicht an wie ein Blatt. Das Haus stand direkt vor ihr. *Flack! Flack!* Sie sah auf, erwartete, Maude zu sehen, wie sie einen Läufer mit dem Teppichklopfer bearbeitete.

Aber da war keine Maude. Als sie näher kam, sah sie, dass die Vordertür zu und alle Rollläden geschlossen waren. Sie runzelte die Stirn. Straffte die Schultern. Strebte mit der einstudierten, hochachtungsvollen Haltung der Haustür zu. Hob die Hand zum Türklopfer. Hielt inne. Der Messingklopfer war dunkel angelaufen. Auf der Kante lag Staub. Ihr Blick huschte seitwärts zum Fenster. Der Sims war von Unkraut überwuchert. Tote Motten und Fliegen lagen darauf. Die Scheibe war dunkel vom Staub. In den Ecken hatten sich Spinnwebfäden gesammelt. Sie betätigte den Klopfer. Hörte den Ton durch den Flur die Treppe hinauf bis zum Dachboden hallen.

Sie trat einen Schritt zurück und betrachtete das Haus. Die Fenster waren gähnend leer, hatten keine Vorhänge mehr. Über der abblätternden Farbe lag eine Dreckschicht. Borstige Disteln hatten einige Spalten zwischen dem Mauerwerk erobert. Das Herz sank ihr in die Knie. Sie hörte einen Laut wie zerreißendes Papier aus ihrer Kehle dringen.

Sie kniete nieder und öffnete ihre Tasche, ihre Knie schrappten über den klammen, rauen Stein. So fühlt es sich an, neben einem Grab zu knien, dachte sie. Sie nahm alle Tüten mit Süßigkeiten aus der Tasche, reihte sie auf der Türschwelle auf und sagte sich, was für ein jämmerliches Unterpfand der Liebe einer Mutter.

Als alle Süßigkeiten ausgelegt waren, ging sie zum Haus nebenan und läutete. Im oberen Stockwerk ging ein Fenster auf, und der Kopf eines Mannes erschien.

»Wo sind denn die Weekleys hin?« Frieda zog sich die Hutkrempe in die Stirn, damit er ihre geröteten Augen nicht sah.

»Das weiß ich nicht.« Während er sprach, bewegte sich sein Schnurrbart in trägen Kreisen.

»Wann sind sie weggezogen?«

»Letzten September. Haben keine Adresse hinterlassen.« Er zog den Kopf zurück und hob die Arme, als wollte er das Schiebefenster schließen.

»Warten Sie bitte! Sie müssen doch eine Vorstellung haben, wo sie hingezogen sind. Bitte!« Sie legte sich flehend die Hand auf die Brust.

»Der Junge hat erzählt, dass er in eine Schule namens St. Paul's gehen wird. Das könnte auch in Timbuktu sein, ich weiß es einfach nicht.«

Sie hörte das Klappern des Schiebefensters und den dumpfen Schlag, mit dem es geschlossen wurde. Als sie sich zur Straße umdrehte, wurden Schmerz und Enttäuschung von Ärger verscheucht. Wie konnte Ernest das tun? Wie konnte er!

67

Ernest

In seinem neuen Arbeitszimmer in West-London konnte Ernest die Themse riechen. Heute war der Geruch besonders intensiv: fischig, mit einer leichten Abwassernote. Er hatte nicht die Energie, das Fenster zu schließen. Das ganze Herumreisen nach Nottingham und wieder zurück hatte ihn mitgenommen. Er saß an seinem Schreibtisch und nickte respektvoll einer Erstausgabe von Trollopes *Lady Anna* zu. Streichelte den lohfarbenen Lederrücken und fuhr sanft mit dem Finger über die brüchigen Seiten. Der Einband glänzte. Von dem geprägten Titel ging eine Gewissheit aus, die ihn wärmte und tröstete. Er hatte das Buch vergangene Woche bei Mr Wells, dem Waffenhändler, gekauft und damit einem für ihn ungewöhnlichen Wunsch nach Extravaganz nachgegeben. Mr Wells handelte nämlich nicht nur mit Pistolen, sondern auch mit Erstausgaben namhafter Schriftsteller.

Er öffnete das Buch und schnüffelte daran. Schon der Geruch tat ihm gut – sakral, geheiligt, staubig. Er drückte die Nase in die Seiten, damit der Duft ihn von der keifenden Stimme seiner Mutter ablenkte. Er hörte sie, wie sie gerade – den Kindern? – erzählte, wenn sie dem Teufel widerstünden, würde

Satan fliehen. Sein Blick fiel auf die Seite vor ihm. Worte, Worte, Worte. Sein ganzes Leben war auf Worte gebaut. Er hatte sie übersetzt, seziert, ihre Herkunft erforscht, und doch hatten sie ihn im Stich gelassen. Er war nicht imstande gewesen, seine Frau glücklich zu machen, nicht fähig, sie zu verstehen, mit ihr zu reden.

Als er aufsah, merkte er plötzlich, dass Monty verlegen im Türstock stand. Sein Blick huschte zur Schreibtischschublade, und nachdem er sich daran erinnert hatte, dass er die Schublade nach dem Ölen seiner neuen Lancaster-Pistole abgeschlossen hatte, atmete er erleichtert aus.

»Ja, Monty?« Seine Stimme klang schärfer, als er erwartet hatte. Warum passierte ihm das immer? Er wackelte mit dem Kiefer hin und her, um ihn zu lockern. Vielleicht machte das seinen Ton etwas weicher.

»I-ich hab das hier gefunden.« Monty streckte ihm eine Kleiderbürste mit Elfenbeingriff hin, auf der das Wappen derer von Richthofen unter seinen Fingern hervorlugte.

Ernests Kiefer verspannte sich wieder. Warum fand der Junge dauernd diese erbärmlichen Sachen und zeigte sie ihm, als habe er nach Gold geschürft und einen Barren gefunden?

»Ich habe mich mit einer Erstausgabe für meine Sammlung belohnt, Monty. Eine recht übertriebene Belohnung, ich weiß. Würdest du sie gern mal in der Hand halten?« Ernest deutete mit dem Kinn auf das Buch in seiner Hand.

»W-wird Mama die nicht brauchen? Braucht sie ihre Sachen nicht?« Montys Finger krallten sich um die Bürste.

Ernest legte das Buch auf den Schreibtisch und öffnete die Hand. »Gib sie mir. Ich leg sie irgendwohin, wo sie sicher ist.«

Monty wich zurück, seine Finger umklammerten den elfenbeinernen Griff.

»Kann ich sie behalten, Papa?«

Ernest empfand tiefes Mitgefühl für seinen Sohn. Er wollte die Arme nach ihm ausstrecken, ihn im Arm halten. Vielleicht den Schmerz des Verrats mit ihm teilen. Wie tröstlich es sein musste, seinen Sohn in die Arme zu nehmen. Er spürte seine Sehnsucht, kämpfte mit einem inneren Widerstand. Warum konnte er nicht einfach die Arme ausstrecken und Monty berühren? Verflucht noch mal, ich tue es jetzt, dachte er. Langsam bewegte sein Arm sich in Montys Richtung. Seine Finger versuchten zaghaft, ihn herbeizuwinken, aber zu seinem Entsetzen wich Monty in den Flur zurück. Ernest zog die Hand zurück und legte sie auf den Einband seiner neuen Erstausgabe.

»D-die Jungs in der Schule«, sagte Monty und ließ die Kleiderbürste hinter seinem Rücken verschwinden.

»Ja?«

»Die reden über ihre Mütter.« Monty machte eine Pause und wippte auf den Absätzen.

»Und was sagen sie?«

»Archibalds Mutter ist eine Suffragette. Und Georges Mutter hat fünf Möpse, denen sie gestrickte Stiefelchen und Westchen anzieht. Und Williams Mutter gehen die Haare bis zu den Knien, und immer, wenn er in Griechisch die Bestnote bekommt, darf er sie bürsten. Und Leonards M-Mutter …« Montys Kinn zitterte, und er blinzelte schnell. Ernest sah weg, er spürte, wie er einen Kloß in den Hals bekam.

»Was macht Leonards Mutter?«

»K-k-Kissenschlachten.«

Zwischen Ernests Augen bildete sich eine steile Falte, die bis zum Haaransatz ging. »Kissenschlachten?«

»Wie M-mama sie immer gemacht hat. Mit uns.« Montys zittrige Stimme überschlug sich.

Ernest blickte auf sein neues Buch. Er spürte einen leichten Windzug von den Bodendielen heraufwehen und um die scharfen Kanten seiner aufgestapelten Bücher streichen und wünschte, der Wind könnte ihn davontragen. Weit, weit weg.

»Was soll ich ihnen über Mama sagen, Papa? Was erzähl ich ihnen?«

»Haben alle deine Freunde eine Mutter?«

»Ja. Außer Harold. Harolds Mutter ist tot.« Monty stieg unsicher von einem Fuß auf den anderen.

»Da hast du deine Antwort, Monty. Du sagst, sie ist tot.« Ernests Blick huschte zur Schreibtischschublade. Dann zurück zu seinem Sohn. Monty, bleich und reglos, starrte ihn entsetzt an.

»T-tot?«

Ernest lachte gezwungen. »Dann fühlt Harold sich nicht so ausgeschlossen.«

Monty starrte ihn unverwandt mit glasigen Augen und verdutzter Miene an, daher setzte er hinzu: »Ich habe dir das doch längst erklärt. Wir müssen uns vorstellen, sie sei tot.«

»Wie soll ich sie d-dann ehren?« Monty schluckte und blickte zu Boden, als ertrage er es nicht länger, seinen Vater anzuschauen. »In der Schule und in der Kirche heißt es immer: ›Du sollst deinen Vater *und* deine Mutter ehren.‹«

Ernest hustete und überlegte sich eine Antwort. Wie konnte er erklären, dass sie des Ehrens nicht würdig war? Dass ihre Sünde Schande über sie gebracht hatte? Dass sie ihm das Herz gebrochen hatte? Seine Finger glitten in verzagtem Kreisen über den Einband des Buches, während er versuchte, eine Antwort zu formulieren.

»Barby und Elsa glauben, dass sie wieder nach Hause kommt. Wenn Großmutter sagt, dass sie uns nicht mehr lieb hat, heißt das ihrer Meinung nach, dass sie eine Krankheit hat. So etwas wie

Amnesie. Wenn man vergisst, wer man ist.« Montys Stimme brach.

»Wir dürfen ihnen nicht alles sagen, Monty. Junge Damen sollten so etwas nicht hören – solch unmoralische Dinge.« Ernest schluckte. Er hörte seine Mutter in der Küche den Herrgott im Himmel anrufen, und wünschte, Monty würde gehen. Ihn mit seiner Erstausgabe und seiner Pistole allein lassen. Echten, soliden Dingen, die verlässlich waren und ein Gewicht hatten. Er presste sich die Finger auf die Augen. All das viele Denken. All die vielen Fragen. Wie schrecklich das alles war.

Als er die Augen öffnete, war Monty gegangen, und die Stimme seiner Mutter schwebte durch den Flur … »Satan selbst hat sie gemacht – Satan höchstpersönlich!«

68

Frieda

Es war ein strahlender Junitag, als Frieda der St-Paul's-Schule einen ersten Besuch abstattete. Sie ging mit dem Sohn von Lorenzos Verleger, Bunny Garnett, der unbedingt helfen wollte. Lorenzo hatte darauf bestanden, sie zu begleiten, und schlich die Hammersmith Road rauf und runter, während sie mit Bunny das Gelände auskundschaftete, die Ausgänge und Eingänge in Augenschein nahm und zu erraten suchte, aus welcher Tür Monty wohl herauskommen würde. Sobald sie einen Jungen in Uniform über den Rasen laufen oder auf den Treppen herumlungern sah, stürzte sie hin, um zu sehen, ob es Monty war. Nachdem sie sich eine Woche lang mit Lorenzo und Bunny im Schlepptau auf dem Schulgelände herumgedrückt und Monty noch immer nicht gesichtet hatte, beschloss sie, die Hilfe ihrer neuen Freundin Katherine Mansfield in Anspruch zu nehmen. Katherine war Schriftstellerin, sie kam aus Neuseeland und lebte wie Frieda in Sünde. Tag für Tag gingen sie gemeinsam vor der Schule auf und ab, warteten, ob Monty sich blicken ließ, und teilten die Last ihrer misslichen Lage. Lorenzo trabte mürrisch hinterher oder sah ihnen von der Autobushaltestelle auf der anderen Straßenseite aus zu.

»Er vertraut mir nicht«, flüsterte Frieda Katherine zu. »Er denkt, Monty will mich ihm wegnehmen.«

»Warum sollte er das denken?« Katherine drehte sich um und sah Lorenzo, der mit essigsaurer Miene unter einem Baum umherschlich, neugierig an.

»Weil er die Macht der Mutterliebe kennt. Er ist früher selbst ein Opfer gewesen.« Frieda schlang den Arm um Katherine und drehte sie herum, zurück zu den Schultoren. Es war Mittag – Zeit für die Mittagspause der Jungen. Sie kannte den Stundenplan mittlerweile genau: Morgenpause, Mittagspause, Teepause, Schulende. Sie wusste, aus welchen Gebäuden sie herauskamen und in welche Gebäude sie zurückströmten.

»Ich finde, dein alter Ehemann ist ein Unmensch«, sagte Katherine mitfühlend. »Dass er dich überhaupt nicht zu ihnen lässt.«

»Er hat mich absolut geliebt, und jetzt hasst er mich absolut. Und ich weiß, dass alle die Schuld bei mir sehen.« Frieda suchte den Pulk von Jungen, die in ihren grauen Hosen und blauen Blazern aus den Klassenzimmern kamen, aufmerksam ab. Warum kam Monty nicht heraus? Wo war er?

»Aber war dir, als du mit Mr Lawrence durchgebrannt bist, nicht bewusst, wie die Gesetzeslage ist? Du musst doch gewusst haben, dass du die Kinder verlieren wirst.« Ungeduldig stieß Katherine die Spitze ihres seidenen Sonnenschirms in den Boden.

»Ich bin nicht mit ihm durchgebrannt. Ich bin zu der Feier meines Vaters gefahren, und er fuhr zu seinen Verwandten, und wir dachten, wir könnten in Deutschland ein paar Tage zusammen sein. Aber dann hat er Ernest geschrieben, und alles ist aufgeflogen. Wie auch immer, ich bin ihre Mutter!«

»Und du bist eine ehebrecherische Frau, die davongelaufen ist. Wusstest du nicht, dass Frauen besondere Strafen drohen? So oder so, die Gesetze hier sind archaisch.« Katherines Blick folgte dem von Frieda, bis sie am anderen Ende des Spielfelds ein Grüppchen kleiner grauer Jungen entdeckte, die einander stießen und schubsten. »Ich hoffe, Mr Lawrence war es wert. Ist er denn gut im Bett?«

Frieda schnaubte, ließ die Jungen aber nicht aus den Augen, ihr Blick sprang von einem zum anderen. Sie hätte sich Katherine gern anvertraut, aber im Blick ihrer Freundin war etwas Bissiges, etwas Kantiges – das hielt sie zurück. Sie traute Katherine nicht ganz, jedenfalls nicht genug, um ihr zu erzählen, dass sie manchmal an andere Männer dachte, wenn sie mit Lorenzo schlief; dass sie Lorenzo im Verdacht hatte, an Männer zu denken, wenn er sie so begeistert von hinten nahm. Und wie sollte sie die Gefühle, die Lorenzo in ihr weckte, in Worte fassen? Wie erklären, dass sie durch ihn dankbar war, am Leben zu sein … dass er sie mit jeder Fiber seines Seins zu brauchen schien. Niemand, weder Ernest noch Otto, ja nicht einmal ihre Kinder brauchten sie so, wie Lorenzo es tat.

»Ich habe immer das Gefühl, dass er dir deine Gesundheit und Vitalität raubt, dass er dich aussaugt wie eine Art Vampir.« Katherine richtete sich mit den Fingerspitzen das Haar. »Und wie du die Hundenummer aushältst, verstehe ich überhaupt nicht. Er hat es John ausführlich erzählt.«

»Es hilft ihm. Das ist mein Geschenk an ihn«, erwiderte Frieda und versuchte, möglichst natürlich zu klingen. Katherines Worte hatten sie verstört, hatten eine Verletzlichkeit geweckt, von der sie nicht wollte, dass man sie ihr ansah. Sie vermutete, dass ihr »Geschenk« nur ein Mittel war, Lorenzo an sich zu binden, ein jämmerlicher, unbewusster Versuch, zu verhindern, dass er begehrliche Blicke auf andere Männer warf.

»Hast du ihm nicht schon genug gegeben?«

»Und was ist mit all dem, das er mir gegeben hat? Er hat mir geholfen, in allem die Schönheit zu sehen. Er hat mich geliebt als die Person, die ich bin. Er macht mich zu einem Teil seines Lebens – seines ganzen Lebens und nicht nur des häuslichen Teils, auf den man die Frauen gerne beschränkt. Er hat mir ein Leben geschenkt, das größer und reicher und tiefer ist, als ich es mit irgendwem sonst hätte.« Sie merkte, wie sie fast schon ins Schwärmen geriet, aber das war ihr gleichgültig. Sie wollte kein Mitleid, von niemandem, und von Katherine schon gar nicht.

»Ich sage ja bloß, dass drei Kinder zu verlieren ein hoher Preis ist«, sagte Katherine bissig.

Frieda achtete nicht auf sie. Es strömten immer mehr Jungen aus der Schule, und sie wollte Monty auf keinen Fall verpassen. Und dann sah sie ihn. Ihr entfuhr ein Schrei. »O Katherine, das ist er!« Sie deutete auf einen Jungen, der mit zwei anderen aus dem Gebäude kam, alle drei mit ihrem Ranzen unter dem Arm und den Blick zu Boden gerichtet. »Wie groß er ist!«

»Bist du sicher, dass er es ist?« Katherine schirmte ihre Augen mit der Hand ab und musterte den Jungen mit dem blonden Haar und den hohlen Wangen eingehend. »Der große? Der kann doch unmöglich dreizehn sein. Der sieht aus wie ein erwachsener Mann.«

»O, das ist er! Das ist Monty!« Frieda packte Katherines Arm. »Ich kann nicht hingehen. Geh du! Geh und hol ihn an meiner statt. Hol ihn her zu mir. Schnell – er ist gleich beim Refektorium.« Frieda gab Katherine einen kleinen Schubs, dann strich sie sich mit beiden Händen übers Haar und über die Taille ihres neuen Kleides. Ihre zitternden Finger rückten die Rose im Aufschlag gerade, und sie fuhr sich mit der Zunge über die Lippen. Wie nervös und überdreht sie war. Was, wenn er sie nicht sehen wollte? Was, wenn er sie nicht wiedererkannte? Was, wenn er sie vergessen hatte?

Sie sah, wie Katherine auf Monty zuging. Er blickte verdutzt auf. Und dann kam er eilig in ihre Richtung. Die überlangen Arme schwangen an seiner Seite wie abgebrochene Zweige.

»Du? Bist du das?«, stammelte er. Sein Blick ging über ihre Schulter hinüber zu Lorenzo, der beim Schultor herumschlich.

»O, Monty! Ich bin's! Wie groß du bist. O, Monty!« Friedas Augen füllten sich mit Tränen. Wie anders er aussah, größer und dünner, als hätte man ihn auf einem Streckbett langgezogen. Sein Gesicht war kantig und markant. Er hatte seinen ganzen Babyspeck verloren. Oder bekam er nicht genug zu essen? »Isst du auch genug, mein Liebling?« Sie beugte sich vor, spürte eine verzweifelte Sehnsucht, ihn in den Arm zu nehmen, er aber wich zurück, und sein Blick huschte zu den Jungen hinüber, die im großen Pulk dem Refektorium zustrebten.

»Kannst du rauskommen und mit mir ein Stück Kuchen essen gehen? Katherine, kannst du nicht Lorenzo mitnehmen, damit Monty und ich einen Tee trinken können?«

»Es ist mir nicht gestattet, das Schulgelände allein zu verlassen.« Nachdem Katherine gegangen war, trat Monty von einem Bein aufs andere.

»Geh und sag deinem Lehrer, dass deine alte Tante gekommen ist, um mit dir Mittag essen zu gehen. Na los, Monty! Erzähl ihm, ich sei deine Tante Maude.«

Monty galoppierte davon und tauchte wenig später mit einem schüchternen Lächeln wieder auf. »Ich darf eine Weile rausgehen.«

»Wir gehen Erdbeeren mit Sahne essen.« Sie seufzte und klemmte sich Montys Hand unter den Arm. Dabei spürte sie seine langen, dünnen Finger. Wieder traten ihr Tränen in die

Augen. »Die geben dir nichts Ordentliches zu essen, Monty! Deine Hände waren früher immer so pummelig … Ach, Herrje!«

Monty nickte. »Großmutters Puddings sind unverzeihlich.« Frieda lachte schallend. »Du bist gut, mein Junge! Was für ein lustiger Ausdruck für einen Pudding: unverzeihlich.«

Sie entführte ihn in ein Café, das sie sich bei einer früheren Ortserkundung gemerkt hatte. Aber kaum saß sie an dem kleinen Tisch mit der geblümten Tischdecke, begann sie zu weinen. Sie schluckte, biss sich auf die Lippen, biss die Zähne zusammen, aber sie bekam den Weinkrampf nicht unter Kontrolle. Tränen tropften von ihrer Nase aufs Leintuch. Jedes Mal, wenn sie dachte, jetzt sei der Tränenfluss versiegt, genügte ein wässriger Blick auf Monty, und es fing von vorne an. Eine Kellnerin stellte ihnen zwei Schüsseln mit Erdbeeren und einen großen Krug Sahne hin. Frieda weinte in die Erdbeeren. Und dann in die Sahne.

»Hier, Mama, nimm das.« Monty reichte ihr ein Taschentuch, das aussah, als habe er damit seine Schuhe geputzt. Sie presste es sich aufs Gesicht, sog seinen Geruch ein und wischte sich über die Augen.

»Weine nicht. Erzähl mir, wovon du lebst, was du so tust.« Monty biss in eine große Erdbeere und bespritzte Frieda mit rotem Saft, woraufhin sie so lachen musste, dass ihre Schultern erbebten.

»Ich schreibe einen Roman«, antwortete sie zwischen kleinen Schluchzern. Sie war froh, dass Lorenzo nicht da war und die Aussage anfechten konnte. Sie wollte nicht, dass Monty dachte, sie sei nur seine Muse.

»Oh, mit Schreiben lässt sich kein Geld verdienen.« Monty nahm noch eine Erdbeere zwischen zwei lange dünne Finger und tunkte sie vorsichtig in den Sahnekrug.

»Du klingst ganz wie dein Vater.« Frieda wischte sich noch

einmal über die Augen und steckte das Taschentuch ein. Das würde ihr Andenken sein, ihre Erinnerung an ihn. »Zeichnest du mir ein Bild, Monty? Etwas, das ich in meinem Schlafzimmer an die Wand hängen kann?«

»Was soll ich denn zeichnen?« Monty runzelte die Stirn, aber Frieda hatte ihre Vorkehrungen getroffen und schob ein Stück Papier und Buntstifte über den Tisch.

»Was immer du magst. Ein Selbstbildnis?«

»O nein! Das könnte ich nicht. Als Künstler bin ich ein hoffnungsloser Fall.« Argwöhnisch betrachtete Monty die Buntstifte.

»Zeichne deine Schule, dann kann ich mich immer daran erinnern, wo ich dich getroffen habe.« Frieda schniefte und versuchte die Tränen, die schon wieder in ihr aufsteigen wollten, zurückzuhalten. »Können wir uns morgen treffen?«

»Wo?« Monty blickte unverwandt auf das Bild, das zu zeichnen er begonnen hatte, benutzte erst den einen Stift, dann einen anderen und machte kleine harte Striche, die gewiss Spuren auf der Tischdecke hinterlassen würden.

»Turnham Green, bei der U-Bahn-Station. Kannst du Elsa und Barby auch mitbringen?« Sie sah, wie Montys Oberlippe zu zittern begann, und eine Welle der Reue durchfuhr sie. »Du weißt, ich konnte Nottingham und das Leben dort nicht länger ertragen. Es brachte mich um.«

Sie sah, wie Monty den Stift so fest übers Papier führte, dass es unter der Mine einriss. »Das hatte nichts mit euch zu tun. Ich weiß, jetzt verstehst du das nicht, aber später wirst du es verstehen. Ich möchte dich sehen dürfen, Monty.«

»Soll ich Papa fragen?« Es kam wie ein kleines Zittern aus seinem Mund. Ihm traten Tränen in die Augen, und dann liefen sie ihm über das spitze Gesicht und tropften von seinem knochigen Nasenrücken auf die Zeichnung.

»Nein, bring die Mädchen einfach mit. Wir treffen uns bei Turnham Green. Komm – ich muss dich zurückbringen.« Widerstrebend fischte sie sein Taschentuch aus der Tasche und gab es ihm zurück.

Er wischte sich die Augen und schnäuzte sich. »Möchtest du eine Runde übers Schulgelände machen, bevor du gehst?«

»Das würde ich sehr gern, mein Liebling.« Sie bot ihm ihren Arm an, und sie gingen zusammen zurück zur Schule. Aus dem Augenwinkel sah sie Lorenzo lauernd in einem Hauseingang stehen, einen steifen schwarzen Schatten. Sie fragte sich, ob er sie durch das Caféfenster beobachtet hatte, um sicherzugehen, dass sie sich nicht mit Monty aus dem Staub machte. Sie warf verächtlich den Kopf in den Nacken. Was spielte das noch für eine Rolle? Sie hatte ihren Jungen, ihren wunderschönen Jungen!

Nachdem Monty sie in der Schule herumgeführt und ihr gezeigt hatte, wo er im vergangenen Schuljahr einen Versuch erzielt hatte und in der Woche davor fünf Läufe, drückte sie ihm eine halbe Krone und einen Brief in die Hand. Sie hatte den Brief schon so oft geschrieben und wieder umgeschrieben, dass sie den Wortlaut im Schlaf herbeten konnte.

»Erzähl niemandem, dass du mich gesehen hast. Das muss unser Geheimnis bleiben, Monty.« Wieder traten ihr die Tränen in die Augen. Hinter ihr strich, widerborstig und misstrauisch, Lorenzo herum. Reue überkam sie. Sie hatte so viel Schmerz und Traurigkeit über andere gebracht. Doch dann dachte sie an den nächsten Tag, stellte sich vor, wie sie all ihre Kinder im Arm halten, sie küssen und riechen würde, und diese Vorstellung brachte ihr eine solche Freude, dass die Traurigkeit dahinschmolz, sich in die blasse Nachmittagsluft verflüchtigte.

*

Monty, mein Liebling,

ich habe diesen Brief schon so oft geschrieben, und doch ist er immer noch nicht richtig. Aber ich will, dass Du weißt, dass ich Deine Schwestern und Dich liebe – mehr, als Du Dir vorstellen kannst, mehr, als Du jemals wissen wirst. Ich habe Euren Vater verlassen, nicht Euch. Ich weiß, dass die Familie Weekley Euch das so nicht sagen wird. Aber es ist wahr.

Ich hatte nicht die Absicht, so zu gehen, wie ich es dann getan habe. Ich habe wirklich gedacht, ich würde wiederkommen. Aber Mr Lawrence hat dafür gesorgt, dass eine Rückkehr unmöglich ist, und Dein Vater mit seiner Wut und seiner Eifersucht war keine Hilfe.

All das hat mir das Herz gebrochen. Aber meine Zukunft ist jetzt das Leben mit Mr Lawrence. Und ich hoffe, Ihr lernt ihn bald kennen und habt ihn genauso gern wie ich. Er ist ein außergewöhnlicher Mann – ein Genie –, ihm ist eine bedeutende Zukunft beschieden. Verlassen kann ich ihn nicht, denn er ist vollkommen von mir abhängig, aber ich hoffe, er wird, wenn Ernest sich beruhigt hat, für Euch wie ein zweiter Vater sein. Geh nicht zu hart mit Deinem Vater ins Gericht – er hat mich wirklich sehr geliebt, das ist der Grund. Ich versuche, die Kraft aufzubringen, ihm zu vergeben, und Du musst das auch tun.

Jetzt vernichte diesen Brief, mein Liebling. Und vergiss nie, wer ich bin …
Deine liebe Mama

69

Monty

Monty wollte den Brief von seiner Mutter nicht vernichten. Er war das Einzige, was er noch von ihr hatte. Er steckte ihn in die Hosentasche und hielt ihn auf dem gesamten Heimweg dort fest. Seine Lippen zitterten. Von seiner Nase fielen weiter traurige Tropfen auf den Gehsteig oder den Schlips. Er war froh, dass keiner der Jungen aus St Paul's in der Nähe war und niemand ihn sah.

Am liebsten hätte er seine Mutter in die hintersten Winkel seines Gedächtnisses verbannt, damit es nicht mehr so wehtat. Aber wie sollte er das, wo er sie doch jetzt gesehen hatte? Sie hatte gesagt, dass sie ihn liebte, aber wie konnte er da sicher sein? Andere Mütter ließen ihre Kinder nicht im Stich.

Zwölf Monate lang hatte er nicht über sie gesprochen, hatte nicht ein Mal ihren Namen erwähnt, außer in dem traurigen Gespräch mit seinem Vater. Aber morgen würde er seine Schwestern zu dem Treffen mit ihr führen, und dann würde er ihren Namen wieder aussprechen können. Falls er das wollte. Würde er das wollen? Monty runzelte die Stirn und wischte sich mit dem Handrücken die triefende Nase. Er wusste nicht, was er davon halten sollte. Er wusste nur, dass einer log. Und er wusste, dass

Lügen falsch war. Sein Vater hatte behauptet, sie liebe ihre Kinder nicht. Wenn sie es doch tat, warum hatte sie sie dann verlassen? Und warum wollte sie Hungriger Fuchs zu seinem zweiten Vater machen? Er hatte schon einen Vater. Es stieß ihm sauer auf, und dann spürte er, wie etwas in seinem Magen heftig rumorte.

Er holte tief Luft. Dass die quälenden Bauchkrämpfe, die ihn immer wieder plagten, dadurch nicht mehr so schlimm waren, hatte er selbst herausgefunden. »Morgen werden wir sie sehen. Und dann überreden wir sie, wieder nach Hause zu kommen!« Er sprach es laut aus. So klang es hoffnungsvoller, so war die Wahrscheinlichkeit größer, als wenn er es sich nur im Stillen gesagt hätte. »Sie wird einsehen, dass sie uns am liebsten hat.« Und seine Finger schlossen sich schützend um den Brief.

70

Barby

»Wo gehen wir hin? Warum gehst du nicht zur Schule?«
Barby und Elsa hüpften Monty, der geheimniskrämerisch
lächelte und ganz erwachsen und wichtigtat, hinterher.

Er grinste und zeigte nach vorn. »Da gehen wir hin, in den
Green Park. Wir setzen uns nur ein bisschen hin, und dann könnt
ihr zur Schule gehen.«

»Aber dann kommen wir zu spät«, protestierte Elsa und packte
ihren Ranzen ein wenig fester. »Dann kriegen wir Ärger.«

»Mal ein bisschen Ärger ist doch nicht schlimm. Das ist ein
Abenteuer! Gibt es auch Süßigkeiten?« Barby machte vor Entzücken einen kleinen Hüpfer.

»Du wirst zu spät kommen, Monty. Du bist jetzt schon spät
dran. Das ist blöd. Warum sagst du uns nichts?« Elsa schniefte
und reckte ein wenig das Kinn in die Höhe.

Als sie zum Green Park kamen, blieb Monty stehen und sah
sich um. Männer in dunklen Anzügen, Melonen auf dem Kopf,
liefen über den Rasen zum Bahnhof, ein paar Kindermädchen in
Uniform schoben Kinderwagen zur Kirche, ein Pulk von Schul-
kindern mit identischen Strohhüten trottete Richtung High
Road. Und dann kam eine Frau auf sie zugerannt. Mit der einen

Hand hielt sie ihren Hut fest, die andere reckte sie in die Luft, und sie hatte ein breites Lächeln auf dem Gesicht.

»Da ist die Mama!« Elsa rannte ihr entgegen, und Barby rannte schreiend hinterher. »Mama ist wieder da! Mama ist wieder da!«

Mit Schwung hob sie beide hoch und hielt sie an sich gedrückt, unter jedem Arm eine, und ihre Augen glitzerten silbrig wie kleine Fische. Dann ließ sie sie wieder los, und sie tanzten um sie herum, hüpften und sprangen und riefen: »Mama ist zurück! Mama ist wieder zu Hause!«

»Kommt, wir setzen uns auf die Bank da. Oh, meine lieben Kleinen!« Sie konnte nicht aufhören, sie anzufassen – ihnen übers Haar zu streichen, ihre Wangen zu küssen, zärtlich den Kopf an ihren Hals zu drücken, ihnen die Knie zu tätscheln.

»Gehst du jetzt zum Haus? Wo ist dein Gepäck? Weiß Papa, dass du heute nach Hause kommst?« Barby hüpfte aufgeregt herum. Sie hatte ein Jahr gewartet, ein sehr langes Jahr, und jetzt war Mama wieder da.

Frieda warf Monty einen Blick zu. »Wissen sie nicht Bescheid?«, flüsterte sie.

»Nein«, murmelte er und blickte auf seine Füße.

»Geht es dir jetzt besser? Ist dein Gedächtnis zurückgekehrt? Hast du Süßigkeiten für uns dabei?« Barby löste eine Locke aus Friedas Frisur und drehte sie immer wieder um ihren Finger. Sie fühlte sich plötzlich leicht wie ein zartes Band, so leicht, dass sie mit einer Windbö würde davonfliegen können. Was war das nur für ein schönes Gefühl! Wie ein Drachen, dessen Schnur man losgelassen hat. Für einen Augenblick vergaß sie, dass die viel zu kleine marineblaue Wolljacke und der enge Gürtel, aus dem sie längst herausgewachsen war, kniffen.

»Ich kann nicht zurückkommen. Ihr müsst zu mir kommen.« Frieda wischte sich mit dem Handrücken über die Augen, und

Barby sah, dass sie voller Tränen waren. »Aber ich hoffe, ich kann euch sehen – oft. Dabei kommt es jetzt ganz auf euren Vater an. Ihr müsst ihm sagen, dass ihr kommen und bei mir bleiben wollt.«

»Wenn es dir besser geht, warum kommst du dann nicht nach Hause?« Aus Elsas Gesicht war alle Farbe gewichen, das Lächeln war ihr auf den Lippen gefroren.

»Ich werde bald einen anderen Mann heiraten. Aber ich habe euch trotzdem lieb, sehr lieb.« Sie schluckte laut, und eine Träne rollte ihr seitlich übers Gesicht bis ins Ohr.

»Warum kommst du uns dann nicht besuchen?« Barby setzte sich auf die Knie ihrer Mutter und schlang ihr die Arme um den Hals. »Bitte bleib. Bitte bleib bei uns, Mama! Großmutter hat immer so schlechte Laune, und wir bekommen kein gutes Essen bei ihr. Und Tante Maude ist immer sauer, und wir müssen sie Mama nennen, dabei ist sie gar nicht unsere Mama.« Barby schmiegte sich an sie und drückte ihr Gesicht an den warmen Hals ihrer Mutter.

»Ich verstehe das nicht«, sagte Elsa, die sich versteifte und von ihr abrückte. »Wir dachten, du wärst krank … du hättest das Gedächtnis verloren. Oder wärst in einem Irrenhaus. Warum hat uns das keiner gesagt?«

»Euer Vater wird nicht zulassen, dass ich euch schreibe. Ich kann euch keine Adresse geben. Es tut mir sehr leid, Elsa.«

»Dann wissen zu Hause also alle, dass du einen anderen heiratest – und keiner hat es uns gesagt?«

Frieda nickte unglücklich und drückte die Nase in Barbys Haar.

»Wir dachten, du wärest krank!« Elsa stand auf und drehte sich verärgert zu Monty um. »Du hast es gewusst, stimmt's?«

»Verdirb uns nicht diesen kurzen Augenblick, mein Schatz«,

bettelte Frieda und klopfte auf die Bank. »Komm und setz dich wieder neben mich. Ich muss bald fort, und du musst zur Schule.«

»Wen heiratest du?« Elsa setzte sich steif auf die Kante der Bank und starrte ihre Mutter an.

»Mr Lawrence. Erinnerst du dich an ihn?«

Elsa sah sie ungläubig an. »Papas gruseligen Studenten mit dem roten Schnurrbart?«

»O Elsa, er ist ein Genie! Er ist anders als alle Männer, die ich je kennengelernt habe. Eines Tages wird er ein bedeutender Mann sein. Seine Bücher werden die Welt verändern! Ich möchte, dass er euer zweiter Vater wird.«

»Aber Papas Buch ist jetzt herausgekommen. Es hat schon mehrere Auflagen. Er ist auch ein bedeutender Mann.« Elsa hob die Stimme. »Und ich will keinen zweiten Vater!«

»Ich kann nicht zurückkommen. Aber ich will euch sehen, alle. Ich muss euch sehen. Ihr seid *meine* Kinder!« Sie griff nach Elsas Hand und drückte sie, doch Elsa schüttelte sie ab.

»Ich hab dich lieb, Mama«, sagte Barby und drückte ihrer Mutter einen nassen Kuss auf die Wange. »Ich werde Papa bitten, dass er uns gestattet, dich zu sehen. Er ist ein freundlicher Mann.«

»Ja, mach das! Aber erzähl ihm nicht, dass du mich schon gesehen hast. Es wird ihn sehr ärgern, wenn er erfährt, dass ich mich einfach so mit euch getroffen habe.«

Über dem Green Park begannen die Kirchenglocken ihr klagendes Morgengeläut, ein Zug ratterte vorbei. Dicke weiße Wolken hatten sich zusammengeballt und verdeckten die Sonne. Frieda sah zur Kirchturmuhr. »O meine Lieben! Ihr müsst jetzt schnell in die Schule, sonst bekommen wir alle Ärger. Ihr werdet mich nicht vergessen, nicht wahr?« Und sie zog jedes Kind einzeln zu sich heran und drückte ihm einen Kuss auf den Kopf.

An jenem Abend brachte Monty keinen Bissen hinunter und schob seinen Teller mit Hammelragout mit einem unverblümten Ausdruck des Widerwillens von sich. Barby bewegte die armseligen grauen Fleischstücke mit der Gabel auf dem Teller hin und her, trennte sie fein säuberlich von den weichen Karottenscheibchen und den gekochten Kartoffelwürfeln. Elsa aß mit der für sie typischen Akribie, hielt aber regelmäßig beim Kauen inne und starrte aus dem Fenster, als erwarte sie einen Besucher.

»Dein Essen wird kalt«, fuhr Tante Maude sie an. »Hör auf, damit herumzuspielen, Barby. Monty, was stimmt mit dir nicht? Ist es wieder der Magen?« Sie stieß einen langen, müden Seufzer aus.

Monty nickte und starrte auf die gefleckten Giftefeu-Blätter, die sich um den Rand seines Tellers schlangen.

»Wann geht es Mama wieder so gut, dass sie nach Hause kommen kann?« Barby drehte sich halb zu Tante Maude und blickte ihr in die dunkel umrandeten Augen. Sie hatte den Eindruck, dass Tante Maude sich seit ihrem Umzug nach Chiswick verändert hatte. Sie war spröde geworden, unnachgiebig. Sie hatte etwas Strenges an sich, als wäre sie hart geworden wie ein Stück Brot, das man zu lange hatte liegen lassen.

Die Blicke aller Kinder richteten sich auf Tante Maude, sie wollten sehen, wie sie reagierte, ob sie sie wieder anlog.

»Sie ist jetzt schon über ein Jahr krank«, setzte Barby hinzu und zerquetschte mit den Zinken ihrer Gabel ein Stück Kartoffel. »Vielleicht geht es ihr ja besser.«

Monty griff hastig nach dem Wasserkrug. Dieser kippte bedrohlich, als sei er zu schwer für ihn. Und als er sich eingoss, verfehlte er sein Glas, und das Wasser floss über die gehäkelte Tischdecke.

»O Monty! Wie kannst du nur so ungeschickt sein?« Tante Maude sprang auf und riss ihm den Krug aus der Hand. »Lauf in die Küche und hol einen Lappen. Nun mach schon!«

»Das ist das Werk des Teufels.« Großmutter tauchte im Esszimmer auf, sie hielt die Arme über dem stattlichen Busen gekreuzt. »Diese Kinder haben heute etwas Teuflisches an sich, Maude. Müßiggang ist aller Laster Anfang. Kannst du sie in die Kirche mitnehmen?«

»Nein!« Barbys Kehle entfuhr ein Aufschrei. »Ich geh nicht in die Kirche! Ich geh da nicht hin! Ich will zu Mama!«

Großmutters Augen verengten sich zu schwarzen Schlitzen. Sie warf jedem Kind einen langen Blick zu. Monty hielt sich den Bauch und rannte aus dem Esszimmer. Tante Maude zog die Tischdecke ab und tupfte hastig mit ihrer Serviette in die Wasserpfütze. Elsa starrte unverwandt auf ihren Teller.

»Diese Frau hat Schimpf und Schande über unsere Familie gebracht. Sie hat euch verlassen. Sie hat euch nicht geliebt. Und jetzt geh auf dein Zimmer, Barby.« Großmutter trat hinter Barbys Stuhl und zog ihn mit solcher Kraft vom Tisch weg, dass Barby das Gleichgewicht verlor und zu Boden fiel.

»Du bist wirklich ein Kind des Teufels! Steh auf und geh auf dein Zimmer, und wenn du dich beruhigt hast, nimmt deine Mama dich mit in die Kirche.«

»Sie ist nicht meine Mama! Ist sie nicht, ist sie nicht!«, sagte Barby auf Deutsch. Dabei zog sie sich hoch und taumelte zur Tür.

»Noch ein deutsches Wort, und dein Großvater versohlt dich mit dem Gürtel!«, bellte Großmutter.

»Meine Mama ist sie auch nicht.« Elsa schob ihren Stuhl zurück, rannte Barby hinterher und knallte die Tür so fest zu, dass das Besteck klapperte und klirrte und die Fensterscheiben in ihren Rahmen zitterten.

Als die beiden Mädchen in ihrem Zimmer saßen und sich mit dem Kleidersaum die Tränen wegwischten, drehte Elsa sich zu Barby um und sagte: »Ich habe Mama immer noch lieb, aber ich hasse sie auch. Manchmal hasse ich sie wirklich. Ich wusste nicht, dass man jemanden zugleich hassen und liebhaben kann. Ist das falsch?«

»Du kannst beichten, wenn wir in die Kirche gehen«, schniefte Barby. »Jemanden zugleich lieb haben und hassen, das geht nicht.«

»Bis heute Morgen habe ich sie nicht gehasst. Nur geliebt. Aber jetzt liebe *und* hasse ich sie und weiß nicht, welches Gefühl als Nächstes kommt.«

»Sie ist unsere Mama! Du musst sie immer lieb haben.« Barby schnappte sich ihren Teddybär von der Bettkante, wiegte ihn und drückte ihn fest an ihre Brust.

»Aber sie hat uns verlassen! Das hat sie.«

Barby starrte Elsa an. Die Stimme ihrer Schwester machte ihr Angst, die klang so kalt, so hart. So endgültig. Sie sang ihrem Bären ein Wiegenlied ins eingerissene Ohr: »Schlaf, Kindlein, schlaf.« Das hatte ihre Mutter ihnen vorgesungen, als sie klein gewesen waren, und wenn sie es jetzt sang, hörte sie im Kopf Mamas summende Stimme.

»Nein!«, schrie Elsa. »Dieses Lied darfst du nie wieder singen! Niemals! Hörst du?«

Barby drückte ihren Bären und presste seinen weichen Kopf an ihren Hals. »Was soll ich ihm dann vorsingen?«

Aber Elsa schüttelte nur den Kopf und starrte auf das Kruzifix an der Wand.

71

Frieda

Das habe ich auf dem Rasen gefunden, Frieda. Ich nehme an, es ist für Sie bestimmt.« Edward Garnett schlurfte zum Esszimmertisch, wo Frieda saß und übellaunig einen kalten Toast mit Honig nach dem anderen aß. Vier Tage waren seit dem Treffen mit ihren Kindern vergangen, und Lorenzo und sie waren in Kent, im Haus seines Verlegers.

»Sieht fast so aus, als habe der Absender den Briefkasten nicht benutzt. Er ist ein wenig feucht geworden.« Halbherzig wischte Edward den Brief an seinem Morgenmantel ab. »Ist wohl mitten in der Nacht dort hingelegt worden. Höchst merkwürdig.«

Sie sah auf den Umschlag, hoffend, dass er vielleicht von den Kindern kam. Die Handschrift erschien ihr vage bekannt. Wirkungsvolle Schlingen und flüssige Schnörkel, aber mit einer solchen Eile oder Panik ausgeführt, dass die Buchstaben trunken über das Papier torkelten. Der kam nicht von ihren Kindern. Enttäuscht schluckte sie das pappige Brot hinunter und griff nach einer Zigarette.

»Keine schlechten Neuigkeiten, will ich hoffen?« Edward hatte sich bereits zum Gehen gewandt, und Frieda hörte, wie er seinen Schritt beschleunigte.

»Ich vermute, er ist von der Frau von Ernests Freund, Professor Kipping.« Sie klemmte sich eine Zigarette zwischen die Lippen, dann fuhr sie mit dem Finger in die Öffnung des Umschlags und schnitt sich in der Eile. Sie achtete nicht auf das Blut, das den Umschlag verschmierte, während ihr Blick über das einzelne Blatt jagte.

»Lorenzo! Komm schnell!« Sie rannte in den rückwärtigen Garten und begann aufgeregt im Kreis zu laufen, unaufhörlich schrappten die nackten Füße übers Gras. »Ernest will kommen und uns alle umbringen ... mich erschießen!« Sie schüttelte ungläubig den Kopf. Immerhin war die Frau von Professor Kipping die Gescheiteste und Vernünftigste in ganz Nottingham. Wie käme sie dazu, den Worten von Mrs Lily Kipping keinen Glauben zu schenken?

»Lorenzo! Wo bist du? Schnell! Wir müssen weg hier. Ernest hat sich eine Pistole gekauft!« Sie hörte die Sekunden und Minuten nach ihren Knöcheln schnappen wie die Zähne eines bissigen Hundes. Wo war Lorenzo? Er war früh aufgestanden, hatte gesagt, er wolle unter den Apfelblüten schreiben, wolle sich die flattrigen Blüten, schüchtern und errötend, auf die nackten Schultern rieseln lassen. Wo war er?

»Ernest ist endgültig verrückt geworden«, schrie sie. »Er weiß, dass ich mich mit den Kindern getroffen habe, und ist wild entschlossen, mich zu erschießen!« Sie starrte erneut auf den Brief. Das war es dann wohl gewesen. Oder hatte sie sich verlesen, hatte sie etwas missverstanden?

Sie las ihn noch einmal ... nur um sicherzugehen.

Liebe Frieda,
ich schreibe das zu Ihrer Sicherheit: Die Familie Weekley hat
von Ihrer Begegnung mit den Kindern erfahren. Die Kinder

waren offenbar so garstig, dass die Familie Verdacht geschöpft hat. Mrs Weekley hat den armen Monty ausgefragt. Dann haben sie Ihren Brief gefunden, der arme Junge hatte ihn in seiner Verzweiflung auf der Treppe fallen lassen. Ach, mir blutet das Herz, wenn ich an die armen Würmchen denke!

Mrs und Miss Weekley haben die Rückkehr von Mr Weekley am Freitagabend abgewartet und ihm Ihren Brief an Monty gezeigt und von Ihrem heimlichen Treffen erzählt.

Wie Sie sich vorstellen können, ist Professor Weekley explodiert. Er hat gedroht, Sie zu erschießen. Jawohl – Sie totzuschießen! Offenbar hatte er sich bereits eine Pistole besorgt.

Seine Schwester, Miss Maude Weekley, hat an mich geschrieben, da sie Ihre Adresse nicht wusste. Ich habe meinen Grips gehörig angestrengt und bin am Ende darauf gekommen, dass Sie bei Mr Lawrences Verleger wohnen. Ich flehe Sie an, Frieda, versuchen Sie keine weiteren Treffen mit Ihren Kindern zu arrangieren. Ich könnte es mir niemals verzeihen, wenn er Sie erschießt. Dann würde er aufgehängt, und die Kinder wären Waisen.

Dieser Brief ist zu wichtig, als dass ich ihn der Post anvertrauen würde. Ich werde ihn persönlich abliefern, um sicherzugehen, dass Sie ihn auch bekommen. Wenn Sie ihn in Händen halten, sitze ich schon wieder im Zug nach Nottingham.

Mein lieber Mann ist dem armen Professor Weekley in dieser ganzen traurigen Zeit ein treuer Freund geblieben, aber ich muss Ihnen sagen, dass ich nie einen Mann erlebt habe, der wütender oder verbitterter gewesen wäre als er. Seien Sie dennoch versichert, dass er zu den Kindern immer noch sanft und freundlich ist. Er hat sich große Mühe gegeben, sie zu beschützen, aber was Sie angeht, ist laut Professor Kippling nicht mit ihm zu reden. Aus diesem Grund lege ich Ihnen

dringend ans Herz, zu Ihrer persönlichen Sicherheit Vorsorge
zu treffen,
Ihre
Mrs Lily Kipping.

Lorenzo erschien mit finsterer Miene auf dem Rasen. »Was? Schon wieder ein Brief?«

Frieda reichte ihm das Blatt und zog verstört an ihrer Zigarette, während er las. Sein Gesicht lief rot an, er hielt das Blatt theatralisch vor sie hin und riss es in zwei Hälften. »So ein Blödsinn! Das ist der Gipfel, Frieda. Ich ertrage dieses lächerliche Drama nicht länger.« Wieder und wieder zerriss er die Hälften, dann streute er die Papierfetzen auf die Wiese. »Jetzt heb sie auf! Ich will nicht, dass dein Abfall auf Edwards Rasen herumliegt.«

Frieda kamen die Tränen. Sie kniete sich ins Gras, begann die Papierfetzen aufzulesen und drückte sie zu einem Ball zusammen. Die Zigarette hing in ihrem Mundwinkel. Sie wusste, dass Edward Garnett sie vom Fenster seines Arbeitszimmers aus beobachtete, und fühlte sich herabgesetzt und beschämt.

Lorenzo zog immer schnellere Kreise um sie. »Nimm die Beine zusammen! Warum hast du immer die Beine auseinander? Selbst wenn du auf Knien bist! Mach sie zu! Alle Welt sieht dich!« Seine dünne Stimme wurde immer lauter und höher. »Und nimm die Zigarette aus dem Mund! Warum kannst du nicht mal fünf Minuten ohne Zigarette sein?«

Frieda spürte, wie er immer näher rückte. Sie mit stampfenden Schritten umkreiste. Enger und enger zog er seine Kreise, bis sie ganz in seinem Schatten war. Als sie alle Fetzen von Mrs Kipplings Brief aufgelesen hatte, ließ sie sie in ihrer Tasche verschwinden, drückte die Zigarette im Rasen aus und steckte sich die Finger in die Ohren.

»Du bist viel zu fett geworden! Warum isst du dauernd so viel? Wenn Weekley mit einer Pistole käme, meinst du wirklich, das würde mir etwas ausmachen?« Spöttisch zeigte er auf sie. »Ich hoffe, er bringt seine Pistolen mit und erschießt dich. Und mich kann er auch gleich erschießen, wenn er schon mal dabei ist!«

Frieda sagte nichts. Sie ließ ihren flatternden Blick durch den Garten schweifen. Am Rand der Terrasse, unter dem wuchernden Rhododendron, sah sie einen kleinen Terrakottatopf. Sie nahm die Finger aus den Ohren und streckte die Beine aus, sodass sie bequem im kühlen Gras saß. Lorenzo begann vor Wut zu tanzen, umkreiste sie in einem fort, warf Arme und Beine in die Luft. »Hör auf, mich so anzusehen! Geh wieder auf die Knie und schließ deine Beine! Heb die Zigarettenkippe auf – sofort! Frauen haben keine Seele! Keine Seele!« Damit ließ er sich ins Gras fallen und schloss die Augen, sein Atem ging heiser, als sei er erschöpft von der Anstrengung seiner Wut.

Wie ein Blitz sprang Frieda hoch, stürzte zu dem Terrakottatopf, kehrte zu ihrem Platz auf dem Rasen zurück und stellte den Topf unter ihr Kleid. Die Sonne wärmte jetzt, der Tau war verdunstet, das Gras unter ihren Füßen trocken und kratzig. Sie hatte Ernest und seine Pistole vergessen. Hatte die Kinder vergessen. Hatte alles vergessen außer dem Topf unter ihrem Kleid. Sie spürte den rauen Rand zwischen ihren Knien, er drückte sich in die Haut. Rau. Beruhigend. Geduldig. Lorenzo begann eines der Hebriden-Volkslieder zu summen, die er ihr beigebracht hatte. Seine Hände zupften abwesend am Gras, während er summte und seine weißen Füße den Rhythmus schlugen.

»Komm und leg dich zu mir, Bienenkönigin«, murmelte er. »Komm und sing mit mir.«

Frieda rutschte über den Rasen, bis sie neben ihm saß. Schweigend holte sie den Terrakottatopf unter ihrem Rock hervor und hielt ihn hinter ihrem Rücken versteckt. Er streckte eine Hand nach ihr aus. Seine Augen waren geschlossen, und die Sonne verlieh seinem Gesicht einen goldenen Schimmer, sodass die roten Haare in seinem Bart wie polierte Kupferfäden glänzten.

Sie hob den Topf über seinen Kopf, und dann ließ sie ihn mit aller Kraft auf seinen Schädel niedergehen.

Lorenzos Kopf schnellte zur Seite, das Gesicht blind vor Wut und Schreck. Er hatte Terrakottascherben im Haar, im Bart, im Schnurrbart. Größere Stücke lagen im Gras verstreut. Blut rann ihm vom Schädel übers Gesicht, am Hals entlang und in den Kragen.

Frieda beugte sich kurz hinüber, um die Wunde zu begutachten, und er fing an zu lachen. Er schnappte sich ihre Hand und zog sie zu sich heran. »Leg dich hin und sing mit mir, Bienenkönigin. Wollen wir doch mal sehen, ob wir Garnett mit unseren süßen Tönen von seiner Arbeit aufscheuchen können.«

Ihr Blick schweifte zu Edward Garnetts Fenster. Da stand er, eingerahmt von zinnoberroten Vorhängen, und auf seinem Gesicht lag blankes Entsetzen. Später, viel später, als er sie fragte, wie sie es nur ertrug, von Lorenzo derart beleidigt zu werden, zögerte sie kurz, blinzelte und sagte: »Wenn Sie einmal mit einem Künstler zusammengelebt haben, sind andere Männer einfach viel zu langweilig.«

72

Ernest

Den Kopf in die Hände gestützt, saß Ernest da. Alles schlief, und es war so still im Haus, dass er die Holzbalken, die sich in der Sommerhitze dehnten, knacken hörte. Mit einem leise flappenden Geräusch flatterten Motten gegen die dunklen Scheiben. Draußen rumpelte ein einzelner Karren vorbei. Als Ernest den Kopf schließlich hob, erblickte er im Fenster sein Spiegelbild. Wie alt und müde er aussah. Er hatte große, dunkle Augenringe. In die Augenwinkel und neben den Mund hatten sich tiefe Einsamkeitsfalten gegraben. Am Hals schien seine Haut in traurigen Lappen herabzuhängen. Sein feines Haar war so glanzlos und dünn, dass er es kaum sah. Hatte er überhaupt noch Haare? Er fuhr sich mit der Hand an den Kopf, strich die verbliebenen Strähnen darüber glatt und wandte sich wieder dem halb fertigen Brief zu, der auf seinem Schreibtisch lag.

Dies würde sein letzter Brief an Frieda sein. Dann würde er alles seinem Anwalt übergeben. Es würde ein Gerichtsbeschluss folgen, der ihr verbot, ihre Kinder zu sehen, und ihm für alle Zeiten das ausschließliche Sorgerecht übertrug. Das Herumgeschleiche um Montys Schule musste ein Ende haben. Letzte Woche hatte Monty ihm von einer Dame mit Kurzhaarschnitt und mysteriösem Lächeln erzählt (Montys Worte, nicht seine), die plötzlich mit Geld und kleinen Briefchen hinter einem Baum hervorgekommen sei. Alles von Frieda. Laut Monty hatte die Frau ihn nahe der Schule verfolgt und darauf bestanden, dass er die »Geschenke seiner Mutter« annehme. Monty hatte ihr höflich erklärt, es sei ihm nicht erlaubt, Geschenke von Fremden anzunehmen, aber sie hatte keine Ruhe gegeben. Schließlich hatte Monty sich beim Direktor beschwert, und die Frau – irgendeine sittenlose, geschiedene Neuseeländerin – war der Schule verwiesen worden. Was dachte Frieda sich eigentlich? Merkte sie nicht, wie absurd sie sich aufführte? Wie anstößig und unpassend ihr Verhalten war?

Ernest griff nach der Feder und tauchte sie ins Tintenfass. Und dann begann er zu schreiben …

Du bist von jetzt an nicht nur tot für die Kinder, sondern, soweit es uns betrifft, eine verweste Leiche.

Er wollte weder ihren Namen daraufschreiben noch den seinen daruntersetzen. Da er keine Adresse von ihr hatte, würde er es zu Händen ihrer Mutter, Freifrau von Richthofen, schicken müssen. Er faltete das Blatt und steckte es in einen Umschlag. Ärger durchfuhr ihn, wie es mittlerweile immer geschah, sobald er nur an sie dachte. Manchmal hatte er das Gefühl, anstelle von Blut fließe ätzende Säure durch seine Adern. Unwillkürlich hatte er das Bild eines Chirurgen vor Augen, der seinen Körper eröffnete. Sein Herz war wie eine kleine Pflaume. Da, wo seine Lungen sein sollten, verlöschende Glut. Die Eingeweide voll grauer Asche. Die Hoden halb gefüllt mit gestockter Milch. Und sein Penis – ähnelte den sich windenden Würmern, die er mit dem Spaten geteilt hatte.

Das Bild des Wurmes lenkte seine Gedanken zu seinem alten Garten, zu seinen Kartoffeln und Tomaten und den Bohnen und Karotten in ordentlichen Reihen. Fürs Gärtnern hatte er keine Energie mehr … die wöchentliche Pendelei, die langen Stunden, in denen er sich mühte, seinen Arbeitsplatz zu behalten, das elende Zimmer, in dem er unter der Woche hauste. Und dann die Wochenenden, an denen er versuchte, seinen Kindern Vater und Mutter zu sein. An denen er Maude und seine Eltern beruhigte, die Arbeiten seiner Studenten korrigierte, das nächste Buch vorbereitete, wegen dem der Verlag ihm schon im Nacken saß. Er sah hinunter auf die Pistole, die in der offenen Schreibtischschublade lag. Und aus irgendeinem Grund beruhigte ihn ihr Anblick. So ein kleines, hübsches Ding mit dem geschnitzten Griff. So ein sinnvolles Objekt, dachte er. Schob die Schublade zu, drehte den Schlüssel um, zog ihn ab und legte ihn in seine hohle Hand. Er betrachtete ihn eine Weile, und während er das tat, gingen ihm Bilder von Frieda durch den Kopf. Die grünen Augen mit den goldenen Sprenkeln. Ihre runden Hüften. Ihr üppiger Busen. Ihre herrlichen Schenkel, wie Butterbrötchen.

Er spürte, wie es seine Lippen auseinanderzog und die Mundwinkel nach oben gingen. Wie komisch sich das anfühlte … Wann hatte er das letzte Mal gelächelt? Und er dachte an ihr Lächeln und ihr lautes, ungestümes Lachen. Daran, wie sie den Kopf zurückwarf und so hemmungslos lachte, dass ihr blondes Haar sich aus dem Knoten löste und in wilden Locken ihr Gesicht umrahmte. Er spürte, wie seine verhärteten Gesichtsmuskeln weicher wurden und sein Lächeln noch ein wenig breiter. Und dann, unvermittelt, kam ihm eine Erinnerung: Einmal war er früher von der Arbeit gekommen. Hatte die Tür zu ihrem Schlafzimmer aufgestoßen und ihren nackten Körper gesehen, bleich wie eine Kirchenkerze. Sie drehte sich, wirbelte herum. Wiegte sich in den üppigen Hüften. Die Sonne starrte gierig durchs Fenster. Seine Frau tanzte in Schlangenlinien durchs Zimmer, eine grazile Hand ließ den seidigen Fransenschal durch die Lüfte flattern. Halb Torero, halb Isadora Duncan. Er war zu verstört, um etwas sagen zu können, daher betrachtete er sie einfach eine stille Sekunde lang mit wirrem, schamhaftem Entzücken. Dann schlich er sich davon und ließ auch später kein Wort darüber fallen. Wie frei und schön sie an jenem Tag gewesen war! Seine Gesichtsmuskeln gaben noch ein wenig weiter nach. Vielleicht hätten sie nicht in getrennten Zimmern schlafen sollen. Vielleicht hätte er ihr mehr Aufmerksamkeit entgegenbringen sollen. Nicht so viel arbeiten. Vielleicht. Vielleicht. Und dann sah er sie wieder, wie sie nackt vom Bett sprang und ihren Fransenschal wehen und über den Boden flattern ließ. Und von irgendwo tief in seinem Inneren spürte er den Anfang eines Lachens. Es stieg in ihm auf, war erst in seiner Kehle gefangen, und dann schlüpfte es heraus – ein kleines ersticktes Lachen.

Er schloss die Schublade wieder auf und nahm die Pistole vorsichtig heraus. Ließ sie langsam von einer Hand in die andere wandern. Morgen würde er sie in die Themse werfen. Beim ersten Morgenlicht. Was zum Teufel hatte ihn geritten, sich eine Pistole zu kaufen? Wie war er nur auf eine so hirnverbrannte Idee gekommen? Er warf einen Blick auf den Brief. Er war nicht nett, das wusste er. Sie eine verwesende Leiche zu nennen ... das waren nicht die Worte eines Gentleman. Aber er würde ihn einwerfen. Beim ersten Morgenlicht. Es sollte sein letzter Brief sein, aber sie sollte erfahren, wie abgründig seine Gefühle waren. Ihr musste gesagt werden, dass so ein Verhalten – hinter seinem Rücken umherzuschleichen, den Kindern vor der Schule aufzulauern, sie von Fremden verfolgen zu lassen –inakzeptabel war.

Inakzeptabel. Er wiederholte das Wort, rollte es im Mund herum, spürte die Silben gegen seine Zähne, seine Zunge stoßen, ließ es in die Kehle plumpsen und dann zum Gaumen springen. *Inakzeptabel.* Vom altfranzösischen *acceptable*, dachte er. Davor vom lateinischen *acceptabilis* und davor zweifelsohne von *acceptare*, was bedeutete, willentlich annehmen oder erhalten. Er hatte Frieda willentlich angenommen, sie als das akzeptiert, was sie war. Sie hatte ihn willentlich angenommen, hatte ihn in ihren Armen willkommen geheißen. Jetzt waren die Dinge anders – und er musste es akzeptieren. Er musste dieses Kapitel seines Lebens abschließen, das Gute annehmen und sich daran erinnern, musste sie loslassen.

Akzeptabel. Er sprach das Wort aus. Er mochte den Klang, die Bewegung seiner Lippen rund um die Vokale und Konsonanten. Jedes englische Wort und jeder englische Name war durch eine Vielzahl von Permutationen gegangen. Und jedes einzelne Wort barg eine reichhaltige Geschichte, war ein Quell von Mythen und Erzählungen, von geografischen Besonderheiten und Fakten. Wenn man bedachte, wie viel Reichtum unentdeckt in solcher Allgegenwärtigkeit lag. Ihm sträubten sich die Nackenhaare, überrascht stellte er fest, dass ihm eine Gänsehaut über die Unterarme lief. Es war Zeit, seine Gedanken auf das neue Buch zu richten, einen ethymologischen Namensführer. Er würde ihn *The Romance of Names* nennen. Er nickte zufrieden. Ja, das war ein guter Titel, er passte gut zu *The Romance of Words*.

Als er wieder zum Fenster sah, war sein Spiegelbild verschwunden. Stattdessen sah er das erste blasse Erröten des Sonnenaufgangs. Eine Amsel saß auf einem Ast direkt vor seinem Fenster, und ihr beharrliches Singen heiterte ihn auf. Er nahm die Pistole aus dem Schreibtisch und steckte sie in die Tasche. Er würde sie mit zur Hammersmith Bridge nehmen und in die schmutzigen, wirbelnden Fluten der Themse werfen. Dann würde er nach Hause gehen und mit der Arbeit an *The Romance of Names* beginnen. Als er aus der Haustür schlüpfte, dachte er über den Ursprung des Wortes »Themse« nach. Die Römer hatten den Fluss *Tamesis* genannt. Und dieser Name leitete sich wahrscheinlich von dem keltischen Wort *tamesas* ab, das dunkel bedeutete. Er lächelte, zum ersten Mal in diesem Jahr, und es war ein gutes Gefühl.

73

Frieda

In ebenjener Nacht lagen in Edward Garnetts Garten Frieda und Lorenzo eng umschlungen in einem Bett aus grünem Farn. Das Mondlicht warf einen weißen Schein über das Gras und die glitzernden Stämme der Silberbuchen. Dahinter wuchsen Fingerhut und Akelei in den Himmel, und winzige Mücken bildeten dichte Wolkenschwärme. Über ihren Köpfen schrie ein Eulenpaar.

»Ich möchte einen Roman über uns beide schreiben.« Lorenzo strich Frieda übers Haar und blickte hinauf zum Mond. »Über Liebe und Sex, über Klassenzugehörigkeit und Kinderwunsch. Ich möchte über Dinge schreiben, an die die Menschen denken und die sie wollen, über die sie aber nicht zu sprechen wagen. Und darüber, wie der Mensch die Natur zerstört, wie er das alles zerstört.« Er riss den Arm nach oben und deutete zum Mond, zu den Sternen, zu dem Laub, das über ihnen zitterte.

»Keiner besitzt deine Aufrichtigkeit oder deinen Mut, Lorenzo.« Frieda schmiegte ihren Kopf in die Kuhle unter seinem Schlüsselbein. Sie hatte seinen Herzschlag im Ohr, spürte die harten Bögen seiner Rippen unter ihrem Hals.

»Es wird um zwei Menschen sehr unterschiedlicher Klassen gehen, die einander befreien, wie wir es getan haben. Durch Zärtlichkeit und Leidenschaft.« Er machte eine Pause und zog sie noch näher zu sich heran. Sanft strich die kühle Luft, die stark nach Moos und Farnkraut roch, über ihre nackten Körper. »Ich möchte, dass es das aufrichtigste Buch wird, das je geschrieben wurde. Wahr und ehrlich und rein.«

»Vielleicht könntest du über jemand anderen schreiben als mich?« Frieda schlug die Augen auf, selbst überrascht von dem, was sie gesagt hatte. Nicht, dass sie keine seiner weiblichen Figuren hätte sein wollen, aber allmählich fühlte sie sich wie ein seziertes Kaninchen; alles, was sie besaß, hatte sie ihm schon gegeben.

»Nein. Das wirst schon du sein müssen. Aber ich werde dich weicher zeichnen, weniger streitlustig.«

Sie seufzte, doch es war ein zufriedener Seufzer. Dann geht der Kampf zwischen uns also weiter, dachte sie. Nur anders – er würde ihn in die Seiten seines Buches hineintragen, und dort würde er sie beherrschen, sie zwingen, sich ihm zu ergeben. Sie lächelte in sich hinein. Damit konnte sie leben. Sie kannte die Wahrheit. So wie er auch. Die Wahrheit war, dass es dieses Buch ohne sie niemals geben würde.

»Du musst mich zwingen, tiefer in die Eingeweide meiner Seele hinabzusteigen.« Er griff eine Locke aus ihrem Schopf und wickelte sie um seine Finger. »Und dann werde ich die kleinliche Einstellung der Engländer zum Sex verändern.«

»Wenn doch nur alle die Fesseln der Unterdrückung abstreifen könnten, wie wir es getan haben«, murmelte Frieda, die plötzlich an ihren früheren Liebhaber Otto denken musste. Ihm hatte sie ihr neues Leben zu verdanken. Er war es, der sie aus den Randbezirken des Lebens herausgeholt, sie befreit und dazu befähigt hatte, Lorenzo zu befreien. Sie fragte sich, wo er jetzt sein mochte.

»Ich möchte aber unbedingt, dass wir heiraten, Frieda. Die Heiligkeit der Ehe ist wichtig, und ich will, dass du meine Frau wirst.«

»Vielleicht«, murmelte sie. Die Eulen hatten aufgehört zu schreien, und rund um ihr Nest aus Farn riss die Stille ihr gähnendes Maul auf, groß und schwarz. Sie erschauerte. Es hatte sich abgekühlt, sie spürte die aufgestellten Härchen an Lorenzos Arm.

»Ich möchte unbedingt, dass wir heiraten«, wiederholte er, und seine Stimme klang schon etwas härter, etwas brüchiger. »Ich möchte die Intimität und Nacktheit der Ehe erfahren.«

Sie schloss die Augen und atmete seinen Geruch. Sie hatte am Morgen wieder kleine Blutflecken auf seinem Taschentuch entdeckt und in seinem Atem einen schwachen Krankheitsgeruch wahrgenommen. Doch daran wollte sie jetzt nicht denken. Nur daran, wie er die großen Dinge, für die er geschaffen war, erreichen konnte, bevor … bevor … Nein, sie konnte und sie wollte nicht daran denken.

»Ich kann das nicht ohne dich schreiben, meine Kaiserin. Nichts davon ist ohne dich möglich. Ich brauche dich immer an meiner Seite, Frieda. Immer.«

Zeilen aus einem seiner Gedichte kamen ihr in den Sinn … »Verlass mich nicht, oder ich werde zerbrechen … Und Gott, dass sie notwendig ist … Notwendig … und ich habe keine Wahl. Verlass mich nicht …«

»Still, Lorenzo. Ich werde dich niemals verlassen. Das verspreche ich dir.« Sie wandte ihm ihr Gesicht zu, spürte seine Energie an ihrer Haut vibrieren. Das ist jetzt mein Leben, dachte sie. Nicht meine Kinder, nicht mein Kummer, nicht meine Schwestern mit ihrem Wohlstand und ihren Besitztümern, nicht die Bequemlichkeiten eines hübschen Hauses mit einem adretten Garten.

»Wir werden keinen Penny besitzen, aber es wird reichen. Und wir werden lebendig sein – ganz und gar lebendig, aufs Vollkommenste lebendig!« Lorenzo reckte den Hals und lauschte zum Himmel. »Da singt eine Nachtigall. Hörst du sie?«

Das Lied der Nachtigall schnitt durch die Luft, stieg in Wellen auf und nieder. Und Frieda schien es, als seien die Töne ein Spiegel ihrer Seele – ausdauernd, resolut, stark. Sie würde ihr Leben mit Lorenzo teilen. Sie würde ihm alles geben, nur ihre Seele nicht. Ihre Seele würde sie bewahren. Und eines Tages würde sie ihre Kinder wiedersehen. Und sie würden verstehen.

Epilog

»Auf das eigene Selbst kommt es an«, sagte sie.
»Ob man wirklich man selbst ist und dem eigenen
Gott dient.«

D. H. Lawrence, *Frühlingsschatten*

FLORENZ, ITALIEN

1927

Er zog sie mit langen, bleichen Fingern am Ärmel. Seine Brust – fast schon konkav – hob und senkte sich ruckend, aber in seinen Augen war ein heller Glanz, sie wirkten quicklebendig. Wie schon immer.

»Ich möchte dir mein neues Kapitel vorlesen, Frieda.« Er stieß einen langen, rasselnden Husten aus, dann fiel er erschöpft zurück aufs Kissen.

»Ich höre, mein Lieber.« Sie ließ sich neben ihm nieder, fröhlich und ruhig, damit er von ihrer Besorgnis nichts merkte. Um acht hatte er das Haus verlassen, wie jeden Morgen, seit er an seinem neuen Roman schrieb. Oder, besser gesagt, an der dritten Fassung seines neuen Romans. Vom Fenster ihres Schlafzimmers aus hatte sie ihn langsam in den Kastanienwald trotten sehen, unter dem einen Arm ein Notizbuch, ein Paisley-Kissen unter dem anderen, und aus seiner zerrissenen Jackentasche hatte das Tintenfass gelugt. Er arbeitete jetzt immer draußen, an einen Baumstamm gelehnt oder auf einer Böschung im Gras ausgestreckt. Meist kam er, wenn er drei- oder viertausend Wörter geschrieben hatte, wieder nach Hause und kroch ins Bett, und dann zitterten die bleichen, ausgezehrten Arme vor Erschöpfung.

Dann rief er mit seiner hohen, klagenden Stimme nach ihr. Wollte, dass sie ihm das letzte Kapitel vorlas, verlangte ihre Meinung zu hören. So wie jetzt, in einem Ton, der nichts von seiner Gereiztheit und Ungeduld verloren hatte. Manchmal krallte er seine dünnen Finger in die Luft, krumm und steif an jenen Stellen, wo er die Feder zu fest gehalten hatte. Dann nahm sie seine Finger zwischen ihre Hände, lockerte sie durch Reiben und küsste die wunden, geröteten Kuppen. Anschließend schüttelte sie das Kissen auf und strich ihm das feuchte Haar aus dem Gesicht.

»Hör auf, an mir herumzufummeln. Hör einfach zu.«

Es wurde still im Raum, zu hören war nur noch das Klappern der Schreibmaschine in der Küche unter ihnen. Er hatte eine Schreibkraft angeheuert, die sich der langwierigen Aufgabe widmete, seine handgeschriebenen Seiten in publikationsfähige Manuskripte zu verwandeln; seitdem wurden ihre Nachmittage vom Klappern der Tasten und dem scharfen Sirren der zurückschnellenden Schreibwalze begleitet. Frieda mochte das Geräusch genauso wie das wilde Flötenspiel von nebenan oder das heisere Geschrei der Maulesel vom unteren Pfad. Für sie waren es die Geräusche des Lebens, eine permanente Erinnerung an seinen Reichtum und sein Versprechen.

Sie schloss die Augen. »Ich bin bereit, mein Lieber.«

»Dieses Kapitel ist ein Liebesbrief an dich, Bienenkönigin. Das ganze verdammte Buch ist ein Lobgesang auf dich, aber dieses Kapitel ... na ja, wenn du es hörst, wirst du es verstehen.« Er räusperte sich und begann zu lesen, langsam und gleichmäßig.

Frieda erstarrte. Sie riss die Augen auf. Hob die Brauen bis zum Haaransatz. Fuhr herum und starrte ihn an, riss die Augen auf, bis ihr die Augenhöhlen wehtaten. Er las langsam und stetig weiter, als nähme er ihre Reaktion nicht wahr.

»Stopp!« Das Wort schoss wie von selbst aus ihrem offen stehenden Mund. »Das kannst du so nicht schreiben, Lorenzo!«

Er sah von seinem Notizbuch auf, richtete den glasigen Blick ins Leere. Als sei er gar nicht mehr da, als habe er den kleinen quadratischen Raum mit den grünen Fensterläden und das Bett mit dem grünen, mit gelben Rosen bemalten Kopfteil verlassen und befinde sich an einem ganz anderen Ort.

»Kein vernünftiger Mensch wird das veröffentlichen«, sagte sie und erhob für einen kurzen Augenblick die Stimme.

Er griff nach ihrer Hand, die Augen halb geschlossen. »Erinnerst du dich an die Buchenwälder in Deutschland? Erinnerst du dich, meine Bienenkönigin?«

Ihre Züge wurden weicher, sie drückte seine Hand und schloss die Augen. Über ihr war das Flirren des sattgrünen Baumkronendachs der Buchen, darunter schimmerte ein perlmuttfarbener Mondkeil. Sie spürte das feuchte Laub, dick und saftig, unter den Füßen, unter dem Rückgrat. Roch den saftigen Rindenduft des Waldes. Lächelte. »Wie könnte ich das vergessen?«

Mit einem weichen Plumps fiel sein Kopf zurück aufs Polster. »Das war der glücklichste Tag meines Lebens. Ich zehre so lange schon von diesem Tag – nein, ich schlemme. Unseren ›Honeymoon‹ haben wir es genannt, erinnerst du dich?«

Sie nickte und strich ihm sanft mit den Fingern durchs Haar. »Die guten Zeiten sind noch lange nicht vorbei«, murmelte sie.

Er sagte nichts, aber sie hörte seinen Atem, heiser und trocken, und das sanfte Gurgeln in seinen Lungen. Nach ein paar Sekunden beruhigte der Atem sich wieder, und er wisperte: »Warum nur, o warum nur haben wir uns immer so viel gestritten?«

»Wie hätten wir es anders machen sollen? Das, was man uns angetan hat, hat uns zu grausamen Geschöpfen gemacht.«

Er nickte und stieß einen langen, knirschenden Husten aus, als werde Splitt durch seine Lungen gepresst.

»Ruh dich ein bisschen aus, und dann kannst du mir den Rest vorlesen.« Sie dachte zurück an das Buchenwäldchen, und nach ein paar Sekunden fing sie an zu lachen. Erstickt und leise zunächst, doch dann schwoll das Gelächter in ihr an und brach unter großem Schnauben und Prusten aus ihr hervor.

»Warum lachst du?« Unter großer Anstrengung hob er den Kopf vom Kissen und fixierte sie mit einem misstrauischen Auge.

Ihr ganzer Körper schüttelte sich. Sie lachte so heftig, dass sie kaum sprechen konnte. Stotternd stieß sie hervor: »Dein d-dürrer weißer Hintern, wie der durch die Bäume strahlte … und das Bett voller Laub und Schlamm … waren wir da verrückt?« Sie ließ sich ins Polster fallen und hielt sich die Seiten.

»Wir waren verrückt vor Liebe.« Ein Grinsen spannte sich breit über sein Gesicht. Und dann fiel der Mund auf, und er begann zu lachen. Ein dünnes, näselndes Lachen, das ganz oben in seiner Brust hockte. Er zog die Beine an, und sein zerbrechlicher Körper schüttelte sich vor Lachen. Tränen rannen ihm aus den Augen, und seine dürren Hände schlugen kraftlos auf die Matratze ein. Frieda rollte auf dem Bett hin und her und hielt sich die Seiten, während ihr Tränen über die Wangen liefen. »So viele schöne Tage!«, japste sie. »Aber dein kleiner weißer Hintern … das war lustig …«

Nach ein paar Sekunden verebbte ihr Gelächter, und er begann zu husten. »Genug!«, sagte sie barsch. »Das viele Lachen tut dir nicht gut. Ich mache einen Tee.« Damit stand sie auf, schüttelte ihren bestickten Rock aus, zog ihre langen roten Strümpfe hoch und strich sich achtlos das Haar aus dem Gesicht. Dabei fiel ihr auf, wie ruhig es war. Zunächst begriff sie nicht recht, warum. Die

Stille war unheimlich. Dann merkte sie, dass das Tippen aufgehört hatte. Vielleicht machte die Schreibkraft sich auch gerade einen Tee.

»Wer kommt da die Treppe hoch, Bienenkönigin? Ich will niemanden sehen«, krächzte Lorenzo und zeigte auf die Tür.

Sie hörte jemanden hektisch die Stufen erklimmen und runzelte die Brauen. Hatte sie zum Tee geladen und es vergessen?

Die Tür flog auf. Es war die Schreibkraft, die mit ihrem rosa Regenschirm in die Luft stach und im Türrahmen auf und nieder hüpfte. Ihre Mundwinkel hingen und zuckten, als hätte sie den Mund voller Wörter, könne sie aber nicht in eine Reihenfolge bringen.

Frieda eilte auf sie zu. »Mein liebes Mädchen, was ist denn los?«

»Niemals werde ich so ein – so ein abstoßendes Zeug schreiben!« Ihr Gesicht lief flammend rot an, und sie fletschte die Zähne. »Sie – Sie beleidigen mich mit diesem Unflat!« Dann machte sie auf den Hacken kehrt, und sie hörten das wütende Stampfen ihrer Schuhe auf den Holzstufen.

Lorenzo stützte sich auf einen Ellbogen und rief schwach: »Es ist eine warmherzige Liebesgeschichte!«

Die Haustür krachte zu, und die Fensterscheiben klirrten in den Rahmen.

Frieda sah ihn unsicher an. »Wer wird es jetzt tippen, mein Schatz?«

Er sah sie flehend an.

»O nein! Das hast du mir versprochen. Vor vielen, vielen Jahren. Ich habe gesagt, ich würde niemals ein Werk von dir abtippen, und du hast gesagt, darum würdest du mich niemals bitten.«

»Ich habe dich nicht darum gebeten«, erwiderte er. »Aber es ist eine kleine Bombe, eine kleine Revolution.«

»Gut. Dann schreibt es eben niemand. Und niemand wird es veröffentlichen. Und das Geld ist uns auch ausgegangen.«

Er lachte. Seine Augen glänzten, und die Hände wanderten fieberhaft über die Decke. »Dann veröffentliche ich es eben selbst. Ich werde es der Welt ins Gesicht schleudern. Wir werden den schwachsinnigen Zensoren entkommen, du wirst sehen.«

»Wenn es das ist, was du willst, dann müssen wir es tun.« Sie dachte an seine früheren Bücher, die verboten und verbrannt worden waren, tausendelf Exemplare, die ein öffentlicher Henker in London verbrannt hatte. Die Nachricht war niederschmetternd gewesen und hatte ihn bitter gemacht. Aber jetzt lief ihnen die Zeit davon. Sie hatte die seltsame Vorahnung, dass dies sein letztes Werk, sein letzter großer Roman sein könnte.

»Ich scher mich einen Dreck um die Zensoren! Sollen diese verfluchten Puritaner mich doch niedermachen. Ich hoffe, es bringt sie zum Jaulen. Aber halt es um Himmels willen von deiner Mutter fern.«

»Sie wird es nie zu Gesicht bekommen, das verspreche ich dir.«

»Ich werde es in maulbeerfarbenes Papier binden lassen. Und für den Umschlag einen Phönix zeichnen, einen schwarzen Phönix.« Er setzte sich auf, seine Augen leuchteten in einem strahlenden Pfauenblau. »Lass uns eine kleine Bombe in die Krinoline der Scheinheiligkeit werfen, einverstanden?«

»Wenn wir schon niemanden finden, der es abtippt, wie sollen wir da jemanden finden, der es druckt?«

»Ich kenne da einen Drucker in Florenz. Die können alle nicht lesen, und Englisch verstehen sie schon gar nicht. Und verkaufen werde ich es selbst!« Er klang so selbstsicher, so herausfordernd, dass sie sich von seiner Stimmung anstecken ließ und aufgeregt in die Hände klatschte, bis die Silberreifen betörend ihre Arme auf und nieder hüpften. Aber dann ließ er sich wieder aufs Kissen fallen, und ein würgender Husten schüttelte seinen Körper, und die knochigen Hände fielen schlaff auf seine Brust.

»Tee«, sagte sie entschieden. »Und dann kannst du mir dein neues Kapitel von *Lady C* vorlesen, und wir werden uns an die schönen Tage erinnern, die wir miteinander hatten, so viele schöne Tage.«

Als sie das Tablett zurechtmachte, mit der roten Emailleteekanne und zwei angestoßenen Teetassen auf gesprungenen Untertassen, hörte sie von draußen Stimmen und Gelächter, und ihr Herz machte einen Sprung. Sie reckte den Hals. Ja, es waren Barby und Elsa, die von ihrem Ausflug nach Florenz zurückkamen. Sie trugen in braunes Papier gewickelte Päckchen unterm Arm, und von ihren neuen Hüten flatterten gelbe Bänder.

Sie streckte sich, um ins oberste Regal zu greifen, wo sie ihr gutes Porzellan aufbewahrte, die Tassen mit dem Geißblattdekor und dem Goldrand. Zwei davon nahm sie herunter und stellte sie mit aufs Tablett. Sie betrachtete die Tassen, angeschlagen, gesprungen, schillernd, vergoldet, und empfand zum ersten Mal eine tiefe Zufriedenheit. Ihr schien, als sei jede einzelne Tasse ein Aspekt ihrer selbst. Eines Selbst, das angeschlagen war und das verletzt worden war, solange sie denken konnte. Und das trotz allem das Licht eingefangen hatte, das wie Gold geglänzt und sich emporgerankt hatte und das erblüht war wie eine Wildblume.

Ihre ganze Vergangenheit, so dachte sie, war ein erbitterter Kampf um Selbstfindung gewesen. Sie hatte Metz verlassen, um sich selbst zu finden. Und war Mrs Weekley geworden, Ernests Schneeblume. Mit Otto hatte sie sich selbst zurückgewonnen. Nur um diesen Besitz ihrer selbst als Mrs Lawrence wieder zu verwirken, als eine Vielzahl literarischer Gestalten, Palimpseste ihrer selbst, ans Licht geholt von Lorenzos Fantasie. Und um festzustellen, dass sie ohne ihre Kinder eines vitalen Teils ihrer selbst beraubt worden war. Denn wer war sie selbst?

Ihr Selbst war ihr ausgewichen. Sie hatte geglaubt, es sei das Einzige, was zähle. Sie hatte geglaubt, es brauche Mut, sich selbst zu finden; hatte geglaubt, die Entdeckung ihres Selbst werde ihr Freiheit bringen. Und doch war das *Selbst* ihr so oft durch die Finger geglitten und hatte wieder andere Varianten ihrer selbst an die Oberfläche katapultiert. Als hätte sie ihr ganzes Leben in einem Spiegelsaal zugebracht. Doch jetzt – in Gesellschaft ihrer Töchter und mit Montys Briefen, mit Lorenzo, der ganz in seinem gewagtesten Roman versunken war und nicht mehr unter den üblichen Wutanfällen litt, mit der italienischen Sonne, die über die Mauern kroch –, jetzt verspürte sie den alles überstrahlenden Sieg der Unendlichkeit.

Sie stellte einen Krug mit wildem Rosmarin aufs Tablett, bewunderte die winzigen lila Blüten und atmete den köstlich holzigen Duft ein. Diese kleinen, unbedeutenden Dinge – ein Tablett zurechtmachen, Lorenzo beim Vorlesen zuhören, sich über die Rückkehr ihrer Mädchen freuen –, das war das große Wunder des Lebens. Das war sie selbst.

Sie machte das Fenster auf. Die Sonne war ein Kreis in Rosa, der allmählich schläfrig verblasste und hinter dem Rand der Erde versank.

Sie winkte ihren Töchtern zu, und diese winkten zurück, reckten die Päckchen wie Trophäen in die Höhe.

»Kommt her und zeigt mir, was ihr euch in Florenz gekauft habt! Ist das nicht die herrlichste Stadt aller Zeiten?«

Historische Anmerkungen

FRIEDA RAVAGLI, VORMALS LAWRENCE, VORMALS
WEEKLEY, GEBORENE FREIIN VON RICHTHOFEN
Frieda hat den Verlust ihrer Kinder nie akzeptiert. Trotz Ernests
Gerichtsbeschluss, der ihr jeden Kontakt mit ihnen verbot, stellte
sie ihnen wiederholt nach, bis sie alle volljährig waren. Im Alter
von einundzwanzig war es Monty, Elsa und Barby von Gesetzes
wegen freigestellt, wieder Kontakt mit ihr aufzunehmen. Alle drei
Kinder entschieden sich dafür.

Friedas Leben mit Lawrence ist von ihr selbst und vielen anderen gut dokumentiert worden. Nachdem sie 1914 geheiratet hatten, zogen sie rastlos von Land zu Land (ein selbstauferlegtes Exil,
das Lawrence sein »wildes Pilgertum« nannte), immer auf der
Suche nach Sonne und frischer Luft, die für Lawrences Gesundheit so wichtig war. Sie stritten sich ständig, heftig und in aller
Öffentlichkeit. Die Bereitwilligkeit, mit der sie sich zur Wehr
setzte, hat Lawrence nach eigener Aussage in die Lage versetzt,
das riesige Werk zu schaffen, für das er heute bekannt ist.

Eine bestimmte Frauengestalt zieht sich durch sein gesamtes Werk, und Frieda war das Vorbild für diese literarische Figur – für Johanna Keighley in *Mr Noon*, für Ursula Brangwen in

Der Regenbogen und *Liebende Frauen*, Tanny Lilly in *Aarons Stab*, Harriet Somers in *Kangaroo*, Kate Leslie in *Die gefiederte Schlange*, und Lady Chatterley aus *Lady Chatterley's Liebhaber* (ein Roman, den viele für einen Liebesbrief an Frieda halten). Ihr erster Biograf, Robert Lucas, schrieb: »Wohl nie zuvor und niemals nachher ist ein Schriftsteller von Rang so intensiv und andauernd von einer einzelnen Frau beeinflusst worden wie Lawrence von Frieda von Richthofen ... und niemals hat eine Frau, von einem Dichter interpretiert, das moralische Klima ihrer Zeit in gleichem Maße verändert*.« Zudem hat Frieda beim Schreiben, Herausgeben und der Titelfindung der meistgepriesenen Romane von Lawrence (*Söhne und Liebhaber*, *Der Regenbogen* und *Liebende Frauen*) sowie seines berüchtigtsten Romans (*Lady Chatterley's Liebhaber*) eine bedeutende Rolle gespielt.

Lawrence war weder Friedas letzter Ehemann noch ihr letzter Liebhaber. Kurz bevor Lawrence an Tuberkulose starb, hatte sie eine Affäre mit ihrem Vermieter, einem verheirateten Italiener namens Angelo Ravagli, Vater dreier Kinder und Soldat (zwölf Jahre jünger als sie). Die Situation erinnerte sehr an die Affäre mit Mr Dowson, denn sie war die Patin von Ravaglis drittem Sohn. Wie dem auch sei, die erste Mrs Ravagli schien recht glücklich darüber zu sein, Angelo gegen die finanzielle Sicherheit eintauschen zu können, die Frieda ihr gewährte. Ravagli wurde Friedas dritter, letzter und am wenigsten treuer Ehemann.

1956, an ihrem siebenundsiebzigsten Geburtstag, starb Frieda an einem Herzinfarkt. Sie wurde in Taos, New Mexiko, beerdigt, gleich neben der Gedächtniskapelle, die sie für Lawrence hatte erbauen lassen, wobei dem Zement wahrscheinlich Laurences

---

* Lucas, Robert: *Frieda von Richthofen. Ihr Leben mit D. H. Lawrence, dem Dichter der »Lady Chatterley«*, München: Kindler, 1972, S. 12.

Asche beigemengt worden war. Hier wollte sie am Ende wieder ihren eigenen Namen stehen haben: Nachdem sie sich das Wappen derer von Richthofen für das Cover ihrer Autobiografie *Not I, But the Wind* [dt. *Nur der Wind*] ausgesucht hatte, ließ ihr Mann es in ihren Grabstein eingravieren.

ERNEST WEEKLEY

Ernest Weekley hat nie wieder geheiratet. Er ist Frieda nie wieder begegnet und hat auch nie wieder mit ihr gesprochen. Auch wurde ihr Name in seiner Gegenwart nie wieder erwähnt. Barby sagte später über Friedas Verschwinden: »Es war ein tödlicher Schlag für meinen Vater, er hat sich nie davon erholt.« Später bezeichnete er diese Periode seines Lebens als »seine zehn Tage des Irreseins«. Doch ganz am Ende seines Lebens, als Barby eine abwertende Bemerkung über die Familie von Richthofen von sich gab, sagte er plötzlich: »Ach, aber sie war die Beste, nicht wahr?« Nach seinem Tod fand man in seinem Schreibtisch ein Foto von Frieda aus der Zeit ihrer ersten Schwangerschaft.

Er hat über diese Spanne seines Lebens nichts Schriftliches hinterlassen. Zudem ist er von Lawrence in Romanen wie *Lady Chatterleys Liebhaber* und in der Kurzgeschichte *Das Mädchen und der Zigeuner* verunglimpft worden. Victoria Manthorpe behauptete: »In einer verdeckten, aber nicht minder machtvollen Weise wurde er von Lawrence vernichtet.«

Dabei war Professor Ernest Weekley ein außergewöhnlicher Mann. Nachdem er sich zu Beginn in Abendschulen und Fernkursen selbst zu Bildung verholfen hatte, wurde er ein herausragender Linguist und Etymologe. Seine populären Bücher über die Sprache (darunter *The Romance of Words* und *The Romance of Names*) machten seinen Namen weithin bekannt. Er verbrachte seine gesamte universitäre Laufbahn an der Nottingham University (vormals University College Nottingham); nach dem Skandal um seine durchgebrannte Frau gelang es ihm nicht, nach Cambridge zu gehen. Aus Respekt Professor Weekley gegenüber weigerte sich die Universität von Nottingham bis zu seinem Ruhestand, die Romane von D. H. Lawrence ins Curriculum aufzunehmen. Im Laufe seines Lebens verfasste Weekley viele bahnbrechende Bücher zur Etymologie, Grammatik und Linguistik, von denen die meisten (auf Englisch) stets lieferbar waren und bis heute angeboten werden.

ELISABETH JAFFÉ-RICHTHOFEN

Elisabeth wurde ihr Leben lang von allen Else genannt, ich habe jedoch, um eine Verwechslung mit Friedas Tochter Elsa zu vermeiden, auf ihren vollständigen Namen zurückgegriffen. Zwar scheiterte ihre Ehe mit Edgar Jaffé, aber die Affären mit Alfred und Max Weber hatten bis zu ihrem Tod Bestand. Tatsächlich pflegte sie, gemeinsam mit seiner Frau Marianne, Max Weber während seiner letzten Krankheit und war bei ihm, als er starb. Diese Affäre blieb bis zu ihrem Tod geheim; sie hatte verfügt, dass ihre Liebesbriefe an Max Weber und seine an sie veröffentlicht werden durften. Selbst nach so vielen Jahren war es für Deutschland eine schockierende Entdeckung, dass einer der hervorragendsten Philosophen und der Gründungsvater der Soziologie ein so kompliziertes Doppelleben geführt hatte.

JOHANNA (NUSCH) VON SCHREIBERSHOFEN, GEBORENE VON RICHTHOFEN

Nuschs erste Ehe scheiterte, genau wie die ihrer beiden Schwestern, als ihr Ehemann, ganz nach dem Vorbild des Freiherrn von Richthofen, sich der Spielsucht und amourösen Eroberungen hingab. Sie heiratete ein zweites Mal, verlebte ihre letzten Tage aber in Armut – unterstützt von Frieda, die im Alter durch die unablässig eingehenden Tantiemen aus Lawrences Nachlass abgesichert war.

EDGAR JAFFÉ

Edgar Jaffé verfolgte eine glänzende politische und wirtschaftliche Karriere und wurde in der Bayrischen Räterepublik 1918–19 schließlich Minister. Ein Nervenzusammenbruch, von dem er sich nie erholte, bedeutete das Ende seiner Laufbahn. Er starb 1921 und wird heute als einer der Hauptakteure der erotischen Bewegung verstanden, die sich Anfang des 20. Jahrhunderts in München und Ascona entwickelt hatte.

DR. GROSS

Die Beziehung zwischen Dr. Otto Gross und Frieda ist von Lawrences Biografin Brenda Maddox als »wichtiges Ereignis in der Geschichte der erotischen Bewegung« beschrieben worden, das Folgen sowohl für die Literatur als auch für die Zensur gehabt habe. Otto Gross, von dem es heißt, er habe den Begriff »sexuelle Revolution« geprägt, und der 2011 in dem Film *Eine dunkle Begierde* als Figur erscheint, galt als der intelligenteste und kreativste Psychoanalytiker seiner Zeit. Sowohl Jung als auch Freud betrachteten ihn als ihren Schützling, schließlich hatte er ihre Ideen am offenkundigsten vorangebracht und entwickelt. Doch sein Engagement für den Anarchismus, seine Verbindung von Psychoanalyse und radikaler Politik sowie sein ausufernder Drogenkonsum hatten zur Folge, dass er irgendwann nicht mehr tragbar war. Sowohl Jung als auch Freud ließen ihn fallen, löschten seinen Namen aus Publikationen und »tilgten ihn aus den Geschichtsbüchern«, wie Gross' Biograf es nannte. Nach Aufenthalten in verschiedenen Kliniken (sowohl als Patient als auch als

Arzt) wurde Gross 1920, halb verhungert und halb erfroren, in Berlin auf der Straße aufgefunden. Kurz darauf starb er an einer Lungenentzündung; wo er begraben wurde, ist unbekannt.

Gross war ein außergewöhnlicher Mann, »ein Katalysator des radikalen Wandels, der bei der Geburt der Moderne eine entscheidende Rolle spielte«, so Gross' Schüler Dr. Gottfried Heuer. Er entwickelte als Erster eine Theorie der Persönlichkeitstypen (an der er angeblich mit Frieda weitergearbeitet hat), aus der Jung später »seine berühmte Klassifizierung von Introversion und Extraversion« bezog (Martin Green, *Else und Frieda, die Richthofen-Schwestern*).

DAVID HERBERT LAWRENCE

Lawrence (Lorenzo, wie Frieda ihn nannte) starb 1930 im Alter von 44 Jahren an Tuberkulose. In seinem kurzen Leben war er produktiver als die allermeisten anderen Schriftsteller – er verfasste Gedichte, Theaterstücke, Reiseberichte, Essays, Literaturkritiken, Kurzgeschichten, Romane (von denen viele verfilmt wurden) und Tausende von Briefen. Darüber hinaus malte er.

Über Lawrence ist so viel geschrieben worden wie über kaum einen anderen Schriftsteller (nach der letzten Zählung über tausend Bücher); viele verehrten ihn als Genie, einige verehrten ihn als Sexualrevolutionär, und andere betrachteten ihn als rückständigen Frauenfeind. Viele seiner Romane haben Generationen von Lesern Friedas Leben und ihre sexuelle Befreiung nahegebracht, darunter vor allem *Der Regenbogen, Liebende Frauen* und *Lady Chatterley's Liebhaber*. Aber die Werke, die seine erste Erfahrung mit Frieda am besten dokumentieren, sind *Mr Noon* (ein Roman, der erst 1984 in seiner Gänze erschien), das Theaterstück *A Fight for Barbara* und der Gedichtband, dem er den Titel *Look! We Have Come Through!* gab.

Über Lawrences vermutete Homosexualität schrieb Frieda: »Ich denke, es war eine kurze Phase – ich habe den Kampf aufgenommen und gewonnen.« Die Debatte über seine sexuelle Orientierung hält dennoch an.

Lawrence war ein extrem komplizierter Mensch. Berichte über sein Leben sind eine fesselnde Lektüre – manchmal geradezu unfassbar –, und ich möchte Ihnen ausdrücklich ans Herz legen, mehr davon zu lesen.

MONTAGUE WEEKLEY

Monty Weekley ist Gründer und Kurator des Museum of Childhood, Teil der Sammlung des Victoria and Albert Museum in Bethnal Green im Londoner Osten, wo er sein gesamtes restliches Arbeitsleben verbrachte. Er war verheiratet und hatte zwei Kinder, sprach aber kaum über die eigene Kindheit oder seine Mutter, obwohl Frieda und er einander später regelmäßig Briefe schrieben. In jüngerer Zeit wurde sein Sohn (Friedas Enkel) in einem überregionalen Zeitungsartikel mit dem Titel »Das lieblose Erbe der Frieda Lawrence« zitiert; er sagt über Monty, er »habe es sehr schlecht verkraftet … was blieb, war eine dauerhafte Angst, jemals eine Beziehung einzugehen«.

BARBARA WEEKLEY

Barby Weekley wurde Übersetzerin, gründete eine Familie und lebte in Italien. Von allen drei Kindern war sie Frieda am ähnlichsten. Als Teenager flog sie von der St Paul's Girls' School in London, weil sie männliche Aktbilder in ihr Mathebuch gezeichnet hatte. Sie war das einzige der Weekley-Kinder, das wieder mit der Mutter in Kontakt trat und eine Beziehung zu Lawrence aufbaute. Der darauf folgende Nervenzusammenbruch und ihre

Depression sind in privaten Briefen festgehalten, auch in denen von D. H. Lawrence.

ELSA WEEKLEY

Elsa heiratete einen Marineoffizier und gründete eine Familie. Sie hielt Ernest Weekley die Treue und kümmerte sich bis zu seinem Tod in seinem Londoner Zuhause um ihn. Sie schrieb ihrer Mutter kaum und hat sie nur ein einziges Mal in Italien besucht.

FRANZISKA GRÄFIN ZU REVENTLOW

Franziska Gräfin zu Reventlow gilt heute als eine der radikalsten Stimmen in der frühen Frauenbewegung, die sich zu Beginn des zwanzigsten Jahrhunderts in Europa entwickelte. Sie war der Ansicht, die Suffragetten-Bewegung, die den Nachdruck auf die politische Freiheit legte, leiste den Frauen einen schlechten Dienst. Ihrer Auffassung nach waren vielmehr die Niederschlagung der Ehe und sexuelle Freiheit der Schlüssel zu ihrer Befreiung. Sie war als die Boheme-Gräfin aus Schwabing bekannt, alleinerziehende Mutter, Künstlerin und Übersetzerin. Sie schrieb mehrere Romane, die auf ihren Schwabing-Erfahrungen basierten, verbrachte eine beträchtliche Zeit in Ascona, behielt auch nach der Eheschließung ihren Namen bei und lebte in einer Ménage-à-trois, der später in Henri-Piere-Rochés Roman und dem Truffaut-Film *Jules und Jim* ein unsterbliches Denkmal gesetzt wurde. Elisabeths Erinnerungen zufolge war es »Fanny, die Frieda inspirierte, ihrem Weg zu erotischer Freiheit zu folgen« (Martin Green, *Elsa und Frieda, die Richthofen-Schwestern*).

MAX WEBER

Max Weber war Soziologe, Nationalökonom, Historiker, Philosoph, Gelehrter, Jurist und Schriftsteller und gilt heute als einer der größten historischen Denker Deutschlands sowie als Gründungsvater der Soziologie.

Zur Zeit der hier geschilderten Ereignisse waren Nottingham, München und Ascona in vielerlei Hinsicht völlig andere Orte als heute. Nottingham war eine Stadt der Schwerindustrie, gelegen in einer Landschaft, die für ihre Zechen und Kohlengruben bekannt war und in vielen von Lawrences Werken brillant porträtiert wird.

München kam als Stadt der Avantgarde gleich an zweiter Stelle nach Paris, und der Vorort Schwabing zog Schriftsteller, Künstler und »Freidenker« aus ganz Europa an. Viele Mitglieder dieser Boheme pendelten regelmäßig zwischen München und dem schweizerischen Ascona, wo in einem als Monte Veritá (»Wahrheitsberg«) bekannten Gebiet eine Kolonie für all jene gegründet worden war, die einen neuen Lebensstil erproben wollten. In dieser Kolonie lebten Vegetarier, Nudisten und Kommunen der unterschiedlichsten Art. Die konventionelle Politik, die Religion und sämtliche Institutionen wurden abgelehnt, auch die Ehe. Von vielen bekannten Persönlichkeiten wird angenommen, dass sie sich zeitweilig am Monte Veritá aufgehalten haben, darunter Max Weber, Hermann Hesse, C. G. Jung, Isadora Duncan, Rudolf Steiner und Paul Klee. Daphne du Maurier hat den Monte Veritá in ihrer gleichnamigen Kurzgeschichte fiktional verarbeitet.

D. H. Lawrence galt einigen als der Patron der verbotenen Bücher – und das aus gutem Grund.

Das im Jahr 1915 gegen *Der Regenbogen* ausgesprochene Verbot galt elf Jahre lang. In dem wegen seiner Obszönität verurteilten

Roman war es vor allem die durch Frieda inspirierte lesbische Szene, die die meisten Zensoren entrüstete.

1928 wurde *Lady Chatterley's Liebhaber* für über 30 Jahre verboten. Erst 1960, als der Verlag Penguin vor Gericht einen Grundsatzentscheid gewann, konnte im Vereinigten Königreich die volle, unzensierte Version von *Lady Chatterley's Lover* gelesen werden (in Australien hatte das Verbot noch bis ins Jahr 1965 Bestand). In den drei Monaten nach Urteilsverkündung – nach einem Prozess, in dem der Staatsanwalt die berühmte Frage gestellt hatte: »Wollen Sie dieses Buch Ihrer Frau oder Ihren Bediensteten zu lesen geben?« – wurde das Buch über dreißig Millionen Mal verkauft.

1929 wurde das Typoskript einer Gedichtsammlung von Lawrence mit dem Titel *Pansies* von der englischen Postbehörde mit der Begründung abgefangen und zerstört, sie seien »unzüchtig«.

Im Sommer 1929 musste in London eine Ausstellung von D. H. Lawrences Malerei geschlossen werden, weil auf den Gemälden Schamhaar zu sehen war. Die Kataloge zur Ausstellung wurden vernichtet. Auf etwas heimtückischere Weise sind viele seiner Romane und Gedichte zensiert worden – wenn Verleger, die sich vor einem Eingreifen der Regierung oder der Zensur durch die Leihbibliotheken fürchteten, um Änderungen und Kürzungen baten. Zum Beispiel wurden aus *Söhne und Liebhaber* zehntausend Wörter entfernt, die meisten wegen Verstoßes gegen den »Anstand«, viele von Lawrences Kriegsgedichten hingegen sind aus politischen Gründen zensiert und erst hundert Jahre nach ihrer Niederschrift in der ungekürzten Fassung veröffentlicht worden.

Anmerkungen der Autorin

Nachdem ich meinen ersten biografischen Roman, *Die Tänzerin von Paris*, geschrieben hatte, der damit endet, dass die Protagonistin nicht die Freiheit erringt, nach der sie sich immer gesehnt hat, wollte ich in eine wahre Geschichte mit einem ganz anderen Ende eintauchen. Wie die meisten wusste ich über Frieda nur, dass sie »die Frau war, die ihre Kinder verließ, um mit D. H. Lawrence durchzubrennen«. Doch je vertrauter ich mit den ersten Jahren im Leben von Frieda und D. H. Lawrence wurde, desto weniger treffend erschien mir diese Darstellung. Der Mythos vom Durchbrennen ist verlockend, aber die Wahrheit sieht in meinen Augen ganz anders aus. Dies ist meine Version von Friedas Mutterrolle:

Im britischen Sorgerecht waren die Gesetze damals drakonisch. Einer Frau, die des Ehebruchs für schuldig befunden wurde und deren Ehemann die Scheidung einreichte, konnte jeglicher Kontakt zu ihren Kindern verweigert werden. Oft hatten Frauen, die von ihrem Mann geschieden wurden, und zwar »schuldig geschieden«, den gleichen rechtlichen Status wie Kinder und »Irre«. Als Ernest sah, wie entschlossen Frieda darum kämpfte, ihre Kinder wiedersehen zu können, erwirkte er einen

Gerichtsbeschluss, der ihr genau das verbot. Dabei war sie gar keine Frau, »die ihre Kinder verlassen hatte«. Sie war eine Frau, die glaubte, sie habe ein Recht darauf, selbst über ihr Leben zu bestimmen, und der in der Folge jeglicher Kontakt zu ihren Kindern untersagt wurde.

Wie war sie in diese Situation geraten? Ihr blieb keine Wahl, denn Lawrence hatte ein Geständnis an Ernest geschickt, und zwar ohne ihre Zustimmung. Offenbar wusste Lawrence genau, dass dieser Brief entscheidende Folgen haben würde.

Zu Beginn war Lawrence noch mitfühlend, doch er ärgerte sich zunehmend darüber, dass Frieda über den Verlust ihrer Kinder nicht hinwegkam. Unterdessen nutzte Ernest die ganze Macht des Gesetzes, um seine davongelaufene Ehefrau zu bestrafen.

Während meiner Recherche hat mich beeindruckt, welche tiefen Gefühle Frieda in den bedeutenden Männern ihres Lebens geweckt hat. Ernests Weigerung, sich wieder zu verheiraten, Gross' Briefe an sie (die mich zu Tränen gerührt haben) und Lawrences Gedichte über sie zeigen, was für eine starke Persönlichkeit sie war. Ihr Mut, ihre Widerstandskraft und ihre Furchtlosigkeit müssen wirklich außergewöhnlich gewesen sein, vor allem in dem historischen Kontext, in dem sie zu sehen sind.

Frieda ist zwar ein rein fiktiver Text, in dem Fakten und Fiktion (oft inspiriert von Lawrences eigenen Texten) vermischt werden, aber ich bin doch weitgehend dem biografischen Grundgerüst von Friedas Leben während jener Zeit gefolgt. Zwei große Freiheiten habe ich mir herausgenommen, im Wesentlichen, weil es dem Erzählfluss zugutekam: Erstens hatte sie die Affäre mit William Dowson *vor* ihrer Begegnung mit Otto, doch um die Bedeutung, die Otto Gross für ihr Leben hatte, herauszustreichen und den Bogen ihrer Reise der sexuellen Befreiung besser aufzeigen zu können, habe ich beschlossen, sie diese Affäre *nach* dem sexuellen Erwachen haben zu lassen, das sie 1907 mit Otto Gross in München erlebt hatte.

Zweitens hatte Frieda 1911, acht Monate bevor sie Lawrence begegnete, auch eine kurze Affäre mit dem Schweizer Anarchisten und Künstler Ernst Frick. Über diese Affäre ist nur sehr wenig bekannt, und obwohl sie gerade aus diesem Grund guter Stoff für eine Romanautorin wäre, wollte ich vor allem zeigen, dass Gross' Ideen (über Frieda) direkt in Lawrences Werk eingeflossen sind. Außerdem hatte ich das Gefühl, dass die Affäre mit Frick dem Roman das Tempo genommen und die Gross-Lawrence-Verbindung verwässert hätte. Außerdem soll Frieda in den Anfängen ihrer Beziehung mit Lawrence zwei sexuelle Begegnungen mit anderen Männern gehabt haben. In meinen ersten Entwürfen zu *Frieda* waren sie noch enthalten, später habe ich sie wieder entfernt, vor allem, um den Plot straff zu halten, aber (traurigerweise) auch aus anderen Gründen. Während die Freiheit der Frauen in den vergangenen hundert Jahren große Fortschritte gemacht hat, ist es um die sexuelle Freiheit von Müttern weniger gut bestellt.

Für Leser*innen, die Fakten und Fiktion voneinander trennen wollen, gibt es eine große Fülle an Informationen zum Thema Lawrence und Frieda. Wie alle Autor*innen von biografischer Fiktion stehe ich absolut in der Schuld jener Schriftsteller, Schüler und Biografen, die vor mir da waren (und das sind viele). Ich habe sehr viele Bücher gelesen, mich aber vor allem auf die folgenden gestützt und kann sie nur wärmstens empfehlen.

Byrne, Janet, *A Genius for Living: A Biography of Frieda Lawrence.*

Feinstein, Elaine, *Lawrence's Women: Intimate Life of D. H. Lawrence*, Flamingo, 1934.

Green, Martin, *The von Richthofen Sisters: The Triumphant and the Tragic Modes of Love* – [*Else und Frieda, die Richthofen-Schwestern*, München: Kindler, 1976.]

Green, Martin: *The Mountain of Truth: The Counterculture Begins, Ascona, 1900–1920*, Tufts University, 1986.

Gross, Otto, *Selected Works 1901–1920*, Mindpiece, 2012.

Heuer, Gottfried M., *Freud's ›Outstanding‹ Colleague*, Routledge, 2016.

Jackon, Rosie, Frieda Lawrence, *Frieda Lawrence: Including Not I, but the Wind and Other Autobiographical Writings*, Rivers Oram Press/Pandora List, 1994.

Kinkead-Weekes, Mark, *Triumph to Exile 1912–1922*, Cambridge University Press, 2011.

Lawrence, Frieda: *Not I, But the Wind*. [Frieda Lawrence, *Nur der Wind*, Berlin, Verlag die Rabenpresse, 1936.]

Lawrence, Frieda: *The Memoirs and Correspondence*, hg. von E. W. Tedlock.

Lucas, Robert: *Frieda Lawrence*. [Frieda von Richthofen. Ihr Leben mit D. H. Lawrence, dem Dichter der »Lady Chatterley«, München: Kindler 1972.]

Manthorpe, Victoria, *Ernest Weekley, Biography with Intent* – (unpublished MA dissertation, UEA, 2003).

Metzger, Reiner, *Munich: Its Golden Age of Art and Culture 1890–1920*, Thames & Hudson Ltd, 2009. *München: Die große Zeit um 1900*, dtv, München 2009.

Moore, Harry T., Montagu, Dale, *Frieda Lawrence and her Circle: Letters to, from and about Frieda*, Palgrave Macmillan, 2014.

Raabe, Paul, *The Era of German Expressionism*, Overlook, Press, 1986, *Expressionismus. Der Kampf um eine literarische Bewegung*, Arche, Zürich 1987.

Squires, Michael; Talbot, Lynn K., *Living at the Edge: A Biography of D. H. Lawrence & Frieda von Richthofen.*

Squires, Michael, *D. H. Lawrence and Frieda: A Portrait of Love and Loyalty.*

Maddox, Brenda, *D. H. Lawrence: The Story of a Marriage*, W. W. Norton & Company, 1996.

Nehls, Edward, D. H. Lawrence: *A Composite Biography*, Univ. of Wisconsin. 1957.

Weekley, Ernest, *The Romance of Words*, Leopold Classic Library, 2015.

Weekley, Ernest, *The Romance of Names*, FQ Books, 2010.

Worthen, John, *D. H. Lawrence: The Life of an Outsider*, Penguin, 2006.

Worthen, John, *Experiments: Lectures on Lawrence, Critical, Cultural and Communications Press, 2012.*

*

Selbstverständlich hat das Werk von D. H. Lawrence für mein Verständnis seiner Person und Friedas eine entscheidende Rolle gespielt. Besonders hervorzuheben sind:

Sons and Lovers [Söhne und Liebhaber]
The Rainbow [Der Regenbogen]
Women in Love [Liebende Frauen]
The Lost Girl [Das verlorene Mädchen]
Mr Noon [Mr Noon]
The Fight for Barbara (Theaterstück)
Lady Chatterley's Lover [Lady Chatterley's Liebhaber]
The Virgin and the Gypsy [Das Mädchen und der Zigeuner]
Twilight in Italy [Italienische Dämmerung]

The Complete Poems of D. H. Lawrence (vor allem der Band *Look!*
    We have Come Through!)
Collected Letters of D. H. Lawrence
Love Among the Haystacks and Other Pieces [Liebe im Heu]
Fantasia of the Unconscious
The Collected Short Stories

An relevanten Stellen habe ich Zitate aus den Briefen und Schriften von Gross, Lawrence, Weekley und den Richthofen-Schwestern in den Romantext eingebunden (in einigen Fällen auch
ganze Briefe).

Zitatnachweis

D ie Briefe der Richthofen-Schwestern waren leider nur in der englischen Übersetzung verfügbar. Es gibt aus dem Englischen übersetzte Briefe, aber von Frieda sind deutlich weniger Briefe erhalten als von D. H. Lawrence. Daher mussten die zitierten Stellen leider rückübersetzt werden. Einige Briefzitate von Otto Gross sind den Originalen entnommen, wieder andere von der Autorin frei erfunden. (Anm. der Übersetzerin)

Lucas, Robert: *Frieda von Richthofen. Ihr Leben mit D. H. Lawrence, dem Dichter der »Lady Chatterley«*, München: Kindler, 1972, S. 12.

Lawrence, Frieda: *Not I, But the Wind* ... Viking Press, New York 1934, Heinemann, London, 1961. [*Nur der Wind* ... Berlin 1936].

Turner, John; Cornelia Rumpf-Worthen; Ruth Jenkins (1990): The Otto Gross-Frieda Weekley Correspondence: transcribed, transl., and ann. In: The D. H. Lawrence Review, Bd. 22 (2). S. 137–227.

D. H. Lawrence: *Liebende Frauen*, Zürich: Diogenes, 2008, S. 9. Lizenzausgabe, Copyright 2002 Manesse Verlag, Zürich. (Aus dem Englischen von Petra-Susanne Räbel)

D. H. Lawrence: *Der Regenbogen*, Reinbek bei Hamburg: Rowohlt Verlag, 1962, S. 287, (Deutsch von Gisela Günther).

D. H. Lawrence: »Grün«. Aus: »*Nimm mein Wort in die Hand*« *Gedichte Englisch/Deutsch.* Ausgewählt und übertragen von Werner von Koppenfels. Stiftung Lyrik Kabinett München, 2018.

D. H. Lawrence: »Hexe à la mode«, in: *Der Mann, der Inseln liebte.* © Diogenes Verlag AG Zürich, 1975 (Deutsch von Elisabeth Schnack). Abdruck mit frdl. Genehmigung des Verlags.

D. H. Lawrence: *Die Erste Lady Chatterley*, Hamburg: J. P. Toth Verlag, 1949. Einzig autorisierte Übersetzung aus dem Englischen von Ursula von Wiese. Originalausgabe, Bern: Alfred Scherz Verlag, 1946.

D. H. Lawrence: *Liebende Frauen*, Zürich: Diogenes, 2008, S. 9. Lizenzausgabe, Copyright 2002, Manesse Verlag, Zürich.

William Shakespeare: *Sämtliche Werke in vier Bänden.* Band 3, Berlin: Aufbau, 1975, S. 90–91.

Die vorliegende Übersetzung stammt von August Wilhelm Schlegel. Erstdruck in: *Shakespeare's dramatische Werke.* Übersetzt von August Wilhelm Schlegel, Bd. 5, Berlin (Johann Friedrich Unger) 1799.

Turner, John; Rumof-Worthem, Cornelia u. Jenkins, Ruth: *The Otto Gross – Frieda Weekley Correspondence*, Transcribed, translated and annotated, in: »The D. H. Lawrence Review«, Bd. 22, Nr. 2, Sommer 1990, S. 137–227.

http://www.dehmlow.de/index.php/de/otto-gross/157-meine-geliebte-ich-habe-deinen-letzten-brief-brief-2

Danksagung

Ich möchte mich bei den Biografen und Wissenschaftlern bedanken, die mir meine Fragen bereitwillig beantwortet haben: Dr. Gottfried Heuer, Professor John Worthen, Victoria Manthorpe, Dr. Rosie Jackson, Dr. Julia Launhard und Dr. Howard Bailes.

Darüber hinaus möchte ich meinen ersten Lesern, Agenten und Verlegern für ihr unschätzbar wertvolles Feedback danken: Barbara Abbs, Claire Baldwin, Thomasin Chinnery, Alex Craig, Lisa Dart, Sharon Galant, Annie Harris, Celine Kelly, Kate Lowe, Nina Oden, Benython Oldfield, Clare Stevenson-Hamilton, John Worthen.

Mein Dank geht auch an folgende Bibliotheken: die British Library; die Abteilung Manuscripts and Special Collections der University of Nottingham und die Gladstone's Library, in der ich die letzte Fassung dieses Romans vollendet habe. Danke auch allen großherzigen Fremden, die mir einen Blick in die Häuser gewährt haben, welche zur damaligen Zeit von Lawrence, Frieda und den Weekleys bewohnt wurden; die meisten davon stehen noch.

Ich möchte allen bei Hachette Australia meinen großen Dank aussprechen, besonders Rebecca Saunders und Karen Ward, die sich unermüdlich dafür eingesetzt haben, dass dieses Buch möglich wird. In UK danke ich den Mitarbeitern von Two Roads, Lisa Highton, Rachael Duncan und Emma Petfield – für ihre unerschütterliche Begeisterung und ihre Unterstützung. Mein besonderer Dank gilt Becky Glibbery für das schöne Cover.

»Die einzige Pflicht, die wir gegenüber der Geschichte haben, ist, sie umzuschreiben.«

Oscar Wilde, 1891

Michaela Karl

»Noch ein Martini und ich lieg unterm Gastgeber«

Dorothy Parker. Eine Biografie

288 Seiten, btb 74493

In den Roaring Twenties war sie die Königin von New York.
Ihre scharfe Zunge und ihr beißender Witz wurden Legende.
Sie stritt mit Ernest Hemingway, schlief mit F. Scott Fitzgerald
und soff mit Truman Capote. Dorothy Parker schrieb für
»Vogue«, »Vanity Fair« und den »New Yorker«.
Ihre sarkastischen Verse und pointierten Kurzgeschichten
erzählen von zerplatzten Träumen und dem Warten auf
das Klingeln des Telefons. Michaela Karl porträtiert das
unkonventionelle Leben der Dorothy Parker und entdeckt
hinter der zynischen Fassade eine sensible Frau auf der
Suche nach dem großen Glück.

»Aufsässig, geistreich, kompromisslos.«
Frankfurter Allgemeine Zeitung

btb